미드 & 스크린 영어회화 패턴사전

미드&스크린 영어회화 패턴사전

2012년 9월 05일 2쇄 인쇄
2012년 9월 10일 2쇄 발행

지은이 이충훈
발행인 손건
편집기획 이언영, 손지완
마케팅 김재윤
디자인 김선옥
제작 최승용
인쇄 선경프린테크

발행처 **LanCom** 랭컴
주소 서울시 영등포구 문래동 3가 55-4번지
　　　벽산메가트리움 101동 302호
등록번호 제 312-2006-00060호
전화 02) 2636-0895
팩스 02) 2636-0896
홈페이지 www.lancom.co.kr

ⓒ 이충훈 2012
ISBN 978-89-93417-94-4 13740

이 책의 저작권은 저자에게 있습니다. 저자와 출판사의 허락없이
내용의 일부를 인용하거나 발췌하는 것을 금합니다.

미드 & 스크린
영어회화 패턴사전

이충훈 지음

Language & Communication

Prologue

미드&스크린
　영어회화 표현사전의
시즌 2!!!!!

〈미드& 스크린 영어회화 패턴사전〉의 독자님들께

"나도 영어를 말할 수 있다!" 라는 영어학습의 궁극적 목표를 달성하기 위해서는 반드시 영어라는 틀 안에서도 다양한 영역에 대한 학습을 폭넓게 하셔야만 합니다. 어려운 단어들이 아닌 회화용의 필수단어 암기를 지속적으로 해야 함은 물론이고, 표현 암기, 문법 틀 다지기, 미드를 통한 듣기 연습 및 영어 노출빈도 늘리기 등, 다양한 영역에 대한 지속적인 학습을 꾸준히 1~2년에 걸쳐서 인내심 있게 해야지만 "나도 영어를 말할 수 있다!"라는 목표에 도달할 수가 있습니다.

대한민국의 대다수의 학습자분들이 여전히 영어라는 어려운 산을 정복하지 못하는 것은 결국 영어를 장기간에 걸쳐서 지속해야 하는 대상으로 보지 않고, 단 몇 개월 사이에 정복이 될 수 있는 중, 고등학교 때의 내신과목 정도로 대하는 잘못된 태도 때문입니다. 그러니 여전히 대한민국에서는 "한 달이면 영어정복!", "영어공부 10시간 완성"과 같은 터무니없는 사기 공부법을 강조하는 강사들이 판을 치는 겁니다.

영어는 언어입니다. 언어는 오랜 시간 동안 지속적으로 그 언어를 듣고 말하는 연습이 반드시 동반되어야 합니다. 제가 미드 또는 스크린을 통한 학습 방법을 강조하는 이유 중 하나가 바로 이러한 문화 콘텐츠를 시청하는 것이 비영어권인 대한민국에서 영어를 공부하는 다수의 학습자분들이 재미있게 그리고 부담 없이 영어에 자신의 귀를 노출시켜 볼 수 있는 기회가 되기 때문입니다.

물론 여기서 간과하지 마셔야 하는 게 있습니다. 절대로 미드만 주구장창 한글 자막을 보면서 보고 듣는다고 영어실력이 늘지는 않는다는 겁니다. 미드를 통한 영어학습이 제대로 효과를 발휘하기 위해서는 (1) 기초문법과 패턴 익히기 (2) 주제별 회화표현 익히기 (3) 대화기능별 필수패턴 익히기 등 다양한 영어 분야에서의 학습이 밑바탕이 되어야 합니다. 이러한 개인적 노력의 지속하에 "미드&스크린 시청"을 통해서 본인의 귀를 실제 미국인들의 억양, 발음, 말하기 속도 등에 지속적으로 노출시키는 과정이 장기간에 걸쳐서 진행되어야만 여러분들이 진정으로 꿈꾸시는 영어정복이라는 최종 목적지에 도달할 수가 있는 겁니다.

저는 랭컴출판사를 통해 출간한 〈미드&스크린 영어회화 표현사전〉을 통해서 앞서 말씀드린 여러 학습 요소들 중 (2) 주제별 회화표현 익히기 완성을 위해서 가장 빈번하게 미드와 스크린 속에서 등장하는 필수회화 표현들을 주제별로 정리하여 대한민국 영어학습자들이 좀 더 쉽게 미드와 스크린을 통한 영어공부를 할 수 있게끔 도움을 드렸습니다. 또한 그 이후에는 "확장패턴 시리즈"를 통해서 학습자들이 (1) 기초문법과 패턴 다지기 완성의 틀을 다질 수 있도록 했습니다.

이번에는 (3) 대화 기능별 필수패턴 익히기란 과정에 있어서 영어학습자 분들에게 도움을 드리기 위해서 〈미드&스크린 영어회화 패턴사전〉이란 도서를 집필하였습니다.

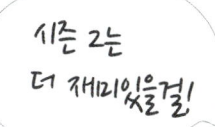

대화 기능별 필수패턴에 대한 학습은 영어회화의 정복이란 긴 여정에 있어서 절대로 빠져서는 안 되는 필수 코스입니다. 예를 들어 자신이 무언가에 푹 빠져있음을 말하고자 할 때 "몰두, 선호"라는 주제 키워드 하에 기계적으로 암기되어 있는 "I'm totally hooked on ~. (나 완전 ~에 푹 빠졌어)"란 패턴을 떠올릴 수 있다면 아래와 같이 다양한 상황에서 문장을 만들어 말할 수가 있게 됩니다.

1) 나 OCN 채널에 완전 푹 빠졌어.   I'm totally hooked on the OCN channel.
2) 나 리니지에 완전 푹 빠졌어.   I'm totally hooked on Lineage.
3) 나 그 노래에 완전 푹 빠졌어.   I'm totally hooked on that song.

여러분도 미드패턴에 푹 빠져보세요!

저는 총 100가지 주제로 대화기능을 분류하여 국내 최다라고 할 수 있는 무려 600개에 달하는 미드&스크린 속 필수 회화패턴을 이 책에 담았습니다. 독자들께서는 이 책을 통해서 언제든지 자신이 말하고자 하는 상황에 따라서 사용할 수 있는 다양한 필수회화 패턴들을 쉽게 찾아서 익히실 수가 있을 겁니다.

앞서 출간된 〈미드&스크린 영어회화 표현사전〉과 함께 〈미드&스크린 영어회화 패턴사전〉 또한 많은 분들께서 영어정복의 길에 또 하나의 바이블로 삼고 재미있는 다양한 미드와 영화들을 시청하며 길고 멀지만 누구나 언젠가는 반드시 정복할 수 있는 영어라는 언어의 산의 꼭 넘게 되시기를 간절히 바랍니다.

저자 이충훈 (Jaymax)

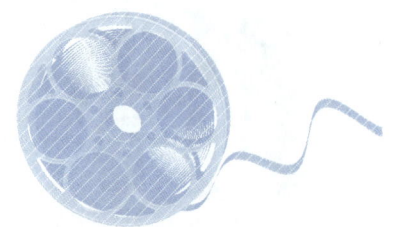

Contents

Situation 001 >> 간절함 32

- 001 **I'd kill for ~.** ~를 위해서라면 뭐든 하겠어.
- 002 **I'm dying for + 명사[to + 동사원형] ~.** 나 ~하고 싶어 죽겠어.
- 003 **I'm jonesing for ~.** 나 정말 ~가 땡겨.
- 004 **All I want to do is + 동사원형 ~.** 난 그냥 ~하고 싶어.
- 005 **All I need is ~.** 내가 필요한 건 ~뿐이야.
- 006 **I'm desperate to + 동사원형 ~.** 전 꼭 ~해야만 해요.

Situation 002 >> 감사 36

- 007 **Thank you for ~.** ~해 주셔서 감사해요.
- 008 **Thank you for not ~.** ~하지 않아서 감사드려요.
- 009 **I appreciate ~.** ~해 주셔서 감사드립니다.
- 010 **I just wanted to thank you for ~.** ~에 대해 감사드리고 싶었어요.
- 011 **How nice of you to ~.** ~해 주다니 정말 고맙다.
- 012 **I'd appreciate it if you could ~.** ~해 주신다면 정말 감사하겠어요.

Situation 003 >> 강요와 강제 40

- 013 **Don't make me ~.** 나 ~하게 만들지 마요.
- 014 **I'll have him + 동사원형 ~.** 그가 ~하도록 시킬게요.
- 015 **I had[got] ~ + 과거분사.** 나 ~가(를) …당했어.
- 016 **How did you get her to ~?** 너 어떻게 그녀가 ~하게 한 거니?
- 017 **No one's forcing you to ~.** 아무도 네게 ~하라고 강요하는 건 아냐.
- 018 **I was forced to ~.** 전 ~하도록 강요받았어요.

Situation 004 >> 강조 44

- 019 **~ is(are) a must!** ~는 필수야!
- 020 **That's not what I + 동사 ~.** 그건 내가 ~한 게 아니야.
- 021 **It doesn't matter if ~.** ~는 중요하지 않아.
- 022 **What matters is ~.** 중요한 것은 ~이야.
- 023 **All you need is ~.** 네게 필요한 건 ~뿐이야.
- 024 **No wonder ~.** ~할 만하구나(~가 이해가 가).

Situation 005 >> 강한 부정 48

- 025 **I can't believe ~.** ~라니 믿을 수가 없어요.
- 026 **That can't be ~.** 그건 ~일 리가 없어.
- 027 **You wouldn't believe ~.** 넌 ~를 믿지 못할 거야.
- 028 **It's hard to believe ~.** ~는 믿기가 어렵네요.
- 029 **No one would + 동사원형 ~.** 아무도 ~하진 않을 거야.
- 030 **There's no way ~.** ~할 방법은 없어요(일 리가 없어요).

Situation 006 >> 강한 선호 52

- 031 **I have a weakness for ~.** 난 ~이라면 사족을 못 써.
- 032 **I can't get enough of ~.** ~는 아무리 …해도 또 …하고 싶어.
- 033 **I'm so into ~.** 나 ~에 푹 빠져 있어.
- 034 **I'm sucker for ~.** 난 ~이라면 환장을 해.
- 035 **I really love your ~.** 난 네 ~이 정말 마음에 들어.
- 036 **I'm a big fan of ~.** 난 ~의 열렬한 팬이야.

Situation 007 >> 결정과 결심 56

- 037 **I've decided to + 동사원형 ~.** 나 ~하기로 결정했어.
- 038 **I decided not to + 동사원형 ~.** 나 ~하지 않기로 결정했어.
- 039 **I haven't decided ~.** 나 ~를 결정 못했어.
- 040 **Have you decided what ~?** 뭘 ~할지 결정했니?
- 041 **Why did you decide to + 동사원형 ~?** 너 왜 ~하기로 한 거니?
- 042 **I made up my mind to + 동사원형 ~.** 나 ~하기로 마음먹었어.

Situation 008 >> 계획 60

- 043 **I'm gonna ~.** 나 ~할 거야.
- 044 **I think I'm gonna ~.** 나 ~할 것 같아(할까 생각 중이야).
- 045 **I think I'm gonna have to ~.** ~해야만 할 것 같아.
- 046 **I swear I'm gonna ~.** 난 맹세코 ~할 거야.
- 047 **It's gonna be ~.** 그건 ~일 거야.
- 048 **You're gonna have to ~.** 너 ~해야 할 거야.

Contents

Situation 009 >> 계획 묻기와 부정 64

- 049 **Are you gonna ~?** 너 ~할 거니?
- 050 **Aren't you going to ~?** 너 ~안 할 거야?
- 051 **How long are you gonna ~?** 얼마나 오래 너 ~할 거니?
- 052 **I'm not gonna ~.** 난 ~하지 않을 거야.
- 053 **We're never gonna ~.** 우린 절대 ~하지 않을(못할) 거야.
- 054 **Are we gonna ~ or what?** 우리 ~할 거야 말 거야?

Situation 010 >> 관련과 연루 68

- 055 **I have nothing to do with ~.** 난 ~와 아무런 관련이 없어.
- 056 **He wasn't involved in ~.** 그는 ~에 연루되지 않았어요.
- 057 **I'm here to ~.** ~하려고 왔어.
- 058 **…bucks says ~!** ~라는 데 …건다!
- 059 **Don't tell me ~.** 설마 ~라는 건 아니겠지?
- 060 **The last thing I want to do is ~.** 난 정말 ~하고 싶지 않아.

Situation 011 >> 궁금증 72

- 061 **I'm curious about ~.** 난 ~가 궁금해요.
- 062 **How was your + 명사 ~?** ~는 어땠니(어떻게 보냈어요)?
- 063 **I wonder why ~.** 난 왜 ~인지 궁금해.
- 064 **I wonder what ~.** 뭘(뭐가) ~인지 궁금해.
- 065 **I was wondering if ~.** ~인지 궁금했어요.
- 066 **I wanna know + 의문사 ~.** ~가 알고 싶어요.

Situation 012 >> 금지 76

- 067 **You're not allowed to + 동사원형 ~.** ~하면 안 돼.
- 068 **You're banned from ~.** 너 ~에 출입금지야.
- 069 **I told you not to + 동사원형 ~.** 내가 너 ~하지 말라고 했잖아.
- 070 **It goes against ~.** 그건 ~에 어긋나.
- 071 **You must not + 동사원형 ~.** 너 절대 ~해서는 안 돼.
- 072 **You shouldn't + 동사원형 ~.** 너 ~해서는 안 돼.

Situation 013 >> 기다림 80

- 073 **I'm looking forward to ~.** 나 ~를 학수고대하고 있어.
- 074 **I can't wait for ~.** 나 ~가 몹시 기다려져.
- 075 **I can't wait to+동사원형 ~.** 얼른 ~하고 싶군요.
- 076 **I can't wait for you to+동사원형 ~.** 얼른 당신이 ~했으면 해요.
- 077 **How long do I have to ~?** 저 얼마나 오래 ~해야 하죠?
- 078 **I can no longer ~.** 나 더 이상 ~할 수 없어.

Situation 014 >> 기쁨과 즐거움 84

- 079 **I'm happy to+동사원형 ~.** 나 ~해서 기뻐.
- 080 **I'm happy with ~.** 난 ~에 만족해.
- 081 **I'm glad that ~.** ~라서 난 기뻐.
- 082 **I'd be happy to+동사원형 ~.** 기꺼이 ~할게요.
- 083 **It's so nice to+동사원형 ~.** ~해서 너무 좋아요.
- 084 **I feel like+동사-ing ~.** 나 ~하고 싶어.

Situation 015 >> 기억과 잊음 88

- 085 **I'll never forget ~.** 난 ~를 절대 잊지 못할 거야.
- 086 **I'll always remember ~.** 난 항상 ~를 기억할 거예요.
- 087 **You forgot to+동사원형 ~.** ~하는 거 깜박하셨어요.
- 088 **Don't forget to+동사원형 ~.** ~하는 거 까먹지 마.
- 089 **You remind me of ~.** 넌 내게 ~를 떠올리게 해.
- 090 **Remind me to ~.** ~하라고 다시 좀 내게 알려줘요.

Situation 016 >> 나의 생각 전달 92

- 091 **I guess ~.** ~인 것 같아.
- 092 **I figure ~.** ~라고 생각해요(생각했어요).
- 093 **I suppose ~.** ~라고 생각해요.
- 094 **I take it ~.** 딱 보니 ~하구나.
- 095 **If you ask me, ~** 내 생각엔. ~
- 096 **I bet ~.** 분명히 ~이야.

Contents

Situation 017 >> 나의 생각(부정) 96

- 097 **I don't think ~.** 난 ~라고 생각하지 않아(~인 것 같진 않아).
- 098 **I don't think I can + 동사원형 ~.** 나 ~할 수 없을 것 같아.
- 099 **I never thought I'd + 동사원형 ~.** 난 내가 ~할 거 라고는 생각도 못했어.
- 100 **I don't think you'd + 동사원형 ~.** 네가 ~할 거라곤 생각하지 않아.
- 101 **I don't think we should + 동사원형 ~.** 우리 ~해서는 안 될 것 같아.
- 102 **I can't think of ~.** ~이 떠오르지가 않아.

Situation 018 >> 나의 생각(긍정) 100

- 103 **I think you're ~.** 난 네가 ~라고 생각해.
- 104 **I think this is ~.** 내 생각에 이건 ~인 것 같아.
- 105 **I thought ~.** 난 ~라고 생각했어.
- 106 **I'm thinking of ~.** 난 ~를 생각 중이야.
- 107 **I was thinking about ~.** 나 ~를 생각하고 있었어.
- 108 **I've been thinking about ~.** 난 ~를 계속 생각해봤어.

Situation 019 >> 내가 느낀 추측 104

- 109 **It sounds like ~.** ~처럼 들리네(듣고 보니 ~인 것 같은 걸).
- 110 **I get the feeling that ~.** ~라는 생각이 들어.
- 111 **It looks like ~.** 보니까 ~인 것 같아.
- 112 **It smells like ~.** ~ 냄새 같은데.
- 113 **It feels like ~.** 느낌상 ~인 것 같아.
- 114 **I can't seem to ~.** 나 ~하지 못하는 것 같아(할 수 없을 것 같아).

Situation 020 >> 내용정리 108

- 115 **The point is, ~.** 요점은 ~라는 거야.
- 116 **I'm talking about ~.** 나 ~에 대해 이야기하는 거야.
- 117 **It's probably because ~.** 그건 아마도 ~해서 그런 걸 거야.
- 118 **That's all I + 동사 ~.** 내가 ~하는 건 그게 다야.
- 119 **All I'm saying is ~.** 내가 하고 싶은 얘기는 ~라는 거야.
- 120 **In short, ~** 한 마디로 말하면, ~

Situation 021 >> 노력과 시도 112

121 **Try to+동사원형 ~.** ~하려고 노력해 봐.
122 **Don't try to+동사원형 ~.** ~하려고 하지 마.
123 **Try not to+동사원형 ~.** ~하지 않도록 하세요.
124 **I'm trying to+동사원형 ~.** 나 ~하려고 노력하는 중이야.
125 **Have you tried+동사-ing ~?** ~해 봤어요?
126 **You should try ~.** 꼭 ~를 한번 써 보세요(드셔 보세요)

Situation 022 >> 능력과 가능 116

127 **She's gifted in ~.** 걔는 ~에 재능이 있어요.
128 **I'm really good at ~.** 난 정말 ~를 잘해.
129 **I might be able to+동사원형 ~.** 나 ~할 수도 있을 것 같기도 해.
130 **I'm not cut out for ~.** 나는 ~는 체질에 맞지 않아.
131 **I think I can ~.** 저 ~할 수 있을 것 같아요.
132 **Do you think you can ~?** ~할 수 있을 것 같아요?

Situation 023 >> 다른 대상과의 비교 120

133 **Is he as+형용사 원급+as you are?** 걔 너만큼 ~하니?
134 **It's not as+형용사 원급+as ...** …처럼(만큼) ~하지는 않아.
135 **I'm+비교급 형용사 than you.** 난 너보다 더 ~해.
136 **I couldn't be more ~.** 나 이보다 더 ~할 수가 없어(완전 ~해).
137 **It's the+최상급 형용사+명사+I've ever seen.** 제가 본 것 중 가장 ~하군요.
138 **No one is+비교급 형용사 than me (I am).** 그 누구도 나보다 더 ~하진 않아.

Situation 024 >> 다양한 감정과 상태 124

139 **I'm kind of+형용사 ~.** 난 좀 ~해.
140 **I'm so+형용사 ~.** 나 너무 ~해.
141 **It's a little+형용사 ~.** 좀 ~하네요.
142 **That was quite a ~.** 그건 정말 대단한 ~이었어.
143 **That is totally+형용사 ~.** 그건 완전 ~해.
144 **Let's ~ like crazy!** 미친 듯이 ~하자!

Contents

Situation 025 >> 당부와 설득 128

- 145 **Make sure that ~.** 꼭 ~하도록 하세요.
- 146 **I'll make sure to+동사원형 ~.** 저 꼭 ~하도록 할게요.
- 147 **Don't hesitate to+동사원형 ~.** 주저하지 말고 ~해.
- 148 **She talked me into+동사-ing ~.** 걔가 날 꼬드겨서 ~하게 했어.
- 149 **I want you to know that ~.** ~라는 걸 네가 알았으면 해.
- 150 **All you have to do is ~.** 넌 ~만 하면 돼.

Situation 026 >> 동의와 거부 132

- 151 **I don't agree with ~.** ~에 동의하지 않아요.
- 152 **I agree with[that] ~.** ~에 동의합니다.
- 153 **Are you in favor of ~?** ~를 찬성하시나요?
- 154 **It's a good idea to+동사원형 ~.** ~하는 건 좋은 생각이야.
- 155 **Are you for or against ~?** ~에 찬성합니까, 반대합니까?
- 156 **I'm against ~.** 난 ~에 반대해.

Situation 027 >> 두려움과 긴장 136

- 157 **I'm afraid of ~.** 난 ~가 무서워.
- 158 **I'm afraid to+동사원형 ~.** 난 ~하는 게 두려워.
- 159 **I was shocked when ~.** 나 ~했을 때 너무 놀랐어.
- 160 **I'm nervous about ~.** 나 ~ 때문에 긴장돼.
- 161 **I'm concerned about ~.** 난 ~가 걱정돼(염려돼).
- 162 **I'm not in the mood for ~.** 나 ~할 기분이 아냐.

Situation 028 >> 말 꺼내기 140

- 163 **Guess what ~?** 뭐가 ~하는지(했는지) 알아?
- 164 **For your information, I ~.** 모르나 본데, 난 ~
- 165 **Just so you know, ~.** 참고로 말씀드리지만(아시겠지만), ~
- 166 **Believe it or not, ~.** 믿거나 말거나, ~
- 167 **~ to begin with.** 애당초 ~
- 168 **For the time being, ~** 당분간은 ~

Situation 029 >> 말받기와 말잇기 144

169 **Is that why ~?** 그래서 ~한 거니?
170 **That's why I+동사 ~.** 그래서 내가 ~한 거야.
171 **That's how I+과거동사 ~.** 그런 식으로 난 ~했어.
172 **That's not what ~.** ~인 건 그게 아니야.
173 **That's because ~.** 그건 ~해서 그래.
174 **That's when ~.** 그 때 바로 ~한 거야.

Situation 030 >> 말과 의사 전달 148

175 **I was just saying that ~.** 난 그냥 ~라고 말했던 것뿐이야.
176 **I'd say ~.** ~인 것 같아.
177 **What I'm trying to say is (that) ~.** 내가 하려는 말은 ~라는 거야.
178 **I hate to say this, but ~.** 이런 말하기 싫지만, ~.
179 **I have to say,~.** 이 말은 꼭 해야겠는데, ~.
180 **It says that ~.** ~라고 적혀 있어.

Situation 031 >> 모름 152

181 **I don't know if ~.** ~인지 어떨지 모르겠어.
182 **How do I know ~?** ~란 걸 내가 어떻게 알아요?
183 **I don't know anything about ~.** 난 ~에 대해서 아는 게 전혀 없어.
184 **I don't know what I ~.** 내가 뭘 ~인지(였는지) 모르겠어.
185 **I never knew you+동사 ~.** 네가 ~하는지 전혀 몰랐어.
186 **You never know when ~.** 언제 ~일지는 전혀 모르는 거잖아.

Situation 032 >> 몰두와 선호 156

187 **I'm totally hooked on ~.** 나 완전 ~에 푹 빠졌어.
188 **You're obsessed with ~.** 넌 ~에 집착하고 있는 거야.
189 **You're addicted to ~.** 넌 ~에 중독된 거야.
190 **Which one do you ~?** 어느 쪽이 넌 ~하니?
191 **I prefer to ~.** 난 ~하는 게 더 좋아.
192 **~ is not my thing.** ~는 나하고 안 맞아.

Contents

Situation 033 >> 문제 160

- 193 **What's wrong with ~?** ~ 뭐가 문제야(왜 그래)?
- 194 **I've got a problem with ~.** 나 ~에 문제가 있어요(생겼어요).
- 195 **I can't afford to+동사원형 ~.** ~할 처지가 아냐.
- 196 **Don't blame me for ~.** ~를 내 탓으로 돌리지 마.
- 197 **We don't have enough+명사 ~.** 우린 ~가 부족해.
- 198 **I have trouble+동사-ing~.** 난 ~하는 게 쉽지가 않아.

Situation 034 >> 바쁨과 타이밍 164

- 199 **I have no time to ~.** 전 ~할 시간 없어요.
- 200 **There was no time to ~.** ~할 시간이 없었어요.
- 201 **I was busy+동사-ing ~.** 나 ~하느라 바빴어.
- 202 **This is not a good time to ~.** 지금은 ~하기 좋은 타이밍이 아니야.
- 203 **I stayed up all night+동사-ing~.** 나 ~하느라 밤을 꼬박 샜어.
- 204 **I think it's time for you to ~.** 너 이제 ~할 때가 된 것 같아.

Situation 035 >> 방법 168

- 205 **Could you show me how to+동사원형 ~?** ~하는 방법 좀 제게 알려주실래요?
- 206 **What's the best way to+동사원형 ~?** ~하는 가장 좋은 방법이 뭐죠?
- 207 **I don't know how you+동사원형 ~.** 난 네가 어떻게 ~하는지 모르겠어.
- 208 **Is there any way ~?** ~할 방법이 없을까요?
- 209 **I'll find a way to ~.** ~할 방법을 찾아낼게요.
- 210 **There are other ways to ~.** ~할 다른 방법들도 있어요.

Situation 036 >> 배려하기 172

- 211 **There's no need to+동사원형 ~.** ~할 필요 없어.
- 212 **Please feel free to+동사원형 ~.** 편하게 ~하세요.
- 213 **You don't need to+동사원형 ~.** 너 ~할 필요 없어.
- 214 **I'll keep an eye on ~.** 내가 ~를 봐 줄게(감시하고 있을 게).
- 215 **If you want, I could+동사원형 ~.** 네가 원하면, 내가 ~할 수 있어.
- 216 **(Please) help yourself to ~.** ~ 좀 가져다 드세요.

Situation 037 >> 변명과 착각 — 176

- 217 **I thought it would be ~.** 난 (그것이) ~일 거라고 생각했어.
- 218 **I thought you were ~.** 난 네가 ~인 줄 알았어.
- 219 **I'm not trying to ~.** 나 ~하려는 건 아니야.
- 220 **There's no excuse for ~.** ~에 대해선 변명의 여지가 없어.
- 221 **I don't know why I ~.** 내가 왜 ~했는지 모르겠어.
- 222 **I didn't know ~.** 난 ~인 줄 몰랐어.

Situation 038 >> 부연설명 — 180

- 223 **It's just that ~.** 그냥 ~해서 그래.
- 224 **It's not that ~.** ~거나 그런 건 아니야.
- 225 **No offense, but ~.** 기분 나쁘게 하려는 건 아닌데, ~.
- 226 **On second thought, ~.** 다시 생각해보니, ~.
- 227 **Thanks to you, ~.** 네 덕분에, ~.
- 228 **Now that ~.** 자 이제 ~이니까, ~.

Situation 039 >> 부정적인 건강 — 184

- 229 **I'm allergic to ~.** 전 ~에 알레르기가 있어요.
- 230 **I'm worried about ~.** 난 ~가 걱정돼.
- 231 **I'm too tired to ~.** 나 너무 피곤해서 ~ 못하겠어.
- 232 **I'm not comfortable with ~.** 난 ~가 편치 않아(익숙하지 않아).
- 233 **I think I'm coming down with ~.** 나 ~(병에) 걸리려는 것 같아.
- 234 **I hurt my ~.** 저 ~를 다쳤어요.

Situation 040 >> 부정적인 기분 — 188

- 235 **I don't feel much like ~.** 나 ~할 생각 없어요.
- 236 **I feel bad that ~.** ~라니 기분이 별로 안 좋다.
- 237 **It's so frustrating when ~.** ~할 땐 정말 짜증나(속상해).
- 238 **Are you upset about ~?** 너 ~ 때문에 화났니?
- 239 **I'm mad at you for ~.** 나 네가 ~해서 화났어.
- 240 **I'm disappointed that ~.** 나 ~에 실망했어.

Contents

Situation 041 >> 불가항력 192

- 241 **I had no choice but to +동사원형 ~.** 나 ~할 수밖에 달리 방법이 없었어.
- 242 **I can't help +동사-ing ~.** 나 자꾸 ~하게 돼.
- 243 **I can't help but +동사원형 ~.** 나 ~할 수밖에 없어(자꾸 ~하게 돼).
- 244 **I can't stop +동사-ing ~.** 나 ~하는 걸 멈출 수가 없어.
- 245 **It's impossible to +동사원형 ~.** ~하는 건 불가능해.
- 246 **The best thing you can do is ~.** 네가 할 수 있는 최선책은 ~하는 거야.

Situation 042 >> 비난 196

- 247 **Shame on you for ~!** ~하다니 부끄러운 줄 알아!
- 248 **Why are you being so ~?** 너 왜 그렇게 ~한 거야?
- 249 **You know better than to ~.** 너 ~할 정도로 어리석었니?
- 250 **I thought you'd be the last person to ~.** 난 절대 네가 ~하지 않을 거라고 생각했어.
- 251 **Are you blaming me for ~?** ~가 나 때문이라는 거야?
- 252 **Why can't you ~?** 왜 넌 ~ 못하니?

Situation 043 >> 사과와 사죄 200

- 253 **I'm sorry for ~.** ~해서 미안해요.
- 254 **I'm sorry to +동사원형 ~.** ~해서 죄송합니다.
- 255 **I'm sorry if I ~.** 내가 ~했다면 미안해.
- 256 **I'm sorry that I ~.** 내가 ~해서 미안해.
- 257 **I'm sorry I can't ~.** ~할 수 없어서 미안해요(유감이지만 ~할 수 없네요).
- 258 **I apologize for ~.** ~에 대해 사죄드립니다.

Situation 044 >> 상대방 칭찬 204

- 259 **You're pretty good with ~.** 너 ~를 참 잘 다루는구나.
- 260 **You have an eye for ~.** ~ 감각이 뛰어나시군요.
- 261 **You did a good job on ~.** 너 ~참 잘했어.
- 262 **He deserves to ~.** 그는 ~할 만한 자격이 있어.
- 263 **You have a good head for ~.** 넌 ~에 강하구나.
- 264 **I like the way you ~.** 난 네가 ~하는 방식이 마음에 들어.

Situation 045 >> 상대방에 대한 추측 **208**

- 265 **You look ~.** 너 ~해 보여 보여.
- 266 **You seem to ~.** 너 ~인 것 같아.
- 267 **You seem to have + 과거분사 ~.** 너 ~한 것 같구나.
- 268 **You don't look like you ~.** 너 ~해 보이지 않아.
- 269 **Sounds like you ~.** (들어보니) 너 ~인 것 같구나.
- 270 **You might not be able to ~.** 너 ~하지 못할 수도 있어.

Situation 046 >> 상대방의 행동 특징 **212**

- 271 **He tends to + 동사원형 ~.** 걔는 ~하는 경향이 있어.
- 272 **Why do you keep + 동사-ing ~?** 왜 넌 계속 ~하니?
- 273 **You strike me as ~.** 넌 내게 ~라는 인상을 줘.
- 274 **How silly of her to + 동사원형 ~!** ~하다니 걔 참 어리석구나!
- 275 **I never took you for ~.** 난 네가 ~라고는 생각 안 해봤어.
- 276 **It was rude of you to + 동사원형 ~.** 너 ~한 건 무례했어.

Situation 047 >> 상황 가정 **216**

- 277 **If I were you, I would ~.** 내가 너라면, 난 ~할 거야(할 텐데).
- 278 **If you were me, ~?** 네가 나라면, ~할 거니?
- 279 **If I had + 과거분사, I would have + 과거분사 ~.** 내가 ~했다면, ~했을 텐데.
- 280 **I wish I had + 과거분사 ~.** 내가 ~했다면 좋았을 텐데.
- 281 **Let's say ~.** ~라고 가정해보자.
- 282 **What if ~?** ~하면 어쩌지?

Situation 048 >> 성격과 성향 **220**

- 283 **I'm more of a ~.** 난 ~에 가까워.
- 284 **I find you very + 형용사 ~.** 난 네가 매우 ~라고 생각해.
- 285 **I'm not + 형용사 + enough ~.** 난 그렇게 까지 ~하진 않아.
- 286 **I don't have the guts to + 동사원형 ~.** 난 ~할 용기가 없어.
- 287 **I'm not much on ~.** 난 ~에 대해선 잘 몰라.
- 288 **I'm easy to + 동사원형 ~.** 난 ~하기 쉬운 사람이야.

Contents

Situation 049 >> 소유 여부 224

- 289 **I have ~.** 난 ~가 있어요.
- 290 **I have some ~.** 난 ~가 좀 있어요.
- 291 **I don't have ~.** 난 ~가 없어요.
- 292 **I don't have anything to ~.** 난 ~할 게 아무것도 없어.
- 293 **I have no + 명사 ~.** 난 ~가 없어.
- 294 **Do you have any ~?** 너 ~ 있니?

Situation 050 >> 습관 228

- 295 **I usually + 동사원형 ~.** 난 보통 ~해.
- 296 **Do you always + 동사원형 ~?** 항상 ~하시나요?
- 297 **I'm not in the habit of ~.** 난 천성이 ~하질 못해.
- 298 **I make it a habit not to + 동사원형 ~.** 전 ~하지 않는 게 습관이 됐어요.
- 299 **I'm not used to ~.** 난 ~에 익숙하지가 않아.
- 300 **I'm getting used to ~.** 난 ~에 익숙해지고 있어.

Situation 051 >> 시간의 흐름 232

- 301 **It's been a while since ~.** ~한 지 오래되었잖아.
- 302 **It takes forever to + 동사원형 ~.** ~하는 데 시간이 엄청 걸리네요.
- 303 **When was the last time ~?** 너 마지막으로 ~한 게 언제니?
- 304 **When did you first + 동사원형 ~?** 너 언제 처음으로 ~했니?
- 305 **When is the best time to + 동사원형 ~?** ~하기 가장 좋은 때가 언제니?
- 306 **How long will it take to + 동사원형 ~?** ~하는 데 얼마나 걸릴까요?

Situation 052 >> 싫어하는 것 말하기 236

- 307 **I hate + 동사-ing ~.** 난 ~하는 게 정말 싫어.
- 308 **I hate that ~.** ~라는 게 정말 싫어.
- 309 **I just can't stand ~.** 나 도저히 ~하는 걸 참을 수가 없어.
- 310 **I don't like what ~.** 난 ~가 마음에 안 들어.
- 311 **I hate it when ~.** 난 ~할 때 정말 싫어.
- 312 **I hate the way ~.** 난 ~가 그런 식으로 ~하는 게 정말 싫어.

Situation 053 >> 아는지 묻기 **240**

- 313 **Do you know if ~?** ~인지 혹시 아세요?
- 314 **Did you know that ~?** ~라는 거 알고 있었어(알고 있니)?
- 315 **Do you know why ~?** 너 왜 ~인지 알아?
- 316 **Do you know when ~?** 언제 ~인지 알아요?
- 317 **Do you know where I can find ~?** ~가 어디에 있는지 아세요?
- 318 **Do you know how to ~?** ~하는 방법을 알아요?

Situation 054 >> 아는지 말하기 **244**

- 319 **I know (that) ~.** 난 ~라는 걸 알아.
- 320 **I know you have ~.** 네가 ~가 있다는 거 알아.
- 321 **I've known ~.** 난 (전부터) ~를 알고 지냈어.
- 322 **I knew you'd ~.** 네가 ~할 줄 알았어.
- 323 **I know what you + 동사 ~.** 난 네가 뭘 ~하는지(했는지) 알아.
- 324 **I know how much you ~.** 네가 얼마나 ~하는지 알고 있어.

Situation 055 >> 아쉬움과 과거의 추측 **248**

- 325 **You could have + 과거분사 ~.** 너 ~할 수도 있었을 텐데.
- 326 **You should have + 과거분사 ~.** 넌 ~했었어야 했어.
- 327 **He might have + 과거분사 ~.** 그는 ~했었을지도 몰라요.
- 328 **I would have + 과거분사 ~.** 나라면 ~했었을 거야(난 ~했었을 거야).
- 329 **You must have + 과거분사 ~.** 넌 ~했었던 게 틀림없어.
- 330 **It's too bad ~.** ~라니 너무 안타깝다(유감스럽다).

Situation 056 >> 약속 **252**

- 331 **I promise I'll ~.** ~하겠다고 약속할게.
- 332 **You promised you'd ~.** 너 ~하겠다고 약속했었잖아.
- 333 **Promise you'll ~.** ~하겠다고 약속해 줘.
- 334 **Can you promise that ~?** ~하겠다고 약속할 수 있어?
- 335 **No matter what happens, I'll ~.** 무슨 일이 있어도, 난 ~할 거야.
- 336 **You have my word that ~.** ~라고 약속드립니다.

Contents

Situation 057 >> 어려움 말하기 256

337 **I had a hard time +동사-ing ~.** 나 ~하느라 힘들었어.
338 **I'm struggling with ~.** 나 ~하느라 힘들어.
339 **I found it hard to ~.** ~하는 게 어렵더라.
340 **It's too difficult to +동사원형 ~.** ~하는 건 너무 어려워.
341 **I could barely +동사원형 ~.** 나 거의 ~ 못 했어.
342 **How hard is it to +동사원형 ~?** ~하는 게 뭐 그리(얼마나) 어렵다고 그러냐?

Situation 058 >> 예상 260

343 **I never expected to +동사원형 ~.** 나 ~할 줄은 몰랐어.
344 **I never expected you to +동사원형 ~.** 난 네가 ~할 줄은 몰랐어.
345 **I have this feeling that ~.** ~라는 느낌이 자꾸 들어요.
346 **He's expected to +동사원형 ~.** 그는 ~할 것으로 예상되어져요.
347 **I didn't think you'd +동사원형 ~.** 난 네가 ~할 거라곤 생각 안 했어.
348 **I can tell by ~.** ~로 딱 알겠는 걸요.

Situation 059 >> 예정과 순서 264

349 **I'm supposed to +동사원형 ~.** 나 ~하기로 되어 있어.
350 **How am I supposed to +동사원형 ~?** 나보고 어떻게 ~하라는 거야?
351 **You're not supposed to +동사원형 ~.** 너 ~하면 안 돼.
352 **I'm scheduled to +동사원형 ~.** 나 ~하는 걸로 일정이 잡혀 있어요.
353 **It's my turn to +동사원형 ~.** 내가 ~할 차례야.
354 **It's too late to +동사원형 ~.** ~하기에는 너무 늦었어.

Situation 060 >> 요청 268

355 **Let me +동사원형 ~.** (내가) ~할게.
356 **Let me know what you +동사원형 ~.** (당신이) ~한 게 뭔지 알려줘요.
357 **Please allow me to +동사원형 ~.** (제가) ~하겠습니다.
358 **Let's take ~.** ~를 합시다.
359 **Let's not +동사원형 ~.** ~하지 말자.
360 **Hand me +대상, will you?** ~ 좀 건네줄래?

Situation 061 >> 의견 묻기 **272**

- 361 **Do you think ~?** ~라고 생각해?
- 362 **Do you think I should +동사원형 ~?** 나 ~해야 할까?
- 363 **Don't you think ~?** ~인 것 같지 않니?
- 364 **What can I do to +동사원형 ~?** 어떻게 하면 ~할 수 있을까?
- 365 **How do you feel about ~?** ~에 대해 어떻게 생각해(~는 어떤 것 같아)?
- 366 **What do you think of +명사?** ~는 어떤가요(~에 대해 어떻게 생각해)?

Situation 062 >> 의문사 + 계획 묻기 **276**

- 367 **Who's gonna ~?** 누가 ~할 거죠?
- 368 **Who are you gonna ~?** 너 누구를(에게) ~할 거야?
- 369 **Where are you gonna ~?** 너 어디로(어디서) ~할 거니?
- 370 **How are you gonna ~?** 너 어떻게 ~할 거야?
- 371 **What are you gonna ~?** 너 뭘 ~할 거니?
- 372 **When are you gonna ~?** 너 언제 ~할 거니?

Situation 063 >> 의문사 + 하고 싶은 것 묻기 **280**

- 373 **Why do you want to ~?** 왜 넌 ~하고 싶은 거니?
- 374 **Where do you wanna ~?** 너 어디로(어디서, 어디에) ~하고 싶니?
- 375 **What do you wanna ~?** 너 뭘 ~하고 싶니?
- 376 **What do you feel like ~?** 너 뭐 ~하고 싶니?
- 377 **How would you like ~?** ~ 좀 드시겠어요? / ~는 어떻게 해드릴까요?
- 378 **How would you like to ~?** 어떻게 ~하시겠어요? / ~하는 게 어때요?

Situation 064 >> 의문사 How + 형용사·부사~ 패턴 **284**

- 379 **How far is ~?** ~ 얼마나 멀어?
- 380 **How soon ~?** 언제쯤(얼마나 빨리) ~?
- 381 **How often do you +동사원형 ~?** 얼마나 자주 ~하니?
- 382 **How much is[are] ~?** ~는 얼마죠?
- 383 **How long has it been since ~?** ~한 지 얼마나 지났죠?
- 384 **How long have you been ~?** ~한 지 얼마나 되셨나요?

Contents

Situation 065 >> 의문사 what 패턴 **288**

385 **What's your + 단수명사?** 네 ~는 뭐니?
386 **What are you + 동사-ing ~?** 너 지금 뭐 ~하고 있는 거야?
387 **What's + 전명구?** ~에 있는 건 뭐야?
388 **What's it like to + 동사원형 ~?** ~하는 건 어떤 기분이야(하니까 어때)?
389 **What + 과거동사 ~?** 뭐가 ~한 거야?
390 **What time is + 단수명사?** ~는 몇 시지?

Situation 066 >> 의문사 when 패턴 **292**

391 **When is your ~?** 네 ~는 언제야?
392 **When are you + 동사-ing ~?** 너 언제 ~할 거니?
393 **When can I ~?** 저 언제 ~할 수 있어요?
394 **When did you last + 동사원형 ~?** 너 언제 마지막으로 ~했니?
395 **When do you think ~?** 언제 ~일 것 같니?
396 **Since when do you ~?** 언제부터 ~했니?

Situation 067 >> 의문사 where 패턴 **296**

397 **Where is my + 단수명사?** 내 ~ 어디 있지?
398 **Where are your + 복수명사?** 네 ~는 어디에 있니?
399 **Where's the nearest ~?** 가장 가까운 ~는 어디죠?
400 **Where can I ~?** 어디서 ~할 수 있나요?
401 **Where's a good place to ~?** ~하기 좋은 곳이 어디니?
402 **Where did you ~?** 너 어디서(어디에) ~한 거니?

Situation 068 >> 의문사 who 패턴 **300**

403 **Who wants to + 동사원형 ~?** 누가 ~할래(~하고 싶은 사람)?
404 **Who + 과거동사 ~?** 누가 ~했어?
405 **Who's in charge of ~?** ~의 책임자가 누구죠?
406 **Who do you think + 동사 ~?** 누가 ~라고 생각하니?
407 **Who was the last person to + 동사원형 ~?** 마지막으로 ~한 사람이 누구지?
408 **Whose + 명사 ~ is it?** 누구의 ~야?

Situation 069 >> 이유 304

- 409 **Why did you + 동사원형 ~?** 왜 ~한 거니?
- 410 **How come ~?** 왜(어째서) ~인 건데?
- 411 **What made you + 동사원형 ~?** 왜(어째서) ~한 거죠?
- 412 **What makes you think ~?** 왜 ~라고 생각하는 거니?
- 413 **I have no idea why ~.** 왜 ~인지 전혀 모르겠어.
- 414 **Just because ~(,) doesn't mean ...** ~라고 해서 …인 건 아니야.

Situation 070 >> 친숙함과 인지 정도 308

- 415 **I'm familiar with ~.** 난 ~를 잘 알아.
- 416 **It occurred to me that ~.** ~라는 생각이 문득 들었어요.
- 417 **Are you aware of[that] ~?** ~알고 있는 건가요?
- 418 **Before I knew it, I + 동사 ~.** 정신을 차려보니(어느 샌가), 난 ~했더라고.
- 419 **All I know is that ~.** 내가 아는 건 ~뿐이야.
- 420 **Who knows if ~?** ~일지도 모르잖아?

Situation 071 >> 일과 직업 312

- 421 **I run ~.** 나 ~를 운영해.
- 422 **I'm working on ~.** 나 ~ 작업 중이에요(진행 중이에요).
- 423 **I'm in the middle of ~.** 나 한창 ~하는 중이야.
- 424 **I'm swamped with ~.** 나 ~ 때문에 허우적대고 있어.
- 425 **I used to work for ~.** 난 ~에서 근무한 적이 있어요.
- 426 **I'm doing my best to ~.** ~하려고 최선을 다하고 있어요.

Situation 072 >> 일상생활 316

- 427 **I'm just + 동사-ing ~.** 나 그냥 ~하는 중이야.
- 428 **Are you + 동사-ing ~?** 너 ~하고 있니?
- 429 **I was + 동사-ing ~.** 나 ~하고 있었어.
- 430 **I've been so ~ lately.** 나 요즘 너무 ~했어.
- 431 **I managed to + 동사원형 ~.** 나 간신히 ~했어.
- 432 **I'm late for ~.** 나 ~에 늦었어.

Contents

Situation 073 >> 일정 320

- 433 **When is ~ due?** ~ 마감일(예정일)이 언제야?
- 434 **When do you want to ~?** 너 언제 ~하고 싶어?
- 435 **I've already ~.** 저 벌써 ~했어요.
- 436 **Are you done with ~?** 너 ~ 다 끝냈니?
- 437 **I'm on my way to ~.** 나 지금 ~에 가는 중이야.
- 438 **I'm planning to ~.** 나 ~할 작정이야(하려고 계획 중이야).

Situation 074 >> 제안과 의견 말하고 묻기 324

- 439 **Maybe we should + 동사원형 ~.** 아무래도 우리 ~해야 할 것 같아.
- 440 **I suggest we + 동사원형 ~.** 우리 ~하도록 해요.
- 441 **How does + 단수명사 + sound to you?** ~는 어때?
- 442 **Would you care to + 동사원형 ~?** ~하시겠어요?
- 443 **How do you like + 명사 ?** ~는 마음에 들어(~는 어때)?
- 444 **What do you say to (동)명사?** ~는 어때(~하는 게 어때)?

Situation 075 >> 제안하기 328

- 445 **Shall we + 동사원형 ~?** 우리 ~할까요?
- 446 **Let's ~ , shall we?** ~하실까요?
- 447 **Why don't we + 동사원형 ~?** 우리 ~하는 게 어때?
- 448 **Why don't you + 동사원형 ~?** 너 ~하지 그래?
- 449 **How about + (동)명사?** ~(하는 게) 어때?
- 450 **How about you + 동사원형 ~?** 너 ~하는 게 어때?

Situation 076 >> 조언 332

- 451 **I think you should ~.** 너 ~해야 할 것 같아.
- 452 **I don't think you should ~.** 너 ~해서는 안 될 것 같아.
- 453 **You might want to ~.** 너 ~하는 게 좋을 거야.
- 454 **You need to ~.** 너 ~할 필요가 있어.
- 455 **I recommend that you ~.** ~하시길 권합니다(하도록 하세요).
- 456 **You might as well ~.** 너 차라리 ~하는 편이 더 나아.

Situation 077 >> 존재하는지 묻기 ... 336

- 457 **Is there ~ around here?** 이 주변에 ~ 있나요?
- 458 **Is there anything+주어+동사 ~?** 뭔가 ~한 거 있나요?
- 459 **Are there any ~?** 혹시 ~들이 있나요?
- 460 **Is there anyone who ~?** ~하는 사람이 있나요?
- 461 **Is there something ~?** ~한 뭔가가 있나요?
- 462 **Is there enough+명사 ~?** ~는 충분히 있나요?

Situation 078 >> 존재하지 않음을 말하기 ... 340

- 463 **There's no such thing as+대상 ~.** ~같은 건 없어.
- 464 **There's nothing I can+동사원형 ~.** 내가 ~할 수 있는 건 없어요.
- 465 **There's nothing left to+동사원형 ~.** 더 이상 ~할 게 남아 있지 않아.
- 466 **There's no harm in ~.** ~해도 해가 될 건 없어.
- 467 **There's nothing like ~.** ~만한 건 없어(~가 최고야).
- 468 **There's no reason to ~.** ~할 이유 없어요.

Situation 079 >> 존재한다고 말하기 ... 344

- 469 **There's always ~.** 항상 ~는 있어요.
- 470 **There are so many ~.** ~이 너무 많아.
- 471 **There has been ~.** ~가 있었어요.
- 472 **There's something+형용사 ~.** 뭔가 ~인 게 있어.
- 473 **There seems to be ~.** ~가 있는 것 같아요.
- 474 **There used to be ~.** 전에는 ~가 있었어.

Situation 080 >> 좋아하는 것과 관심 ... 348

- 475 **I like it when ~.** 난 ~할 때가 좋아.
- 476 **I like+동사-ing ~.** 난 ~하는 거 좋아해.
- 477 **Do you like ~?** 너 ~ 좋아해?
- 478 **I'm interested in ~.** 난 ~에 관심 있어.
- 479 **I have a thing for ~.** 난 ~를 좋아해.
- 480 **I enjoy+동사-ing ~.** 난 ~하는 걸 즐겨.

Contents

Situation 081 >> 주변 의견과 소문 **352**

481 **Everyone says ~.** 다들 ~라고 말해.
482 **The word is, ~.** ~라는 말이 돌아.
483 **Rumor has it ~.** ~라는 소문이 있어.
484 **It's no secret that ~.** ~라는 건 세상이 다 알아요.
485 **I heard ~.** 난 ~라고 들었어.
486 **A little bird told me (that) ~.** 누가 그러던데 ~했다며.

Situation 082 >> 준비와 의향 묻기 **356**

487 **Are you ready +to[for] ~?** ~할 준비됐어요?
488 **I'm not ready +to[for] ~.** 나 ~할 준비는 안 됐어.
489 **Are you willing to +동사원형 ~?** ~할 의향이 있나요?
490 **I'm willing to +동사원형 ~.** 난 기꺼이 ~하겠어요.
491 **Prepare to +동사원형 ~.** ~할 준비를 해둬.
492 **I was about to +동사원형 ~.** 나 ~하려던 참이었어.

Situation 083 >> 지겨움과 짜증 **360**

493 **I can't stand ~.** 나 ~가 정말 싫어.
494 **I'm tired of ~.** 나 ~가 지겨워.
495 **I've had it with ~.** 난 ~가 지긋지긋해.
496 **I'm sick of ~.** 난 ~에 신물이 나.
497 **Stop +동사-ing~!** ~ 그만 좀 해!
498 **How many times do I have to +동사원형 ~?**
        도대체 몇 번이나 내가 ~해야 하니?

Situation 084 >> 짜증내기 **364**

499 **Didn't I tell you to ~?** 내가 ~하라고 말했지?
500 **Why is it so ~?** 왜 이렇게 ~한 거야?
501 **You're always ~.** 넌 항상 ~하잖아.
502 **What the hell were you ~?** 너 대체 뭘 ~하고 있던 거야?
503 **Can't you see I'm ~?** 나 ~하고 있는 거 안 보여요?
504 **How much longer do I have to ~?** 얼마나 더 나 ~해야 해요?

Situation 085 >> 충고 368

505 **You'll have to +동사원형 ~.** 너 ~해야 할 거야.
506 **I advise you to +동사원형 ~.** 충고컨대, ~ 하세요.
507 **You must +동사원형 ~.** 너 반드시 ~해야 해.
508 **You'd better +동사원형 ~.** 너 ~하는 편이 좋을 거야.
509 **It's no use +동사-ing ~.** ~해도 소용없어.
510 **It's about time you + 과거동사 ~.** 이젠 ~할 때도 됐잖아.

Situation 086 >> 핀잔과 분노 372

511 **What on earth were you +동사-ing ~?** 너 대체 뭘 ~하고 있던 거야?
512 **Who said anything about ~?** 누가 ~한대?
513 **Don't even think about ~.** ~할 생각은 하지도 마.
514 **You don't wanna +동사원형 ~.** 너 ~하지 않는 게 좋을 거야.
515 **How dare you +동사원형 ~?** 어떻게 감히 네가 ~해!?
516 **How could you +동사원형 ~?** 너 어떻게 ~할 수 있니?

Situation 087 >> 하고 싶은 것 말하기 376

517 **I'd like to ~.** ~하고 싶습니다(주세요).
518 **I'd like you to ~.** 네가 ~해 줬으면 좋겠어.
519 **I wanna ~.** ~하고 싶어(하길 원해).
520 **I just wanted to ~.** 난 그냥 ~하고 싶었어.
521 **I've always wanted ~.** 난 항상 ~하고 싶었어.
522 **I want you to ~.** ~해 줘(네가 ~했으면 해).

Situation 088 >> 하고 싶은 것 묻기 380

523 **Do you want some ~?** ~ 먹을래(마실래)? / ~가 필요하니?
524 **Do you wanna +동사원형 ~?** ~할래(하고 싶어)?
525 **Don't you wanna ~?** ~하고 싶지 않아?
526 **Do you want me to ~?** 내가 ~할까(하길 원하니)?
527 **Would you like to ~?** ~하시겠어요?
528 **Didn't you want to ~?** ~를 하려고 하지 않았었니?

Contents

Situation 089 >> 해명하기 384

529 **I didn't mean to ~.** ~하려던 건 아냐.
530 **I meant to ~.** 난 ~하려고 했었어.
531 **I never meant to ~.** 나 절대로 ~하려 했던 건 아니야.
532 **I didn't ~ on purpose.** 난 고의로 ~한 게 아니야.
533 **I didn't realize ~.** 난 ~인지 몰랐어.
534 **It doesn't mean that ~.** 그렇다고 ~인 건 아니야.

Situation 090 >> 해야 하는 것 말하고 묻기 388

535 **I have to+동사원형 ~.** 나 ~해야 해.
536 **Do you really have to+동사원형 ~?** 너 정말 ~해야겠니?
537 **Why do I have to+동사원형 ~?** 왜 내가 ~해야 하는데요?
538 **I gotta+동사원형 ~.** 나 ~해야 해.
539 **Maybe I should+동사원형 ~.** 아무래도 나 ~해야겠어.
540 **What do I have to+동사원형 ~?** 제가 뭘 ~해야 하죠?

Situation 091 >> 허가와 요청 392

541 **You can+동사원형 ~ whenever you want.** 네가 원할 때 언제든 ~해도 돼.
542 **You may+동사원형 ~.** ~하셔도 됩니다.
543 **I'll let you+동사원형 ~.** ~하게 해 줄게.
544 **My mom won't let me+동사원형 ~.** 엄마가 나 ~하는 걸 허락 안 하셔.
545 **Can you get me ~?** 나 ~ 좀 갖다 줄 수 있어?
546 **Are we allowed to+동사원형 ~?** 우리 ~해도 되는 거야?

Situation 092 >> 허락 구하기 396

547 **Do you mind if I+동사 ~?** 제가 ~해도 괜찮으시겠어요?
548 **Is it okay if I+동사 ~?** 내가 ~해도 괜찮니?
549 **Can you help me with ~?** 나 ~하는 것 좀 도와줄래?
550 **Would you please+동사원형 ~?** ~ 좀 해 주시겠어요?
551 **May I+동사원형 ~?** 제가 ~해도 될까요?
552 **Could I please+동사원형 ~?** ~ 좀 해 주시겠어요?

Situation 093 >> 현재완료 (결과와 계속) 400

- 553 **I've just + 과거분사 ~.** 난 막 ~했어요.
- 554 **I haven't + 과거분사 ~ yet.** 나 아직 ~ 못했어요.
- 555 **She's gone to + 장소.** 그녀는 ~로(하러) 가고 여기 없어요.
- 556 **I've lost ~.** 전 ~를 잃어버렸어요.
- 557 **I've been + 동사-ing ~.** 나 계속 ~했어.
- 558 **It's been + 동사-ing ~.** (날씨가) 계속 ~하네요.

Situation 094 >> 현재완료 (경험) 404

- 559 **Have you ever + 과거분사 ~?** ~해 본 적 있어요?
- 560 **Have you been to ~?** ~에 가 본 적 있어요?
- 561 **Have you ever thought about ~?** ~에 대해 생각해 본 적 있어요?
- 562 **I've seen ~.** 나 ~를 본 적이 있어.
- 563 **I've never + 과거분사 ~.** 난 ~한 적이 한 번도 없어요.
- 564 **You haven't + 과거분사 ~.** 너 ~하지 않았잖아(않았구나).

Situation 095 >> 확률과 가능성 408

- 565 **What are the odds of ~?** ~할 확률이 얼마나 될까?
- 566 **The odds are ~.** 확률은(승산은) ~예요.
- 567 **Is there any chance ~?** ~할 수 있을까요(가능성이 있나요)?
- 568 **There's a good chance that ~.** ~일 가능성이 높아요.
- 569 **There's no point in ~.** ~해봐야 소용없어.
- 570 **How is it possible that ~?** 어떻게 ~할 수 있지?

Situation 096 >> 확신 412

- 571 **I'm sure of ~.** 난 ~를 확신해.
- 572 **I'm sure ~.** 분명 ~일 거야.
- 573 **I'm sure you can ~.** 넌 분명 ~할 수 있을 거야.
- 574 **He's sure to ~.** 그는 분명 ~일 거야.
- 575 **I wanna make sure ~.** ~라는 걸 확실히 해두고 싶어.
- 576 **There's no doubt that ~.** ~라는 건 의심할 여지가 없어.

Situation 097 >> 확신 묻기와 불확신 **416**

577 **Are you sure ~?** ~라고 확신하니(확실한 거니)?
578 **What makes you so sure ~?** 너 ~를 어째서 그렇게 확신하니?
579 **I'm suspicious of ~.** 난 ~가 미심쩍어.
580 **I have doubts about ~.** 난 ~가 의심스러워.
581 **I'm not sure if ~.** ~일지 잘 모르겠어.
582 **I'm not sure what ~.** 난 뭘 ~인지 잘 모르겠어.

Situation 098 >> 확인 **420**

583 **Are you saying that ~?** ~라는 말씀인가요?
584 **What do you mean ~ ?** ~라는 게 무슨 말이야?
585 **Is it true that ~?** ~라는 게 사실이야?
586 **Do you have any idea + 의문사 ~?** ~ 알고 계신가요?
587 **How's + 단수명사 + coming along?** ~는 잘 되가니?
588 **Do you happen to + 동사원형 ~?** 너 혹시 ~하니?

Situation 099 >> 확인과 전달 **424**

589 **Let me check ~.** ~를 확인해 볼게요.
590 **Let me know if ~.** ~면 알려주세요.
591 **Let me try to ~.** 내가 ~해 보도록 할게.
592 **Let me explain ~.** 내가 ~를 설명해 줄게.
593 **Let me tell you about ~.** ~에 대해서 말해 줄게.
594 **Let's see if ~.** ~하는지 어디 봅시다.

Situation 100 >> 희망과 가정 **428**

595 **I hope that ~.** ~하면(~라면) 좋겠어.
596 **I hope to ~.** ~하면 좋겠어요.
597 **I hope you ~.** 네가 ~라면 좋겠어.
598 **Let's hope ~.** ~하기를 바라자.
599 **I wish you were ~.** 네가 ~라면 좋겠어.
600 **I wish I could + 동사원형 ~.** ~할 수 있다면 좋을 텐데.

Situation 001 >> 간절함

I'd kill for ~. ~를 위해서라면 뭐든 하겠어.

무언가를 정말 간절히 원할 때 사용할 수 있는 패턴입니다. 직역하면 말 그대로 무언가를 위해서 would kill~ 즉, 살인도 마다하지 않겠다는 뜻이 되어 그만큼의 간절함을 전달해 주는 패턴입니다.

I'd kill for a beer.	맥주를 마실 수 있다면 뭐든 하겠어.
I'd kill for you.	당신을 위해서라면 뭐든 하겠어.
I'd kill for a cigarette right now.	바로 지금 담배를 피울 수 있다면 뭐든 하겠어.

🎬 영화에선 이렇게! [Killers]

I'd like a normal life. **I'd kill for** a normal life.
난 평범한 삶을 원해요. 평범한 삶을 위해서라면 뭐든 하겠어.

💬 Conversation

A: **I'd kill for** some mushroom soup.
   양송이 수프를 먹을 수 있다면 뭐든 하겠어.

B: There's soup in the fridge. I'll bring you some.
   냉장고에 수프가 좀 있어. 내가 가져다줄게.

I'm dying for + 명사[to + 동사원형] ~. 나 ~하고 싶어 죽겠어.

무언가를 죽을 만큼 원하거나 혹은 하고 싶을 때 사용할 수 있는 패턴입니다. 대상에 대한 간절함을 나타낼 때는 전치사 for와 함께 그 대상을 언급하고, 행동에 대한 간절함을 나타낼 때는 to부정사로 언급해 주면 됩니다.

I'm dying for a pee.	나 오줌 싸고 싶어 죽겠어.
I'm dying for a glass of water.	나 물 한 잔 마시고 싶어 죽겠어.
I'm dying to show it to you.	나 그걸 네게 보여주고 싶어 죽겠어.

🎬 미드에선 이렇게! [Sex and the City 1*12]

I'm dying to meet his mother.
난 그의 어머니를 만나고 싶어 죽겠어.

💬 Conversation

A: Let's get unpacked.
   짐 풀자.

B: Yeah, **I'm dying to** get into a hot shower.
   그래, 나 뜨거운 물에 샤워하고 싶어 죽겠어.

I'm jonesing for ~. 나 정말 ~가 땡겨.

be jonesing for는 주로 마약, 초콜릿, 술, 담배 등과 같이 무언가 중독성 있는 것들을 먹거나 하고 싶다는 간절함을 나타낼 때 사용되는 표현입니다.

I'm jonesing for a coffee. 나 정말 커피가 땡겨.
I'm jonesing for a cigarette. 나 정말 담배가 땡겨.
I'm jonesing for some sushi. 나 정말 스시가 땡겨.

🎬 미드에선 이렇게! [How I met your mother 2*17]

She and I were jonesing for Thai food from this one place.
그녀와 나는 이 한 식당에서의 태국 음식이 정말 땡겼어.

💬 Conversation

A: **I'm jonesing for** some ice cream.
　나 아이스크림이 땡겨.

B: Okay. Let's go to Baskin Robbins. I'm buying.
　그래. 베스킨 라빈스로 가자. 내가 살 게.

All I want to do is + 동사원형 ~. 난 그냥 ~하고 싶어.

주어 역할을 하는 All I want to do는 직역하면 '내가 하길 원하는 모든 것'입니다. 이 패턴은 자신이 하길 원하는 내용을 동사 이하로 한 가지만 뒤에 언급해 주면서 자연스럽게 우리말로 '난 그냥 ~하고 싶어'란 뜻이 전달이 됩니다.

All I want to do is hide. 난 그냥 숨고 싶어.
All I want to do is check my email. 난 그냥 이메일을 확인하고 싶어.
All I want to do is get my money back. 난 그냥 내 돈을 돌려받고 싶어.

🎬 미드에선 이렇게! [Heros 1*16]

All I want to do is run away, but I can't.
난 그냥 도망치고 싶어요, 하지만 그럴 수가 없네요.

💬 Conversation

A: **All I want to do is** kiss you.
　난 그냥 당신에게 키스하고 싶어요.

B: Get a grip! I'm married!
　정신 차려요! 난 결혼했다고요!

All I need is ~. 내가 필요한 건 ~뿐이야.

주어 역할을 하는 All I need는 직역하면 '내가 필요한 모든 것'입니다. 이 패턴은 자신이 필요한 대상을 한 가지만 뒤에 언급해 주면서 자연스럽게 우리말로 '내가 필요한 건 ~뿐이야'란 뜻으로 전달이 됩니다.

All I need is you.	내가 필요한 건 너 뿐이야.
All I need is a couple of aspirin.	내가 필요한 건 두 알의 아스피린뿐이야.
All I need is five minutes.	내가 필요한 건 딱 5분이야.

📺 미드에선 이렇게! [One Tree Hill 2*21]

All I need is the money for these bills.
내가 필요한 건 이 공과금을 낼 돈뿐이야.

💬 Conversation

A: I can fix this. **All I need is** a plier.
내가 이거 고칠 수 있어. 내가 필요한 건 펜치뿐이야.

B: I'll get you one.
제가 가져다 드릴게요.

I'm desperate to + 동사원형 ~. 전 꼭 ~해야만 해요.

형용사 desperate은 우리말로 '간절한, 필사적인'이란 뜻을 가지고 있습니다. 뒤에 to부정사를 붙여서 무언가를 하고 싶어 하는 간절함을 표현할 때 쓸 수 있습니다.

I'm desperate to see him.	나는 그를 봐야만 해요.
I'm desperate to lose weight.	전 꼭 살을 빼야만 해요.
I'm desperate to finish this project.	전 꼭 이 프로젝트를 끝내야만 해요.

🎬 영화에선 이렇게! [Australia]

I'm desperate to speak to Dr. Baker.
전 꼭 베이커 선생님과 얘기를 해야만 해요.

💬 Conversation

A: I can't not tell you the story.
나 네게 그 얘기를 해 줄 수가 없어.

B: Oh, come on. Please tell me. **I'm desperate to** know.
아, 제발. 제게 말해 줘요. 전 꼭 알아야만 해요.

Review!

미드&스크린 속 네이티브들의 표현법 따라잡기!
앞서 배운 패턴 문장들입니다. 한글을 보고 영어로 크게 외쳐 봅시다!

001 I'd kill for ~.
~를 위해서라면 뭐든 하겠어.

- ☐ 맥주를 마실 수 있다면 뭐든 하겠어.
- ☐ 당신을 위해서라면 뭐든 하겠어.
- ☐ 바로 지금 담배를 피울 수 있다면 뭐든 하겠어.
- ☐ 평범한 삶을 위해서라면 뭐든 하겠어.
- ☐ 양송이 수프를 먹을 수 있다면 뭐든 하겠어.

002 I'm dying + for 명사[to + 동사원형] ~.
나 ~하고 싶어 죽겠어.

- ☐ 나 오줌 싸고 싶어 죽겠어.
- ☐ 나 물 한잔 마시고 싶어 죽겠어.
- ☐ 나 그걸 네게 보여주고 싶어 죽겠어.
- ☐ 난 그의 어머니를 만나고 싶어 죽겠어.
- ☐ 나 뜨거운 물에 샤워하고 싶어 죽겠어.

003 I'm jonesing for ~.
나 정말 ~가 땡겨.

- ☐ 나 정말 커피가 땡겨.
- ☐ 나 정말 담배가 땡겨.
- ☐ 나 정말 스시가 땡겨.
- ☐ 그녀와 나는 이 한 식당에서의 태국 음식이 정말 땡겼어.
- ☐ 나 아이스크림이 땡겨.

004 All I want to do is + 동사원형 ~.
난 그냥 ~하고 싶어.

- ☐ 난 그냥 숨고 싶어.
- ☐ 난 그냥 이메일을 확인하고 싶어.
- ☐ 난 그냥 내 돈을 돌려받고 싶어.
- ☐ 난 그냥 도망치고 싶어요. 하지만 그럴 수가 없네요.
- ☐ 난 그냥 당신에게 키스하고 싶어요.

005 All I need is ~.
내가 필요한 건 ~뿐이야.

- ☐ 내가 필요한 건 너 뿐이야.
- ☐ 내가 필요한 건 두 알의 아스피린뿐이야.
- ☐ 내가 필요한 건 딱 5분이야.
- ☐ 내가 필요한 건 이 공과금을 낼 돈뿐이야
- ☐ 내가 필요한 건 펜치뿐이야.

006 I'm desperate to + 동사원형 ~.
전 꼭 ~해야만 해요.

- ☐ 나는 그를 봐야만 해요.
- ☐ 전 꼭 살을 빼야만 해요.
- ☐ 전 꼭 이 프로젝트를 끝내야만 해요.
- ☐ 전 꼭 베이커 선생님과 얘기를 해야만 해요.
- ☐ 전 꼭 알아야만 해요.

Situation **002** >> 감사

Thank you for ~. ~해 주셔서 감사해요.

상대방의 호의에 고맙다고 인사할 때는 Thank you, Thank you very much, Thanks a lot 등의 표현을 사용합니다. 구체적으로 무엇에 대해 고마운지 언급해 주고 싶을 때는 전치사 for로 연결해 말하면 되지요.

Thank you for everything.	이것저것 다 감사드려요.
Thank you for coming.	와 주셔서 감사해요.
Thank you for being honest with me.	제게 솔직히 말씀해 주셔서 감사해요.

🎬 미드에선 이렇게! [Alias I*15]

Thank you for the cake. I'm gonna get us some plates.
케이크 감사해요. 가서 접시 좀 가져올게요.

💬 Conversation

A: **Thank you for** squeezing us in at the last minute. (**squeeze A in** : A를 위해 짬을 내다)
막판에 저희에게 시간을 내 주셔서 감사드립니다.

B: My pleasure. Please have a seat.
별 말씀을요. 앉으세요.

Thank you for not ~. ~하지 않아서 감사드려요.

상대가 무언가를 해 줘서 감사한 게 아니라 반대로 해 주지 않아서 감사하다고 말할 때는 Thank you for 뒤에 not을 넣어 말합니다. not 뒤에 동명사를 넣어 그 일을 해 주지 않음에 대한 고마움을 표시하는 겁니다.

Thank you for not saying anything.	아무 말도 하지 않아서 감사드려요.
Thank you for not leaving me.	날 두고 가지 않아서 감사드려요.
Thank you for not chewing me out.	절 혼내지 않아서 감사드려요.

🎬 영화에선 이렇게! [Titanic]

Thank you for not mentioning my strange luggage.
제 이상한 가방을 언급하지 않아서 감사해요.

💬 Conversation

A: **Thank you for not** smoking.
담배를 피우지 않아서 감사드려요.

B: You're welcome.
별 말씀을요.

I appreciate ~. ~해 주셔서 감사드립니다.

상대방이 나에게 베풀어 준 호의에 대해서 인정을 하고 이에 대해서 감사드린다고 정중히 말할 때 사용할 수 있는 패턴입니다.

I appreciate your kindness.
친절에 감사드립니다.

I appreciate your offer to help.
도움을 주시겠다고 제안해 주셔서 감사드립니다.

I appreciate you backing me up last night.
어젯밤 제 편을 들어 주셔서 감사드립니다.

미드에선 이렇게! [The O.C. 2*19]

I appreciate everything that you and the Cohens have done for me.
당신과 코헨 가족이 저를 위해 해 주신 모든 것에 감사드립니다.

💬 Conversation

A: You don't even need to lift a finger till the baby comes, okay?
아기가 태어날 때 까지는 손가락 하나 조차도 까딱할 필요 없어요, 알겠죠?

B: Well, **I appreciate** your concern, but I'm fine.
음, 걱정은 감사드리지만, 저 괜찮아요.

I just wanted to thank you for ~. ~에 대해 감사드리고 싶었어요.

상대방이 나에게 베푼 호의에 대해서 바로 고맙다는 말을 못했을 때, 나중에라도 그에 대해서 고맙다고 말하는 매너가 필요하겠죠? 다소 쑥스럽지만 상대방에게 고맙다는 말을 하고 싶었다고 전할 때 사용할 수 있는 패턴입니다.

I just wanted to thank you for inviting me.
절 초대해 주신 것에 대해 감사드리고 싶었어요.

I just wanted to thank you for yesterday.
어제 일에 대해 감사드리고 싶었어요.

I just wanted to thank you for being so nice to me earlier.
일전에 제게 굉장히 친절히 대해 주신 것에 대해 감사드리고 싶었어요.

영화에선 이렇게! [You don't mess with Zohan]

I just wanted to thank you for saving my business.
제 사업을 구해 주신 것에 대해 감사드리고 싶었어요.

💬 Conversation

A: **I just wanted to thank you for** patching things up with my girlfriend.
제 여자 친구와의 일을 잘 마무리해 준 것에 대해 감사드리고 싶었어요. (**patch up** 해결하다, 수습하다)

B: Well, sure, no problem.
당연한 건데요, 뭐, 괜찮아요.

How nice of you to ~. ~해 주다니 정말 고맙다.

'How+형용사!'는 '정말 ~ 하구나!'란 감탄문의 패턴입니다. How nice of you to ~?는 상대방이 무언가를 해 주었기에 '너 정말 친절하구나!'란 의미로 '~해 주다니 정말 고맙다!'로 의역해 줄 수 있습니다. nice 대신에 kind를 넣어서 How kind of you to ~! 패턴으로 말하셔도 됩니다.

How nice of you to come. 와 주다니 정말 고맙다.
How nice of you to respond so promptly. 신속히 답신을 해 주다니 정말 고맙다.
How nice of you to see me off. 날 배웅해 주다니 정말 고맙다.

📽 미드에선 이렇게! [Murder Ahoy]
How nice of you to say that.
그렇게 말해 주다니 정말 고맙다.

💬 Conversation
A: **How nice of you to** drop by. Come on in.
  우리 집에 들러 주다니 정말 고맙다. 안으로 들어와.
B: Thanks. You have a lovely house.
  고마워. 집이 참 예쁘구나.

I'd appreciate it if you could ~. ~해 주신다면 정말 감사하겠어요.

상대방이 무언가를 해 줄 수 있다는 조건을 걸고 그래 준다면 감사하겠다는 말을 전할 때 사용할 수 있는 패턴입니다.

I'd appreciate it if you could keep this to yourself.
이 일을 비밀로 해 주신다면 정말 감사하겠어요.
I'd appreciate it if you could concentrate on our project.
우리 프로젝트에 집중을 해 주신다면 정말 감사하겠어요.
I'd appreciate it if you could lower your voice just a little bit.
아주 조금 목소리를 낮춰 주신다면 정말 감사하겠어요.

📽 영화에선 이렇게! [Nell]
I'd appreciate it if you could do your best / not to screw it up.
최선을 다해 주신다면 정말 감사하겠어요. / 그 일을 망치지 않기 위해서.

💬 Conversation
A: **I'd appreciate it if you could** help me with this.
  이 일 하는 데 절 좀 도와주신다면 정말 감사하겠어요.
B: I'm sorry, but my hands are full.
  죄송하지만, 저도 너무 바쁘네요.

Review!

미드&스크린 속 네이티브들의 표현법 따라잡기!
앞서 배운 패턴 문장들입니다. 한글을 보고 영어로 크게 외쳐 봅시다!

007 **Thank you for ~**
~해 주셔서 감사해요.

- 이것저것 다 감사드려요.
- 와 주셔서 감사해요.
- 제게 솔직히 말씀해 주셔서 감사해요.
- 케이크 감사해요. 저 가서 접시 좀 가져올게요.
- 막판에 저희에게 시간을 내 주셔서 감사드립니다.

008 **Thank you for not ~**
~하지 않아서 감사드려요.

- 아무 말도 하지 않아서 감사드려요.
- 날 두고 가지 않아서 감사드려요.
- 절 혼내지 않아서 감사드려요.
- 제 이상한 가방을 언급하지 않아서 감사해요.
- 담배를 피우지 않아서 감사드려요.

009 **I appreciate ~**
~해 주셔서 감사드립니다.

- 친절에 감사드립니다.
- 도움을 주시겠다고 제안해 주셔서 감사드립니다.
- 어젯밤 제 편 들어 주셔서 감사드립니다.
- 당신과 코헨 가족이 저를 위해 해 주신 모든 것에 감사드립니다.
- 걱정은 감사드리지만, 저 괜찮아요.

010 **I just wanted to thank you for ~.**
~에 대해 감사드리고 싶었어요.

- 절 초대해 주신 것에 대해 감사드리고 싶었어요.
- 어제 일에 대해 감사드리고 싶었어요.
- 일전에 제게 굉장히 친절히 대해 주신 것에 대해 감사드리고 싶었어요.
- 제 사업을 구해 주신 것에 대해 감사드리고 싶었어요.
- 제 여자 친구와의 일을 잘 마무리해 준 것에 대해 감사드리고 싶었어요.

011 **How nice of you to ~.**
~해 주다니 정말 고맙다.

- 와 주다니 정말 고맙다.
- 신속히 답신을 해 주다니 정말 고맙다.
- 날 배웅해 주다니 정말 고맙다.
- 그렇게 말해 주다니 정말 고맙다.
- 우리 집에 들러 주다니 정말 고맙다.

012 **I'd appreciate it if you could ~.**
~해 주신다면 정말 감사하겠어요.

- 이 일을 비밀로 해 주신다면 정말 감사하겠어요.
- 우리 프로젝트에 집중을 해 주신다면 정말 감사하겠어요.
- 아주 조금 목소리를 낮춰 주신다면 정말 감사하겠어요.
- 최선을 다해 주신다면 정말 감사하겠어요. / 그 일을 망치지 않기 위해서.
- 이 일 하는 데 절 좀 도와주신다면 정말 감사하겠어요.

Situation 003 >> 강요와 강제

Don't make me ~. 나 ~하게 만들지 마요.

동사 make는 뒤에 목적어와 동사 원형을 넣어 '~가 ~하게 만들다'란 뜻으로 사용됩니다. Please와 함께 명령문 형태로 상대방에게 애원이나 호소 및 경고의 의미로 사용할 수 있는 패턴입니다.

Don't make me do this.	내가 이거 하게 만들지 마.
Don't make me hurt you.	내가 널 다치게 만들지 마.
Don't make me cry.	날 울게 만들지 마.

🎬 영화에선 이렇게! [Wrongfully Accused]

Don't make me choose between you and my family.
내가 너와 내 가족들 사이에서 선택하게 만들지 마.

💬 Conversation

A: Then, I got naked in front of her, and started dancing like crazy.
그러고 나서, 난 그녀 앞에서 옷을 홀딱 벗고, 미친 듯이 춤을 추기 시작했어.

B: **Don't make me** laugh. I'm gonna wet myself.
그만 좀 웃겨. 나 이러다 오줌 싸겠어.

I'll have him + 동사원형 ~. 그가 ~하도록 시킬게요.

동사 have 또한 뒤에 목적어와 동사원형을 넣어 '~가 ~를 하도록 시키다'란 의미를 만들어냅니다. 자신이 설득하거나 또는 강요를 통해서 상대방이 어떤 행동을 하게끔 조치하겠다는 걸 말할 때 쓸 수 있는 패턴입니다.

I'll have him call you the minute he comes in.	그가 들어오면 바로 전화 드리도록 할게요.
I'll have him install a satellite dish.	그가 위성 수신기를 설치하도록 시킬게요.
I'll have him meet you after work.	그가 퇴근 후에 당신을 만나도록 시킬게요.

🎬 미드에선 이렇게! [House 4*5]

Good idea. **I'll have him sort** my mail.
좋은 생각이야. 그가 내 우편물 정리를 하게 시켜야지.

💬 Conversation

A: Hi, this is John Smith speaking. I'd like to speak to Mr. Brown.
여보세요. 전 존 스미스라고 합니다. 브라운 부장님과 통화하고 싶습니다.

B: I'm sorry, but he's not in the office right now. But, **I'll have him call** you back.
죄송하지만 지금 사무실에 안 계시네요. 그가 다시 전화를 드리도록 할게요.

015   I had[got] ~ + 과거분사 ~.   나 ~가(를) …당했어.

동사 have와 목적어 뒤에 과거분사 형태를 넣으면 목적어가 직접 하는 것이 아니라 당한 것, 즉 수동의 의미를 나타냅니다. 자신의 의지와는 상관없이 자동차, 지갑 등을 도난당하거나, 신체가 부러진다거나 할 때 사용할 수 있는 패턴이지요.

I had my watch **stolen** yesterday.   나 어제 내 시계를 도난당했어.
I had my arm **broken** by bullies.   나 불량배들에게 당해서 팔이 부러졌어.
I had my left leg **broken** in a car accident.   나 자동차 사고로 왼쪽 다리가 부러졌어.

🎬 미드에선 이렇게! [That '70s Show]

I just **had** my heart **broken** and I really need someone to talk to.
나 방금 가슴이 깨짐을 당했어(나 실연당했어). 얘기를 나눌 사람이 정말로 필요해.

💬 Conversation

A: Why do you have your left arm in a cast?
    너 왜 왼쪽 팔에 깁스를 한 거니?
B: Oh, **I had** it **broken** while playing basketball with some of my friends.
    아, 친구들 몇 명하고 농구 하다가 부러졌어.

016   How did you get her to ~?   너 어떻게 그녀가 ~하게 한 거니?

make와 have 동사가 목적어 뒤에 동사원형을 넣어 '~하게 시키다'란 의미를 만드는 반면에, get 동사는 목적어 뒤에 to부정사를 넣어 '~가 ~하게 시키다'란 의미를 만들어 냅니다.

How did you get her to do it?   너 어떻게 그녀가 그 일을 하게 한 거니?
How did you get her to agree to this?   너 어떻게 그녀가 이 사안에 동의하도록 한 거니?
How did you get her to accept the offer?   너 어떻게 그녀가 그 제안을 받아들이도록 한 거니?

🎬 미드에선 이렇게! [Monk 3*5]

How did you get my ex **to** send me a check?
어떻게 제 전 남편이 제게 수표를 보내도록 한 거죠?

💬 Conversation

A: **How did you get her to** agree with you?
    너 어떻게 그녀가 네 생각에 동의하도록 한 거니?
B: Surprisingly, she was easy to persuade.
    놀랍게도, 그녀는 설득하기 쉽던 걸요.

No one's forcing you to ~. 아무도 네게 ~하라고 강요하는 건 아냐.

동사 force는 뒤에 목적어와 to부정사를 넣어 '~가 ~를 하게 강요하다'란 뜻으로 사용됩니다. No one을 주어로 해서 그 누구도 상대방을 억지로 무언가를 하게끔 하는 건 아님을 설명해 줄 수 있는 표현입니다.

No one's forcing you to be here. 아무도 네게 여기 있으라고 강요하는 건 아냐.
No one's forcing you to make a choice. 아무도 네게 선택을 하라고 강요하는 건 아냐.
No one's forcing you to come with us. 아무도 네게 우리와 함께 가자고 강요하는 건 아냐.

🎬 영화에선 이렇게! 〔Gloomy Sunday〕
No one's forcing you to eat it.
아무도 네게 그거 먹으라고 강요하는 건 아냐.

💬 Conversation
A: I really don't understand why we're still here. This is a total waste of time.
   난 정말 왜 우리가 아직 여기 있는 건지 이해가 안 가. 완전 시간 낭비야.
B: Then, leave. **No one's forcing you to** stay.
   그러면 가. 아무도 네게 머물라고 강요하는 건 아니잖아.

I was forced to ~. 전 ~하도록 강요받았어요.

be forced는 수동태 표현으로 '강요받다'란 뜻이 됩니다. 구체적으로 무엇을 하도록 강요받았는지는 뒤에 to부정사 이하의 내용으로 설명해 줄 수 있습니다.

I was forced to do it against my will.
전 제 의지와는 반하게 그걸 하도록 강요받았어요.
I was forced to resign.
전 사임하도록 강요받았어요.
I was forced to buy something I didn't want to.
전 제가 원하지 않는 무언가를 사도록 강요받았어요.

🎬 영화에선 이렇게! 〔Lizzie McGuire〕
I was forced to tell her, "This is it. This will be our last CD together".
난 그녀에게 이렇게 말하도록 강요받았어요. "여기까지야. 이게 우리가 함께 하는 마지막 CD야" 라고요.

💬 Conversation
A: Why did you quit your acting career?
   너 왜 연기자로서의 길을 그만둔 거니?
B: Well, **I was forced to** have a plastic surgery by my company. I just couldn't accept it.
   회사로부터 성형수술을 하도록 강요받았어요. 받아들일 수가 없더군요.

Review!

미드&스크린 속 네이티브들의 표현법 따라잡기!
앞서 배운 패턴 문장들입니다. 한글을 보고 영어로 크게 외쳐 봅시다!

013 Don't make me ~.
나 ~하게 만들지 마요.

- 내가 이거 하게 만들지 마.
- 내가 널 다치게 만들지 마.
- 날 울게 만들지 마.
- 내가 너와 내 가족들 사이에서 선택하게 만들지 마.
- 그만 좀 웃겨.

014 I'll have him + 동사원형 ~.
그가 ~하도록 시킬게요.

- 그가 들어오면 바로 전화 드리도록 할게요.
- 그가 위성 수신기를 설치하도록 시킬게요.
- 그가 퇴근 후에 당신을 만나도록 시킬게요.
- 그가 내 우편물 정리를 하게 시켜야지.
- 그가 다시 전화를 드리도록 할게요.

015 I had[got] ~ + 과거분사 ~.
나 ~가(를) …당했어.

- 나 어제 내 시계를 도난당했어.
- 나 불량배들에게 당해서 팔이 부러졌어.
- 나 자동차 사고로 왼쪽 다리가 부러졌어.
- 나 방금 가슴이 깨짐을 당했어(나 실연당했어).
- 친구들 몇 명하고 농구를 하다고 부러졌어.

016 How did you get her to ~?
너 어떻게 그녀가 ~하게 한 거니?

- 너 어떻게 그녀가 그 일을 하게 한 거니?
- 너 어떻게 그녀가 이 사안에 동의하도록 한 거니?
- 너 어떻게 그녀가 그 제안을 받아들이도록 한 거니?
- 어떻게 제 전 남편이 제게 수표를 보내도록 한 거죠?
- 너 어떻게 그녀가 네 생각에 동의하도록 한 거니?

017 No one's forcing you to ~.
아무도 네게 ~하라고 강요하는 건 아냐.

- 아무도 네게 여기 있으라고 강요하는 건 아냐.
- 아무도 네게 선택을 하라고 강요하는 건 아냐.
- 아무도 네게 우리와 함께 가자고 강요하는 건 아냐.
- 아무도 네게 그거 먹으라고 강요하는 건 아냐.
- 아무도 네게 머물라고 강요하는 건 아니잖아.

018 I was forced to ~.
전 ~하도록 강요받았어요.

- 전 제 의지와는 반하게 그걸 하도록 강요받았어요.
- 전 사임하도록 강요받았어요.
- 전 제가 원하지 않는 무언가를 사도록 강요받았어요.
- 난 그녀에게 이렇게 말하도록 강요받았어요.
- 회사로부터 성형수술을 하도록 강요받았어요.

Situation 004 >> 강조

~ is(are) a must! ~는 필수야!

무언가가 반드시 필요한 것이라고 강조해서 말할 때 본 패턴을 사용할 수 있습니다. must는 명사로 '필수품'이란 뜻도 있기 때문이죠. 주어가 단수냐 복수냐에 따라서 be동사를 is 혹은 are로 맞춰서 말해야 한다는 점에 주의하세요.

Trust **is a must**!	신뢰는 필수야!
Confidence **is a must**!	자신감은 필수야!
Two bedrooms **are a must**!	방 두 개는 필수야!

🎬 영화에선 이렇게! [Just Married]

Breakfast beer is a must!
아침식사 때 맥주는 필수야.

💬 **Conversation**

A: Actually, I'm thinking about dropping out of school.
　　사실, 난 대학을 중퇴할까 생각 중이야.

B: That's not a good idea. University degree **is a must**!
　　그건 좋은 생각이 아냐. 대학 졸업장은 필수라고!

That's not what I + 동사 ~. 그건 내가 ~한 게 아니야.

무언가가 자신이 한 것이 아니라고 강조해서 말할 때 쓸 수 있는 패턴입니다. 이 패턴으로 말한 다음 I swear!(맹세해!)란 표현을 붙여주면 더 강조가 되겠죠?

That's not what I wanted.	그건 내가 원한 게 아니야.
That's not what I meant.	그건 내가 뜻한 게 아니야.
That's not what I did last night.	그건 내가 어젯밤에 한 게 아니야.

🎬 미드에선 이렇게! [CSI Las Vegas 4*6]

That's not what I was looking at.
그건 내가 보고 있던 게 아니야.

💬 **Conversation**

A: Did you tell John that you're quitting?
　　너 그만 둘 거라고 존에게 말했니?

B: No, **that's not what I** told him.
　　아냐, 그건 내가 그에게 말한 게 아니야.

 ## 021 It doesn't matter if ~. ~는 중요하지 않아.

matter는 동사로 '중요하다'란 뜻을 가지고 있습니다. It doesn't matter는 '그건 중요하지 않아'란 뜻으로 회화에서 즐겨 사용되는 패턴입니다. 뒤에 if(~인지 아닌지)절이 이끄는 문장을 붙여서 중요하지 않은 내용에 대한 구체적인 설명을 붙일 수 있습니다.

It doesn't matter if you like it or not. 네가 그걸 좋아하던 안 하던 중요하지 않아.
It doesn't matter if you're married or not. 네가 결혼했던 안 했던 중요하지 않아.
It doesn't matter if she believes me or not. 그녀가 날 믿던 안 믿던 중요하지 않아.

🎬 영화에선 이렇게! [Cool Running]
It doesn't matter if they come in first or 50th.
그들이 1등으로 들어오든지 아니면 50등으로 들어오든지는 중요하지 않아.

💬 Conversation
A: **It doesn't matter if** you're rich or not. I just love the way you are.
네가 부자든 아니든 중요하지 않아. 난 널 그냥 있는 그대로 사랑해.
B: I love you, too.
나도 널 사랑해.

 ## 022 What matters is ~. 중요한 것은 ~이야.

관계대명사 what은 '~하는 것'이란 뜻으로 쓰입니다. 즉, What matters는 '중요한 것'이란 뜻이 됩니다. 중요한 것의 내용은 동사 is 뒤에 명사나 동명사 혹은 접속사 that이 이끄는 문장 등을 연결시켜서 말하면 됩니다.

What matters is your own personal happiness. 중요한 것은 네 자신의 개인적 행복이야.
What matters is living in the present. 중요한 것은 현실 속에 살아가는 거야.
What matters is that you're okay. 중요한 것은 네가 괜찮다는 거야.

🎬 영화에선 이렇게! [Get Smart]
What matters is that there is a bomb.
중요한 것은 폭탄이 있다는 거야.

💬 Conversation
A: I'm sorry I'm late.
늦어서 죄송합니다.
B: No, it's okay. **What matters is** that you're here. Let's go inside.
아니에요. 괜찮아요. 중요한 것은 당신이 여기 왔다는 거죠. 들어가시죠.

All you need is ~. 네게 필요한 건 ~뿐이야.

상대방에게 현재 가장 필요하고 가장 중요한 것 한 가지를 말해 줄 때 사용할 수 있는 패턴입니다.

All you need is love.	네게 필요한 건 사랑뿐이야.
All you need is a little courage.	네게 필요한 건 약간의 용기야.
All you need is a little self-confidence.	네게 필요한 건 약간의 자신감이야.

📺 미드에선 이렇게! [That '70s Show 7*24]

All you need is a job and a haircut.
네게 필요한 건 직장과 이발이야.

💬 Conversation

A: You want a nice car and a hot girlfriend? **All you need is** money.
멋진 차와 섹시한 여자친구를 원해? 네게 필요한 건 돈 뿐이야.

B: Yeah, money talks.
맞아. 돈이 최고지.

No wonder ~. ~할 만하구나(~가 이해가 가요).

No wonder!는 직역하면 '놀라운 게 아니다'란 뜻입니다. 그만큼 어떤 상황이 이해가 갈 만큼 당연함을 강조하는 표현입니다. 구체적으로 어떤 내용이 당연한지는 뒤에 문장으로 연결시켜서 말하면 됩니다.

No wonder you're pissed off.	너 열 받을 만하구나.
No wonder you're still single.	너 아직도 싱글일 만하구나.
No wonder he doesn't have any friends.	걔 친구가 전혀 없을 만하구나.

🎬 영화에선 이렇게! [Harold & Kumar Go to White Castle]

No wonder you didn't want to go to the hospital.
네가 병원 가길 원하지 않았던 게 이해가 가.

💬 Conversation

A: Her parents died last year, and her husband left her for another woman.
그녀의 부모님은 작년에 돌아가셨고, 그녀의 남편은 다른 여자 때문에 그녀를 떠났어요.

B: She must have felt devastated. **No wonder** she's addicted to drugs.
그녀는 억장이 무너졌겠네요. 그녀가 약물에 중독된 게 이해가 가네요.

Review!

미드&스크린 속 네이티브들의 표현법 따라잡기!
앞서 배운 패턴 문장들입니다. 한글을 보고 영어로 크게 외쳐 봅시다!

019 ~ is(are) a must!
~는 필수야!

- 신뢰는 필수야!
- 자신감은 필수야!
- 방 두 개는 필수야!
- 아침식사 때 맥주는 필수야.
- 대학 졸업장은 필수라고!

020 That's not what I + 동사 ~.
그건 내가 ~한 게 아니야.

- 그건 내가 원한 게 아니야.
- 그건 내가 뜻한 게 아니야.
- 그건 내가 어젯밤에 한 게 아니야.
- 그건 내가 보고 있던 게 아니야.
- 그건 내가 그에게 말한 게 아니야.

021 It doesn't matter if ~.
~는 중요하지 않아.

- 네가 그걸 좋아하던 안 하던 중요하지 않아.
- 네가 결혼했던 안 했던 중요하지 않아.
- 그녀가 날 믿던 안 믿던 중요하지 않아.
- 그들이 1등으로 들어오든지 아니면 50등으로 들어오든지는 중요하지 않아.
- 네가 부자든 아니든 중요하지 않아.

022 What matters is ~.
중요한 것은 ~이야.

- 중요한 것은 네 자신의 개인적 행복이야.
- 중요한 것은 현실 속에 살아가는 거야.
- 중요한 것은 네가 괜찮다는 거야.
- 중요한 것은 폭탄이 있다는 거야
- 중요한 것은 당신이 여기 왔다는 거죠.

023 All you need is ~.
네게 필요한 건 ~뿐이야.

- 네게 필요한 건 사랑뿐이야.
- 네게 필요한 건 약간의 용기야.
- 네게 필요한 건 약간의 용기야.
- 네게 필요한 건 직장과 이발이야.
- 네게 필요한 건 돈 뿐이야.

024 No wonder ~.
~할 만하구나(~가 이해가 가요).

- 너 열 받을 만하구나.
- 너 아직도 싱글일 만하구나.
- 걔 친구가 전혀 없을 만하구나.
- 네가 병원 가길 원하지 않았던 게 이해가 가.
- 그녀가 약물에 중독된 게 이해가 가네요.

Situation 005 >> 강한부정

I can't believe ~. ~라니 믿을 수가 없어요.

어떤 말을 듣고 그걸 믿을 수 없다고 말할 때는 I can't believe it!이라고 말하면 됩니다. 목적어 자리에 it 대신에 문장을 넣으면 그 내용을 믿을 수 없다는 뜻이 전해진답니다.

I can't believe he's older than me. 그가 나보다 나이가 많다니 믿을 수가 없어요.
I can't believe you really did that. 네가 정말 그랬다니 믿을 수가 없구나.
I can't believe you just called me fat. 너 날 방금 뚱뚱하다고 하다니 믿을 수가 없구나.

🎬 미드에선 이렇게! [Desperate Housewives 2*17]
I can't believe I wasted my time with you.
내가 너에게 내 시간을 낭비했다니 믿을 수가 없구나.

💬 Conversation
A: **I can't believe** Tom's dead. How did it happen?
  탐이 죽었다니 믿을 수가 없어요. 어떻게 된 거죠?
B: It was a car accident.
  자동차 사고였어요.

That can't be ~. 그건 ~일 리가 없어.

can't be는 '~일 리가 없다'는 뜻으로 사용됩니다. 상대방으로부터 어떤 소식을 전해 듣고 그것에 대한 부정적 의견을 전할 때 사용할 수 있는 패턴입니다.

That can't be right. 그건 맞을 리가 없어(그럴 수는 없어).
That can't be good for me. 그건 내게 좋을 리가 없어.
That can't be legal. 그건 합법적일 리가 없어.

🎬 미드에선 이렇게! [Alias 5*6]
That can't be a coincidence.
그건 우연일 리가 없어.

💬 Conversation
A: Your cousin, James, is dead.
  당신 사촌 제임스는 죽었습니다.
B: What? **That can't be** true.
  뭐라고요? 그건 사실일 리가 없어요.

You wouldn't believe ~. 넌 ~를 믿지 못할 거야.

상대방이 무언가를 믿지 못할 거라 단언하여 말할 때는 You won't believe ~ 패턴으로 말할 수 있습니다. 그것보다는 다소 약하게 '너 ~를 믿지 못할 거야'란 말을 전달하고 싶다면 won't 대신에 wouldn't를 넣어서 You wouldn't believe ~ 패턴으로 말하면 됩니다.

You wouldn't believe me anyway.
넌 어쨌든 날 믿지 못할 거야.

You wouldn't believe who is involved in this.
너 누가 이 일에 관련되어 있는지를 믿지 못할 거야.

You wouldn't believe where I am right now.
너 내가 지금 어디 있는지 믿지 못할 거야.

🎬 영화에선 이렇게! [The Proposal]

You wouldn't believe what I saw.
넌 내가 뭘 봤는지 믿지 못할 거야.

💬 Conversation

A: You look like hell. Is everything okay?
너 꼴이 말이 아니야. 괜찮은 거니?

B: My workload is killing me. **You wouldn't believe** how much stress I'm under at work.
업무량이 장난이 아니야. 넌 내가 얼마나 많이 회사에서 스트레스를 받는지 믿지 못할 거야.

It's hard to believe ~. ~는 믿기가 어렵네요.

어떤 상황을 믿기가 어렵다고 말할 때는 간단히 It's hard to believe라고 말할 수 있습니다. 구체적으로 어떤 내용을 믿기가 어려운지는 뒤에 구체적으로 언급해 줄 수 있습니다.

It's hard to believe anything she says. 그녀가 말하는 건 어떤 것도 믿기가 어렵네요.
It's hard to believe he's dead. 그가 죽었다는 걸 믿기가 어렵네요.
It's hard to believe you didn't know. 네가 몰랐다니 믿기가 어렵다.

🎬 미드에선 이렇게! [The O.C 3*25]

It's hard to believe you're done with school.
네가 학교를 졸업했다니 믿기가 어렵구나.

💬 Conversation

A: **It's hard to believe** you don't have a boyfriend.
네가 남자친구가 없다니 믿기가 어렵다.

B: I guess I'm not the type guys go for.
난 남자들이 좋아하는 그런 타입이 아닌가 봐요.

 ## No one would + 동사원형 ~. 아무도 ~하진 않을 거야.

그 누구도 무언가를 하지 않을 것이라고 말할 때 사용할 수 있는 패턴입니다. 조동사 would는 will 보다는 확신성이 떨어지므로 100% 확실한 사안이 아니라면 No one will ~보다는 No one would ~ 패턴이 더 자연스럽습니다.

No one would say a word about it. 아무도 그 일에 대해 한 마디도 하지 않을 거야.
No one would notice the difference. 아무도 차이점을 알아채지 못할 거야.
No one would show up tonight. 아무도 오늘밤에 나타나지 않을 거야.

■ 영화에선 이렇게! [The Italian Job]
No one would forgive them for their crimes.
아무도 그들의 범죄에 대해서 그들을 용서하진 않을 거야.

💬 Conversation
A: We shouldn't tell anyone what happened tonight.
오늘밤 일어난 일에 대해선 누구에게도 말해서는 안 돼.
B: **No one would** believe us anyway.
어쨌든 아무도 우리를 믿지는 않을 거야.

 ## There's no way ~. ~할 방법은 없어요(일 리가 없어요).

무언가를 할 방법이나 길이 절대 있을 수 없다고 강하게 부정할 때 There's no way ~ 패턴을 사용할 수 있습니다. 명사 way 뒤에는 구체적으로 방법이 없는 내용을 문장으로 연결시켜서 말하면 됩니다.

There's no way we can beat them. 우리가 그들을 이길 방법은 없어.
There's no way I can meet the deadline. 내가 마감일을 지킬 방법은 없어.
There's no way he can win the election. 그가 선거를 이길 수 있는 방법은 없어.

■ 영화에선 이렇게! [Mr. Deeds]
There's no way you're a school nurse.
당신이 양호선생님일 리가 없잖아요.

💬 Conversation
A: Actually, I'm 22.
사실 난 22살이야.
B: What? **There's no way** you're 22.
뭐? 네가 22살일 리가 없어.

Review!

미드&스크린 속 네이티브들의 표현법 따라잡기!
앞서 배운 패턴 문장들입니다. 한글을 보고 영어로 크게 외쳐 봅시다!

025 I can't believe ~.
~라니 믿을 수가 없어요.

- ☐ 그가 나보다 나이가 많다니 믿을 수가 없어요.
- ☐ 네가 정말 그랬다니 믿을 수가 없구나.
- ☐ 너 날 방금 뚱뚱하다고 하다니 믿을 수가 없구나.
- ☐ 내가 너에게 내 시간을 낭비했다니 믿을 수가 없구나.
- ☐ 탐이 죽었다니 믿을 수가 없어요.

026 That can't be ~.
그건 ~일 리가 없어.

- ☐ 그건 맞을 리가 없어(그럴 수는 없어).
- ☐ 그건 내게 좋을 리가 없어.
- ☐ 그건 합법적일 리가 없어.
- ☐ 그건 우연일 리가 없어.
- ☐ 그건 사실일 리가 없어요.

027 You wouldn't believe ~.
넌 ~를 믿지 못할 거야.

- ☐ 넌 어쨌든 날 믿지 못할 거야.
- ☐ 너 누가 이 일에 관련되어 있는지를 믿지 못할 거야.
- ☐ 너 내가 지금 어디 있는지 믿지 못할 거야.
- ☐ 넌 내가 뭘 봤는지 믿지 못할 거야.
- ☐ 넌 내가 얼마나 많이 회사에서 스트레스를 받는지를 믿지 못할 거야.

028 It's hard to believe ~.
~는 믿기가 어렵네요.

- ☐ 그녀가 말하는 건 어떤 것도 믿기가 어렵네요.
- ☐ 그가 죽었다는 걸 믿기가 어렵네요.
- ☐ 네가 몰랐다니 믿기가 어렵다.
- ☐ 네가 학교를 졸업했다니 믿기가 어렵구나.
- ☐ 네가 남자친구가 없다니 믿기가 어렵다.

029 No one would + 동사원형 ~.
아무도 ~하진 않을 거야.

- ☐ 아무도 그 일에 대해 한 마디도 하지 않을 거야.
- ☐ 아무도 차이점을 알아채지 못할 거야.
- ☐ 아무도 오늘밤에 나타나지 않을 거야.
- ☐ 아무도 그들의 범죄에 대해서 그들을 용서하진 않을 거야.
- ☐ 어쨌든 아무도 우리를 믿지는 않을 거야.

030 There's no way ~.
~할 방법은 없어요(일 리가 없어요).

- ☐ 우리가 그들을 이길 방법은 없어.
- ☐ 내가 마감일을 지킬 방법은 없어.
- ☐ 그가 선거를 이길 수 있는 방법은 없어.
- ☐ 당신이 양호선생님일 리가 없잖아요.
- ☐ 네가 22살일 리가 없어.

Situation 006 >> 강한 선호

I have a weakness for ~. 난 ~이라면 사족을 못 써.

무언가를 너무 좋아해서 그것 앞에서는 절대 강한 모습을 보일 수 없음을 말할 때 사용할 수 있는 패턴입니다.

I have a weakness for ice cream.	난 아이스크림이라면 사족을 못 써.
I have a weakness for prawns.	난 새우라면 사족을 못 써.
I have a weakness for smart, good-looking men.	난 똑똑하고 잘 생긴 남자라면 사족을 못 써.

🎬 영화에선 이렇게! [Transformers]

I just **have a weakness for** hot guys.
난 섹시한 남자들이라면 그냥 사족을 못 써.

💬 Conversation

A: **I have a weakness for** money and women.
난 돈과 여자라면 사족을 못 써.

B: Well, who can blame you?
음, 누가 널 비난할 수 있겠냐(아무도 네가 그런다고 뭐라고 못한다)?

I can't get enough of ~. ~는 아무리 …해도 또 …하고 싶어.

여러 가지 뜻으로 사용되는 동사 get은 '얻다, 받다'란 뜻으로도 사용이 됩니다. 즉, I can't get enough of는 무언가를 너무 좋아해서 아무리 가지고 또 가져도 충분치 않음을 나타낼 수 있는 패턴입니다.

I can't get enough of shoes.	신발은 아무리 가져도 또 가지고 싶어.
I can't get enough of this spaghetti.	이 스파게티는 아무리 먹고 먹어도 또 먹고 싶어.
I can't get enough of your love.	너의 사랑은 아무리 받아도 또 받고 싶어.

🎬 영화에선 이렇게! [American Pie : Beta House]

I'm telling you. **This chic can't get enough of** me.
진짜라니까. 이 여자애는 날 아무리 봐도 또 보고 싶어 한다니까.

💬 Conversation

A: Jenny! Meet me at the lunch patio after school, okay?
제니! 방과 후에 점심 먹는 테라스에서 만나자, 알겠지?

B: **You can't get enough of** me, huh?
날 아무리 봐도 또 보고 싶은 거지, 그렇지?

 ## I'm so into ~. 나 ~에 푹 빠져 있어.

'~안으로'라는 의미를 가진 전치사 into를 사용해서 무언가에 푹 빠져 있는 상태나 혹은 무언가를 좋아하는 상태임을 전달할 때 사용할 수 있는 패턴입니다.

I'm so into that movie.
나 그 영화에 푹 빠져 있어.
I'm so into online chatting.
나 온라인 채팅에 푹 빠져 있어.
I'm so into lots of stuff these days.
난 요즘 많은 것들에 푹 빠져 있어.

🎬 미드에선 이렇게! [Will and Grace 5*24]

Excuse me, I hate to bother you, but in college **I was so into** you.
실례합니다. 귀찮게 해서 죄송한데요, 대학교 때 전 당신에게 푹 빠져 있었습니다.

💬 Conversation

A: I think you're a great-looking guy and all, but **I'm so into** women.
저 그쪽이 잘 생기고 뭐 그렇다고 생각하는데요, 전 여자가 좋습니다.

B: Oh, I'm sorry. I thought you were gay.
아, 죄송해요. 게이이신 줄 알았어요.

 ## I'm sucker for ~. 난 ~이라면 환장을 해.

무언가에 잘 속는 사람을 가리켜서 슬랭으로 sucker라고 부릅니다. 즉, 무언가를 너무 좋아해서 그것을 위해서라면 어떤 거짓말도 속아서 넘어갈 정도임을 나타낼 때 사용할 수 있는 패턴입니다.

I'm a sucker for blonde hair and blue-eyed women.
난 금발 머리에 파란 눈을 가진 여자라면 환장을 해.

I'm a sucker for sale items.
난 할인제품이라면 환장을 해.

I'm a sucker for Beyonce.
난 비욘세라면 환장을 해.

🎬 미드에선 이렇게! [Gossip Girl]

You know, **I'm a sucker for** stories about scorned women.
그게, 난 멸시받은 여성에 대한 이야기라면 환장을 해.

💬 Conversation

A: I want to know what hair styles drive women crazy.
난 어떤 머리 스타일이 여자들을 미치게 하는지 알고 싶어.

B: Personally, **I'm a sucker for** the wild look.
개인적으로 난 거친 스타일에 환장을 해.

 035

I really love your ~. 난 네 ~이 정말 마음에 들어.

love는 누군가를 '사랑하다'는 뜻 외에도 사물, 성질 등을 목적어로 취하여 그것을 정말 마음에 들어 한다는 의미를 전달해 줄 때도 사용합니다. really를 넣어서 그 정도를 더 강조해 줄 수 있습니다.

I really love your jacket. 난 네 재킷이 정말 마음에 들어.
I really love your sense of humor. 난 네 유머감각이 정말 마음에 들어.
I really love your necklace. 난 네 목걸이가 정말 마음에 들어.

🎬 미드에선 이렇게! [Will and Grace 2 * 11]

I really love your place. I really love what you've done with it.
난 정말 너희 집이 마음에 들어. 난 정말 네가 집을 꾸며놓은 게 마음에 들어.

💬 Conversation

A: **I really love your** shirt.
나 정말 네 셔츠가 마음에 들어.

B: Thanks. My girlfriend bought it for me.
고마워. 여자친구가 사 준 거야.

 036

I'm a big fan of ~. 난 ~의 열렬한 팬이야.

무언가를 열렬히 좋아할 때나 무언가의 열렬한 팬일 때 사용할 수 있는 패턴입니다. 자신이 가장 열 광적으로 무언가의 팬임을 강조할 때는 I'm the biggest fan of ~ 패턴을 쓸 수 있습니다.

I'm a big fan of the TV show "Gossip Girl". 전 텔레비전 드라마 "가십걸"의 열렬한 팬이에요.
I'm a big fan of Halloween. 난 할로윈 데이의 열렬한 팬이야.
I'm a big fan of your column. 전 당신 칼럼의 열렬한 팬이에요.

🎬 영화에선 이렇게! [American Pie : Beta House]

First, I want to tell you **I'm a big fan of** yours.
우선, 제가 당신의 열렬한 팬이라는 걸 말씀드리고 싶어요.

💬 Conversation

A: Mr. Brown. **I'm a big fan of** your work. Can I get your autograph?
브라운 선생님. 전 선생님 작품의 열렬한 팬입니다. 사인을 받을 수 있을까요?

B: Of course. Do you have a pen?
물론이죠. 펜 있으세요?

Review!

미드&스크린 속 네이티브들의 표현법 따라잡기!
앞서 배운 패턴 문장들입니다. 한글을 보고 영어로 크게 외쳐 봅시다!

031 I have a weakness for ~.
난 ~이라면 사족을 못 써.

- ☐ 난 아이스크림이라면 사족을 못 써.
- ☐ 난 새우라면 사족을 못 써.
- ☐ 난 똑똑하고 잘 생긴 남자라면 사족을 못 써.
- ☐ 난 섹시한 남자들이라면 그냥 사족을 못 써.
- ☐ 난 돈과 여자라면 사족을 못 써.

032 I can't get enough of ~.
~는 아무리 ...해도 또 ...하고 싶어.

- ☐ 신발은 아무리 가져도 또 가지고 싶어.
- ☐ 이 스파게티는 아무리 먹고 먹어도 또 먹고 싶어.
- ☐ 너의 사랑은 아무리 받아도 또 받고 싶어.
- ☐ 이 여자애는 날 아무리 봐도 또 보고 싶어 한다니까.
- ☐ 날 아무리 봐도 또 보고 싶은 거지, 그렇지?

033 I'm so into ~.
나 ~에 푹 빠져있어.

- ☐ 나 그 영화에 푹 빠져 있어.
- ☐ 나 온라인 채팅에 푹 빠져 있어.
- ☐ 난 요즘 많은 것들에 푹 빠져 있어.
- ☐ 대학교 때 전 당신에게 푹 빠져 있었습니다.
- ☐ 전 여자가 좋습니다.

034 I'm sucker for ~.
난 ~이라면 환장을 해.

- ☐ 난 금발 머리에 파란 눈을 가진 여자라면 환장을 해.
- ☐ 난 할인제품이라면 환장을 해.
- ☐ 난 비욘세라면 환장을 해.
- ☐ 난 멸시받은 여성에 대한 이야기라면 환장을 해.
- ☐ 개인적으로 난 거친 스타일에 환장을 해.

035 I really love your ~.
난 네 ~이 정말 마음에 들어.

- ☐ 난 네 재킷이 정말 마음에 들어.
- ☐ 난 네 유머감각이 정말 마음에 들어.
- ☐ 난 네 목걸이가 정말 마음에 들어.
- ☐ 난 정말 너희 집이 마음에 들어.
- ☐ 나 정말 네 셔츠가 마음에 들어.

036 I'm a big fan of ~.
난 ~의 열렬한 팬이야.

- ☐ 전 텔레비전 드라마 "가십걸"의 열렬한 팬이에요.
- ☐ 난 할로윈 데이의 열렬한 팬이야.
- ☐ 전 당신 칼럼의 열렬한 팬이에요.
- ☐ 제가 당신의 열렬한 팬이라는 걸 말씀드리고 싶어요.
- ☐ 전 선생님 작품의 열렬한 팬입니다

Situation 007 >> 결정과 결심

 037

I've decided to +동사원형 ~. 나 ~하기로 결정했어.

무언가를 하기로 결정, 결심을 내렸을 때 사용할 수 있는 패턴입니다. 서술어 시제를 have+과거분사 즉, 현재시제로 나타낸 것은 과거의 어느 시점부터 지금 결정을 내리기까지 고민을 계속 해왔다는 뉘앙스를 전달해 줍니다.

> **I've decided to** take a break from school.
> 나 학교 휴학하기로 결정했어요.
>
> **I've decided to** quit smoking.
> 담배를 끊기로 결정했어요.
>
> **I've decided to** cancel the subscription to this magazine.
> 나 이 잡지 정기구독을 취소하기로 결정했어요.

🎬 영화에선 이렇게! [Atonement]
I've decided to stay on a bit. I'm meeting someone.
나 좀 더 머물기로 결정했어. 누군가를 만날 예정이야.

💬 Conversation
A: **I've decided to** break up with John.
   나 존과 헤어지기로 결정했어.
B: Why? Is there somebody else? You guys were so cute together.
   왜? 다른 사람이 생긴 거야? 너희 둘 정말 잘 어울렸었는데.

 038

I decided not to +동사원형 ~. 나 ~하지 않기로 결정했어.

decide to는 '~하는 것을 결정하다'지만, decide not to는 '~하지 않는 것을 결정하다'입니다.

> **I decided not to** fire him.   나 그를 해고하지 않기로 결정했어.
> **I decided not to** tell her the truth. 나 그녀에게 진실을 말하지 않기로 결정했어.
> **I decided not to** go on a vacation this month. 나 이번 달에 휴가 가지 않기로 결정했어.

🎬 영화에선 이렇게! [Juno]
I decided not to call Bleeker to tell him that I was having a baby.
나 내가 아기 낳을 거라는 거 말하려고 블리커에서 전화하지 않기로 결정했어.

💬 Conversation
A: So, who are you taking to the ball? Who's the lucky lady?
   너 그 파티에 누구 데리고 갈 거야? 행운의 여성이 누구일까?
B: Oh, well, **I decided not to** go. I'm gonna be a little busy on that day.
   아, 나는 가지 않기로 결정했어. 그 날 내가 좀 바쁠 거라서.

I haven't decided ~. 나 ~를 결정 못했어.

무언가를 할지 말지, 어떤 것을 취할지 말지 등, 어떤 사안에 대해서 결정을 내리지 못했음을 말 할 때 사용되는 패턴입니다. 결정하지 못한 사항을 to부정사를 포함한 다양한 명사(구, 절)로 언급할 수 있습니다.

I haven't decided anything yet.   나 아직은 어떤 것도 결정 못했어.
I haven't decided who I'm going to pick.   나 누구를 고를지 결정 못했어.
I haven't decided to go or stay yet.   나 아직은 갈지 머물지를 결정 못했어.

🎬 미드에선 이렇게! [The Simpsons 19*7]
I haven't decided what kind of new car to get.
저 아직 어떤 종류의 새 차를 살지 결정 못했어요.

💬 Conversation
A: How are you going to get there? By bus?
    너 어떻게 거기에 갈 건데? 버스로?
B: **I haven't decided** yet.
    아직 결정 못했어.

Have you decided what ~? 뭘 ~할지 결정했니?

상대방에게 무엇을 할지, 무엇을 먹을지, 무슨 대학을 갈 건지 등을 결정했는지 여부를 물을 때 사용할 수 있는 패턴입니다. 의문사 what 뒤에는 to부정사 또는 문장을 넣어 말하면 됩니다.

Have you decided what to do this weekend?   이번 주말에 뭐 할지 결정했니?
Have you decided what you're having?   너 뭘 먹을 건지 결정했니?
Have you decided what university you're going to?   너 무슨 대학을 갈 건지 결정했니?

🎬 미드에선 이렇게! [Grey's Anatomy 1*7]
Have you decided what you want to do tomorrow?
너 내일 뭘 하고 싶은지 결정했니?

💬 Conversation
A: **Have you decided what** to order?
    뭘 주문할지 결정했니?
B: Yeah, I'll have a latte and a cinnamon bun.
    응, 나 라떼 한 잔 이랑 시나몬 번 먹을래.

 Why did you decide to + 동사원형 ~? 너 왜 ~하기로 한 거니?

의문사 why를 활용해서 상대방이 이미 결정을 내린 내용에 대해서 왜 그런 결정을 했는지를 물을 때 쓸 수 있는 패턴입니다.

Why did you decide to volunteer? 너 왜 자원봉사를 하기로 한 거니?
Why did you decide to make a film about this? 왜 이걸 영화로 만들기로 한 거니?
Why did you decide to turn yourself in? 너 왜 자수하기로 한 거니?

■ 미드에선 이렇게! [Desperate Housewives 3*4]
Why did you decide to marry her?
너 왜 그녀와 결혼하기로 결심한 거니?

💬 Conversation

A: **Why did you decide to** work here?
왜 여기서 일하기로 한 거니?

B: Well, although the pay is not good, I thought I could learn a lot from here.
비록 급여는 많지 않지만, 이곳에서 많은 것을 배울 수 있을 거라 생각했어.

 I made up my mind to + 동사원형 ~. 나 ~하기로 마음먹었어.

make up one's mind는 make a decision과 동일한 의미로 사용할 수 있는 표현입니다. 즉, '결정하다' 혹은 '마음을 먹다'는 뜻으로 뒤에 to부정사를 넣어 구체적으로 뭘 하기로 마음먹었는지 말할 수 있습니다.

I made up my mind to eat somewhere else. 난 다른 곳에서 밥 먹기로 마음먹었어.
I made up my mind to become a cop. 난 경찰이 되기로 마음먹었어.
I made up my mind to study English hard. 나 열심히 영어 공부하기로 결심했어.

■ 영화에선 이렇게! [Anne of Green Gables]
I made up my mind to climb up that big, wild cherry tree.
나 저 큰 야생 체리 나무를 올라보기로 마음먹었어.

💬 Conversation

A: **I made up my mind to** lose weight.
나 살을 빼기로 결심했어.

B: Good for you. I hope it won't become an unsteady plan.
잘 생각했어. 작심삼일이 되지 않기를 바랄게.

Review!

미드&스크린 속 네이티브들의 표현법 따라잡기!
앞서 배운 패턴 문장들입니다. 한글을 보고 영어로 크게 외쳐 봅시다.

037 I've decided to + 동사원형 ~.
나 ~하기로 결정했어.

- ☐ 나 학교 휴학하기로 결정했어요.
- ☐ 담배를 끊기로 결정했어요.
- ☐ 나 이 잡지 정기구독을 취소하기로 결정했어요.
- ☐ 나 좀 더 머물기로 결정했어.
- ☐ 나 존과 헤어지기로 결정했어.

038 I decided not to + 동사원형 ~.
나 ~하지 않기로 결정했어.

- ☐ 나 그녀를 해고하지 않기로 결정했어.
- ☐ 나 그녀에게 진실을 말하지 않기로 결정했어.
- ☐ 나 이번 달에 휴가 가지 않기로 결정했어.
- ☐ 나 내가 아기 낳을 거라는 거 말하려고 블리커에서 전화하지 않기로 결정했어
- ☐ 나는 가지 않기로 결정했어.

039 I haven't decided ~.
나 ~를 결정 못했어.

- ☐ 나 아직은 어떤 것도 결정 못했어.
- ☐ 나 누구를 고를지 결정 못했어.
- ☐ 나 아직은 갈지 머물지를 결정 못했어.
- ☐ 저 아직 어떤 종류의 새 차를 살지 결정 못했어요.
- ☐ 아직 결정 못했어.

040 Have you decided what ~?
뭘 ~할지 결정했니?

- ☐ 이번 주말에 뭐 할지 결정했니?
- ☐ 너 뭘 먹을 건지 결정했니?
- ☐ 너 무슨 대학을 갈 건지 결정했니?
- ☐ 너 내일 뭘 하고 싶은지 결정했니?
- ☐ 뭘 주문할지 결정했니?

041 Why did you decide to + 동사원형 ~?
너 왜 ~하기로 한 거니?

- ☐ 너 왜 자원봉사를 하기로 한 거니?
- ☐ 왜 이걸 영화로 만들기로 한 거니?
- ☐ 너 왜 자수하기로 한 거니?
- ☐ 너 왜 그녀와 결혼하기로 결심한 거니?
- ☐ 왜 여기서 일하기로 한 거니?

042 I made up my mind to + 동사원형 ~.
나 ~하기로 마음먹었어.

- ☐ 난 다른 곳에서 밥 먹기로 마음먹었어.
- ☐ 난 경찰이 되기로 마음먹었어.
- ☐ 나 열심히 영어 공부하기로 결심했어.
- ☐ 나 저 큰 야생 체리 나무를 올라보기로 마음먹었어.
- ☐ 나 살을 빼기로 결심했어.

Situation 008 >> 계획

I'm gonna ~. 나 ~할 거야.

가까운 미래나 혹은 먼 미래에 자신이 무언가를 확실히 할 건지를 상대방에게 말할 때 사용할 수 있는 패턴입니다. I'm going to ~를 줄여서 I'm gonna ~라고도 말합니다.

I'm gonna go for a walk.	나 산책하러 갈 거야.
I'm gonna be late for work.	나 회사에 늦을 거야.
I'm gonna get some more milk.	나 우유 좀 더 가져올 거야.

▶ 미드에선 이렇게! [Desperate Housewives 2*21]

I'm gonna hit you again if you don't shut up.
나 만약 네가 입 다물지 않으면 널 다시 한 대 칠 거야.

💬 Conversation

A: **I'm gonna** go downstairs and get a glass of water. You want anything?
아래층에 내려가서 물 좀 가져 올 거예요. 필요한 거 있어요?

B: No, I'm good.
아니, 난 괜찮아.

I think I'm gonna ~. 나 ~할 것 같아(할까 생각 중이야).

확실하게 하겠다고 생각하는 일을 말하는 게 아니라 아무래도 그럴 것 같다는 뉘앙스로 말을 전달하고 싶다면 I'm gonna 앞에 I think를 붙여서 말하면 됩니다.

I think I'm gonna throw up.	나 토할 것 같아.
I think I'm gonna take off now.	나 이제 가볼까 생각 중이야.
I think I'm gonna get some air.	나 바람 좀 쐬고 올까 생각 중이야.

▶ 미드에선 이렇게! [Desperate Housewives 2*16]

I think I'm gonna get a new bath mat.
새 목욕탕 매트를 살까 생각 중이야.

💬 Conversation

A: Is that blood? Oh my god. **I think I'm gonna** pass out.
저거 피야? 오, 세상에. 나 기절할 것 같아.

B: That's not blood. It's just ketchup.
저거 피 아니야. 그냥 케첩이잖아.

 ## I think I'm gonna have to ~. ~해야만 할 것 같아.

자신이 하고 싶어서 그러는 것이 아니라, 여건 상 그래야만 할 것 같다고 말하고 싶다면 be gonna 뒤에 조동사 have to를 붙여서 말하면 됩니다.

I think I'm gonna have to let her go. 그녀를 보내줘야 할 것 같아.
I think I'm gonna have to stay here tonight. 오늘밤은 여기서 묵어야 할 것 같아.
I think I'm gonna have to get something to read. 읽을 것 좀 가져와야 할 것 같아.

🎬 미드에선 이렇게! [Felicity 1*8]

I think I'm gonna have to kick your ass. (kick one's ass : 혼쭐을 내주다)
나 네 놈을 혼쭐 내줘야만 할 것 같구나.

💬 Conversation

A: I'm sorry, something urgent came up. **I think I'm gonna have to** give you a rain check.
미안한데, 급한 일이 생겼어. 약속은 다음으로 미뤄야 할 것 같아.

B: It's okay. There's always next time.
괜찮아. 언제나 다음번이 있잖아.

 ## I swear I'm gonna ~. 난 맹세코 ~할 거야.

좀 더 자신의 의지를 담아서 반드시 맹세코 무언가를 하겠다고 말하고 싶다면 앞에 I swear를 붙여서 I swear I'm gonna ~ 패턴으로 말하면 됩니다. swear는 동사로 '맹세하다' 혹은 '욕을 하다'란 뜻을 가집니다.

I swear I'm gonna do better next time. 나 맹세코 다음번에 더 잘 할 거야.
I swear I'm gonna live my life differently. 나 맹세코 내 인생을 다르게 살 거야.
I swear I'm gonna kill that guy. 나 맹세코 저 자식을 죽여버릴 거야.

🎬 영화에선 이렇게! [The Holiday]

Open the door! **I swear I'm gonna** take a leak all over your front porch.
문 열어! 나 맹세코 너희 집 현관에다 오줌을 쌀 거야.

💬 Conversation

A: What are you gonna do? Huh? What can you do, moron?
네가 어쩔 건데? 어? 네가 뭘 할 수 있는데, 빙신아?

B: If you call me moron again, **I swear I'm gonna** punch you in the face.
한 번 더 날 빙신이라고 부르면, 맹세코 네 얼굴에 주먹을 날려버릴 거야.

It's gonna be ~. 그건 ~일 거야.

여기서 it은 어떤 대상을 가리키는 대명사로 '그것'으로 해석될 수도 있고, 전체적인 상황 혹은 날씨 등을 지칭하여 해석을 할 필요가 없을 수도 있습니다.

It's gonna be all right.	다 잘 될 거야.
It's gonna be really fun.	그건 정말 재미있을 거야.
It's gonna be really hot today.	오늘 정말로 더울 거야.

🎬 미드에선 이렇게! 〔Lost 4*11〕

It's gonna be dark soon.
곧 어두워질 거예요.

💬 Conversation

A: I heard you're getting married next month, right?
다음 달에 결혼하신다고 들었어요. 맞나요?

B: Yes, **it's gonna be** a small wedding. Just family.
네, 조촐한 결혼식일 거예요. 그냥 가족들끼리만 모일 거거든요.

You're gonna have to ~. 너 ~해야 할 거야.

강압적으로 상대방에게 '너 ~을 해야 해'라고 말하는 것이 아니라 좀 더 완곡하게 자신의 의견을 담아서 그래야 할 것이라는 뜻을 전달하기 위해서 be gonna를 덧붙여 말을 전달할 수 있습니다.

You're gonna have to come with me.	너 나와 함께 가야 할 거야.
You're gonna have to tell her the truth.	너 그녀에게 진실을 말해야 할 거야.
You're gonna have to be punished for this.	너 이 일에 대해서 처벌을 받아야 할 거야.

🎬 영화에선 이렇게! 〔Twilight〕

You're gonna have to get away from your friends.
너 네 친구들로부터 달아나야 할 거야.

💬 Conversation

A: **You're gonna have to** hurry! It's already half past 3.
너 서둘러야 할 거야. 벌써 3시 반이야.

B: I'm almost done.
거의 다 됐어요.

Review!

미드&스크린 속 네이티브들의 표현법 따라잡기!
앞서 배운 패턴 문장들입니다. 한글을 보고 영어로 크게 외쳐 봅시다!

043 I'm gonna ~.

나 ~할 거야.

☐ 나 산책하러 갈 거야.
☐ 나 회사에 늦을 거야.
☐ 나 우유 좀 더 가져올 거야.
☐ 나 만약 네가 입 다물지 않으면 널 다시 한 대 칠 거야.
☐ 나 아래층에 내려가서 물 좀 가져 올 거예요.

044 I think I'm gonna ~.

나 ~할 것 같아(할까 생각 중이야).

☐ 나 토할 것 같아.
☐ 나 이제 가볼까 생각 중이야.
☐ 나 바람 좀 쐬고 올까 생각 중이야.
☐ 새 목욕탕 매트를 살까 생각 중이야.
☐ 나 기절할 것 같아.

045 I think I'm gonna have to ~.

~해야만 할 것 같아.

☐ 그녀를 보내줘야 할 것 같아.
☐ 오늘밤은 여기서 묵어야 할 것 같아.
☐ 읽을 것 좀 가져와야 할 것 같아.
☐ 나 네 놈을 혼쭐 내줘야만 할 것 같구나.
☐ 약속은 다음으로 미뤄야 할 것 같아.

046 I swear I'm gonna ~.

난 맹세코 ~할 거야.

☐ 나 맹세코 다음번에 더 잘할 거야.
☐ 나 맹세코 내 인생을 다르게 살 거야.
☐ 나 맹세코 저 자식을 죽여버릴 거야.
☐ 나 맹세코 너희 집 현관에다 오줌을 쌀 거야.
☐ 나 맹세코 네 얼굴에 주먹을 날려버릴 거야.

047 It's gonna be ~.

그건 ~일 거야.

☐ 다 잘 될 거야.
☐ 그건 정말 재미있을 거야.
☐ 오늘 정말로 더울 거야.
☐ 곧 어두워질 거예요.
☐ 조촐한 결혼식일 거예요.

048 You're gonna have to ~.

너 ~해야 할 거야.

☐ 너 나와 함께 가야 할 거야.
☐ 너 그녀에게 진실을 말해야 할 거야.
☐ 너 이 일에 대해서 처벌을 받아야 할 거야.
☐ 너 네 친구들로부터 달아나야 할 거야.
☐ 너 서둘러야 할 거야.

63

Situation **009** >> 계획 묻기와 부정

Are you gonna ~? 너 ~할 거니?

가까운 미래를 나태는 be going to(be gonna)를 활용해 상대방에게 무언가를 할 건지 질문을 던질 수 있습니다.

Are you gonna live with your parents?	너 부모님하고 함께 살 거니?
Are you gonna eat that?	너 그거 먹을 거니?
Are you gonna be okay?	너 괜찮겠니?

🎬 영화에선 이렇게! [Despicable me]

Are you gonna party tonight or what?
오늘밤에 파티 할 거야 말 거야?

💬 Conversation

A: **Are you gonna** talk to her and tell her everything?
    너 그녀와 얘기해보고 모든 걸 말할 거니?

B: I don't see that I have any choice.
    다른 선택의 여지가 없잖아요.

Aren't you going to ~? 너 ~안 할 거야?

상대방이 무언가를 해야 하는데도 불구하고, 하지 않고 있을 때 이에 대해 확인을 하고자 할 때 사용할 수 있는 패턴입니다.

Aren't you going to watch the rest of the movie?	너 영화 다 안 볼 거야?
Aren't you going to thank me?	너 내게 고맙다고 안 할 거야?
Aren't you going to introduce me to your girlfriend?	너 나 내 여자친구한테 소개 안 시켜 줄 거야?

🎬 미드에선 이렇게! [Desperate Housewives 1*13]

Aren't you going to give me a hug?
나 안아주지 않을 거니?

💬 Conversation

A: **Aren't you going to** call Jenny?
    너 제니에게 전화 안 할 거니?

B: She told me to give her a call after 6. It's only 5 now.
    6시 이후에 전화하라고 말했어. 지금은 5시밖에 안 됐잖아.

 051 # How long are you gonna ~? 얼마나 오래 너 ~할 거니?

얼마나 오래 무언가를 할 건지 상대방에게 질문을 던지고 싶다면 의문사 how long을 문두에 놓고 질문을 던지면 됩니다.

> **How long are you gonna** be in New York?
> 너 얼마나 오래 뉴욕에 있을 거니?
>
> **How long are you gonna** beat yourself up over one mistake?
> 너 얼마나 오래 실수 한 번 한 거 가지고 스스로를 자책할 거니?
>
> **How long are you gonna** stay mad at me?
> 너 얼마나 오래 나한테 화를 낼 거니?

🎬 미드에선 이렇게! [One Tree Hill 2*21]

> **How long are you gonna** dodge talking to me about this?
> 너 얼마나 오래 이 일에 대해 나하고 얘기하는 걸 피할 거니?

💬 Conversation

A: **How long are you gonna** rent a car?
　　너 얼마나 오래 차를 렌트할 거니?
B: For about a week.
　　대략 일주일 정도.

 052 # I'm not gonna ~. 난 ~하지 않을 거야.

확고하게 자신은 무언가를 하지 않을 거라는 걸 말할 때 사용할 수 있는 패턴입니다. 좀 더 강력하게 무언가를 절대 하지 않겠다고 말할 때는 not 대신에 never를 써서 I'm never gonna ~ 패턴을 사용하면 됩니다.

> **I'm not gonna** let it happen.　　　　　　　　난 그 상황이 일어나게 하지 않을 거야.
> **I'm not gonna** be just a construction worker.　난 그저 공사장 노동자로 있지는 않을 거야.
> **I'm not gonna** apologize for it.　　　　　　　난 그 일에 대해서 사과하지 않을 거야.

🎬 영화에선 이렇게! [Vanilla Sky]

> **I'm not gonna** be afraid of you anymore.
> 나 더 이상은 널 두려워하지 않을 거야.

💬 Conversation

A: **I'm not gonna** go to medical school. I want to study Music.
　　전 의대에 가지 않을 거예요. 전 음악을 공부하고 싶어요.
B: You must be out of your mind.
　　네가 정신이 나갔구나.

We're never gonna ~. 우린 절대 ~하지 않을(못할) 거야.

나를 포함한 주변인들 모두 절대 무언가를 할 수 없을 거라고 부정적으로 단언할 때 사용할 수 있는 패턴입니다.

We're never gonna finish this job.   우린 절대 이 일을 끝내지 못할 거야.
We're never gonna see him again.   우린 절대 다시는 그를 보지 못할 거야.
We're never gonna get a friend like her.   우린 절대 그녀와 같은 친구를 구하지 못할 거야.

🎬 미드에선 이렇게! [Friends 3*7]
Face it! **We're never gonna** get along.
인정해! 우린 절대 서로 어울리지 않을 거야.

💬 Conversation

A: **We're never gonna** make it.
우린 결코 그 일을 해내지 못할 거야.

B: Don't be so negative. Try to look on the positive side.
너무 부정적이게 굴지 마. 긍정적인 면을 보라고.

Are we gonna ~ or what? 우리 ~할 거야 말 거야?

무언가를 하기로 되어 있는데도 불구하고 하지 않고 시간을 질질 끌 때 짜증을 담아서 사용할 수 있는 패턴입니다.

Are we gonna go there **or what**?   우리 거기 갈 거예요 말 거예요?
Are we gonna sleep **or what**?   우리 잘 거야 말 거야?
Are we gonna eat breakfast **or what**?   우리 아침 먹을 거야 말 거야?

🎬 미드에선 이렇게! [The Flight of the Conchords]
Are we gonna watch a DVD **or what**?
우리 DVD 볼 거야 말 거야?

💬 Conversation

A: **Are we gonna** talk about it **or what**?
우리 그것에 대해 얘기할 거야 말 거야?

B: I just need a minute to finish this.
이거 끝내는 데 1분이면 돼.

 미드&스크린 속 네이티브들의 표현법 따라잡기!
앞서 배운 패턴 문장들입니다. 한글을 보고 영어로 크게 외쳐 봅시다!

049 Are you gonna ~?
너 ~할 거니?

- [ ] 너 부모님하고 함께 살 거니?
- [ ] 너 그거 먹을 거니?
- [ ] 너 괜찮겠니?
- [ ] 오늘밤에 파티 할 거야 말 거야?
- [ ] 너 그녀와 얘기해보고 모든 걸 말할 거니?

050 Aren't you going to ~?
너 ~안 할 거야?

- [ ] 너 영화 다 안 볼 거야?
- [ ] 너 내게 고맙다고 안 할 거야?
- [ ] 너 나 네 여자친구한테 소개 안 시켜 줄 거야?
- [ ] 나 한 번 안아주지 않을 거니?
- [ ] 너 제니에게 전화 안 할 거니?

051 How long are you gonna ~?
얼마나 오래 너 ~할 거니?

- [ ] 너 얼마나 오래 뉴욕에 있을 거니?
- [ ] 너 얼마나 오래 실수 한 번 한 거 가지고 스스로를 자책할 거니?
- [ ] 너 얼마나 오래 나한테 화를 낼 거니?
- [ ] 너 얼마나 오래 이 일에 대해 나하고 얘기하는 걸 피할 거니?
- [ ] 너 얼마나 오래 차를 렌트할 거니?

052 I'm not gonna ~.
난 ~하지 않을 거야.

- [ ] 난 그 상황이 일어나게 하지 않을 거야.
- [ ] 난 그저 공사장 노동자로 있지는 않을 거야.
- [ ] 난 그 일에 대해서 사과하지 않을 거야.
- [ ] 나 더 이상은 널 두려워하지 않을 거야.
- [ ] 전 의대에 가지 않을 거예요.

053 We're never gonna ~.
우린 절대 ~하지 않을(못할) 거야.

- [ ] 우린 절대 이 일을 끝내지 못할 거야.
- [ ] 우린 절대 다시는 그를 보지 못할 거야.
- [ ] 우린 절대 그녀와 같은 친구를 구하지 못할 거야.
- [ ] 우린 절대 서로 어울리지 않을 거야.
- [ ] 우린 결코 그 일을 해내지 못할 거야.

054 Are we gonna ~ or what?
우리 ~할 거야 말 거야?

- [ ] 우리 거기 갈 거예요 말 거예요?
- [ ] 우리 잘 거야 말 거야?
- [ ] 우리 아침 먹을 거야 말 거야?
- [ ] 우리 DVD 볼 거야 말 거야?
- [ ] 우리 그것에 대해 얘기할 거야 말 거야?

Situation 010 >> 관련과 연루

I have nothing to do with ~. 난 ~와 아무런 관련이 없어.

have nothing to do with는 '~와는 아무런 관련이 없다'란 뜻입니다. 반대로 무언가 관련이 있다면 nothing 대신에 something을 넣어서 have something to do with ~를 서술어로 써서 말하면 된답니다.

I have nothing to do with her.	난 그녀와 아무런 관련이 없어요.
I have nothing to do with that matter at all.	난 그 문제와 전혀 아무런 관련이 없어요.
I have nothing to do with the news.	나 그 소식과 아무런 관련이 없어요.

■ 영화에선 이렇게! 〔Man on Fire〕

I have nothing to do with the kidnapper. I don't know him.
난 그 유괴범과 아무런 관련이 없어요. 난 그를 모른다고요.

💬 Conversation

A: **I have nothing to do with** the murder. I'm innocent.
전 그 살인 사건과 아무런 관련이 없어요. 전 결백하다고요.

B: Well, we'll see about that.
글쎄요, 곧 알게 되겠죠.

He wasn't involved in ~. 그는 ~에 연루되지 않았어요.

수동형 표현인 be involved in은 '~에 연루되다, ~에 포함되다'란 뜻을 갖습니다. 누군가 어떤 상황에 연루되거나 포함되어 있지 않았다면 He wasn't involved in ~ 패턴으로 말하면 됩니다.

He wasn't involved in the crime.	그는 그 범죄에 연루되지 않았어요.
He wasn't involved in the hit-and-run.	그는 그 뺑소니 사고에 연루되지 않았어요.
He wasn't involved in anything illegal.	그는 어떤 불법적인 일에도 연루되지 않았어요.

■ 미드에선 이렇게! 〔Lie to Me〕

No deception leakage. **She wasn't involved in** the massacres.
거짓말하는 게 안 들어나네요. 그녀는 그 대 학살에 연루되지 않았어요.

💬 Conversation

A: **He wasn't involved in** the accident. He was just an onlooker.
그는 그 사고에 연루되지 않았어요. 그는 그냥 구경꾼이었죠.

B: Can you prove it?
증명할 수 있나요?

 I'm here to ~. ~하려고 왔어.

I'm here는 '나 여기 왔어'란 뜻입니다. 구체적으로 무엇을 하기 위해 왔는지는 뒤에 to부정사를 붙여서 '~하기 위해서'란 추가설명을 덧붙여 줄 수 있습니다.

I'm here to help you move.
너 이사 가는 거 도와주려고 왔어.

I'm here to ask permission to take Susan out.
수잔과 데이트하기 위해 허락받으러 왔습니다.

I'm here to pick up Tom. Is he around?
탐을 태우러 왔어요. 여기 있나요?

🎬 영화에선 이렇게! [How to lose Friends & Alienate people]

I'm here to congratulate you on your promotion.
승진을 축하드리려고 왔어요.

💬 Conversation

A: **I'm here to** ask a favor.
부탁을 드리려고 왔습니다.

B: I'm all ears.
말씀해보세요.

 …bucks says ~! ~라는 데 …건다!

어떤 상황을 두고 돈을 걸고 내기를 할 만큼 확신한다고 말할 때 사용할 수 있는 패턴입니다. bucks는 dollars의 또 다른 표현이죠. 내기를 걸고 싶은 금액이 10달러라면 10 bucks says ~라고 말한 다음에 뒤에 내기를 걸고자 하는 내용을 문장으로 언급해 주면 됩니다.

Ten **bucks says** Jane still wants you.
제인이 여전히 널 원한다는 데 10달러 건다!

Twenty **bucks says** they're divorced in a year.
그들이 1년 내에 이혼한다는 데 20달러 건다!

100 **bucks says** we win.
우리가 이긴다는 데 100달러 건다!

🎬 영화에선 이렇게! [Mulholland Dr.]

Ten **bucks says** you're Betty.
당신이 베티라는 데 10달러 걸겠어요.

💬 Conversation

A: 50 **bucks says** you can't do that twice.
네가 그거 2번은 못 한다는 데 50달러 건다!

B: You're on.
좋아, 어디 해보자.

 059

Don't tell me ~. 설마 ~라는 건 아니겠지?

어떤 상황을 두고 그런 상황이 사실일 것임이 예측은 되지만, 그래도 믿고 싶지 않을 때 상대방에게 '설마 ~라는 건 아니겠지?'란 뜻의 의도로 사용할 수 있는 패턴이 바로 Don't tell me ~입니다. 뒤에는 믿고 싶지 않은 사실을 문장으로 연결시켜 주면 됩니다.

Don't tell me you're in this thing.
설마 너도 이 일에 관련이 있는 건 아니겠지?

Don't tell me you did this on purpose.
설마 너 이거 일부러 했다는 건 아니겠지?

Don't tell me you knew about this from the beginning.
설마 너 시작부터 이 일을 알고 있었다는 건 아니겠지?

■ 미드에선 이렇게! [Grey's Anatomy 3*24]

Don't tell me you're pregnant.
설마 너 임신한 건 아니겠지?

💬 Conversation

A: **Don't tell me** you don't remember.
설마 너 기억나지 않는 건 아니겠지?

B: I'm sorry. I really don't.
미안한데, 정말로 기억이 안 나.

 060

The last thing I want to do is ~. 난 정말 ~하고 싶지 않아.

무언가 정말 하기 싫은 행동을 언급하고자 할 때 The last thing I want to do is ~ 패턴을 사용할 수 있습니다. 뒤에는 동사원형 이하로 내용을 붙여서 하기 싫은 내용을 언급해 주면 됩니다. 좀 더 간단하게 I really don't want to ~(나 정말 ~하고 싶지 않아) 패턴으로 말을 해도 무방합니다.

The last thing I want to do is upset you.
난 정말 널 화나게 하고 싶지 않아.

The last thing I want to do is cause you any trouble.
나 정말 너에게 어떤 문제도 일으키고 싶지 않아.

The last thing I want to do is steal from somebody.
난 정말 누군가에게서 도둑질을 하고 싶지 않아.

■ 미드에선 이렇게! [Veronica Mars 1*12]

The last thing I want to do is hurt you.
나 정말 널 다치게 하고 싶지 않아.

💬 Conversation

A: **The last thing I want to do is** make you feel uncomfortable.
난 정말 네가 불편함을 느끼게 만들고 싶지 않아.

B: Then just leave me alone.
그럼 그냥 날 내버려 둬요.

Review!

미드&스크린 속 네이티브들의 표현법 따라잡기!
앞서 배운 패턴 문장들입니다. 한글을 보고 영어로 크게 외쳐 봅시다!

055 I have nothing to do with ~.
난 ~와 아무런 관련이 없어.

- ☐ 난 그녀와 아무런 관련이 없어요.
- ☐ 난 그 문제와 전혀 아무런 관련이 없어요.
- ☐ 나 그 소식과 아무런 관련이 없어요.
- ☐ 난 그 유괴범과 아무런 관련이 없어요.
- ☐ 전 그 살인 사건과 아무런 관련이 없어요.

056 He wasn't involved in ~.
그는 ~에 연루되지 않았어요.

- ☐ 그는 그 범죄에 연루되지 않았어요.
- ☐ 그는 그 뺑소니 사고에 연루되지 않았어요.
- ☐ 그는 어떤 불법적인 일에도 연루되지 않았어요.
- ☐ 그녀는 그 대 학살에 연루되지 않았어요.
- ☐ 그는 그 사고에 연루되지 않았어요.

057 I'm here to ~.
~하려고 왔어.

- ☐ 너 이사 가는 거 도와주려고 왔어.
- ☐ 수잔과 데이트하기 위해 허락받으러 왔습니다.
- ☐ 탐을 태우러 왔어요. 여기 있나요?
- ☐ 승진을 축하드리려고 왔어요.
- ☐ 부탁을 드리려고 왔습니다.

058 ... bucks says ~!
~라는 데 …건다!

- ☐ 제인이 여전히 널 원한다는 데 10달러 건다!
- ☐ 그들이 1년 내에 이혼한다는 데 20달러 건다!
- ☐ 우리가 이긴다는 데 100달러 건다!
- ☐ 당신이 베티라는 데 10달러 걸겠어요.
- ☐ 네가 그거 2번은 못 한다는 데 50달러 건다!

059 Don't tell me ~.
설마 ~라는 건 아니겠지?

- ☐ 설마 너도 이 일에 관련이 있는 건 아니겠지?
- ☐ 설마 너 이거 일부러 했다는 건 아니겠지?
- ☐ 설마 너 시작부터 이 일을 알고 있었다는 건 아니겠지?
- ☐ 설마 너 임신한 건 아니겠지?
- ☐ 설마 너 기억나지 않는 건 아니겠지?

060 The last thing I want to do is ~.
난 정말 ~하고 싶지 않아.

- ☐ 난 정말 널 화나게 하고 싶지 않아.
- ☐ 나 정말 너에게 어떤 문제도 일으키고 싶지 않아.
- ☐ 난 정말 누군가에게서 도둑질을 하고 싶지 않아.
- ☐ 나 정말 널 다치게 하고 싶지 않아.
- ☐ 난 정말 네가 불편함을 느끼게 만들고 싶지 않아.

Situation 011 >> 궁금증

I'm curious about ~. 난 ~가 궁금해요.

curious는 형용사로 '호기심 있는, 알고 싶어 하는'이란 뜻이 있습니다. 즉, I'm curious about ~ 패턴은 무언가에 대해 호기심이 있고 궁금함을 나타냅니다. 동사 wonder를 써서 I wonder about ~ 패턴으로 말해도 됩니다.

I'm curious about one thing.	난 한 가지가 궁금해요.
I'm curious about the universe.	난 우주가 궁금해요.
I'm curious about when he will come.	난 그가 언제 올지가 궁금해요.

🎬 미드에선 이렇게! [Friends 8*14]

I'm curious about the human body.
난 인체가 궁금해요(난 인체에 관심이 많아요).

💬 Conversation

A: **I'm curious about** what my father was like in his childhood. (what ~ like : 어떨지〈상태〉)
난 우리 아빠가 어렸을 적에 어땠을지가 궁금해요.

B: Your father was a good kid.
네 아버지는 좋은 아이였단다.

How was your + 명사 ~? ~는 어땠니(어떻게 보냈어요)?

상대방이 소유한 대상, 혹은 상대방이 경험한 일 등이 어땠는지 여부를 물을 때 사용할 수 있는 패턴입니다. 의문사 How는 상태나 컨디션을 물어볼 수 있습니다.

How was your flight?	비행은 어땠어요?
How was your summer?	여름은 어떻게 보냈어요?
How was your weekend?	주말은 어떻게 보냈어요?

🎬 영화에선 이렇게! [The Day After Tomorrow]

How was your Australian trip?
호주 여행은 어땠어요?

💬 Conversation

A: **How was your** day?
오늘 하루 어땠어요?

B: It was a long day.
힘든 하루였어요.

I wonder why ~. 난 왜 ~인지 궁금해.

동사 wonder는 '~가 궁금하다'란 뜻의 동사입니다. wonder 뒤에는 궁금한 내용이 목적어로 위치하면 되며, why 뒤에 궁금한 내용을 문장으로 넣어주면 됩니다.

I wonder why you always smell so bad.
난 왜 네가 항상 그렇게 냄새가 구린 건지 궁금해.
I wonder why you don't remember anything.
난 왜 네가 아무것도 기억 못하는 건지 궁금해.
I wonder why she is back.
난 왜 그녀가 돌아온 건지 궁금해.

🎬 영화에선 이렇게! [Romy and Michele's High School Reunion]
I wonder why we didn't get an invitation.
난 왜 우리가 초대장을 받지 못한 건지 궁금해.

💬 Conversation
A: **I wonder why** she didn't come and join us.
난 왜 그녀가 와서 우리와 함께 하지 않은 건지 궁금해.
B: She was probably busy.
아마도 바빴나 보죠.

I wonder what ~. 뭘(뭐가) ~인지 궁금해.

I wonder what 뒤에 궁금한 내용을 문장으로 넣어 '뭐가 ~인지 궁금해'란 패턴을 만들 수 있습니다.

I wonder what that means.
그게 뭘 의미하는 건지 궁금해.
I wonder what she's doing right now.
그녀가 지금 뭘 하고 있는지 궁금해.
I wonder what you're thinking.
난 네가 뭘 생각하고 있는 건지 궁금해.

🎬 영화에선 이렇게! [Edward Scissorhands]
I wonder what it's like to be that rich.
그만큼 부자인 건 어떨지(어떤 기분일지) 궁금해.

💬 Conversation
A: This is delicious. **I wonder what** this is called.
이거 맛있어요. 이게 뭐라고 불리는지 궁금해요.
B: It's called Bulgogi. It's one of the most popular dishes in Korea.
불고기라고 해요. 한국에서 가장 인기 있는 음식 중 하나죠.

I was wondering if ~. ~인지 궁금했어요.

우리말의 '~인지(아닌지)'란 뜻을 가지고 있는 접속사 if를 넣어 어떤 내용에 대해 궁금함을 나타낼 수 있습니다.

I was wondering if you might help me. 절 도와주실 수 있을지 궁금했어요.
I was wondering if I could ask you a favor. 부탁 하나 해도 될는지 궁금했어요.
I was wondering if you had a number for Amy. 네가 에이미 전화번호를 가지고 있는지 궁금했어.

🎬 미드에선 이렇게! [Lost 3*17]

I was wondering if I could borrow your first aid kit.
귀하의 구급상자를 빌릴 수 있을지 궁금했어요.

💬 Conversation

A: **I was wondering if** you could write me a recommendation letter.
제게 추천서를 써 주실 수 있으신지 궁금했어요.

B: No problem. When do you need it?
문제없습니다. 언제 필요하시죠?

I wanna know + 의문사 ~. ~가 알고 싶어요.

동사 wonder를 통한 간접적인 궁금함의 전달이 아니라, 직접적으로 무언가가 알고 싶다고 말할 때는 I wanna know ~ 패턴으로 말하면 됩니다. know 뒤에는 목적어로 what, who, where, how 등의 의문사를 붙여서 궁금한 내용을 덧붙여 말하면 됩니다.

I wanna know what happened here. 이곳에서 무슨 일이 있었던 건지 알고 싶군요.
I wanna know who she is. 난 그녀가 누구인지 알고 싶어.
I wanna know where you'll be staying. 난 네가 어디서 묵을 건지 알고 싶어.

🎬 미드에선 이렇게! [X-File 3*10]

I wanna know what's on that train.
저 기차에 뭐가 있는 건지 알고 싶어.

💬 Conversation

A: **I wanna know** where Jason is right now.
난 제이슨이 지금 어디 있는지 알고 싶어.

B: Your guess is as good as mine.
나도 모르겠어.

Review!

미드&스크린 속 네이티브들의 표현법 따라잡기!
앞서 배운 패턴 문장들입니다. 한글을 보고 영어로 크게 외쳐 봅시다!

061 I'm curious about ~.
난 ~가 궁금해요.

- 난 한 가지가 궁금해요.
- 난 우주가 궁금해요.
- 난 그가 언제 올지가 궁금해요.
- 난 인체가 궁금해요(난 인체에 관심이 많아요).
- 난 우리 아빠가 어렸을 적에 어땠을지가 궁금해요.

062 How was your + 명사 ~?
~는 어땠니(어떻게 보냈어요)?

- 비행은 어땠어요?
- 여름은 어떻게 보냈어요?
- 주말은 어떻게 보냈어요?
- 호주 여행은 어땠어요?
- 오늘 하루 어땠어요?

063 I wonder why ~.
난 왜 ~인지 궁금해.

- 난 왜 네가 항상 그렇게 냄새가 나쁜 건지 궁금해.
- 난 왜 네가 아무것도 기억 못하는 건지 궁금해.
- 난 왜 그녀가 돌아온 건지 궁금해.
- 난 왜 우리가 초대장을 받지 못한 건지 궁금해.
- 난 왜 그녀가 와서 우리와 함께 하지 않은 건지 궁금해.

064 I wonder what ~.
뭘(뭐가) ~인지 궁금해.

- 그게 뭘 의미하는 건지 궁금해.
- 그녀가 지금 뭘 하고 있는지 궁금해.
- 난 네가 뭘 생각하고 있는 건지 궁금해.
- 그만큼 부자인 건 어떨 지(어떤 기분일지) 궁금해.
- 이게 뭐라고 불리는지 궁금해요.

065 I was wondering if ~.
~하는 건지 궁금했어요.

- 절 도와주실 수 있으실지 궁금했어요.
- 부탁 하나 해도 되는지 궁금했어요.
- 네가 에이미 전화번호를 가지고 있는지 궁금했어.
- 귀하의 구급상자를 빌릴 수 있을지 궁금했어요.
- 제게 추천서를 써 주실 수 있으신지 궁금했어요.

066 I wanna know + 의문사 ~.
~가 알고 싶어요.

- 이곳에서 무슨 일이 있었던 건지 알고 싶군요.
- 난 그녀가 누구인지 알고 싶어.
- 난 네가 어디서 묵을 건지 알고 싶어.
- 저 기차에 뭐가 있는 건지 알고 싶어.
- 난 제이슨이 지금 어디 있는지 알고 싶어.

Situation 012 >> 금지

You're not allowed to + 동사원형 ~. ~하면 안 돼.

그냥 주관적인 판단에 의해서 하면 안 된다는 것을 넘어서 규칙상, 혹은 규정상 무언가를 해서는 안 된다는 말을 전달할 때 사용할 수 있는 표현입니다.

You're not allowed to go out and play.	너 밖에 나가서 놀면 안 돼.
You're not allowed to take pictures in the museum.	너 박물관에서 사진 찍으면 안 돼.
You're not allowed to stay out late.	밤늦게 까지 집에 안 들어가면 안 돼.

📺 미드에선 이렇게! [The West Wing 3*15]

Well, first of all, **you're not allowed to** smoke in the White House.
자, 우선, 백악관에서는 흡연을 하시면 안 됩니다.

💬 Conversation

A: Can I take my hair gel and spray on the plane?
헤어젤과 스프레이를 비행기에 가지고 탈 수 있나요?

B: I'm sorry but **you're not allowed to** bring liquid items on board.
죄송합니다만, 액체 물품을 들고 비행기에 탑승하시면 안 됩니다.

You're banned from ~. 너 ~에 출입금지야.

ban은 '금지하다'란 뜻의 동사로 수동태 be banned를 서술어로 You're banned from ~이라고 말하면, 상대방에게 무언가를 할 수 없게 되었음을 전달하는 뜻이 됩니다. 전치사 from 뒤에 장소 명사가 오게 되면 그 장소에 갈 수 없게 되었음을 말합니다.

You're banned from this store.	너 이 가게 출입금지야.
You're banned from every gym in America.	너 미국에 있는 모든 체육관에 출입금지야.
You're banned from the computer.	너 컴퓨터 사용금지야.

📺 미드에선 이렇게! [The Simpsons 7*16]

You're banned from this historical society.
너 이 역사 연구회에 출입금지야.

💬 Conversation

A: Now **you're banned from** the opening of my restaurant.
이제 넌 내 식당 개업식에 출입금지야.

B: What? You cannot just ban me from your opening.
뭐? 너 그렇게 날 개업식에 못 오게 하는 법이 어디 있어?

 I told you not to + 동사원형 ~. 내가 너 ~하지 말라고 했잖아.

동사 tell은 뒤에 목적어와 to부정사를 넣어 '~에게 ~을 하라고 말하다'란 뜻으로 쓰입니다. to 앞에 not을 붙이면 '~에게 ~을 하지 말라고 하다'라고 금지 사항을 전할 때 사용할 수 있는 패턴이 됩니다.

I told you not to listen to him.	내가 너 그 사람 말 듣지 말라고 했잖아.
I told you not to touch anything.	내가 너 아무것도 만지지 말라고 했잖아.
I told you not to come in with that cat.	내가 너 그 고양이 들고 들어오지 말라고 했잖아.

🎬 영화에선 이렇게! [Fast & Furious]

I told you not to call me here.
내가 너 여기로 전화하지 말라고 했잖아.

💬 Conversation

A: I've got a terrible toothache. I think I should go to the dentist.
　나 이가 너무 아빠. 치과에 가 봐야 할 것 같아.

B: What did I tell you? **I told you not to** eat too many sweets.
　내가 뭐라고 그랬니? 내가 너 단 거 그렇게 많이 먹지 말라고 했잖아.

 It goes against ~. 그건 ~에 어긋나.

'~에 반대하여, ~에 부딪치어'란 뜻을 가진 전치사 against를 사용하여 어떤 일이 그 무엇과 어긋남을 설명할 때 사용할 수 있는 패턴입니다.

It goes against the will of God.	그건 신의 의지에 어긋나.
It goes against my most cherished belief.	그건 내가 가장 소중히 여기는 신념에 어긋나.
It goes against everything that we stand for.	그건 우리가 신념으로 삼은 모든 것에 어긋나.

🎬 미드에선 이렇게! [House 4*5]

It goes against nature. The male was biologically designed to spread his seed.
그건 자연에 어긋나는 거야. 남자는 생물학적으로 씨를 뿌리도록 설계되었다고.

💬 Conversation

A: I appreciate your offer, but **it goes against** every moral fiber in my body.
　제안은 감사드립니다만, 그건 제 몸에 있는 모든 도덕적 근성에 어긋나는군요.

B: Suit yourself. But if you ever change your mind, here's my card.
　좋으실 대로 하세요. 하지만 혹시 마음이 바뀔 수 있으니, 여기 제 명함 가져가세요.

You must not + 동사원형 ~. 너 절대 ~해서는 안 돼.

must not은 가장 강력하게 상대방에게 절대 무언가를 해서는 안 된다고 말할 때 사용됩니다.

You must not make your girlfriend wait.
너 여자친구를 기다리게 해서는 안 돼.

You must not open it until you have our permission.
우리 허락을 받을 때까지는 절대 그것을 열어서는 안 돼.

You must not go into the pool today.
너 오늘은 수영장에 절대 들어가서는 안 돼.

🎬 영화에선 이렇게! [The Pink Panther 2]

You must not comment on a woman's body.
여성의 신체에 대해서 절대 이렇다 저렇다 말해서는 안 돼요.

💬 Conversation

A: **You must not** blame yourself. You must blame that man. He started it all.
너 스스로를 절대 책망해서는 안 돼. 저 남자를 비난해야 해. 그가 모든 걸 시작했잖아.

B: You're right. I must get back at him.
네 말이 맞아. 나 저 자식에게 복수를 해야만 해. * get back at ~에 보복하다

You shouldn't + 동사원형 ~. 너 ~해서는 안 돼.

must보다는 다소 약하지만 주관적인 판단으로 상대방에게 무언가를 하면 안 된다고 전달할 때 사용할 수 있는 패턴이 바로 You shouldn't ~입니다.

You shouldn't drink anything cold. 너 차가운 것 마시면 안 돼.
You shouldn't sit so close to the television. 너 텔레비전에 그렇게 가까이 앉으면 안 돼.
You shouldn't go back on your promise. 너 약속을 어기면 안 돼.

🎬 영화에선 이렇게! [Van Wilder]

You shouldn't take life so seriously.
너 인생을 그렇게 심각하게 여겨서는 안 돼.

💬 Conversation

A: **You shouldn't** drive so fast.
너 그렇게 과속하면 안 돼.

B: I know. But I can't help it when I get behind the wheel.
나도 알아. 하지만 운전대만 잡으면 나도 어쩔 수가 없어.

Review!

미드&스크린 속 네이티브들의 표현법 따라잡기!
앞서 배운 패턴 문장들입니다. 한글을 보고 영어로 크게 외쳐 봅시다!

067 **You're not allowed to + 동사원형 ~.**
~하면 안 돼.

- [ ] 너 밖에 나가서 놀면 안 돼.
- [ ] 너 박물관에서 사진 찍으면 안 돼.
- [ ] 밤늦게 까지 집에 안 들어가면 안 돼.
- [ ] 백악관에서는 흡연을 하시면 안 됩니다.
- [ ] 액체 물품을 들고 비행기에 탑승하시면 안 됩니다.

068 **You're banned from ~.**
너 ~에 출입금지야.

- [ ] 너 이 가게 출입금지야.
- [ ] 너 미국에 있는 모든 체육관에 출입금지야.
- [ ] 너 컴퓨터 사용금지야.
- [ ] 너 이 역사 연구회에 출입금지야.
- [ ] 이제 넌 내 식당 개업식에 출입금지야.

069 **I told you not to + 동사원형 ~.**
내가 너 ~하지 말라고 했잖아.

- [ ] 내가 너 그 사람 말 듣지 말라고 했잖아.
- [ ] 내가 너 아무것도 만지지 말라고 했잖아.
- [ ] 내가 너 그 고양이 들고 들어오지 말라고 했잖아.
- [ ] 내가 너 여기로 전화하지 말라고 했잖아.
- [ ] 내가 너 단 거 그렇게 많이 먹지 말라고 했잖아.

070 **It goes against ~.**
그건 ~에 어긋나.

- [ ] 그건 신의 의지에 어긋나.
- [ ] 그건 내가 가장 소중히 여기는 신념에 어긋나.
- [ ] 그건 우리가 신념으로 삼은 모든 것에 어긋나.
- [ ] 그건 자연에 어긋나는 거야.
- [ ] 그건 제 몸에 있는 모든 도덕적 근성에 어긋나는군요.

071 **You must not + 동사원형 ~.**
너 절대 ~해서는 안 돼.

- [ ] 너 여자친구를 기다리게 해서는 안 돼.
- [ ] 우리 허락을 받을 때까지는 절대 그것을 열어서는 안 돼.
- [ ] 너 오늘은 수영장에 절대 들어가서는 안 돼.
- [ ] 여성의 신체에 대해서 절대 이렇다 저렇다 말해서는 안 돼요.
- [ ] 너 스스로를 절대 책망해서는 안 돼.

072 **You shouldn't + 동사원형 ~.**
너 ~해서는 안 돼.

- [ ] 너 차가운 것 마시면 안 돼.
- [ ] 너 텔레비전에 그렇게 가까이 앉으면 안 돼.
- [ ] 너 약속을 어기면 안 돼.
- [ ] 너 인생을 그렇게 심각하게 여겨서는 안 돼.
- [ ] 너 그렇게 과속하면 안 돼.

Situation 013 >> 기다림

I'm looking forward to ~. 나 ~를 학수고대하고 있어.

look forward to는 '~를 학수고대하다'란 뜻의 숙어입니다. 진행형 시제를 써서 기다림의 강도를 더 강하게 표현해 주는 패턴입니다. 여기서 to는 전치사이므로 뒤에는 반드시 명사(동명사)가 와야 합니다.

I'm looking forward to my birthday party.
나 내 생일을 학수고대하고 있어.

I'm looking forward to that concert on April Fool's day.
나 만우절 날 열리는 그 콘서트를 학수고대하고 있어.

I'm looking forward to seeing you again.
나 널 다시 만나길 학수고대하고 있어.

미드에선 이렇게! [Law and Order 1*20]

I'm looking forward to staying here in New York.
이 곳 뉴욕에서 머무는 걸 학수고대하고 있어요.

Conversation

A: Welcome aboard. Ms. Thompson.
입사를 환영합니다, 톰슨 씨.

B: I'm honored to be a part of your staff. And **I'm looking forward to** working with you and learning a lot from you.
당신의 직원이 되어서 영광이에요. 당신 밑에서 일하면서 많은 것을 배우길 학수고대하고 있습니다.

I can't wait for ~. 나 ~가 몹시 기다려져.

'엄청 기대돼!'란 말을 영어로 I can't wait!이라고 말할 수 있습니다. I can't wait은 직역하면 '난 못 기다리겠다'인데요, 뒤에 전치사 for와 함께 대상을 언급해 주면 그 대상을 참고 기다릴 수 없을 정도로 몹시 들떠 있음을 나타냅니다.

I can't wait for the vacation. 나 휴가가 몹시 기다려져.
I can't wait for the weekend. 나 주말이 몹시 기다려져.
I can't wait for the movie to come out. 나 그 영화가 개봉하는 날이 몹시 기다려져.

미드에선 이렇게! [Friends 9*23]

I've been following your career for years. **I can't wait for** your keynote speech.
당신의 경력을 수년간 따라왔습니다. 당신의 기조연설이 몹시 기다려지는군요.

Conversation

A: **I can't wait for** the day I can move out of this neighborhood.
내가 이 동네에서 이사 갈 수 있는 그 날이 몹시 기다려져.

B: Same here.
나도 그래.

 075 **I can't wait to + 동사원형 ~.** 얼른 ~하고 싶군요.

앞서 배운 I can't wait! 표현 뒤에 to부정사 이하의 내용을 붙여서 '~하는 것을 기다릴 수 없을 정도로 너무 하고 싶다'는 의미를 전달해 줄 수 있습니다.

I can't wait to quit this job. 얼른 이 일을 그만두고 싶군요.
I can't wait to see the look on his face. 얼른 그의 얼굴 표정을 보고 싶군요.
I can't wait to tell my family who I met today. 얼른 가족들에게 내가 오늘 누구를 만났는지 말해 주고 싶군요.

🎬 영화에선 이렇게! [The Social Network]
I can't wait to stand over your shoulder and watch you write us a check.
얼른 당신의 어깨 너머에 서서 당신이 우리에게 수표를 써 주는 모습을 보고 싶군요.

💬 Conversation
A: A free English class is being offered at the Holden Community Center. You can register on the internet.
무료 영어 수업이 Holden Community Center에서 제공되고 있어. 인터넷으로 수강 신청할 수 있어.
B: Sounds great! **I can't wait to** apply for it.
좋은데! 나 얼른 그거 신청하고 싶다.

 076 **I can't wait for you to + 동사원형 ~.** 얼른 당신이 ~했으면 해요.

상대방이 얼른 무언가를 해주길 바라고 있음을 전할 때 사용할 수 있는 패턴입니다. 여기서 for you는 뒤에 이어지는 to부정사가 의미하는 행동을 받아서 '당신이 ~하기를 기다릴 수 없을 정도로 바라다'란 뜻이 됩니다.

I can't wait for you to meet my friends. 얼른 당신이 내 친구들을 만났으면 해요.
I can't wait for you to pop out that baby. 얼른 당신이 출산을 했으면 해요.
I can't wait for you to see the rest of the house. 얼른 네가 우리 집 나머지를 봤으면 해 (네게 얼른 나머지 집 구경을 시켜주고 싶어).

🎬 영화에선 이렇게! [My Best Friend's Wedding]
I can't wait for you to meet her.
얼른 네가 그녀를 만났으면 좋겠어.

💬 Conversation
A: I'm in a cab right now, on the way to a liquor store.
나 지금 택시 탔어. 술 사러 가는 중이야.
B: Great! **I can't wait for you to** get here.
좋아! 얼른 네가 여기 도착했으면 좋겠다.

How long do I have to ~? 저 얼마나 오래 ~해야 하죠?

무언가를 오랜 기간 해야 할 때 얼마나 오래 해야 하는지 구체적으로 묻기 위해 쓸 수 있는 패턴입니다. to 뒤에 해야 하는 행동을 넣어 물으면 됩니다.

How long do I have to stay here?	저 얼마나 오래 여기 있어야 하죠?
How long do I have to put up with him?	저 얼마나 오래 그를 참아줘야 하죠?
How long do I have to sit here?	저 얼마나 오래 여기 앉아 있어야 하죠?

🎬 영화에선 이렇게! [Catch Me If You Can]

How long do I have to work here?
저 얼마나 오래 여기서 일해야 하죠?

💬 Conversation

A: **How long do I have to** take this medication?
저 얼마나 오래 이 약을 복용해야 하죠?

B: At least for three days.
적어도 3일은 드셔야 합니다.

I can no longer ~. 나 더 이상 ~할 수 없어.

no longer는 '더 이상 ~않는'이란 뜻을 가집니다. 기다리다가 혹은 참다가 지쳐서 이제 더 이상은 무언가를 할 수 없을 것 같을 때 쓸 수 있는 패턴입니다. no longer는 not anymore로 대체 가능합니다.
ex) I can no longer stay here. = I cannot stay here anymore.(난 더 이상 여기 머물 수 없어.)

I can no longer be friends with you.	난 더 이상 너와 친구가 될 수가 없어.
I can no longer tolerate such conduct.	난 더 이상 그런 행동을 용납할 수가 없어.
I can no longer work with you.	난 더 이상 너와 함께 일을 할 수가 없어.

🎬 영화에선 이렇게! [Doomsday]

I can no longer recall how she looks.
나 더 이상 그녀가 어떻게 생겼는지를 기억해낼 수가 없어.

💬 Conversation

A: I'm telling you the truth. I didn't kill anybody.
전 진실을 말씀드리는 겁니다. 전 아무도 죽이지 않았다고요.

B: Well, I'm afraid **I can no longer** represent you. Find yourself another lawyer.
글쎄요, 유감이지만 전 더 이상 당신을 변호해 드릴 수가 없네요. 다른 변호사를 찾아보세요.

Review!

미드&스크린 속 네이티브들의 표현법 따라잡기!
앞서 배운 패턴 문장들입니다. 한글을 보고 영어로 크게 외쳐 봅시다!

073 I'm looking forward to ~.
나 ~를 학수고대하고 있어.

- ☐ 나 내 생일을 학수고대하고 있어.
- ☐ 나 만우절 날 열리는 그 콘서트를 학수고대하고 있어.
- ☐ 나 널 다시 만나길 학수고대하고 있어.
- ☐ 이 곳 뉴욕에서 머무는 걸 학수고대하고 있어요.
- ☐ 당신 밑에서 일하면서 많은 것을 배우길 학수고대하고 있습니다.

074 I can't wait for ~.
나 ~가 몹시 기다려져.

- ☐ 나 휴가가 몹시 기다려져.
- ☐ 나 주말이 몹시 기다려져.
- ☐ 나 그 영화가 개봉하는 날이 몹시 기다려져.
- ☐ 저 당신의 기조연설이 몹시 기다려지는군요.
- ☐ 내가 이 동네에서 이사 갈 수 있는 그 날이 몹시 기다려져.

075 I can't wait to ~.
얼른 ~하고 싶군요.

- ☐ 얼른 이 일을 그만두고 싶군요.
- ☐ 얼른 그의 얼굴 표정을 보고 싶군요.
- ☐ 얼른 가족들에게 내가 오늘 누구를 만났는지 말해 주고 싶군요.
- ☐ 얼른 당신의 어깨 너머에 서서 당신이 우리에게 수표를 써 주는 모습을 보고 싶군요
- ☐ 얼른 그거 신청하고 싶다.

076 I can't wait for you to ~.
얼른 당신이 ~했으면 해요.

- ☐ 얼른 당신이 내 친구들을 만났으면 해요.
- ☐ 얼른 당신이 출산을 했으면 해요.
- ☐ 얼른 네가 우리 집 나머지를 봤으면 해(네게 얼른 나머지 집 구경을 시켜주고 싶어).
- ☐ 얼른 네가 그녀를 만났으면 좋겠어.
- ☐ 얼른 네가 여기 도착했으면 좋겠다.

077 How long do I have to ~?
저 얼마나 오래 ~해야 하죠?

- ☐ 저 얼마나 오래 여기 있어야 하죠?
- ☐ 저 얼마나 오래 그를 참아줘야 하죠?
- ☐ 저 얼마나 오래 여기 앉아 있어야 하죠?
- ☐ 저 얼마나 오래 여기서 일해야 하죠?
- ☐ 저 얼마나 오래 이 약을 복용해야 하죠?

078 I can no longer ~.
나 더 이상 ~할 수 없어.

- ☐ 난 더 이상 너와 친구가 될 수가 없어.
- ☐ 난 더 이상 그런 행동을 용납할 수가 없어.
- ☐ 난 더 이상 너와 함께 일을 할 수가 없어.
- ☐ 나 더 이상 그녀가 어떻게 생겼는지를 기억해 낼 수가 없어.
- ☐ 전 더 이상 당신을 변호해 드릴 수가 없네요.

Situation 014 >> 기쁨과 즐거움

I'm happy to + 동사원형 ~. 나 ~해서 기뻐.

행복할 때는 영어로 I'm happy라고 말합니다. 구체적으로 무엇을 해서 행복한지 그 이유를 얘기할 때는 to부정사 이하의 내용으로 언급해 주면 됩니다. 또한 happy 대신에 glad를 넣어서 I'm glad to ~라고 말해도 무방합니다.

I'm happy to hear that.	나 그 말을 들어서 기뻐.
I'm happy to meet you.	나 너를 만나서 기뻐.
I'm happy to help you.	나 널 도와줄 수 있어서 기뻐.

🎬 미드에선 이렇게! 〔Law and Order 2*22〕

I'm happy to have a job.
나 직장을 구해서 기뻐.

💬 **Conversation**

A: Why don't you introduce yourself to the class?
학급 친구들에게 네 소개를 할래?

B: Yes, Mr. Brown. Hi, **I'm happy to** introduce myself to you. My name is Max.
네, 브라운 선생님. 안녕, 너희들에게 내 소개를 하게 돼서 기뻐. 내 이름은 맥스야.

I'm happy with ~. 난 ~에 만족해.

무언가와 함께 함에 행복하다, 충분히 만족한다고 말할 때 I'm happy with ~ 패턴을 쓸 수 있습니다. happy 대신에 satisfied(만족한)를 넣어서 I'm satisfied with ~ 패턴으로 말해도 됩니다.

I'm happy with my life.	난 내 삶에 만족해.
I'm happy with my job.	난 내 직업에 만족해.
I'm happy with my looks.	난 내 외모에 만족해.

🎬 영화에선 이렇게! 〔Swordfish〕

I'm happy with what I'm wearing.
난 내가 입고 있는 것에 만족해.

💬 **Conversation**

A: We'll split everything 60-40. How does that sound?
우린 모든 걸 60대 40으로 나눌 거야. 어떤가?

B: **I'm happy with** 40.
전 40에 만족합니다.

 081 **I'm glad that ~.** ~라서 난 기뻐.

I'm glad.는 I'm happy.와 마찬가지로 기쁘다는 의미를 전달합니다. 구체적으로 기쁜 마음의 원인을 언급할 때는 앞서 배운 I'm happy to ~ 패턴처럼 to부정사로 말해도 되지만 주어와 동사가 포함된 that절 이하로 말해도 되며 접속사 that은 생략해도 무방합니다.

I'm glad that you brought me here. 네가 날 여기로 데려와줘서 난 기뻐.
I'm glad that you liked it. 네가 그게 마음에 들었다니 난 기뻐.
I'm glad that things worked out. 일이 잘 풀려서 난 기뻐.

🎬 영화에선 이렇게! 〔Hitch〕

I'm glad you can admit it because generally that's the hardest part.
네가 그걸 인정할 수 있어서 난 기뻐. 왜냐면 보통 그게 가장 어려운 일이니까.

💬 Conversation

A: **I'm glad** you came.
네가 와줘서 난 기뻐.

B: Thank you. I'm happy to be here.
고마워요. 저도 이곳에 와서 기뻐요.

 082 **I'd be happy to + 동사원형 ~.** 기꺼이 ~할게요.

상대방의 부탁이나 요청에 대해서 기꺼이 무언가를 하겠다고 나설 때 사용할 수 있는 패턴입니다.

I'd be happy to accompany you. 기꺼이 너와 동행해 줄게.
I'd be happy to help you with that. 기꺼이 네가 그거 하는 거 도와줄게.
I'd be happy to tell you if you like. 기꺼이 당신이 원한다면 말해 줄게요.

🎬 영화에선 이렇게! 〔Match Point〕

I'd be happy to take you to all the good places.
기꺼이 당신을 모든 좋은 곳들로 데리고 가 줄게요.

💬 Conversation

A: I'm not tired at all. Actually, I'd like to have a look around the city first.
전 전혀 피곤하지 않아요. 사실, 우선 도시를 구경하고 싶어요.

B: **I'd be happy to** show you around the city.
제가 기꺼이 시내를 관광시켜 드릴게요.

It's so nice to + 동사원형 ~. ~해서 너무 좋아요.

It's nice to ~ 패턴은 '~해서 좋다' 혹은 '~해서 반갑다'란 뜻으로 사용됩니다. 강조를 뜻하는 부사 so를 넣어서 기쁨의 강도를 더 높여 말할 수 있으며, so 대신에 really를 넣어서 말해도 됩니다.

It's so nice to meet you.	만나서 너무 좋아요.
It's so nice to hear her voice.	그녀의 목소리를 들으니 너무 좋아.
It's so nice to be home again.	다시 집에 오니 너무 좋아.

🎬 미드에선 이렇게! [The O.C 2*6]

It's so nice to have someone to help around the house.
집안일을 도와줄 누군가가 있으니 너무 좋아.

💬 Conversation

A: **It's so nice to** be out here with you.
여기에 너와 함께 있으니 너무 좋다.

B: Yeah, I often come out here to read or take a walk.
응, 난 여기에 책을 읽거나 산책을 하러 가끔 나와.

I feel like + 동사-ing ~. 나 ~하고 싶어.

feel like은 '~처럼 느끼다'란 뜻 외에 '~하고 싶다'는 의미로도 사용됩니다. 전치사 like 뒤에는 동명사가 붙어서 구체적으로 무엇을 하고 싶은지를 언급해 줄 수 있습니다.

I feel like singing in the shower.	나 샤워하면서 노래하고 싶어.
I feel like having some ice cream.	나 아이스크림이 먹고 싶어.
I feel like walking in the rain.	나 빗속을 걷고 싶어.

🎬 미드에선 이렇게! [That '70s Show 1*14]

I feel like going to the movies. Where do you guys wanna go?
나 영화 보러 가고 싶어. 너희들은 어디에 가고 싶니?

💬 Conversation

A: **I feel like** going home now. I'm exhausted.
나 이제 집에 가고 싶어. 완전 지쳤어.

B: Okay. Let's catch a cab.
그래. 택시를 잡자.

미드&스크린 속 네이티브들의 표현법 따라잡기!
앞서 배운 패턴 문장들입니다. 한글을 보고 영어로 크게 외쳐 봅시다!

079 I'm happy to + 동사원형 ~.
나 ~해서 기뻐.

- 나 그 말을 들어서 기뻐.
- 나 너를 만나서 기뻐.
- 나 널 도와줄 수 있어서 기뻐.
- 나 직장을 구해서 기뻐.
- 너희들에게 내 소개를 하게 돼서 기뻐.

080 I'm happy with ~.
난 ~에 만족해.

- 난 내 삶에 만족해.
- 난 내 직업에 만족해.
- 난 내 외모에 만족해.
- 난 내가 입고 있는 것에 만족해.
- 전 40에 만족합니다.

081 I'm glad that ~.
~라서 난 기뻐.

- 네가 날 여기로 데려와줘서 난 기뻐.
- 네가 그게 마음에 들었다니 난 기뻐.
- 일이 잘 풀려서 난 기뻐.
- 네가 그걸 인정할 수 있어서 난 기뻐.
- 네가 와줘서 난 기뻐.

082 I'd be happy to + 동사원형 ~.
기꺼이 ~할게요.

- 기꺼이 너와 동행해 줄게.
- 기꺼이 네가 그거 하는 거 도와줄게.
- 기꺼이 당신이 원한다면 말해 줄게요.
- 기꺼이 당신을 모든 좋은 곳들로 데리고 가 줄게요.
- 제가 기꺼이 시내를 관광시켜 드릴게요.

083 It's so nice to + 동사원형 ~.
~해서 너무 좋아요.

- 만나서 너무 좋아요.
- 그녀의 목소리를 들으니 너무 좋아.
- 다시 집에 오니 너무 좋아.
- 집안일을 도와줄 누군가가 있으니 너무 좋아.
- 여기에 너와 함께 있으니 너무 좋다.

084 I feel like + 동사-ing ~.
나 ~하고 싶어.

- 나 샤워하면서 노래하고 싶어.
- 나 아이스크림이 먹고 싶어.
- 나 빗속을 걷고 싶어.
- 나 영화 보러 가고 싶어.
- 나 이제 집에 가고 싶어.

Situation **015** >> 기억과 잊음

I'll never forget ~. 난 ~를 절대 잊지 못할 거야.

무언가를 잊지 않겠다고 말할 때 I will not forget~이라고 말할 수 있지만, 좀 더 강조해서 절대 잊지 못하겠다고 말할 때는 not 대신 never를 넣어 I'll never forget~이라고 합니다.

I'll never forget his voice. 난 그의 목소리를 절대 잊지 못할 거야.
I'll never forget what you said. 난 네가 했던 말을 절대 잊지 못할 거야.
I'll never forget my first college party. 난 내 대학 첫 번째 파티를 절대 잊지 못할 거야.

■ 미드에선 이렇게! [The Simpsons 4*18]
I'll never forget the advice you gave me.
난 네가 해 준 충고를 절대 잊지 못할 거야.

💬 Conversation
A: What is the most precious memory of yours?
  네가 가장 소중하게 여기는 기억은 뭐니?
B: Well, **I'll never forget** the first time my mom took me to the circus.
  음, 엄마가 나를 처음으로 서커스에 데려갔던 때를 절대 잊지 못할 거야.

I'll always remember ~. 난 항상 ~를 기억할 거예요.

무언가를 기억하다는 뜻의 동사 remember를 조동사 will과 함께 쓰면 '난 ~를 기억할 거예요'란 뜻의 문장이 됩니다. 여기에 빈도부사 always를 넣어 항상 기억하겠다는 뜻으로 말할 수 있죠.

I'll always remember her beautiful smile.
난 항상 그녀의 아름다운 웃음을 기억할 거야.
I'll always remember the special day we just had.
난 항상 우리가 방금 보냈던 특별한 날을 기억할 거야.
I'll always remember seeing him in his office.
난 항상 사무실에 있던 그의 모습을 기억할 거야.

■ 영화에선 이렇게! [Material Girls]
Though he's gone now, **I'll always remember** him in his lab.
비록 이제 그는 떠났지만, 난 항상 실험실에 있던 그를 기억할 거예요.

💬 Conversation
A: I couldn't have done it without your help. **I'll always remember** your big favor.
  네 도움 없이는 이 일을 해낼 수 없었을 거야. 난 너의 큰 호의를 항상 기억할 거야.
B: Think nothing of it. What are friends for?
  별 것도 아닌데 뭘 그래. 친구 좋다는 게 뭐겠어?

You forgot to + 동사원형 ~. ~하는 거 깜박하셨어요.

상대방이 무언가 할 일을 잊어버렸을 때 말해 줄 수 있는 표현이 You forgot인데요, 여기에 to부정사를 넣어 무엇을 잊은 건지 구체적으로 말할 수 있습니다.

You forgot to attach the file to the email. 이메일에 파일 첨부하는 거 깜박하셨어요.
You forgot to give me my receipt. 제게 영수증 주는 걸 깜박하셨어요.
You forgot to tivo "Gossip Girl". "가십 걸" 예약 녹화하는 걸 깜박하셨어요.

🎬 미드에선 이렇게! [Heros 1*2]
You forgot to turn in your trip sheet for last week.
지난 주 출장 서류를 제출하는 걸 깜박하셨어요.

💬 Conversation
A: Honey, **you forgot to** shovel the driveway.
   여보, 차고 길 눈 치우는 거 깜박했잖아요.
B: Oh, I'm sorry. I'll get to it right after I finish this burger.
   아, 미안해. 이 햄버거 다 먹고 바로 할 게.

Don't forget to + 동사원형 ~. ~하는 거 까먹지 마.

상대방이 해야 할 일을 상기시켜 줄 때 쓸 수 있는 표현으로 Don't forget to~가 있습니다. to부정사 뒤에 해야 할 일을 넣어 그 일을 해야 하는 걸 잊지 말라고 말해 주는 표현입니다.

Don't forget to lock the front door. 앞문 잠그는 거 까먹지 마.
Don't forget to stretch before you work out. 운동하기 전에 스트레칭 하는 거 까먹지 마.
Don't forget to sign up for the gym after work. 퇴근하고 헬스장에 회원 등록하는 거 까먹지 마.

🎬 영화에선 이렇게! [You don't mess with Zohan]
Don't forget to take the cookies out of the oven.
오븐에서 과자를 꺼내는 거 까먹지 마.

💬 Conversation
A: **Don't forget to** check the tire pressure.
   타이어 공기압 확인하는 거 까먹지 마.
B: I've already checked it. Now let's hit the road!
   벌써 확인했지. 자, 이제 출발하자!

 ## You remind me of ~. 넌 내게 ~를 떠올리게 해.

remind란 동사는 '~에게 무언가를 생각나게(떠올리게) 하다'라는 뜻을 가지고 있습니다. 그래서 '넌 내게 ~를 떠올리게 해'란 문장은 You remind me of 뒤에 무엇을 생각나게 하는지 넣어 말할 수 있습니다.

You remind me of someone. 넌 내게 누군가를 떠올리게 해.
You remind me of my daughter back home. 넌 내게 고향에 있는 내 딸을 떠올리게 해.
You remind me of a puppy I used to have. 넌 내게 내가 길렀던 강아지를 떠올리게 해.

🎬 미드에선 이렇게! [Pearl Harbor]
You remind me of myself fifteen years ago.
넌 내게 15년 전의 나를 떠올리게 해.

💬 Conversation
A: **You remind me of** a girl that I once knew.
넌 내가 한때 알았던 소녀를 떠올리게 해.
B: Was she as pretty as me?
저만큼 예뻤었나요?

 ## Remind me to ~. ~하라고 다시 좀 내게 알려줘요.

앞서 말했듯이 remind라는 동사는 '생각나게 하다'란 뜻을 가지고 있습니다. 그래서 내게 무언가를 상기시켜달라고 상대방에게 부탁할 때도 쓸 수 있으며, Remind me 뒤에 to부정사를 사용해서 무엇을 해야 하는지 넣으면 됩니다.

Remind me to call the hospital in the morning.
아침에 병원에 전화하라고 다시 한 번 좀 내게 알려줘요.

Remind me to buy paper cups.
종이컵 사라고 다시 한 번 좀 내게 알려줘요.

Remind me to get a present for my son.
우리 아들 선물을 사라고 다시 한 번 좀 내게 알려줘요.

🎬 영화에선 이렇게! [Nell]
Remind me to buy some shares in KEVLAR.
케블라사 주식을 좀 사라고 다시 한 번 내게 알려줘.

💬 Conversation
A: **Remind me to** pay the gas bill tomorrow.
내일 가스요금 내라고 다시 한 번 좀 내게 알려줘요.
B: Why don't you just write it down on post-it and put it on the refrigerator?
그냥 포스트잇에 적어서 냉장고에 붙여 놓는 게 어때요?

Review!

미드&스크린 속 네이티브들의 표현법 따라잡기!
앞서 배운 패턴 문장들입니다. 한글을 보고 영어로 크게 외쳐 봅시다!

 I'll never forget ~.

전 절대 ~를 잊지 못할 거예요.

- ☐ 난 그의 목소리를 절대 잊지 못할 거야.
- ☐ 난 네가 했던 말을 절대 잊지 못할 거야.
- ☐ 난 내 대학 첫 번째 파티를 절대 잊지 못할 거야.
- ☐ 난 네가 해 준 충고를 절대 잊지 못할 거야.
- ☐ 엄마가 나를 처음으로 서커스에 데려갔던 때를 절대 잊지 못할 거야.

 I'll always remember ~.

난 항상 ~를 기억할 거예요.

- ☐ 난 항상 그녀의 아름다운 웃음을 기억할 거야.
- ☐ 난 항상 우리가 방금 보냈던 특별한 날을 기억할 거야.
- ☐ 난 항상 사무실에 있던 그의 모습을 기억할 거야.
- ☐ 난 항상 실험실에 있던 그를 기억할 거예요.
- ☐ 난 네가 준 큰 호의를 항상 기억할 거야.

 You forgot to ~.

~하는 거 깜박하셨어요.

- ☐ 이메일에 파일 첨부하는 거 깜박하셨어요.
- ☐ 제게 영수증 주는 걸 깜박하셨어요.
- ☐ "가십 걸" 예약 녹화하는 걸 깜박하셨어요.
- ☐ 지난 주 출장 서류를 제출하는 걸 깜박하셨어요.
- ☐ 차고 길 눈 치우는 거 깜박했잖아요.

 Don't forget to ~.

~하는 거 까먹지 마.

- ☐ 앞문 잠그는 거 까먹지 마.
- ☐ 운동하기 전에 스트레칭 하는 거 까먹지 마.
- ☐ 퇴근하고 헬스장에 회원 등록하는 거 까먹지 마.
- ☐ 오븐에서 과자를 꺼내는 거 까먹지 마.
- ☐ 타이어 공기압 확인하는 거 까먹지 마.

 You remind me of ~.

넌 내게 ~를 떠올리게 해.

- ☐ 넌 내게 누군가를 떠올리게 해.
- ☐ 넌 내게 고향에 있는 내 딸을 떠올리게 해.
- ☐ 넌 내게 내가 길렀던 강아지를 떠올리게 해.
- ☐ 넌 내게 15년 전의 나를 떠올리게 해.
- ☐ 넌 내가 한때 알았던 소녀를 떠올리게 해.

090 Remind me to ~.

~하라고 다시 좀 내게 알려줘요.

- ☐ 아침에 병원에 전화하라고 다시 한 번 좀 내게 알려줘요.
- ☐ 종이컵 사라고 다시 한 번 좀 내게 알려줘요.
- ☐ 우리 아들 선물을 사라고 다시 한 번 좀 내게 알려줘요.
- ☐ 케블라社 주식을 좀 사라고 다시 한 번 내게 알려줘.
- ☐ 내일 가스요금 내라고 다시 한 번 좀 내게 알려줘요.

Situation 016 >> 나의 생각 전달

I guess ~. ~인 것 같아.

동사 guess는 우리말의 '추측하다'란 뜻을 가지고 있습니다. I think ~ 패턴과 마찬가지로 100% 확신이 없는 상황에서 아무래도 '~인 것 같다'라고 자신의 생각을 나타낼 때 I guess ~ 패턴을 사용할 수 있습니다.

I guess you're right.	네 말이 맞는 것 같아.
I guess we're even now.	이제 우리 서로 비긴 것 같아.
I guess I need more time.	나 시간이 더 필요할 것 같아.

미드에선 이렇게! [Friends 7*12]

I guess we don't have a choice.
우리 다른 방법이 없는 것 같아.

💬 Conversation

A: **I guess** I have to tough it out.
나 그냥 견뎌야 할 것 같아.

B: Yeah, what can't kill you only makes you stronger.
그래, 널 죽이지 못하는 건 널 더 강하게 만들어 줘(시련은 널 더 강하게 만들어 줄 거야).

I figure ~. ~라고 생각해요(생각했어요).

I figure ~ 패턴은 문맥에 따라서 두 가지로 해석이 가능합니다. 하나는 현재시제로 뒤에 연결되는 상황일거라고 생각한다는 의미를 전달하고, 또 과거시제로 뒤에 연결되는 상황이지 않을까 생각했다는 의미도 전달할 수 있습니다.

I figure it will take at least 5 minutes.	적어도 5분은 걸릴 거라 생각해요.
I figure she was drunk.	난 그녀가 술 취했다고 생각했어요.
I figure you hate him.	당신이 그를 싫어한다고 생각했어요.

미드에선 이렇게! [Monk 1*5]

I figure they are either fighting or falling in love. (either A or B : A 또는 B)
그들이 싸우거나 혹은 사랑에 빠지고 있는 거라 생각했어요.

💬 Conversation

A: Isn't this your husband's uniform? Are you throwing it away?
이거 남편의 유니폼 아니니? 버리는 거야?

B: It's been 5 years since he died. **I figure** it's time to move on.
남편이 죽은 지 5년이 됐어요. 이제는 잊고 앞으로 나아가야 할 때라고 생각해요.

 I suppose ~. ~라고 생각해요.

동사 suppose는 '가정하다, 추정하다'란 뜻을 가진 동사입니다. 앞서 배운 I guess ~ / I figure ~ 패턴과 마찬가지로 100%의 확신은 아닌 자신의 의견을 나타낼 때 사용할 수 있는 패턴입니다.

I suppose I owe you an apology. 나 너에게 사과할 게 있다고 생각해.
I suppose there's a reason for that. 그러한 데에는 이유가 있다고 생각해.
I suppose it can wait. 그건 나중에 해도 괜찮다고 생각해.

🎬 미드에선 이렇게! [Lost 1*4]
I suppose that's why you became a doctor.
그게 당신이 의사가 된 이유라고 생각해요.

💬 Conversation
A: **I suppose** I overreacted. I'm sorry for that.
제가 과민반응을 했다고 생각해요. 그 점에 대해선 사과드려요.
B: Apology accepted.
사과를 받아들이죠.

 I take it ~. 딱 보니 ~하구나.

동사 take는 어떤 상황을 '취하다, 받아들이다'란 뜻으로도 사용됩니다. 주변 정황상 어떤 내용을 충분히 추론해 낼 수 있을 때 I take it ~ 패턴을 사용할 수 있습니다. 여기서 it은 가목적어로 '그것'이라고 해석하지 않고 뒤에 자신이 추론한 문장을 연결시켜서 말하면 됩니다.

I take it you've met John Gibson. 딱 보니 너 존 깁슨 씨를 만난 적 있구나.
I take it you know her. 딱 보니 너 그녀를 아는구나.
I take it you're irritated. 딱 보니 너 짜증나는구나.

🎬 미드에선 이렇게! [Will and Grace 7*16]
I take it you're not a big fan of Valentine's Day.
딱 보니 넌 발렌타인데이를 안 좋아하는구나.

💬 Conversation
A: **I take it** you come to this place a lot.
딱 보니 너 이 곳에 많이 오는구나.
B: Yeah, it's practically home.
응, 뭐 집이나 마찬가지지.

 If you ask me, ~ 내 생각엔, ~

if you ask me ~는 직역하면 '만약 네가 내게 물어본다면 ~'입니다. 상대방이 내 의견을 물어보기 전에 자신이 먼저 어떤 상황에 대한 견해를 나타내고자 할 때 문두에 말할 수 있는 패턴입니다.

If you ask me, the movie is overrated.　　내 생각엔, 그 영화는 과대평가되었어.
If you ask me, you're barking up the wrong tree.　　내 생각엔, 너 헛다리짚고 있는 거야.
If you ask me, I think you're still beautiful.　　내 생각엔, 넌 여전히 아름다워.

🎬 영화에선 이렇게! [Men In Black]

If you ask me, she's up to something.
내 생각엔, 그녀는 뭔가 꿍꿍이가 있어.

💬 Conversation

A: **If you ask me,** that doesn't make any sense.
　　내 생각엔, 그건 전혀 말이 안 돼.
B: What makes you think so?
　　왜 그렇게 생각하는데?

 I bet ~. 분명히 ~이야.

bet은 동사로 '내기하다, 내기를 걸다'란 뜻을 가지고 있습니다. 어떤 상황에 대해서 내기를 걸어도 좋을 만큼 100% 확신함을 전달할 때 사용할 수 있는 패턴이지요.

I bet you're very popular with women.　　분명 넌 여자들에게 인기가 많을 거야.
I bet you miss him a lot.　　분명 넌 그가 많이 보고 싶을 거야.
I bet he's the one who broke the window.　　분명 그가 창문을 깬 사람이야.

🎬 미드에선 이렇게! [Invasion 1*18]

I bet your dad is gonna be so proud of you.
분명 너희 아빠는 네가 굉장히 자랑스러우실 거야.

💬 Conversation

A: **I bet** you had onions for lunch, right?
　　분명 넌 점심으로 양파를 먹었을 거야, 맞지?
B: Oh, I'm sorry. I'll go brush my teeth.
　　아, 미안해. 나 가서 이 닦고 올게.

Review!

미드&스크린 속 네이티브들의 표현법 따라잡기!
앞서 배운 패턴 문장들입니다. 한글을 보고 영어로 크게 외쳐 봅시다!

091 I guess ~.
~인 것 같아.

- ☐ 네 말이 맞는 것 같아.
- ☐ 이제 우리 서로 비긴 것 같아.
- ☐ 나 시간이 더 필요할 것 같아.
- ☐ 우리 다른 방법이 없는 것 같아.
- ☐ 나 그냥 견뎌야 할 것 같아.

092 I figure ~.
~라고 생각해요(생각했어요).

- ☐ 적어도 5분은 걸릴 거라 생각해요.
- ☐ 난 그녀가 술 취했다고 생각했어요.
- ☐ 당신이 그를 싫어한다고 생각했어요.
- ☐ 그들이 싸우거나 혹은 사랑에 빠지고 있는 거라 생각했어요.
- ☐ 이제는 잊고 앞으로 나아가야 할 때라고 생각해요.

093 I suppose ~.
~라고 생각해요.

- ☐ 나 너에게 사과할 게 있다고 생각해.
- ☐ 그러한 데에는 이유가 있다고 생각해.
- ☐ 그건 나중에 해도 괜찮다고 생각해.
- ☐ 그게 당신이 의사가 된 이유라고 생각해요.
- ☐ 제가 과민반응을 했다고 생각해요.

094 I take it ~.
딱 보니 ~하구나.

- ☐ 딱 보니 너 존 깁슨 씨를 만난 적 있구나.
- ☐ 딱 보니 너 그녀를 아는구나.
- ☐ 딱 보니 너 짜증나는구나.
- ☐ 딱 보니 넌 발렌타인데이를 안 좋아하는구나.
- ☐ 딱 보니 너 이 곳에 많이 오는구나.

095 If you ask me, ~
내 생각엔, ~

- ☐ 내 생각엔, 그 영화는 과대평가되었어.
- ☐ 내 생각엔, 너 헛다리 짚고 있는 거야.
- ☐ 내 생각엔, 넌 여전히 아름다워.
- ☐ 내 생각엔, 그녀는 뭔가 꿍꿍이가 있어.
- ☐ 내 생각엔, 그건 전혀 말이 안 돼.

096 I bet ~.
분명히 ~이야.

- ☐ 분명 넌 여자들에게 인기가 많을 거야.
- ☐ 분명 넌 그가 많이 보고 싶을 거야.
- ☐ 분명 그가 창문을 깬 사람이야.
- ☐ 분명 너희 아빠는 네가 굉장히 자랑스러우실 거야.
- ☐ 분명 넌 점심으로 양파를 먹었을 거야. 맞지?

Situation 017 >> 나의 생각(부정)

I don't think ~. 난 ~라고 생각하지 않아(~인 것 같진 않아).

어떤 상황을 두고 자신은 그렇게 생각하지 않음을 전달할 때 I don't think ~ 패턴을 사용할 수 있습니다. 동사 think 뒤에는 상황을 문장으로 연결시켜서 말하면 됩니다.

I don't think she's cute. 난 그녀가 귀엽다고 생각하지 않아.
I don't think we're ready to do this. 난 우리가 이걸 할 준비가 됐다고 생각하진 않아.
I don't think there's anything wrong with your car. 네 차에 어떤 문제가 있는 것 같진 않아.

🎬 영화에선 이렇게! [Desperate Housewives 1*7]
I don't think you have a choice.
너에게 선택권이 있는 것 같진 않아.

💬 Conversation
A: **I don't think** we're seeing eye to eye on this one. (**see eye to eye** : 견해가 일치하다)
우리 이 문제에 있어서 견해가 일치하는 것 같진 않아.
B: No, we're not. So what do we do now?
응, 맞아. 그러면 이제 우리 어쩌지?

I don't think I can + 동사원형 ~. 나 ~할 수 없을 것 같아.

I don't think ~ 패턴 뒤에 I can을 연결시켜서 말할 수 있습니다. I don't think I can ~ 패턴은 뒤에 자신이 할 수가 없을 것 같은 상황을 설명할 때 사용됩니다.

I don't think I can handle this. 나 이 일을 처리 할 수 없을 것 같아.
I don't think I can wait for her. 나 그녀를 기다릴 수 없을 것 같아.
I don't think I can work here anymore. 나 더 이상은 여기서 일할 수 없을 것 같아.

🎬 미드에선 이렇게! [Will and Grace 6*20]
I don't think I can stay for dinner.
저녁식사를 위해 머물 순 없을 것 같아(저녁식사 때까지는 못 있을 것 같아).

💬 Conversation
A: Did you talk to Susan today?
너 오늘 수잔이랑 얘기해 봤어?
B: No, **I don't think I can** ever look at her again.
아니, 나 다시는 그녀를 쳐다볼 수가 없을 것 같아.

I never thought I'd + 동사원형 ~. 난 내가 ~할 거 라고는 생각도 못했어.

이미 벌어진 상황을 두고 자신은 절대 그렇게 될 것이라고 생각해본 적이 없다고 놀람을 나타낼 때 사용할 수 있는 패턴입니다.

I never thought I'd be on television. 난 내가 텔레비전에 나올 거라고는 생각도 못했어.
I never thought I'd see you again. 난 내가 널 다시 보게 될 줄은 생각도 못했어.
I never thought I'd win this easy. 난 이렇게 쉽게 이길 거라고는 생각도 못했어.

🎬 미드에선 이렇게! [Grey's Anatomy 2*10]
I never thought I'd be so happy to hear that.
난 내가 그 말을 듣고 그렇게 기뻐할 거라고는 생각도 못했어.

💬 Conversation
A: Jack! **I never thought I'd** bump into you here! How are you?
잭! 나 내가 널 여기서 우연히 만나게 될 줄은 몰랐어! 어떻게 지냈어?
B: Couldn't be better. How about you?
완전 잘 지냈지. 너는?

I don't think you'd + 동사원형 ~. 네가 ~할 거라곤 생각하지 않아.

자신이 판단, 추측컨대 상대방이 무언가를 할 거라고 자신은 생각하지 않는다는 말을 전할 때 사용할 수 있는 패턴입니다.

I don't think you'd understand. 네가 이해할 거라곤 생각하지 않아.
I don't think you'd like it. 네가 그걸 마음에 들어 할 거라곤 생각하지 않아.
I don't think you'd have the patience for it. 네가 그걸 할 인내심을 가지고 있을 거라곤 생각하지 않아.

🎬 미드에선 이렇게! [Ghost Whisperer 2*11]
I don't think you'd find my ideas very interesting.
네가 내 아이디어를 굉장히 흥미롭게 생각할 거라곤 생각하지 않아.

💬 Conversation
A: **I don't think you'd** love me if I were poor.
만약 내가 가난하다면 네가 날 사랑할 거라곤 생각하지 않아.
B: Why would I love you if you were poor?
네가 가난하다면 내가 널 왜 사랑하겠니?

 I don't think we should + 동사원형 ~. 우리 ~해서는 안 될 것 같아.

어떤 일이나 행동에 대해 해서는 안 된다는 말을 할 때 쓸 수 있는 패턴입니다. We should not ~ 패턴보다 좀 더 부드럽게 자신의 의견을 전달해 줄 수 있습니다.

I don't think we should see each other anymore.	우리 더 이상 서로 만나서는 안 될 것 같아.
I don't think we should live together anymore.	우리 더 이상 함께 살아서는 안 될 것 같아.
I don't think we should discuss it further now.	우리 그 일에 대해 지금 더 논의를 해서는 안 될 것 같아.

📺 미드에선 이렇게! [The O.C 2*8]

I don't think we should leave Seth alone right now.
지금 Seth를 혼자 놔둬서는 안 될 것 같아.

💬 Conversation

A: **I don't think we should** get our hopes up. (get one's hopes up : 기대하다)
우리 너무 기대에 부풀면 안 될 것 같아.

B: Be confident, be positive! We can nail this one!
자신감을 가져. 긍정적이게 굴라고! 우리 이 일을 해낼 수 있어!

 I can't think of ~. ~이 떠오르지가 않아.

think of는 think about과 마찬가지로 무언가를 '생각하다'란 뜻으로 사용됩니다. 즉, I can't think of는 어떤 대상을 생각할 수가 없거나 그것이 떠오르지 않음을 나타낼 수 있는 패턴입니다.

I can't think of anything.	아무것도 떠오르지가 않아.
I can't think of a solution.	해결책이 떠오르지가 않아.
I can't think of an example.	예가 떠오르지가 않아.

🎬 영화에선 이렇게! [Raise Your Voice]

I can't think of a better way to spend my life.
더 나은 삶을 살 수 있는 방법이 떠오르지가 않아.

💬 Conversation

A: **I can't think of** where I put my cell phone.
내가 내 핸드폰을 어디에 뒀는지 떠오르지가 않아.

B: Have you checked the glove box?
자동차 앞좌석 사물함 확인해 봤어?

Review!

미드&스크린 속 네이티브들의 표현법 따라잡기!
앞서 배운 패턴 문장들입니다. 한글을 보고 영어로 크게 외쳐 봅시다!

097 **I don't think ~.**

난 ~라고 생각하지 않아(~인 것 같진 않아).

- □ 난 그녀가 귀엽다고 생각하지 않아.
- □ 난 우리가 이걸 할 준비가 됐다고 생각하진 않아.
- □ 네 차에 어떤 문제가 있는 것 같진 않아.
- □ 너에게 선택권이 있는 것 같진 않아.
- □ 우리 이 문제에 있어서 견해가 일치하는 것 같진 않아.

098 **I don't think I can + 동사원형 ~.**

나 ~할 수 없을 것 같아.

- □ 나 이 일을 처리 할 수 없을 것 같아.
- □ 나 그녀를 기다릴 수 없을 것 같아.
- □ 나 더 이상은 여기서 일할 수 없을 것 같아.
- □ 저녁식사를 위해 머물 순 없을 것 같아(저녁식사 때까지는 못 있을 것 같아).
- □ 나 다시는 그녀를 쳐다볼 수가 없을 것 같아.

099 **I never thought I'd + 동사원형 ~.**

난 내가 ~할 거 라고는 생각도 못했어.

- □ 난 내가 텔레비전에 나올 거라고는 생각도 못했어.
- □ 난 내가 널 다시 보게 될 줄은 생각도 못했어.
- □ 난 이렇게 쉽게 이길 거라고는 생각도 못했어.
- □ 난 내가 그 말을 듣고 그렇게 기뻐할 거라고는 생각도 못했어.
- □ 난 내가 널 여기서 우연히 만나게 될 줄은 몰랐어!

100 **I don't think you'd + 동사원형 ~.**

네가 ~할 거라곤 생각하지 않아.

- □ 네가 이해할 거라곤 생각하지 않아.
- □ 네가 그걸 마음에 들어 할 거라곤 생각하지 않아.
- □ 네가 그걸 할 인내심을 가지고 있을 거라곤 생각하지 않아.
- □ 네가 내 아이디어를 굉장히 흥미롭게 생각할 거라곤 생각하지 않아.
- □ 만약 내가 가난하다면 네가 날 사랑할 거라곤 생각하지 않아.

101 **I don't think we should + 동사원형 ~.**

우리 ~해서는 안 될 것 같아.

- □ 우리 더 이상 서로 만나서는 안 될 것 같아.
- □ 우리 더 이상 함께 살아서는 안 될 것 같아.
- □ 우리 그 일에 대해 지금 더 논의를 해서는 안 될 것 같아.
- □ 지금 Seth를 혼자 놔둬서는 안 될 것 같아.
- □ 우리 너무 기대에 부풀면 안 될 것 같아.

102 **I can't think of ~.**

~이 떠오르지가 않아.

- □ 아무것도 떠오르지가 않아.
- □ 해결책이 떠오르지가 않아.
- □ 예가 떠오르지가 않아.
- □ 더 나은 삶을 살 수 있는 방법이 떠오르지가 않아.
- □ 내가 내 핸드폰을 어디에 뒀는지 떠오르지가 않아.

Good job!

Situation 018 >> 나의 생각(긍정)

I think you're ~. 난 네가 ~라고 생각해.

자신은 이렇게 생각한다고 말할 때는 I think ~로 말을 시작해야 합니다. 상대방의 신분이나 상태 등에 대한 자신의 생각을 전달할 때는 I think you're ~ 패턴으로 말하면 됩니다.

I think you're wrong.	난 네가 틀렸다고 생각해.
I think you're my friend.	난 네가 내 친구라고 생각해.
I think you're very talented.	난 네가 매우 재능이 있다고 생각해.

미드에선 이렇게! [Desperate Housewives 1*23]
I think you're making a mistake.
난 네가 실수를 하고 있다고 생각해.

Conversation
A: Would you still think I'm cute if I got fat?
만약 내가 뚱뚱해지면 넌 여전히 내가 귀엽다고 생각할까?

B: **I think you're** beautiful and, even if you got fat, I'd still find you sexy.
난 네가 아름답다고 생각해. 그리고 혹시라도 네가 뚱뚱해져도 난 여전히 네가 섹시하다고 생각할 거야.

I think this is ~. 내 생각에 이건 ~인 것 같아.

100% 확신하지는 않지만, 가까운 대상에 대한 자신의 생각이 어떠함을 말할 때 사용할 수 있는 패턴입니다. 먼 곳에 있는 대상에 대한 생각을 말할 때는 I think that is ~ 패턴으로 말하면 됩니다.

I think this is yours.	내 생각에 이건 네 거인 것 같아.
I think this is a great opportunity.	내 생각에 이건 엄청난 기회인 것 같아.
I think this is a waste of time.	내 생각에 이건 시간낭비인 것 같아.

미드에선 이렇게! [The Simpsons 7*13]
I think this is the best neighborhood in town.
내 생각엔 여기가 마을에서 가장 좋은 동네인 것 같아.

Conversation
A: **I think this is** nuts.
내 생각에 이건 미친 짓인 것 같아.

B: Why do you always have to be so negative?
왜 넌 그렇게 항상 부정적이어야 하는 건데?

I thought ~. 난 ~라고 생각했어.

한 때 자신이 가졌던 생각이 어땠음을 상대방에게 전달할 때 사용할 수 있는 패턴입니다. I thought 뒤에 자신의 생각을 문장으로 넣어주면 됩니다.

I thought you were disappointed in me. 난 네가 내게 실망했다고 생각했어.
I thought he was in trouble. 난 그에게 문제가 생겼다고 생각했어.
I thought you said you waited for me. 난 네가 날 기다렸다고 말했다고 생각했어.

📽 영화에선 이렇게! [Alien]
I thought you would be smarter than me.
난 네가 나보다는 똑똑할 거라고 생각했어.

💬 Conversation
A: **I thought** you said you were from Japan.
   난 네가 일본 출신이라고 말했다고 생각했어.
B: No, I'm from Korea.
   아니요, 난 한국 출신이에요.

I'm thinking of ~. 난 ~를 생각 중이야.

현재진행형 시제 be+V-ing를 사용해서 자신이 현재 무슨 생각을 하고 있는지를 전달할 수 있습니다. 전치사 of 뒤에 자신이 생각하는 대상을 명사로 언급하거나 생각하고 있는 행동을 동명사(V-ing)로 말해주면 됩니다.

I'm thinking of shutting my site down. 나 내 사이트를 닫을까 생각 중이야.
I'm thinking of buying this house. 나 이 집을 살까 생각 중이야.
I'm thinking of joining the Army. 나 군 입대를 할까 생각 중이야.

📽 미드에선 이렇게! [One Tree Hill 3*7]
I'm thinking of running for senator.
나 상원의원에 출마할까 생각 중이야.

💬 Conversation
A: As a matter of fact, **I'm thinking of** retiring and going into business.
   사실, 난 은퇴를 하고 사업을 할까 생각 중이야.
B: What kind of business do you have in mind?
   어떤 종류의 사업을 마음에 두고 있는데요?

I was thinking about ~. 나 ~를 생각하고 있었어.

상대방에게 방금 전까지 무언가를 생각하고 있었음을 전달할 때 사용할 수 있는 패턴입니다.

I was thinking about you.
난 네 생각을 하고 있었어.

I was thinking about our conversation last night.
어젯밤에 우리가 한 대화 내용을 생각하고 있었어.

I was thinking about getting a dragon tattoo.
나 용 문신을 할까 생각하고 있었어.

🎬 영화에선 이렇게! [Garden State]

I was thinking about taking a little vacation.
나 짧은 휴가를 갈까 생각하고 있었어.

💬 Conversation

A: **I was thinking about** ordering some room service.
룸서비스를 시켜볼까 생각하고 있었어.

B: But it's too expensive. Why don't we just go out? I know a good place to eat nearby.
하지만 너무 비싸잖아요. 밖에 나가는 게 어때요? 근처에 식사하기 좋은 곳을 알고 있어요.

I've been thinking about ~. 난 ~를 계속 생각해봤어.

현재완료 시제 have+과거분사는 과거에 시작된 일이 현재까지 영향을 미치거나 과거부터 지금까지 지속되는 행동을 설명할 때 사용됩니다. 즉, I've been thinking about ~ 패턴은 무언가에 대해서 자신이 지금까지 계속 생각을 해왔을 만큼 깊게 생각을 하고 있다는 것을 나타내는 패턴입니다.

I've been thinking about it all night.   나 밤새 그 일을 계속 생각해봤어.
I've been thinking about writing a book.   나 책을 써보는 것을 계속 생각해봤어.
I've been thinking about what you said.   나 네가 한 말을 계속 생각해봤어.

🎬 영화에선 이렇게! [Jaws 2]

I've been thinking about quitting my job for a while.
나 한동안 일을 관두는 걸 계속 생각해봤어.

💬 Conversation

A: I'm working at a garage now, but **I've been thinking about** going back to school.
난 지금 정비소에서 일하고 있어, 하지만 난 학교로 돌아가는 걸 계속 생각해봤어.

B: That's good. I mean, I really think you should go back to school.
그거 좋아. 그러니까 내 말은 난 정말 네가 학교로 돌아가야 한다고 생각해.

Review!

미드&스크린 속 네이티브들의 표현법 따라잡기!
앞서 배운 패턴 문장들입니다. 한글을 보고 영어로 크게 외쳐 봅시다!

103 I think you're ~.
난 네가 ~라고 생각해.

- ☐ 난 네가 틀렸다고 생각해.
- ☐ 난 네가 내 친구라고 생각해.
- ☐ 난 네가 매우 재능이 있다고 생각해.
- ☐ 난 네가 실수를 하고 있다고 생각해.
- ☐ 난 네가 아름답다고 생각해.

104 I think this is ~.
내 생각에 이건 ~인 것 같아.

- ☐ 내 생각에 이건 네 거인 것 같아.
- ☐ 내 생각에 이건 엄청난 기회인 것 같아.
- ☐ 내 생각에 이건 시간낭비인 것 같아.
- ☐ 내 생각엔 여기가 마을에서 가장 좋은 동네인 것 같아.
- ☐ 내 생각에 이건 미친 짓인 것 같아.

105 I thought ~.
난 ~라고 생각했어.

- ☐ 난 네가 내게 실망했다고 생각했어.
- ☐ 난 그에게 문제가 생겼다고 생각했어.
- ☐ 난 네가 날 기다렸다고 말했다고 생각했어.
- ☐ 난 네가 나보다는 똑똑할 거라고 생각했어.
- ☐ 난 네가 일본 출신이라고 말했다고 생각했어.

106 I'm thinking of ~.
난 ~를 생각 중이야.

- ☐ 나 내 사이트를 닫을까 생각 중이야.
- ☐ 나 이 집을 살까 생각 중이야.
- ☐ 나 군 입대를 할까 생각 중이야.
- ☐ 나 상원의원에 출마할까 생각 중이야.
- ☐ 난 은퇴를 하고 사업을 할까 생각 중이야.

107 I was thinking about ~.
나 ~를 생각하고 있었어.

- ☐ 난 네 생각을 하고 있었어.
- ☐ 어젯밤에 우리가 한 대화 내용을 생각하고 있었어.
- ☐ 나 용 문신을 할까 생각하고 있었어.
- ☐ 나 짧은 휴가를 갈까 생각하고 있었어.
- ☐ 룸서비스를 시켜볼까 생각하고 있었어.

108 I've been thinking about ~.
난 ~를 계속 생각해봤어.

- ☐ 나 밤새 그 일을 계속 생각해봤어.
- ☐ 나 책을 써보는 것을 계속 생각해봤어.
- ☐ 나 네가 한 말을 계속 생각해봤어.
- ☐ 나 한동안 일을 관두는 걸 계속 생각해봤어.
- ☐ 난 학교로 돌아가는 걸 계속 생각해봤어.

Situation 019 >> 내가 느낀 추측

It sounds like ~. ~처럼 들리네(듣고 보니 ~인 것 같은 걸).

어떤 소리나 이야기를 들은 다음 그 내용을 바탕으로 자신이 추측한 것을 말할 때 사용할 수 있는 패턴입니다. 여기서 like는 전치사로 그 뒤에는 자신이 추측한 내용을 명사 혹은 대명사로 붙여서 말해 주면 됩니다.

It sounds like a good idea.	괜찮은 생각처럼 들리네.
It sounds like rain.	비가 오는 것처럼 들려.
It sounds like a bachelor party to me.	듣고 보니 난 그거 총각파티인 것 같은 걸.

📺 미드에선 이렇게! [Ghost Whisperer 2*9]
It sounds like nails on a chalkboard.
손톱으로 칠판을 긁는 소리 같아요.

💬 Conversation
A: What's that sound?
이거 뭔 소리야?
B: **It sounds like** the microwave. There must be someone in the kitchen.
전자레인지 돌아가는 소리처럼 들리네. 부엌에 누군가 있나 봐.

I get the feeling that ~. ~라는 생각이 들어.

get the feeling은 말 그대로 '어떤 특정한 기분(생각)이 들다'란 뜻의 표현입니다. 구체적으로 어떤 기분(생각)이 들었는지는 that을 붙여서 뒤에 문장으로 설명을 해 주면 됩니다.

I get the feeling that she really likes me.
그녀가 정말 날 좋아한다는 생각이 들어.
I get the feeling that you're choking me to death.
네가 날 숨 막히게 해 죽이려고 하는 건 아닐까 라는 생각이 들어.
I get the feeling that they're laughing at me.
걔들이 날 보고 비웃고 있다는 생각이 들어.

📺 미드에선 이렇게! [Veronica Mars 2*13]
I get the feeling that you're fantastic at killing time.
네가 시간 죽이며 보내는 데 도사일 것 같다는 생각이 들어.

💬 Conversation
A: **I get the feeling that** he is not cut out for the job. (**cut out for** : ~에 적임자인)
그가 그 일에 소질이 없다는 생각이 들어.
B: Give him the benefit of doubt. He's only been here for like a month.
속는 셈 치고 그를 한 번 믿어 봐요. 여기 온 지 한 달 정도 밖에 안 됐잖아요.

It looks like ~. 보니까 ~인 것 같아.

무언가를 눈으로 확인하고 이를 바탕으로 어떤 내용을 추측해서 말할 때 사용할 수 있는 패턴입니다. 여기서 전치사 like 뒤에는 명사 혹은 대명사 그리고 문장도 목적어로 올 수 있습니다.

It looks like another scorcher today.	보니까 오늘도 또 푹푹 찌겠구나.
It looks like we're not gonna settle this tonight.	보니까 이 일 오늘 밤에 끝내긴 그른 것 같네.
It looks like I came at a bad time.	보니까 내가 안 좋은 타이밍에 온 것 같네.

🎬 영화에선 이렇게! [Knocked Up]

It looks like you're pregnant.
보니까 너 임신한 것 같네.

💬 Conversation

A: **It looks like** there are a lot of fun things to do here.
보니까 이곳엔 재미있는 것들이 아주 많은 것 같아.

A: That's right. I can assure you that you will never get bored in this city.
맞아. 내가 장담컨대 넌 절대로 이 도시에서 지루해지진 않을 거야.

It smells like ~. ~ 냄새 같은데.

후각을 통해서 어떤 냄새를 맡고 '~냄새 같다'라고 추측을 할 때 사용할 수 있는 패턴입니다. 어떤 물질을 맛보고 난 후 '~한 맛이 난다'라고 말할 때는 동사 smell 대신에 taste를 넣어 It tastes like ~ 패턴으로 말하면 됩니다.

It smells like bleach.	표백제 냄새 같은데.
It smells like fresh paint.	새 페인트 냄새 같은데.
It smells like chicken soup.	치킨 수프 냄새 같은데.

🎬 영화에선 이렇게! [Con Air]

It smells like somebody shit in your mouth. (shit : v. 똥 싸다)
누가 네 입에다 똥 싼 냄새 같은데.

💬 Conversation

A: What's that smell? **It smells like** something is burning.
이거 뭔 냄새야? 뭔가 타고 있는 냄새 같은데.

B: Oh, no. I forgot I left cookies in the oven.
아, 이런. 오븐에다가 과자 넣어 놓은 거 깜박했네.

113   It feels like ~. 느낌상 ~인 것 같아.

어떤 상황이나 말에 대해서 자신이 어떤 느낌을 받았는지 그 내용을 말할 때 사용할 수 있는 패턴입니다. like 뒤에는 명사, 대명사 혹은 문장이 이어질 수 있습니다. 반대로 자신은 어떤 느낌을 받지 못했다고 말하고 싶을 때는 It doesn't feel like ~ 패턴으로 말할 수 있습니다.

It feels like a compliment.	느낌상 칭찬인 것 같아.
It feels like it was yesterday.	느낌상 바로 어제였던 것 같아.
It feels like we're married.	느낌상 우리 결혼한 것 같아.

🎬 미드에선 이렇게! [Will and Grace 2*13]

It feels like there's something missing in my life.
느낌상 내 인생에서 무언가가 빠져있는 것 같아.

💬 Conversation

A: Do you remember when Jane made you this sweater?
　제인이 네게 이 스웨터 만들어 줬던 때 기억나니?

B: **It feels like** forever ago.
　느낌상 백만 년 전 같아.

---

114   I can't seem to ~. 나 ~하지 못하는 것 같아(할 수 없을 것 같아).

무언가를 하기 위해 꾸준히 노력을 했지만, 원하던 바대로 할 수 없을 것 같다고 추측해서 말할 때 사용할 수 있는 패턴입니다. I don't think I can ~ 패턴도 같은 의미전달을 하는 패턴이므로 잘 기억해 두세요.

I can't seem to access this site.	나 이 사이트에 접근할 수 없는 것 같아.
I can't seem to lose any weight.	나 살을 뺄 수 없을 것 같아(몸무게가 안 주는 것 같아).
I can't seem to go to sleep at night.	나 밤에 잠을 잘 수 없을 것 같아.

🎬 영화에선 이렇게! [The Pursuit of Happiness]

Normally I have a resume sheet, but **I can't seem to** find it anywhere.
보통은 이력서 용지를 가지고 다니는데 어디에서도 찾지 못할 것 같네요.

💬 Conversation

A: I've been learning English for a month, but **I can't seem to** make any progress.
　나 한 달 동안 영어를 배우고 있는데 진도가 나가지 않는 것 같아.

B: Let's not be too hasty here. Learning English takes a long time.
　너무 성급하게 생각하지 말자. 영어를 배우는 건 시간이 걸려.

Review!

미드&스크린 속 네이티브들의 표현법 따라잡기!
앞서 배운 패턴 문장들입니다. 한글을 보고 영어로 크게 외쳐 봅시다!

109 It sounds like ~.
~처럼 들리네(듣고보니 ~인 것 같은 걸).

- ☐ 괜찮은 생각처럼 들리네.
- ☐ 비가 오는 것처럼 들려.
- ☐ 듣고 보니 난 그거 총각파티인 것 같은 걸.
- ☐ 손톱으로 칠판을 긁는 소리 같아요.
- ☐ 전자레인지 돌아가는 소리처럼 들리네.

110 I get the feeling that ~.
~라는 생각이 들어.

- ☐ 그녀가 정말 날 좋아한다는 생각이 들어.
- ☐ 네가 날 숨 막히게 해 죽이려고 하는 건 아닐까 라는 생각이 들어.
- ☐ 걔들이 날 보고 비웃고 있다는 생각이 들어.
- ☐ 네가 시간 죽이며 보내는 데 도사일 것 같다는 생각이 들어.
- ☐ 그가 그 일에 소질이 없다는 생각이 들어.

111 It looks like ~.
보니까 ~인 것 같아.

- ☐ 보니까 오늘도 또 푹푹 찌겠구나.
- ☐ 보니까 이 일 오늘 밤에 끝내긴 그른 것 같네.
- ☐ 보니까 내가 안 좋은 타이밍에 온 것 같네.
- ☐ 보니까 너 임신한 것 같네.
- ☐ 보니까 이곳엔 재미있는 것들이 아주 많은 것 같아.

112 It smells lie ~.
~ 냄새 같은데.

- ☐ 표백제 냄새 같은데.
- ☐ 새 페인트 냄새 같은데.
- ☐ 치킨 수프 냄새 같은데.
- ☐ 누가 네 입에다 똥 싼 냄새 같은데.
- ☐ 뭔가 타고 있는 냄새 같은데.

113 It feels like ~.
느낌상 ~인 것 같아.

- ☐ 느낌상 칭찬인 것 같아.
- ☐ 느낌상 바로 어제였던 것 같아.
- ☐ 느낌상 우리 결혼한 것 같아.
- ☐ 느낌상 내 인생에서 무언가가 빠져있는 것 같아.
- ☐ 느낌상 백만 년 전 같아.

114 I can't seem to ~.
나 ~하지 못하는 것 같아(할 수 없을 것 같아).

- ☐ 나 이 사이트에 접근할 수 없는 것 같아.
- ☐ 나 살을 뺄 수 없을 것 같아(몸무게가 안 주는 것 같아).
- ☐ 나 밤에 잠을 잘 수 없을 것 같아.
- ☐ 그걸 어디에서도 찾지 못할 것 같네요.
- ☐ 진도가 나가지 않는 것 같아.

Situation 020 >> 내용정리

The point is, ~. 요점은 ~라는 거야.

point는 '요점, 핵심'이란 뜻입니다. 상대방에게 자신이 말하고자 하는 내용의 핵심을 정리해 주고자 할 때 사용할 수 있는 패턴입니다.

The point is, he called me names.	요점은 그가 제게 욕을 했다는 거예요.
The point is, I think we can work out a deal.	요점은 우리가 거래를 성사시킬 수 있을 것 같다는 거야.
The point is, you sleep too much.	요점은 네가 잠을 너무 많이 잔다는 거야.

🎬 미드에선 이렇게! [Brothers and Sisters 1*16]

The point is, we have options.
요점은 우리에게 선택권이 있다는 거예요.

💬 Conversation

A: **The point is,** I made an effort.
요점은 내가 노력을 했다는 거야.

B: No, you didn't try at all.
아니, 넌 전혀 노력하지 않았어.

I'm talking about ~. 나 ~에 대해 이야기하는 거야.

talk about은 '~에 대해 이야기하다'입니다. 현재진행형 시제를 사용해서 상대방에게 지금 자신이 이야기하고 있는 주제가 무엇인지를 명확하게 전달해 주고자 할 때 사용할 수 있는 패턴입니다.

I'm talking about you.	난 너에 대해 이야기하는 거야.
I'm talking about our future.	나 우리 미래에 대해 이야기하는 거야.
I'm talking about a dating site.	나 데이트 연결 사이트에 대해 이야기하는 거야.

🎬 영화에선 이렇게! [Forest Gump]

I'm talking about a shrimp catching boat.
나 새우잡이 배에 대해 이야기하는 거야.

💬 Conversation

A: I'm not talking about that. **I'm talking about** us. Our relationship.
나 그 이야기하려는 게 아니야. 난 우리에 대해 이야기하는 거야. 우리 관계 말이야.

B: You know what? I really don't have time for this.
있잖아, 나 정말 이런 얘기할 시간 없어.

 ## It's probably because ~. 그건 아마도 ~해서 그런 걸 거야.

It's because ~는 '그건 ~ 때문이다'란 구문입니다. 100% 확신이 없을 때는 probably(아마도)를 넣어서 It's probably because ~ 패턴으로 말하면 됩니다. 이 때 접속사 because 뒤에는 주어와 동사로 이루어진 완전한 문장이 옵니다.

It's probably because she drank too much.
그건 아마도 그녀가 너무 많이 마셔서 그런 걸 거야.

It's probably because he's got a big crush on you.
그건 아마도 그가 널 굉장히 짝사랑해서 그런 걸 거야.

It's probably because her parents hate you.
그건 아마도 그녀의 부모님들이 널 싫어해서 그런 걸 거야.

📺 미드에선 이렇게! [Friends 6*14]

It's probably because I'm not mature enough or smart enough.
그건 아마도 내가 충분히 성숙하지 않거나 혹은 충분히 똑똑하지 않아서 그런 걸 거야.

💬 Conversation

A: I don't understand. Why has the printer stopped suddenly?
이해가 안 가네. 왜 갑자기 프린터가 멈춘 거야?

B: **It's probably because** the paper has jammed.
그건 아마도 종이가 걸려서 그런 걸 거야.

 ## That's all I + 동사 ~. 내가 ~하는 건 그게 다야.

자신이 했던 혹은 하거나 하려고 하는 건 그 무언가가 전부 다라고 상대방에게 설명할 때 사용할 수 있는 패턴입니다.

That's all I can tell you. 내가 네게 말해 줄 수 있는 건 그게 다야.
That's all I remember. 내가 기억하는 건 그게 다야.
That's all I want to know. 내가 알고 싶은 건 그게 다야.

📺 미드에선 이렇게! [The Simpsons 3*22]

That's all I did in high school.
내가 고등학교 때 했던 건 그게 다야.

💬 Conversation

A: Is this all you got?
이게 네가 가진 전부야?

B: Yup. It's 200 dollars. **That's all I** have.
응, 200 달러야. 내가 가진 건 그게 다야.

All I'm saying is ~. 내가 하고 싶은 얘기는 ~라는 거야.

All I'm saying은 직역하면 '내가 말하는 모든 것'이 됩니다. 즉, All I'm saying is ~ 패턴은 '내가 말하는 것은 ~이 다야'란 뜻이 되며, 동사 뒤에는 자신이 말하고자 하는 내용을 문장으로 전달해 주면 됩니다.

All I'm saying is, it's unfair.
내가 하고 싶은 얘기는 그게 불공평하다는 거야.
All I'm saying is, it's not your fault.
내가 하고 싶은 얘기는 그게 네 잘못은 아니라는 거야.
All I'm saying is, you don't have to worry about it.
내가 하고 싶은 얘기는 너 그 일에 대해 걱정 필요 없다는 거야.

🎬 미드에선 이렇게! [Ghost Whisperer 1*14]

All I'm saying is, don't sit around and wait for something to happen.
내가 하고 싶은 얘기는 가만히 앉아서 뭔가 일어나길 기다리지 말라는 거야.

💬 Conversation

A: I'm not saying that we should get married. **All I'm saying is,** I'm in love with you.
우리가 결혼해야 한다고 말하는 건 아냐. 내가 하고 싶은 얘기는 내가 널 사랑한다는 거야.

B: Oh, Jack. I don't know what to say.
아, 잭. 무슨 말을 해야 할지 모르겠어요.

In short, ~ 한 마디로 말하면, ~

긴 이야기를 줄여서 간단히 핵심만을 상대방에게 전달할 때 사용할 수 있는 패턴입니다. In short 대신에 To sum up, In conclusion, To make a long story short 등의 표현을 사용할 수 있습니다.

In short, I have become a celebrity.
한 마디로 말하면, 전 유명인사가 되었어요.
In short, I want a divorce.
한 마디로 말하면, 난 이혼을 원해요.
In short, things are going very well.
한 마디로 말하면, 상황은 아주 잘 돌아가고 있습니다.

🎬 미드에선 이렇게! [The Simpsons 2*15]

In short, we demand a refund.
한 마디로 말하면, 우린 환불을 요구합니다.

💬 Conversation

A: I'm tired. What are you trying to say? Get to the point.
나 피곤해. 무슨 말이 하고 싶은 거야. 요점만 말해.

B: **In short,** you should break up with him.
한 마디로 말하면, 너 걔와 헤어져야 해.

Review!

미드&스크린 속 네이티브들의 표현법 따라잡기!
앞서 배운 패턴 문장들입니다. 한글을 보고 영어로 크게 외쳐 봅시다!

115 The point is, ~.
요점은 ~라는 거야.

- ☐ 요점은 그가 제게 욕을 했다는 거예요.
- ☐ 요점은 우리가 거래를 성사시킬 수 있을 것 같다는 거야.
- ☐ 요점은 네가 잠을 너무 많이 잔다는 거야.
- ☐ 요점은 우리에게 선택권이 있다는 거예요.
- ☐ 요점은 내가 노력을 했다는 거야.

116 I'm talking about ~.
나 ~에 대해 이야기하는 거야.

- ☐ 난 너에 대해 이야기하는 거야.
- ☐ 나 우리 미래에 대해 이야기하는 거야.
- ☐ 나 데이트 연결 사이트에 대해 이야기하는 거야.
- ☐ 나 새우잡이 배에 대해 이야기하는 거야.
- ☐ 난 우리에 대해 이야기하는 거야.

117 It's probably because ~.
그건 아마도 ~라서 그런 걸 거야.

- ☐ 그건 아마도 그녀가 너무 많이 마셔서 그런 걸 거야.
- ☐ 그건 아마도 그가 널 굉장히 짝사랑해서 그런 걸 거야.
- ☐ 그건 아마도 그녀의 부모님들이 널 싫어해서 그런 걸 거야.
- ☐ 그건 아마도 내가 충분히 성숙하지 않거나 혹은 충분히 똑똑하지 않아서 그런 걸 거야.
- ☐ 그건 아마도 종이가 걸려서 그런 걸 거야.

118 That's all I + 동사 ~.
내가 ~하는 건 그게 다야.

- ☐ 내가 네게 말해 줄 수 있는 건 그게 다야.
- ☐ 내가 기억하는 건 그게 다야.
- ☐ 내가 알고 싶은 건 그게 다야.
- ☐ 내가 고등학교 때 했던 건 그게 다야.
- ☐ 내가 가진 건 그게 다야.

119 All I'm saying is ~.
내가 하고 싶은 얘기는 ~라는 거야.

- ☐ 내가 하고 싶은 얘기는 그게 불공평하다는 거야.
- ☐ 내가 하고 싶은 얘기는 그게 네 잘못이 아니라는 거야.
- ☐ 내가 하고 싶은 얘기는 너 그 일에 대해 걱정할 필요 없다는 거야.
- ☐ 내가 하고 싶은 얘기는 가만히 앉아서 뭔가 일어나길 기다리지 말라는 거야.
- ☐ 내가 하고 싶은 얘기는 내가 널 사랑한다는 거야.

120 In short, ~
한 마디로 말하면, ~

- ☐ 한 마디로 말하면, 전 유명인사가 되었어요.
- ☐ 한 마디로 말하면, 난 이혼을 원해요.
- ☐ 한 마디로 말하면, 상황은 아주 잘 돌아가고 있습니다.
- ☐ 한 마디로 말하면, 우린 환불을 요구합니다.
- ☐ 한 마디로 말하면, 너 걔와 헤어져야 해.

Situation 021 >> 노력과 시도

Try to + 동사원형 ~. ~하려고 노력해 봐.

try 동사는 뒤에 to부정사가 붙어서 '~하려고 노력하다'란 뜻을 만듭니다. 명령문으로 상대방에게 무언가를 노력해 보라고 말할 때는 Try to ~ 패턴으로 말하면 됩니다.

Try to patch things up with Tom.	탐과 화해하려고 노력해 봐.
Try to understand them.	그들을 이해하려고 노력해 봐.
Try to relax and enjoy yourself.	편안하게 마음먹고 즐기려고 노력해 봐.

■ 미드에선 이렇게! [Close to Home 1*2]

Try to be strong.
강해지려고 노력해 봐(마음 단단히 먹도록 해).

💬 Conversation

A: **Try to** get some sleep. We have a long day tomorrow.
   잠을 좀 자려고 노력해 봐. 우리 내일 일정 많이 바쁠 거야.

B: Okay. I'll see you in the morning.
   알았어요. 아침에 봐요.

Don't try to + 동사원형 ~. ~하려고 하지 마.

명령문의 부정형은 동사 앞에 Don't를 붙이면 됩니다. 무언가를 하려고 하지 말라고 상대방에게 충고할 때 사용할 수 있는 패턴입니다.

Don't try to be a hero.	영웅이 되려고 하지 마(막 나서지 마).
Don't try to change the subject.	화제를 바꾸려고 하지 마.
Don't try to sweet-talk me.	나한테 아첨 떨려고 하지 마.

■ 미드에선 이렇게! [Heros 2*3]

Don't try to move or you'll rip your stitches.
움직이려고 하지 마, 안 그러면 꿰맨 곳이 터질 거야.

💬 Conversation

A: Jimmy, you look like a million bucks today.
   지미, 너 오늘 완전 멋져 보인다.

B: **Don't try to** make up with me. I'm still mad at you.
   나랑 화해하려고 하지 마. 나 여전히 너한테 화가 나 있어.

 ## Try not to + 동사원형 ~. ~하지 않도록 하세요.

to부정사 앞에 not을 붙이면 '~하지 않게, ~하지 않도록'이란 뜻이 됩니다. 즉, Try not to ~는 무언가를 하지 않도록 노력하라는 충고의 표현이 됩니다.

Try not to screw it up.   그 일 망치지 않도록 하세요.
Try not to think too much.   너무 많이 생각하지 않도록 하세요.
Try not to do anything.   어떤 것도 하지 않도록 하세요(아무것도 하지 말고 있어).

🎬 미드에선 이렇게! [Will and Grace 4*4]

Try not to fall in love with me during the exercise.
연습하는 동안 나랑 사랑에 빠지지 않도록 하세요.

💬 Conversation

A: Let me carry it for you.
내가 그거 옮겨 줄게요.

B: Thanks. **Try not to** drop it on the floor. It's very expensive.
고마워요. 그거 바닥에 떨어뜨리지 않도록 하세요. 그거 매우 비싼 거예요.

 ## I'm trying to + 동사원형 ~. 나 ~하려고 노력하는 중이야.

try와 현재진행형 시제를 함께 써서 자신이 현재 무언가를 하기 위해 노력하고 있음을 말할 수 있습니다. 또한 노력의 정도를 더 강조하고 싶다면 really를 붙여서 I'm really trying to ~ 패턴으로 말해 보세요.

I'm trying to speak French well.   난 프랑스어를 잘하려고 노력하는 중이야.
I'm trying to make lots of money.   난 많은 돈을 벌려고 노력하는 중이야.
I'm trying to keep a diary.   난 일기를 써보려고 노력하는 중이야.

🎬 미드에선 이렇게! [CSI Las Vegas 5*17]

Look, **I'm trying to** catch a killer.
이봐요, 전 살인범을 잡으려고 노력하는 중입니다.

💬 Conversation

A: **I'm trying to** help you get your life back to normal.
난 네가 네 평범한 삶을 다시 되찾을 수 있게 도와주려고 하는 거야.

B: I don't need your help. Just leave me alone.
네 도움 따위는 필요 없어. 그냥 날 내버려 둬.

Have you tried + 동사-ing ~? ~해 봤어요?

동사 try는 뒤에 동사-ing의 동명사가 붙어서 '~하려고 노력하다'가 아닌 '시험 삼아 ~한 번 해보다'란 시도의 의미를 전달합니다. 경험을 설명하는 현재완료시제 have+과거분사를 사용해서 상대방에게 무언가를 해 본 적이 있는지 물을 때 사용할 수 있는 패턴입니다.

Have you tried taking a sleeping pill?	수면제 드셔 보셨어요?
Have you tried contacting him?	그와 연락을 해 보셨어요?
Have you tried pressing the start button?	시작버튼을 눌러 보셨어요?

🎬 미드에선 이렇게! [That 70's Show 5*3]

Have you tried telling him you just like him as a friend?
넌 그냥 걔를 친구로서 좋아한다는 걸 그에게 말해 봤어?

💬 Conversation

A: My computer is not working.
컴퓨터가 작동을 하지 않아요.

B: **Have you tried** turning it off and on again?
컴퓨터 껐다가 다시 켜보는 거 해 봤어요?

You should try ~. 꼭 ~를 한번 써 보세요(드셔 보세요)

try는 뒤에 음식이나 의약품 등을 의미하는 명사가 위치해서 '~를 써보다, ~를 먹어보다'란 의미로도 사용됩니다. 상대방에게 맛있는 음식이나 효과 좋은 약 등을 강하게 권할 때 You should try ~ 패턴으로 말할 수 있습니다.

You should try the french toast.	꼭 프렌치토스트 한번 드셔 보세요.
You should try this tuna sandwich.	꼭 이 참치 샌드위치 한번 드셔 보세요.
You should try this pill.	꼭 이 약을 한번 드셔 보세요.

🎬 영화에선 이렇게! [Chicago]

You should try a scalp conditioner.
꼭 두피관리제를 한번 써 보세요.

💬 Conversation

A: I washed the pants but the ink isn't coming off.
바지를 빨았는데, 잉크가 빠지지 않아요.

B: **You should try** bleach.
꼭 표백제를 한번 써 보세요.

Review!

미드&스크린 속 네이티브들의 표현법 따라잡기!
앞서 배운 패턴 문장들입니다. 한글을 보고 영어로 크게 외쳐 봅시다!

121 Try to + 동사원형 ~.
~하려고 노력해 봐.

- ☐ 탐과 화해하려고 노력해 봐.
- ☐ 그들을 이해하려고 노력해 봐.
- ☐ 편안하게 마음먹고 즐기려고 노력해 봐.
- ☐ 강해지려고 노력해 봐(마음 단단히 먹도록 해).
- ☐ 잠을 좀 자려고 노력해 봐.

122 Don't try to + 동사원형 ~.
~하려고 하지 마.

- ☐ 영웅이 되려고 하지 마(막 나서지 마).
- ☐ 화제를 바꾸려고 하지 마.
- ☐ 나한테 아첨 떨려고 하지 마.
- ☐ 움직이려고 하지 마. 안 그러면 꿰맨 곳이 터질 거야.
- ☐ 나랑 화해하려고 하지 마.

123 Try not to + 동사원형 ~.
~하지 않도록 하세요.

- ☐ 그 일 망치지 않도록 하세요.
- ☐ 너무 많이 생각하지 않도록 하세요.
- ☐ 어떤 것도 하지 않도록 하세요(아무것도 하지 말고 있어).
- ☐ 연습하는 동안 나랑 사랑에 빠지지 않도록 하세요.
- ☐ 그거 바닥에 떨어뜨리지 않도록 하세요.

124 I'm trying to + 동사원형 ~.
나 ~하려고 노력하는 중이야.

- ☐ 난 프랑스어를 잘하려고 노력하는 중이야.
- ☐ 난 많은 돈을 벌려고 노력하는 중이야.
- ☐ 난 일기를 써보려고 노력하는 중이야.
- ☐ 이봐요, 전 살인범을 잡으려고 노력하는 중입니다.
- ☐ 난 네가 네 평범한 삶을 다시 되찾을 수 있게 도와주려고 하는 거야.

125 Have you tried + 동사-ing ~?
~해 봤어요?

- ☐ 수면제 드셔 보셨어요?
- ☐ 그와 연락을 해 보셨어요?
- ☐ 시작버튼을 눌러 보셨어요?
- ☐ 넌 그냥 걔를 친구로서 좋아한다는 걸 그에게 말해 봤어?
- ☐ 컴퓨터 껐다가 다시 켜보는 거 해 봤어요?

126 You should try ~.
꼭 ~를 한번 써 보세요(드셔 보세요).

- ☐ 꼭 프렌치토스트 한번 드셔 보세요.
- ☐ 꼭 이 참치 샌드위치 한번 드셔 보세요.
- ☐ 꼭 이 약을 한번 드셔 보세요.
- ☐ 꼭 두피관리제를 한번 써 보세요.
- ☐ 꼭 표백제를 한번 써 보세요.

Situation 022 >> 능력과 가능

She's gifted in ~. 걔는 ~에 재능이 있어요.

'선물'이란 뜻의 동사 gift는 동사로 '(재능 따위를) 부여하다'란 뜻이 있습니다. 즉 누군가가 be gifted 라는 것은 어떠한 재능을 부여받았다는 의미가 됩니다. 이 때 전치사 in을 동반하여 구체적인 그 대상을 언급해 줄 수 있습니다.

She's gifted in photography.	그녀는 사진촬영에 재능이 있어.
She's gifted in everything she does.	그녀는 하는 것마다 재능이 있어.
She's gifted in language.	그녀는 언어에 재능이 있어.

🎬 미드에선 이렇게! [Melrose Place]

The woman is gifted in plumbing.
그 여자는 배관작업에 재능이 있어요.

💬 **Conversation**

A: **She's gifted in** so many creative areas.
   그녀는 굉장히 많은 창의적인 분야들에 재능이 있어.

B: You're right. I think she's a natural-born artist.
   네 말 맞아. 그녀는 타고난 예술가인 것 같아.

I'm really good at ~. 난 정말 ~를 잘해.

be good at은 '~를 잘하다'란 뜻입니다. 전치사 at 뒤에는 명사 또는 동명사(동사+ing)를 붙여서 구체적으로 자신이 잘하는 것이 무엇인지 언급해 줄 수 있습니다.

I'm really good at this.	나 이거 정말 잘해.
I'm really good at dealing with people.	난 사람들을 다루는 걸 정말 잘해.
I'm really good at lying.	난 거짓말하는 거 정말 잘해.

🎬 영화에선 이렇게! [Little Mosque on the Prairie]

I'm really good at spreading the word.
난 소문 퍼트리는 거 정말 잘해.

💬 **Conversation**

A: **I'm really good at** talking to others.
   난 다른 사람들과 이야기하는 걸 정말 잘해.

B: Then, maybe you should think about becoming a negotiator.
   그렇다면 너 협상가가 되는 걸 생각해 보도록 해.

 129

I might be able to + 동사원형 ~. 나 ~할 수도 있을 것 같기도 해.

조동사 might는 '판단, 추측'의 의미로 may보다 좀 더 약한 가능성을 말할 때 사용할 수 있습니다. 즉, might be able to ~는 무언가를 할 수 있을지도 모른다는 적은 가능성을 내포하는 표현입니다.

I might be able to help you. 나 널 도와줄 수 있을 것 같기도 해.
I might be able to get my own apartment soon. 나 곧 내 집을 얻을 수 있을 거 같기도 해.
I might be able to get your money back. 나 네 돈을 되찾아 줄 수 있을 거 같기도 해.

🎬 미드에선 이렇게! [Monk 6*11]

I might be able to answer some of those questions.
그 질문들 중 몇몇을 제가 답해 드릴 수 있을 것 같기도 하네요.

💬 Conversation

A: Damn! This copier doesn't work again.
 젠장! 이 복사기 또 작동을 안 하네.
B: Let me have a look. **I might be able to** fix it.
 내가 좀 볼 게. 내가 그거 고칠 수 있을 것 같기도 해.

 130

I'm not cut out for ~. 나는 ~는 체질에 맞질 않아.

be cut out for는 무언가에 '적합하다, 적임자다'란 뜻을 가지고 있습니다. for 뒤에 명사 또는 동명사 형태로 어떤 일에 적합한지를 넣어 설명할 수 있습니다.

I'm not cut out for the high life. 난 상류층 생활은 체질에 맞질 않아.
I'm not cut out for speaking in public. 난 대중들 앞에서 말하는 게 체질에 맞질 않아.
I'm not cut out for management anyway. 난 어쨌든 관리직은 체질에 맞질 않아.

🎬 미드에선 이렇게! [That 70's Show 4*13]

I'm not cut out for having rich people giving me things.
난 부자들이 내게 이것저것 주는 게 체질에 맞질 않아.

💬 Conversation

A: Do you still find cold calling difficult? (**cold call** : 광고전화, 광고전화하다)
 여전히 광고 전화를 하는 게 어렵다고 생각해요?
B: Yeah, **I'm not cut out for** this kind of work.
 응, 난 이런 종류의 일은 체질에 맞질 않아.

 131

I think I can ~. 저 ~할 수 있을 것 같아요.

자신 있게 무언가를 할 수 있다고 말할 때는 I can ~ 패턴을 사용해서 말하면 됩니다. 하지만 100% 자신감을 갖기에는 애매한 상황에 있어서는 I think I can ~ 패턴을 사용해서 할 수 있을 것 같다는 뉘앙스를 주면 됩니다.

I think I can handle it.	제가 그거 처리할 수 있을 것 같아요.
I think I can spare a few minutes.	몇 분 정도는 시간을 낼 수 있을 것 같아요.
I think I can be home by 7.	7시까지 집에 들어갈 수 있을 것 같아요.

🎬 미드에선 이렇게! 〔Lost 3*15〕

My father owns a jewelry store. **I think I can** spot a fake.
저희 아버지께서는 보석상을 운영하세요. 제가 가짜를 구분할 수 있을 것 같아요.

💬 Conversation

A: Calm down. **I think I can** explain all this.
　　진정해. 내가 이 모든 걸 설명해 줄 수 있을 것 같아.

B: I'm listening.
　　어디 얘기해봐.

 132

Do you think you can ~? ~할 수 있을 것 같아요?

상대방에게 직접적으로 '너 ~할 수 있어?'라고 물을 때는 Can you ~? 패턴을 사용해서 질문을 던지면 되지만, 살짝 돌려서 '~할 수 있을 것 같니?'라고 질문할 때는 Do you think you can ~? 패턴을 쓸 수 있습니다.

Do you think you can remember that? 그거 기억할 수 있을 것 같아요?
Do you think you can memorize this by tomorrow? 내일까지 이거 외울 수 있을 것 같아요?
Do you think you can come up with a better idea? 더 나은 아이디어를 떠올릴 수 있을 것 같아요?

🎬 미드에선 이렇게! 〔Monk 5*14〕

Do you think you can come up here and take a look around?
여기로 오셔서 좀 살펴 봐 주실 수 있을 것 같아요?

💬 Conversation

A: **Do you think you** can find more information on that?
　　그 일에 대해 더 많은 정보를 찾을 수 있을 것 같아요?

B: I'll try my best.
　　최선을 다해 보겠습니다.

Review!

미드&스크린 속 네이티브들의 표현법 따라잡기!
앞서 배운 패턴 문장들입니다. 한글을 보고 영어로 크게 외쳐 봅시다!

127 She's gifted in ~.
걔는 ~에 재능이 있어요.

- ☐ 그녀는 사진촬영에 재능이 있어.
- ☐ 그녀는 하는 것마다 재능이 있어.
- ☐ 그녀는 언어에 재능이 있어.
- ☐ 그 여자는 배관작업에 재능이 있어요.
- ☐ 그녀는 굉장히 많은 창의적인 분야들에 재능이 있어.

128 I'm really good at ~.
난 정말 ~를 잘해.

- ☐ 나 이거 정말 잘해.
- ☐ 난 사람들을 다루는 걸 정말 잘해.
- ☐ 난 거짓말하는 거 정말 잘해.
- ☐ 난 소문 퍼트리는 거 정말 잘해.
- ☐ 난 다른 사람들과 이야기하는 걸 정말 잘해.

129 I might be able to + 동사원형 ~.
나 ~할 수도 있을 것 같기도 해.

- ☐ 나 널 도와줄 수 있을 것 같기도 해.
- ☐ 나 곧 내 집을 얻을 수 있을 거 같기도 해.
- ☐ 나 네 돈을 되찾아 줄 수 있을 거 같기도 해.
- ☐ 그 질문들 중 몇몇을 제가 답해 드릴 수 있을 것 같기도 하네요.
- ☐ 내가 그거 고칠 수 있을 것 같기도 해.

130 I'm not cut out for ~.
나는 ~는 체질에 맞질 않아.

- ☐ 난 상류층 생활은 체질에 맞질 않아.
- ☐ 난 대중들 앞에서 말하는 게 체질에 맞질 않아.
- ☐ 난 어쨌든 관리직은 체질에 맞질 않아.
- ☐ 난 부자들이 내게 이것저것을 주는 게 체질에 맞질 않아.
- ☐ 난 이런 종류의 일은 체질에 맞질 않아.

131 I think I can ~.
저 ~할 수 있을 것 같아요.

- ☐ 제가 그거 처리할 수 있을 것 같아요.
- ☐ 몇 분 정도는 시간을 낼 수 있을 것 같아요.
- ☐ 7시까지 집에 들어갈 수 있을 것 같아요.
- ☐ 제가 가짜를 구분할 수 있을 것 같아요.
- ☐ 내가 이 모든 걸 설명해 줄 수 있을 것 같아.

132 Do you think you can ~?
~할 수 있을 것 같아요?

- ☐ 그거 기억할 수 있을 것 같아요?
- ☐ 내일까지 이거 외울 수 있을 것 같아요?
- ☐ 더 나은 아이디어를 떠올릴 수 있을 것 같아요?
- ☐ 여기로 오셔서 좀 살펴 봐 주실 수 있을 것 같아요?
- ☐ 그 일에 대해 더 많은 정보를 찾을 수 있을 것 같아요?

Situation 023 » 다른 대상과의 비교

Is he as + 형용사 원급 + as you are? 걔 너만큼 ~하니?

형용사 원급비교 패턴인 as ~ as..는 '..만큼 ~한'이란 의미를 만듭니다. 즉, Is he as ~ as you are?란 패턴은 상대방과 그(He)라는 제 3자를 비교하여 둘의 어떤 특징이 서로 비슷한지를 묻고 있는 질문 패턴입니다. 이 패턴에서 are는 생략될 수 있습니다.

Is he as tall **as you**?	걔 너만큼 키가 크니?
Is he as old **as you**?	걔 너만큼 나이가 있니?
Is he as rich **as you are**?	걔 너만큼 부자니?

🎬 영화에선 이렇게! [Fugitive]

Is he as smart **as you are**?
그 사람 당신만큼 똑똑한가요?

💬 **Conversation**

A: **Is he as** handsome **as you**?
걔 너만큼 잘생겼니?

B: Of course not. Nobody is as handsome as I am.
물론 아니지. 그 누구도 나만큼 잘생기진 않았다고.

It's not as + 형용사 원급 + as ... …처럼(만큼) ~하지는 않아.

원급비교 패턴으로 서술어에 not을 붙임으로써 주어 it이 지칭하는 내용이 두 번째 as 뒤에 등장하는 내용처럼 '~하지 않다'는 의미를 전달하는 패턴입니다.

It's not as bad **as** it looks.	보이는 것처럼 나쁘지는 않아요.
It's not as creepy **as** it sounds.	들리는 것처럼 소름끼치지는 않아요.
It's not as simple **as** that.	그것처럼 간단하지는 않아요.

🎬 미드에선 이렇게! [X-File 8*21]

It's not as crazy **as** it sounds.
들리는 것만큼 말도 안 되는 소리는 아니에요.

💬 **Conversation**

A: **It's not as** nice **as** the other rooms, but it's a lot cheaper.
다른 방들만큼 좋지는 않지만, 가격이 훨씬 쌉니다.

B: Hmm, It's not as bad as I expected. How much is the room charge per night?
흠, 제가 예상했던 것만큼 나쁘지는 않네요. 하루에 숙박료가 얼마죠?

 ## I'm + 비교급 형용사 than you. 난 너보다 더 ~해.

형용사의 비교급 패턴입니다. 상대방과 자신의 어떤 성질, 특성 등을 비교하여 '자신이 상대방보다 더 ~하다'는 것을 나타낼 때 사용할 수 있는 패턴입니다. 다양한 형용사의 비교급 형태를 외우고 이 패턴에 넣어서 말을 해 보는 연습을 꼭 해야 합니다. 참고로 형용사의 원급에 보통 +er을 붙이면 '더 ~한'이란 의미가 만들어집니다.

I'm taller **than you**. 난 너보다 더 키가 커.
I'm smarter **than you**. 난 너보다 더 똑똑해.
I'm more diligent **than you**. 난 너보다 더 부지런해.

🎬 미드에선 이렇게! [Grey's Anatomy 2*16]
I'm more compassionate **than you**.
나 너보다 더 정이 많아.

💬 Conversation
A: I turned 32 this year. May I ask how old you are?
전 올해 32살입니다. 몇 살이신지 여쭤도 될까요?
B: I'm 39. **I'm** much older **than you**. (much는 비교급을 강조해 '훨씬'이란 뜻을 더함)
전 39입니다. 제가 그쪽보다 훨씬 더 나이가 많네요.

 ## I couldn't be more ~. 나 이보다 더 ~할 수가 없어(완전 ~해).

이 패턴에서 could는 과거를 의미하지 않고 현재를 뜻합니다. 즉, couldn't be more ~는 '무언가보다 더 ~할 수는 없다'는 뜻이므로 돌려서 해석하면 '나 완전 ~해'란 의미가 됩니다.

I couldn't be more excited. 나 이보다 더 흥분될 수가 없어(완전 흥분이 되요).
I couldn't be more sure. 나 이보다 더 확신할 수가 없어(완전 확신합니다).
I couldn't be more relieved. 나 이보다 더 안도가 될 수 없어(완전 안도가 되네요).

🎬 영화에선 이렇게! [Wild Child]
I couldn't be more unhappy.
나 이보다 더 기분 나쁘지 않을 수 없어(완전 기분이 나쁘네요).

💬 Conversation
A: What you just said doesn't make sense at all. You're kidding, right?
네가 방금 말한 거 전혀 말이 안 돼. 너 농담하는 거지, 그지?
B: Well, **I couldn't be more** serious.
나 이보다 더 진심일 수는 없어(완전 진담입니다).

 137

It's the+최상급 형용사+명사+I've ever seen.
제가 본 것 중 가장 ~하군요.

형용사에 보통 -est 를 붙이면 '가장 ~한'이란 최상급 의미가 만들어집니다. 따라서 뒤에 I've ever seen이란 말을 붙여서 최상급의 정도를 더 강조해 줄 수 있습니다.

It's the neatest handwriting **I've ever seen.**	제가 본 것 중 가장 깔끔한 필체군요.
It's the biggest pizza **I've ever seen.**	제가 본 것 중 가장 큰 피자예요.
It's the prettiest picture **I've ever seen.**	제가 본 것 중 가장 예쁜 사진이네요.

■ 미드에선 이렇게! 〔Law and Order 2*2〕
It's the strangest marriage **I've ever seen.**
제가 본 것 중 가장 이상한 결혼생활이군요.

💬 Conversation
- A: Do you think I should return this dress?
  내가 이 드레스 환불해야 한다고 생각하니?
- B: Of course. **It's the** ugliest dress **I've ever seen.** I'll help you pick the dress that is best for you.
  당연하지. 내가 본 중 가장 촌스런 드레스야. 내가 너한테 가장 잘 어울리는 드레스 고르는 거 도와줄게.

 138

No one is+비교급 형용사 than me (I am).
그 누구도 나보다 더 ~하진 않아.

주어가 No one 즉, '그 누구도 ~하지는 않다'란 의미가 되면서 비교급 형용사가 들어가지만, 자신이 '가장 ~하다'는 최상급 의미를 전달해주는 패턴입니다. 문법적으로 than 뒤에 I am을 넣어야 맞지만, 회화에서는 간단하게 me를 넣어서 말하는 경우가 많습니다.

No one is more careful **than I am.**	그 누구도 나보다 더 주의하지는 않아.
No one is busier **than me** these days.	그 누구도 나보다 더 요즘은 바쁘진 않아.
No one is happier about his recovery **than me.**	그 누구도 나보다 그의 회복에 대해 더 기뻐하진 않아.

■ 미드에선 이렇게! 〔Gossip Girl 1*9〕
No one is more mad **than I am**, but this is not the right way.
그 누구도 나보다 더 화가 나 있지는 않아요. 하지만 이건 옳은 방법이 아니잖아요.

💬 Conversation
- A: **No one is** more passionate **than me** about local issues.
  그 누구도 지역 문제에 있어서 나보다 더 열정적이진 않아.
- B: Yeah, that's why I think you should run for mayor.
  맞아. 난 그래서 네가 시장선거에 출마해야 한다고 생각하는 거야.

Review!

미드&스크린 속 네이티브들의 표현법 따라잡기!
앞서 배운 패턴 문장들입니다. 한글을 보고 영어로 크게 외쳐 봅시다!

133 Is he as + 형용사 원급 + as you (are)?
걔 너만큼 ~하니?

- ☐ 걔 너만큼 키가 크니?
- ☐ 걔 너만큼 나이가 있니?
- ☐ 걔 너만큼 부자니?
- ☐ 그 사람 당신만큼 똑똑한가요?
- ☐ 걔 너만큼 잘생겼니?

134 It's not as + 형용사 원급 + as. .
...처럼[만큼] ~하지는 않아.

- ☐ 보이는 것처럼 나쁘지는 않아요.
- ☐ 들리는 것처럼 소름끼치지는 않아요.
- ☐ 그것처럼 간단하지는 않아요.
- ☐ 들리는 것만큼 말도 안 되는 소리는 아니에요.
- ☐ 다른 방들만큼 좋지는 않지만, 가격이 훨씬 쌉니다.

135 I'm + 비교급 형용사 than you.
난 너보다 더 ~해.

- ☐ 난 너보다 더 키가 커.
- ☐ 난 너보다 더 똑똑해.
- ☐ 난 너보다 더 부지런해.
- ☐ 나 너보다 더 정이 많아.
- ☐ 제가 그쪽보다 훨씬 더 나이가 많네요.

136 I couldn't be more ~.
나 이보다 더 ~할 수가 없어(완전 ~해).

- ☐ 나 이보다 더 흥분될 수가 없어(완전 흥분이 되요).
- ☐ 나 이보다 더 확신할 수가 없어(완전 확신합니다).
- ☐ 나 이보다 더 안도가 될 수 없어(완전 안도가 되네요).
- ☐ 나 이보다 더 기분 나쁘지 않을 수 없어(완전 기분이 나쁘네요).
- ☐ 나 이보다 더 진심일 수는 없어(완전 진담입니다).

137 It's the + 최상급 형용사 + 명사 + I've ever seen.
제가 본 것 중 가장 ~하군요.

- ☐ 제가 본 것 중 가장 깔끔한 필체군요.
- ☐ 제가 본 것 중 가장 큰 피자예요.
- ☐ 제가 본 것 중 가장 예쁜 사진이네요.
- ☐ 제가 본 것 중 가장 이상한 결혼생활이군요.
- ☐ 내가 본 중 가장 촌스런 드레스야.

138 No one is + 비교급 형용사 than me (I am).
그 누구도 나보다 더 ~하진 않아.

- ☐ 그 누구도 나보다 더 주의하지는 않아.
- ☐ 그 누구도 나보다 요즘은 더 바쁘진 않아.
- ☐ 그 누구도 나보다 그의 회복에 대해 더 기뻐하진 않아.
- ☐ 그 누구도 나보다 더 화가 나 있지는 않아요.
- ☐ 그 누구도 지역 문제에 있어서 나보다 더 열정적이진 않아.

Situation 024 >> 다양한 감정과 상태

I'm kind of + 형용사 ~. 난 좀 ~해.

kind of는 '~의 종류'란 뜻도 있지만, 부사로 '좀, 약간'이란 뜻으로도 사용됩니다. I'm sad(나 슬퍼) I'm worried(나 걱정돼)와 같이 'I'm+형용사'는 '나 ~한 상태야'란 의미를 전달하는 패턴에 kind of 를 넣어서 말하면 '나 좀 ~한 상태야'란 뜻이 전달됩니다. 여기서 kind of 대신에 sort of로 말해도 무방합니다.

I'm kind of busy.	난 좀 바빠.
I'm kind of tired.	난 좀 피곤해.
I'm kind of edgy right now.	나 지금 좀 초조해.

🎬 미드에선 이렇게! [Alias 2*11]

I'm kind of hungry. You guys got some snacks?
나 좀 배가 고프다. 너희들 과자 같은 것 좀 없어?

💬 Conversation

A: **I'm kind of** superstitious. (**superstitious** : 미신적인)
난 좀 미신을 믿어.

B: But you're Christian, aren't you?
하지만 너 기독교인이잖아, 아니야?

I'm so + 형용사 ~. 나 너무 ~해.

부사 so는 뒤에 나오는 형용사의 의미를 강조해 주는 역할을 합니다. 즉, '너무, 정말' 등의 의미를 붙여 줍니다. 따라서 자신의 상태를 강조해서 말할 때는 I'm so ~ 패턴을 사용할 수 있습니다.

I'm so sorry.	나 너무 미안해.
I'm so depressed.	나 너무 우울해.
I'm so mad at you.	나 너무 너한테 화가 나.

🎬 미드에선 이렇게! [Ghost Whisperer 3*17]

I'm so proud of you, no matter what.
난 네가 너무 자랑스럽다, 무슨 일이 있어도.

💬 Conversation

A: **I'm so** stressed out.
나 너무 스트레스를 받아.

B: You know, whenever I get stressed out, I always take a walk.
있잖아, 난 스트레스를 받을 때마다 항상 산책을 해.

 141

It's a little + 형용사 ~. 좀 ~하네요.

대명사 it은 어떤 대상을 가리켜 '그것'이란 의미로도 해석이 되지만, 전체적인 상황이나 분위기, 환경을 가리키기도 합니다. 이때는 it을 '그것'이라고 해석하지 않습니다. '다소, 약간'이란 뜻을 가진 부사 a little을 활용한 It's a little ~ 패턴은 상황이나 분위기, 날씨 등에 대해 말할 때 사용할 수 있는 패턴입니다.

It's a little complicated.   좀 복잡해요.
It's a little funny.   좀 웃기네요.
It's a little stuffy in here.   여긴 좀 답답하네요.

🎬 영화에선 이렇게! [Old School]
It's a little cold out here.
여기 밖은 좀 춥네요.

💬 Conversation
A: I came here to apologize.
   사과하러 왔습니다.
B: **It's a little** late for that.
   그러기엔 좀 늦었네요.

 142

That was quite a ~. 그건 정말 대단한 ~이었어.

'quite+a/an+(형용사)+명사'는 '정말 대단한 명사'란 의미를 만듭니다. 중간에 형용사는 생략해도 무방하며, 무언가에 대해서 감탄하듯 말할 때 사용할 수 있는 패턴입니다.

That was quite a plot twist.   정말 대단한 반전이었어.
That was quite a letdown.   그건 정말 큰 실망이었어.
That was quite a party.   그건 정말 대단한 파티였어.

📺 미드에선 이렇게! [The O.C. 3*24]
That was quite a speech.
그건 정말 대단한 연설이었어.

💬 Conversation
A: **That was quite a** sermon, reverend.
   정말 대단한 설교였습니다, 목사님.
B: Thank you. God bless you.
   감사합니다. 신께서 축복을 내리시길 바랍니다.

That is totally + 형용사 ~. 그건 완전 ~해.

totally는 '완전히, 정말로'란 의미의 강조 부사입니다. 회화에선 상대방의 말에 강하게 긍정할 때 간단히 Totally!라고 말하기도 합니다. 어떤 대상을 가리켜 '그건 완전히 ~하다'라고 강조할 때 That is totally ~ 패턴으로 말해보세요.

That is totally different.	그건 완전 다르지.
That is totally impossible.	그건 완전 불가능해.
That is totally uncalled for.	그건 완전 불필요해.

🎬 영화에선 이렇게! [Ocean's Twelve]

We understand you're feeling insecure. **That is totally** natural.
우린 당신이 불안함을 느끼는 걸 이해해요. 그건 완전히 자연스러운 거죠.

💬 Conversation

A: **That is totally** awesome!
그거 완전 멋있어!

B: Yeah, totally!
응, 정말 그래!

Let's ~ like crazy! 미친 듯이 ~하자!

'미친 듯이' 또는 '굉장히 열정적으로'는 영어로 like crazy라고 합니다. 무언가를 하자고 요청할 때 쓰이는 Let's 패턴을 활용해 상대방에게 무언가를 아주 열정적으로 하자고 말할 때 Let's ~ like crazy! 패턴을 써 보세요.

Let's eat **like crazy**!	미친 듯이 먹자!
Let's learn English **like crazy**!	미친 듯이 영어를 배우자!
Let's party **like crazy**!	미친 듯이 파티하자!

🎬 영화에선 이렇게! [Nightwish]

Let's practice **like crazy**.
미친 듯이 연습하자!

💬 Conversation

A: You know what? I'm totally over him. Totally!
그거 알아? 난 완전히 걔를 잊었어. 완전히!

B: Good! **Let's** forget about him and shop **like crazy** today.
좋아! 그 자식은 잊어버리고 오늘은 미친 듯이 쇼핑하자!

Review!

미드&스크린 속 네이티브들의 표현법 따라잡기!
앞서 배운 패턴 문장들입니다. 한글을 보고 영어로 크게 외쳐 봅시다!

139 I'm kind of + 형용사 ~.
난 좀 ~해.

- 난 좀 바빠.
- 난 좀 피곤해.
- 나 지금 좀 초조해.
- 나 좀 배가 고프다.
- 난 좀 미신을 믿어.

140 I'm so + 형용사 ~.
나 너무 ~해.

- 나 너무 미안해.
- 나 너무 우울해.
- 나 너무 너한테 화가 나.
- 난 네가 너무 자랑스럽다. 무슨 일이 있어도.
- 나 너무 스트레스를 받아.

141 It's a little + 형용사 ~.
좀 ~하네요.

- 좀 복잡해요.
- 좀 웃기네요.
- 여긴 좀 답답하네요.
- 여기 밖은 좀 춥네요.
- 그러기엔 좀 늦었네요.

142 That was quite a ~.
그건 정말 대단한 ~이었어.

- 정말 대단한 반전이었어.
- 그건 정말 큰 실망이었어.
- 그건 정말 대단한 파티였어.
- 그건 정말 대단한 연설이었어.
- 정말 대단한 설교였습니다. 목사님.

143 That is totally + 형용사 ~.
그건 완전 ~해.

- 그건 완전 다르지.
- 그건 완전 불가능해.
- 그건 완전 불필요해.
- 그건 완전히 자연스러운 거죠.
- 그거 완전 멋있어!

144 Let's ~ like crazy!
미친 듯이 ~하자!

- 미친 듯이 먹자!
- 미친 듯이 영어를 배우자!
- 미친 듯이 파티하자!
- 미친 듯이 연습하자!
- 그 자식은 잊어버리고 오늘은 미친 듯이 쇼핑하자!

Good job!

Situation 025 >> 당부와 설득

Make sure that ~. 꼭 ~하도록 하세요.

상대방에게 어떤 상황을 언급하면서 꼭 그렇게 하도록 당부할 때 사용할 수 있는 패턴입니다. make sure 뒤에 당부를 바라는 내용을 접속사 that이 이끄는 문장으로 언급해 주면 됩니다. 이때 that은 생략하고 말해도 무방합니다.

Make sure you bring him here.	꼭 그를 이리로 데려오도록 하세요.
Make sure everything is ready.	꼭 모든 걸 준비시켜 놓도록 하세요.
Make sure you turn off the gas before going out.	나가기 전에 꼭 가스 잠그도록 하세요.

🎬 미드에선 이렇게! 〔Desperate Housewives 2*10〕

Make sure you fill everything out and the nurse will take you back.
꼭 모든 빈 칸을 다 채웠는지 확인하세요. 그러면 간호사가 다시 모시고 갈 겁니다.

💬 Conversation

A: **Make sure** the camera has film in it.
꼭 카메라 안에 필름이 있는지 확인하도록 해.

B: I checked it already.
벌써 확인했어요.

I'll make sure to + 동사원형 ~. 저 꼭 ~하도록 할게요.

make sure는 뒤에 to부정사를 받아서 '꼭 ~하도록 하다'란 의미를 만듭니다. 자신이 반드시 무언가를 완수하겠다고 다짐하듯 말할 때 사용할 수 있는 패턴입니다.

I'll make sure to return it on time.	저 꼭 그거 제 시간에 되돌려 주도록 할게요.
I'll make sure to protect your family.	저 꼭 당신의 가족을 보호해 줄게요.
I'll make sure to lock the windows.	저 꼭 창문들을 잠그도록 할게요.

🎬 영화에선 이렇게! 〔Water Boy〕

I'll make sure to welcome you properly later.
저 꼭 나중에 당신을 적절히 환영해 줄게요.

💬 Conversation

A: **I'll make sure to** submit the paperwork by the end of the day.
저 꼭 오늘이 지나기 전에 서류를 제출하도록 할게요.

B: Okay. Leave it on my desk when you're done.
알겠어요. 다 되면 내 책상위에 놔두고 가요.

Don't hesitate to + 동사원형 ~. 주저하지 말고 ~해.

hesitate은 '망설이다, 주저하다'란 뜻의 동사입니다. 상대방에게 무언가를 하는 데 있어서 주저하지 말라고 말할 때는 Don't를 붙여 부정문으로 말 할 수 있습니다.

Don't hesitate to ask for my help.   주저하지 말고 제 도움을 청하세요.
Don't hesitate to call me.   주저하지 말고 내게 전화하세요.
Don't hesitate to come to my house.   주저하지 말고 우리 집으로 오세요.

📺 미드에선 이렇게! [The West Wing 2*9]

If you need anything, please **don't hesitate to** shout my name.
필요한 게 있으시면, 주저하지 마시고 제 이름을 크게 불러 주세요.

💬 Conversation

A: **Don't hesitate to** ask me if you have any questions.
질문이 있으시면 주저하지 말고 제게 물어보세요.

B: Actually, I have one. Are you married?
질문이 하나 있어요. 결혼은 하셨나요?

She talked me into + 동사-ing ~. 걔가 날 꼬드겨서 ~하게 했어.

talk someone into ~는 '누군가를 ~을 하게 꼬드긴다'의 의미로 사용됩니다. into 뒤에는 (대)명사 혹은 동명사가 위치하여 무엇을 하게 꼬드겼는지를 설명합니다.

She talked me into buying this.   걔가 날 꼬드겨서 이거 사게 했어.
She talked me into doing business with them.   걔가 날 꼬드겨서 그들과 사업을 하게 했어.
She talked me into running for public office.   그녀가 날 꼬드겨서 공직에 출마하게 했어요.

📺 미드에선 이렇게! [Law and Order 3*12]

She talked me into going out on my own.
그녀가 절 꼬드겨서 독립하게 했어요.

💬 Conversation

A: You look so funny in that shirt.
너 그 셔츠 입으니까 완전 웃겨.

B: Jenny **talked me into** wearing this shirt. I shouldn't have listened to her.
제니가 날 꼬드겨서 이 셔츠를 입게 했어. 걔 말을 듣는 게 아니었는데.

I want you to know that ~. ~라는 걸 네가 알았으면 해.

상대방에게 무언가를 꼭 좀 알아줬으면 좋겠다고 당부할 때 사용할 수 있는 패턴입니다. know 동사 뒤에 that 이하로 알아줬으면 하는 문장을 넣어 말하면 됩니다. that은 생략가능하고요.

> **I want you to know that** you can trust me.
> 날 신뢰할 수 있다는 걸 네가 알았으면 해.
>
> **I want you to know that** I did it for you.
> 내가 널 위해 그 일을 했다는 걸 네가 알았으면 해.
>
> **I want you to know that** nobody thinks you're stupid.
> 아무도 네가 멍청하다고 생각하지 않는다는 걸 네가 알았으면 해.

🎬 영화에선 이렇게! [Pirates of the Caribbean]
I want you to know that I was rooting for you, mate.
내가 널 응원하고 있었다는 걸 네가 알았으면 해, 친구.

💬 Conversation
A: I heard you're getting married, and **I want you to know that** I'm very happy for you.
너 결혼한다는 거 들었어, 그리고 내가 널 위해 기뻐한다는 걸 네가 알았으면 해.

B: Thank you.
고마워요.

All you have to do is ~. 넌 ~만 하면 돼.

All you have to do is ~ 패턴은 직역하면 '네가 해야만 하는 모든 것 ~다'란 뜻이 됩니다. 이때 상대 방이 해야 하는 일 한 가지를 동사 이하의 내용으로 언급해 주면 사실 상 '넌 ~만 하면 돼'란 의미를 전달해 줄 수 있습니다.

> **All you have to do is** say sorry. 넌 그냥 미안하다고만 하면 돼.
> **All you have to do is** listen. 넌 그냥 듣기만 하면 돼.
> **All you have to do is** forgive him. 넌 그냥 그를 용서하기만 하면 돼.

🎬 미드에선 이렇게! [Prison Break 1x7]
All you have to do is follow me.
넌 그냥 나를 따라오기만 하면 돼.

💬 Conversation
A: I'm gonna ask you a few questions. **All you have to do is** answer yes or no.
자네에게 몇 가지 질문을 할 거야. 자넨 그냥 네, 아니요 라고만 대답하면 돼.

B: Okay.
알겠습니다.

Review!

미드&스크린 속 네이티브들의 표현법 따라잡기!
앞서 배운 패턴 문장들입니다. 한글을 보고 영어로 크게 외쳐 봅시다!

145 Make sure (that) ~.
꼭 ~하도록 하세요.

- ☐ 꼭 그를 이리로 데려오도록 하세요.
- ☐ 꼭 모든 걸 준비시켜 놓도록 하세요.
- ☐ 나가기 전에 꼭 가스 잠그도록 하세요.
- ☐ 꼭 모든 빈 칸을 다 채웠는지 확인하세요.
- ☐ 꼭 카메라 안에 필름이 있는지 확인하도록 해.

146 I'll make sure to + 동사원형 ~.
저 꼭 ~하도록 할게요.

- ☐ 저 꼭 그거 제 시간에 되돌려 주도록 할게요.
- ☐ 저 꼭 당신의 가족으로 보호해 줄게요.
- ☐ 저 꼭 창문들을 잠그도록 할게요.
- ☐ 저 꼭 나중에 당신을 적절히 환영해 줄게요.
- ☐ 저 꼭 오늘이 지나기 전에 서류를 제출하도록 할게요.

147 Don't hesitate to + 동사원형 ~.
주저하지 말고 ~해.

- ☐ 주저하지 말고 제 도움을 청하세요.
- ☐ 주저하지 말고 내게 전화하세요.
- ☐ 주저하지 말고 우리 집으로 오세요.
- ☐ 필요한 게 있으시면, 주저하지 마시고 제 이름을 크게 불러 주세요.
- ☐ 질문이 있으시면 주저하지 말고 제게 물어보세요.

148 She talked me into + 동사-ing ~.
걔가 날 꼬드겨서 ~하게 했어.

- ☐ 걔가 날 꼬드겨서 이거 사게 했어.
- ☐ 걔가 날 꼬드겨서 그들과 사업을 하게 했어.
- ☐ 그녀가 날 꼬드겨서 공직에 출마하게 했어요.
- ☐ 그녀가 절 꼬드겨서 독립하게 했어요.
- ☐ 제니가 날 꼬드겨서 이 셔츠를 입게 했어.

149 I want you to know that ~.
~라는 걸 네가 알았으면 해.

- ☐ 날 신뢰할 수 있다는 걸 네가 알았으면 해.
- ☐ 내가 널 위해 그 일을 했다는 걸 네가 알았으면 해.
- ☐ 아무도 네가 멍청하다고 생각하지 않는다는 걸 네가 알았으면 해.
- ☐ 내가 널 응원하고 있었다는 걸 네가 알았으면 해. 친구.
- ☐ 내가 널 위해 기뻐한다는 걸 네가 알았으면 해.

150 All you have to do is ~.
넌 ~만 하면 돼.

- ☐ 넌 그냥 미안하다고만 하면 돼.
- ☐ 넌 그냥 듣기만 하면 돼.
- ☐ 넌 그냥 그를 용서하기만 하면 돼.
- ☐ 넌 그냥 나를 따라오기만 하면 돼.
- ☐ 자넨 그냥 네, 아니요 라고만 대답하면 돼.

Situation **026** >> 동의와 거부

I don't agree with ~. ~에 동의하지 않아요.

'~에 동의하다'라고 말할 때는 동사 agree를 써서 말합니다. 그 뒤에 사람이나 일을 넣어 말한다면 with를 같이 써야 하지만 여기서는 동의하지 않는다는 표현이므로 부정문인 I don't agree with라고 말하면 됩니다.

I don't agree with you.	난 네 말에 동의하지 않아.
I don't agree with their plan.	난 그들의 계획에 동의하지 않아.
I don't agree with him on that matter.	난 그 문제에 있어서 그와 동의하지 않아요.

■ 미드에선 이렇게! [One Tree Hill 2*12]
I don't agree with your decision.
난 네 결정에 동의하지 않아.

💬 Conversation
A: We should never lend money to friends and family.
우리는 절대로 친구들과 가족들에게 돈을 빌려줘선 안 돼.
B: **I don't agree with** what you just said.
난 네가 방금 한 말에 동의하지 않아.

I agree with[that] ~. ~에 동의합니다.

사람이나 어떤 의견에 동의한다고 말할 때는 agree with를 써서 말하지만, 뒤에 문장을 넣어야 한다면 접속사 that을 넣고 I agree that이라고 하면 됩니다.

I agree with you in theory.	난 이론상으로는 네 말에 동의해.
I agree with her to some extent.	어느 정도는 그녀의 말에 동의합니다.
I agree that we should let him go.	그를 해고해야 한다는 데 동의합니다.

■ 미드에선 이렇게! [The Simpsons 4*6]
I agree that Bart should be punished.
난 바트가 처벌받아야 한다는 데 동의해요.

💬 Conversation
A: **I agree that** he's not qualified for the job.
난 그가 그 일자리에 적합하지 않다는 데에 동의해요.
B: Okay. I guess we should be looking at another candidate.
알겠어요. 우리 또 다른 후보자를 봐야겠군요.

 ## Are you in favor of ~? ~를 찬성하시나요?

in favor of는 '~을 찬성하는' 또는 '~을 지지하는'이란 뜻을 가지고 있는 표현입니다. 그래서 상대방에게 뭔가를 찬성하는지 물을 때는 Are you in favor of~?라고 말하면 됩니다.

Are you in favor of human cloning? 인간 복제에 찬성하시나요?
Are you in favor of early marriage? 결혼을 일찍 하는 것에 찬성하시나요?
Are you in favor of legalizing marijuana? 마리화나를 합법화하는 데 찬성하시나요?

🎬 미드에선 이렇게! [The West Wing 2*20]
Are you in favor of tax cuts for the wealthy?
부자들 대상의 세금 감면에 찬성하시나요?

💬 Conversation
A: **Are you in favor of** long distance relationship?
장거리 연애에 찬성하니?
B: No, I'm not. Because it never works.
아니, 찬성 안 해. 장거리 연애는 절대로 잘 안 되니까.

 ## It's a good idea to + 동사원형 ~. ~하는 건 좋은 생각이야.

상대방의 의견에 좋은 생각이라고 동의할 때는 간단히 It's a good idea.라고 말할 수 있습니다. 좀 더 구체적으로 어떤 것이 좋은 생각인지 말하고 싶다면 뒤에 to부정사를 넣어 말하면 됩니다.

It's a good idea to drink lots of water. 물을 많이 마시는 건 좋은 생각이야.
It's a good idea to have a backup plan. 대안을 준비하는 건 좋은 생각이야.
It's a good idea to stay away from TV. 텔레비전을 멀리하는 건 좋은 생각이야.

🎬 미드에선 이렇게! [The West Wing 4*7]
It's a good idea to slip the nurse something.
그 간호사에게 뭔가를 (뇌물로) 찔러 주는 건 좋은 생각이야.

💬 Conversation
A: **It's a good idea to** eat slow.
음식을 천천히 먹는 건 좋은 생각이야.
B: Yeah, I think so, too.
응, 나도 그렇게 생각해.

Are you for or against ~? ~에 찬성합니까, 반대합니까?

for는 여러 가지 뜻이 있지만, 그 중 '찬성하는' 또는 '지지하는'이란 뜻을 포함하고 있습니다. 이와 반대로 '어떤 일에 반대하는'이란 뜻으로 against를 쓸 수 있으며 어떤 것에 찬성하는지 반대하는지 물을 때는 for or against를 사용해서 말할 수 있습니다.

Are you for or against euthanasia? 안락사에 찬성합니까, 반대합니까?
Are you for or against the death penalty? 사형제도에 찬성합니까, 반대합니까?
Are you for or against gay marriage? 동성 간 결혼에 찬성합니까, 반대합니까?

🎬 영화에선 이렇게! [8½]
Are you for or against divorce?
이혼에 찬성합니까, 반대합니까?

💬 Conversation
A: **Are you for or against** the plan?
 그 계획에 찬성합니까, 반대합니까?
B: I haven't thought about it yet.
 아직 생각해보지 않았어요.

I'm against ~. 난 ~에 반대해.

앞서 말했듯이 against는 '~에 반대하는'이란 뜻을 가지고 있습니다. 그래서 '난 ~에 반대해'라고 말하고 싶을 때는 간단히 I'm against~라고 말할 수 있습니다.

I'm against it. 전 그것에 반대합니다.
I'm against violence. 전 폭력에 반대합니다.
I'm against them. 전 그들에 반대합니다.

🎬 미드에선 이렇게! [House 2*1]
I'm against the death penalty in principle.
전 원칙적으로는 사형제도에 반대합니다.

💬 Conversation
A: **I'm against** cruel animal testing.
 전 잔인한 동물 실험에 반대합니다.
B: Please give us the reasons.
 이유를 말씀해 주세요.

Review!

미드&스크린 속 네이티브들의 표현법 따라잡기!
앞서 배운 패턴 문장들입니다. 한글을 보고 영어로 크게 외쳐 봅시다!

151 I don't agree with ~.
~에 동의하지 않아요.

- ☐ 난 네 말에 동의하지 않아.
- ☐ 난 그들의 계획에 동의하지 않아.
- ☐ 난 그 문제에 있어서 그와 동의하지 않아요.
- ☐ 난 네 결정에 동의하지 않아.
- ☐ 난 네가 방금 한 말에 동의하지 않아.

152 I agree with[that] ~.
~에 동의합니다.

- ☐ 난 이론상으로는 네 말에 동의해.
- ☐ 어느 정도는 그녀의 말에 동의합니다.
- ☐ 그를 해고해야 한다는 데 동의합니다
- ☐ 난 바트가 처벌받아야 한다는 데 동의해요.
- ☐ 난 그가 그 일자리에 적합하지 않다는 데에 동의해요.

153 Are you in favor of ~?
~를 찬성하시나요?

- ☐ 인간 복제에 찬성하시나요?
- ☐ 결혼을 일찍 하는 것에 찬성하시나요?
- ☐ 마리화나를 합법화하는 데 찬성하시나요?
- ☐ 부자들 대상의 세금 감면에 찬성하시나요?
- ☐ 장거리 연애에 찬성하니?

154 It's a good idea to + 동사원형 ~.
~하는 건 좋은 생각이야.

- ☐ 물을 많이 마시는 건 좋은 생각이야.
- ☐ 대안을 준비하는 건 좋은 생각이야.
- ☐ 텔레비전을 멀리하는 건 좋은 생각이야.
- ☐ 그 간호사에게 뭔가를 (뇌물로) 찔러 주는 건 좋은 생각이야.
- ☐ 음식을 천천히 먹는 건 좋은 생각이야.

155 Are you for or against ~?
~에 찬성합니까, 반대합니까?

- ☐ 안락사에 찬성합니까, 반대합니까?
- ☐ 사형제도에 찬성합니까, 반대합니까?
- ☐ 동성 간 결혼에 찬성합니까, 반대합니까?
- ☐ 이혼에 찬성합니까, 반대합니까?
- ☐ 그 계획에 찬성합니까, 반대합니까?

156 I'm against ~.
난 ~에 반대해.

- ☐ 전 그것에 반대합니다.
- ☐ 전 폭력에 반대합니다.
- ☐ 전 그들에 반대합니다.
- ☐ 전 원칙적으로는 사형제도에 반대합니다.
- ☐ 전 잔인한 동물 실험에 반대합니다.

Situation 027 >> 두려움과 긴장

I'm afraid of ~. 난 ~가 무서워.

be afraid는 '두렵다, 무섭다'란 뜻으로 사용됩니다. 뒤에 전치사 of와 함께 명사 혹은 동명사로 대상을 언급하면 그것이 무섭거나 두렵다는 의미를 전달합니다.

I'm afraid of failure.	난 실패하는 게 무서워.
I'm afraid of heights.	난 높은 곳이 무서워요(난 고소공포증이 있어요).
I'm afraid of getting hurt.	난 상처 받는 게 무서워.

🎬 영화에선 이렇게! [The Usual Suspects]
I don't believe in God, but **I'm afraid of** him.
난 신을 믿지는 않지만, 난 그가 무서워.

💬 Conversation
A: Let's go into the water.
물속으로 들어가자.
B: I can't. **I'm afraid of** water.
난 못해. 난 물이 무서워.

I'm afraid to + 동사원형 ~. 난 ~하는 게 두려워.

구체적으로 무언가를 하는 것이 두려운지 혹은 무서운지를 말할 때는 I'm afraid 뒤에 to부정사를 붙여서 언급하면 됩니다. 경우에 따라서는 '~하게 되어 유감이다'란 의미로도 사용되므로 혼동해서는 안 됩니다. ex) I'm afraid to tell you this, but ~(이런 말 하게 되어 유감입니다, 하지만 ~)

I'm afraid to call her on the telephone.	난 그녀에게 전화 거는 게 두려워.
I'm afraid to jog alone in the evening.	난 저녁에 혼자서 조깅하는 게 두려워.
I'm afraid to go through all that again.	그 모든 일을 다시 겪게 되는 게 두려워.

🎬 영화에선 이렇게! [Spider Man 3]
I'm afraid to walk home from work.
난 직장에서 집까지 걸어가는 게 두려워.

💬 Conversation
A: **I'm afraid to** go to sleep, because I have horrible dreams.
난 잠이 드는 게 두려워. 무서운 꿈을 꾸거든.
B: If you want, I'll sleep with you.
네가 원하면 내가 같이 자줄게.

I was shocked when ~. 나 ~했을 때 너무 놀랐어.

수동태 표현인 be shocked는 무언가에 의해서 큰 충격이나 놀람을 당했다는 의미를 전달합니다. 구체적으로 놀랐던 때를 말할 때는 접속사 when이 이끄는 절을 뒤에 붙여서 말합니다.

I was shocked when Michael Jackson died. 난 마이클 잭슨이 죽었을 때 너무 놀랐어.
I was shocked when I got your call. 나 네 전화 받았을 때 너무 놀랐어.
I was shocked when I saw the news. 나 그 뉴스를 봤을 때 너무 놀랐어.

📽 영화에선 이렇게! [Christie's Revenge]
I was shocked when you called.
나 네가 전화했을 때 너무 놀랐어.

💬 Conversation
A: **I was shocked when** you called him a moron.
난 네가 그를 얼간이라고 불렀을 때 너무 놀랐어.
B: Well, he was getting on my nerves.
걔가 날 짜증나게 했잖아.

I'm nervous about ~. 나 ~ 때문에 긴장돼.

nervous는 무언가를 앞두고 떨리거나 긴장함을 뜻합니다. I'm nervous about 패턴은 전치사 about 뒤에 나를 긴장하게 하는 대상을 언급하면 됩니다.

I'm nervous about the election tomorrow. 나 내일 선거 때문에 긴장돼.
I'm nervous about this trip. 나 이번 여행 때문에 긴장돼.
I'm nervous about seeing my real father. 나 진짜 아버지를 보는 것 때문에 긴장돼.

📽 영화에선 이렇게! [Pretty Persuasion]
I'm nervous about testifying tomorrow.
나 내일 증언하는 것 때문에 긴장돼.

💬 Conversation
A: Oh, **I'm nervous about** my job interview tomorrow.
아, 나 내일 있을 면접 때문에 너무 긴장돼.
B: You always make a good first impression, so don't you worry about a thing.
넌 항상 첫 인상이 좋아, 그러니 아무것도 걱정하지 마.

161

I'm concerned about ~. 난 ~가 걱정돼(염려돼).

concerned는 무언가가 '걱정되는, 염려되는'이란 뜻을 가집니다. worried와 동일한 의미로 무언가에 대해서 걱정과 염려의 마음이 들 때 사용할 수 있는 패턴입니다.

I'm concerned about you.	난 네가 걱정돼.
I'm concerned about your relationship with her.	난 그녀와의 네 관계가 걱정돼.
I'm concerned about your future.	난 너의 미래가 걱정돼.

■ 미드에선 이렇게! [Friends 6*19]

I'm concerned about your health.
난 네 건강이 걱정돼.

💬 Conversation

A: What are you concerned about?
   넌 뭐가 걱정되는 거니?

B: **I'm concerned about** the drought in Australia.
   난 호주에서의 가뭄이 걱정돼.

162

I'm not in the mood for ~. 나 ~할 기분이 아냐.

mood는 '기분'을 뜻합니다. 컨디션이 안 좋거나 어떤 일로 인해서 무언가를 할 기분이 아님을 나타낼 때 I'm not in the mood for ~ 패턴으로 말할 수 있습니다.

I'm not in the mood for this.	나 이럴 기분 아냐.
I'm not in the mood for chicken.	나 치킨 먹을 기분 아냐.
I'm not in the mood for talking right now.	나 지금 얘기 할 기분 아냐.

■ 영화에선 이렇게! [Taxi]

I'm not in the mood for a driving lesson.
나 운전 강습 받을 기분 아냐.

💬 Conversation

A: **I'm not in the mood for** a movie.
   나 영화 볼 기분 아냐.

B: Why? What's wrong?
   왜? 무슨 일 있어?

Review!

미드&스크린 속 네이티브들의 표현법 따라잡기!
앞서 배운 패턴 문장들입니다. 한글을 보고 영어로 크게 외쳐 봅시다!

157　I'm afraid of ~.
난 ~가 무서워.

- 난 실패하는 게 무서워.
- 난 높은 곳이 무서워요(난 고소공포증이 있어요).
- 난 상처 받는 게 무서워.
- 난 신을 믿지는 않지만, 난 그가 무서워.
- 난 물이 무서워.

158　I'm afraid to + 동사원형 ~.
난 ~하는 게 두려워

- 난 그녀에게 전화 거는 게 두려워
- 난 저녁에 혼자서 조깅하는 게 두려워.
- 그 모든 일을 다시 겪게 되는 게 두려워.
- 난 직장에서 집까지 걸어가는 게 두려워.
- 난 잠이 드는 게 두려워.

159　I was shocked when ~.
나 ~했을 때 충격 너무 놀랐어.

- 난 마이클 잭슨이 죽었을 때 너무 놀랐어.
- 나 네 전화 받았을 때 너무 놀랐어.
- 나 그 뉴스를 봤을 때 너무 놀랐어.
- 나 네가 전화했을 때 너무 놀랐어.
- 난 네가 그를 얼간이라고 불렀을 때 너무 놀랐어.

160　I'm nervous about ~.
나 ~ 때문에 긴장돼.

- 나 내일 선거 때문에 긴장돼.
- 나 이번 여행 때문에 긴장돼.
- 나 진짜 아버지를 보는 것 때문에 긴장돼.
- 나 내일 증언하는 것 때문에 긴장돼.
- 나 내일 있을 면접 때문에 너무 긴장돼.

161　I'm concerned about ~.
난 ~가 걱정돼(염려돼).

- 난 네가 걱정돼.
- 난 그녀와의 네 관계가 걱정돼.
- 난 너의 미래가 걱정돼.
- 난 네 건강이 걱정돼.
- 난 호주에서의 가뭄이 걱정돼.

162　I'm not in the mood for ~.
나 ~할 기분이 아냐.

- 나 이럴 기분 아냐.
- 나 치킨 먹을 기분 아냐.
- 나 지금 얘기 할 기분 아냐.
- 나 운전 강습 받을 기분 아냐.
- 나 영화 볼 기분 아냐.

Situation **028** >> 말꺼내기

Guess what ~? 뭐가 ~하는지(했는지) 알아?

무슨 말을 하기 전에 상대방의 호기심을 키우려는 의도로 사용할 수 있는 패턴입니다. 간단히 Guess what?이라고 하기도 하지만 뒤에 문장을 넣어 말할 수도 있습니다.

Guess what happened to me yesterday?   어제 나한테 무슨 일이 있었는지 알아?
Guess what I saw this morning?   오늘 아침에 내가 뭘 봤는지 알아?
Guess what happened while you were gone?   너 없는 동안 무슨 일이 있었는지 알아?

🎬 미드에선 이렇게! [Friends 7*20]
Guess what I got for your wedding?
네 결혼 선물로 내가 뭘 샀는지 알아?

💬 Conversation
A: **Guess what** I found about Tom today? He got promoted to team leader.
  내가 오늘 탐에 대해 뭘 알아냈는지 알아? 걔 팀장으로 승진되었대.
B: No way!
  말도 안 돼!

For your information, I ~. 모르나 본데, 난 ~

상대방에게 어떤 내용을 말할 때 다소 비꼬는 뉘앙스를 풍기면서 혹은 잘 모르니까 알려주겠다는 의도를 전하고자 할 때 사용할 수 있는 패턴입니다. 앞 단어들의 알파벳만 따서 F. Y. I라고 말하기도 합니다.

For your information, I'm crazy about this woman.
모르시나 본데, 난 이 여자한테 푹 빠졌어요.

For your information, I'm his mother.
모르시나 본데, 제가 그의 엄마예요.

For your information, I think Jane is hot.
모르나 본데, 난 제인이 섹시하다고 생각해.

🎬 미드에선 이렇게! [That 70's Show 5*24]
For your information, I still have a shot with her.
모르나 본데, 난 아직 그녀와 잘 될 기회가 있어.

💬 Conversation
A: **For your information,** the man I'm dating is your brother.
  모르나 본데, 내가 데이트하고 있는 남자는 네 오빠야.
B: What? You're dating my brother? I didn't even know you two knew each other.
  뭐? 너 우리 오빠랑 데이트 한다고? 난 오빠랑 너랑 서로 알고 있는지도 몰랐어.

 Just so you know, ~ 참고로 말씀드리지만(아시겠지만), ~

상대방에게 어떤 내용을 참고로 말해주거나, 혹은 이미 알고 있을지도 모르는 내용을 다시 한 번 상기시켜 주기 위한 의도로 말을 열 때 사용할 수 있는 패턴입니다.

Just so you know, I don't care what they say.
아시겠지만, 전 그들이 뭐라고 말하던 신경 안 써요.

Just so you know, you're barking up the wrong tree.
참고로 말씀드리지만, 헛다리짚고 계신 거예요.

Just so you know, most guys like curvy girls.
아시겠지만, 대부분의 남자들은 곡선미가 있는 여자들을 좋아해요.

📽 영화에선 이렇게! [해리포터와 마법사의 돌]

Just so you know, he's a bloody coward.
아시겠지만, 그는 엄청 겁쟁이예요.

💬 Conversation

A: **Just so you know,** there's only one bed in the room.
참고로 말씀드리지만, 방에 침대가 하나 밖에 없어요.

B: It's okay. I can sleep on the floor.
괜찮아요. 전 바닥에서 자면 돼요.

 Believe it or not, ~. 믿거나 말거나, ~

believe it or not은 말 그대로 '믿거나 말거나'란 뜻입니다. 신빙성은 좀 떨어지겠지만, 그래도 그게 사실이라는 의미 전달을 위해 사용할 수 있는 패턴입니다.

Believe it or not, I'm doing okay on my own.   믿거나 말거나, 전 혼자서도 잘 하고 있습니다.
Believe it or not, I'm never wrong.   믿거나 말거나, 전 절대 틀리지 않아요.
Believe it or not, she was not drunk.   믿거나 말거나, 그녀는 취했던 게 아니야.

📽 영화에선 이렇게! [What women want]

Believe it or not, I know what it's like to be a woman.
믿거나 말거나, 전 여자인 게 어떤 건지 알아요.

💬 Conversation

A: **Believe it or not,** I have changed.
믿으시던 믿지 않으시던, 난 변했어요.

B: Well, we'll see about that.
음, 두고 봐야 알겠죠.

~ to begin with. 애당초 ~

to begin with는 보통 말하려고 하는 내용의 끝에 붙어서 '애당초, 처음부터'란 의미를 더해 줍니다. 만약 문장이 시작되기 전에 to begin with를 먼저 말하면 보통 '우선, 무엇보다 먼저'란 뜻으로 사용됩니다. ex) To begin with, I'm not his fried.(우선 전 그의 친구가 아닙니다.)

The money was never yours **to begin with**.	애당초 그 돈은 네 것이 아니었잖아.
I didn't want to eat it **to begin with**.	애당초 난 그거 먹고 싶지 않았어.
I shouldn't have married him **to begin with**.	애당초 난 그와 결혼하지 말았어야 했어.

🎬 미드에선 이렇게! [Queer as Folk 5*4]

I never loved you for your looks **to begin with**.
애당초 내가 너의 외모를 보고 널 사랑했던 건 절대 아니었어.

💬 Conversation

A: We shouldn't have trusted him **to begin with**.
애당초 우린 그를 믿지 말았어야 했어.

B: Yeah, we were so stupid.
그래, 우리가 너무 멍청했었어.

For the time being, ~ 당분간은 ~

앞으로 계속이 아니라 '당분간' 혹은 '당장은'이란 뜻으로 임시적인 무언가를 가리킬 때 사용할 수 있는 패턴입니다. 문장의 맨 앞에 혹은 맨 뒤에 모두 위치할 수 있는 표현입니다.

For the time being, stay with him.	당분간은 그와 함께 있도록 해요.
For the time being, I will be your instructor.	당분간은 제가 당신의 강사입니다.
For the time being, I'll be working at home.	당분간은 전 집에서 근무할 겁니다.

🎬 미드에선 이렇게! [X-File 6*7]

I hope that we can keep it our secret **for the time being**.
당분간은 그걸 우리 둘만의 비밀로 했으면 해요.

💬 Conversation

A: My car will be in the garage for 5 days.
제 차는 5일 동안 정비소에 있을 거예요.

B: Don't worry. You can drive my car **for the time being**.
걱정하지 마. 너 당분간은 내 차를 몰아도 돼.

Review!

미드&스크린 속 네이티브들의 표현법 따라잡기!
앞서 배운 패턴 문장들입니다. 한글을 보고 영어로 크게 외쳐 봅시다!

163 Guess what ~?
뭐가 ~하는지(했는지 알아)?

- ☐ 어제 나한테 무슨 일이 있었는지 알아?
- ☐ 오늘 아침에 내가 뭘 봤는지 알아?
- ☐ 너 없는 동안 무슨 일이 있었는지 알아?
- ☐ 네 결혼 선물로 내가 뭘 샀는지 알아?
- ☐ 내가 오늘 탐에 대해 뭘 알아냈는지 알아?

164 For your information, I ~.
모르나 본데, 난 ~

- ☐ 모르시나 본데, 난 이 여자한테 푹 빠졌어요.
- ☐ 모르시나 본데, 제가 그의 엄마예요.
- ☐ 모르나 본데, 난 제인이 섹시하다고 생각해.
- ☐ 모르나 본데, 난 아직 그녀와 잘 될 기회가 있어.
- ☐ 모르나 본데, 내가 데이트하고 있는 남자는 네 오빠야.

165 Just so you know, ~
참고로 말씀드리지만(아시겠지만), ~

- ☐ 아시겠지만, 전 그들이 뭐라고 말하던 신경 안 써요.
- ☐ 참고로 말씀드리지만, 헛다리짚고 계신 거예요.
- ☐ 아시겠지만, 대부분의 남자들은 곡선미가 있는 여자들을 좋아해요.
- ☐ 아시겠지만, 그는 엄청 겁쟁이예요.
- ☐ 참고로 말씀드리지만, 방에 침대가 하나 밖에 없어요.

166 Believe it or not, ~.
믿거나 말거나, ~

- ☐ 믿거나 말거나, 전 혼자서도 잘 하고 있습니다.
- ☐ 믿거나 말거나, 전 절대 틀리지 않아요.
- ☐ 믿거나 말거나, 그녀는 취했던 게 아니야.
- ☐ 믿거나 말거나, 전 여자인 게 어떤 건지 알아요.
- ☐ 믿으시던 믿지 않으시던, 난 변했어요.

167 ~ to begin with.
애당초 ~

- ☐ 애당초 그 돈은 네 것이 아니었잖아.
- ☐ 애당초 난 그거 먹고 싶지 않았어.
- ☐ 애당초 난 그와 결혼하지 말았어야 했어.
- ☐ 애당초 내가 너의 외모를 보고 널 사랑했던 건 절대 아니었어.
- ☐ 애당초 우린 그를 믿지 말았어야 했어.

168 For the time being, ~
당분간은 ~

- ☐ 당분간은 그와 함께 있도록 해요.
- ☐ 당분간의 제가 당신의 강사입니다.
- ☐ 당분간은 전 집에서 근무할 겁니다.
- ☐ 당분간은 그걸 우리 둘만의 비밀로 했으면 해요.
- ☐ 너 당분간은 내 차를 몰아도 돼.

Situation 029 >> 말받기와 말잇기

Is that why ~? 그래서 ~한 거니?

상대방이 한 말을 근거로 그것이 다른 어떤 상황을 야기한 이유인지를 물을 때 사용할 수 있는 패턴입니다.

Is that why you left me?	그래서 너 날 떠난 거니?
Is that why you doubled her salary?	그래서 그녀의 월급을 두 배 올려준 거니?
Is that why you look so down?	그래서 너 우울해 보이는 거니?

🎬 미드에선 이렇게! [Big Bang Theory I*1]

Is that why they sent you to boarding school?
그래서 그들이 널 기숙사 학교로 보낸 거니?

💬 Conversation

A: Are you dating my son?
너 내 아들과 사귀고 있니?

B: **Is that why** you wanted to see me?
그래서 절 보자고 하신 건가요?

That's why I + 동사 ~. 그래서 내가 ~한 거야.

상대방의 말이나 행동을 근거로 '그래서 내가 ~한다'라고 이유를 설명할 때 사용할 수 있는 패턴입니다. 앞서 배운 Is that why ~? 질문 패턴에 Yes, that's why I ~ 패턴으로 답할 수 있겠죠?

That's why I used you.	그래서 내가 널 이용한 거야.
That's why I'm back.	그래서 내가 돌아온 거야.
That's why I'm here.	그래서 내가 여기 온 거야.

🎬 미드에선 이렇게! [Desperate Housewives I*7]

That's why I gave you the car.
그래서 내가 네게 그 차를 준 거야.

💬 Conversation

A: Here you go. You were looking for this, right?
자, 여기 있어. 너 이거 찾고 있었잖아, 맞지?

B: **That's why I** love you, Jack. You totally get me.
그래서 내가 널 사랑하는 거야, 잭. 넌 날 완전히 이해하거든.

 That's how I + 과거동사 ~. 그런 식으로 난 ~했어.

이것은 자신이 무언가를 했던 방법이나 방식이 무엇이었는지 상대방에게 설명할 때 사용할 수 있는 패턴입니다.

That's how I met your mother. 그런 식으로 난 네 엄마를 만났다.
That's how I became a lawyer. 그런 식으로 난 변호사가 됐어요.
That's how I ended with Susan. 그런 식으로 난 수잔과 끝냈어.

📺 미드에선 이렇게! [Monk 5*6]
That's how I got her number.
그런 식으로 난 그녀의 전화번호를 딴 거야.

💬 Conversation
A: **That's how I** got my nickname.
   그런 식으로 난 내 별명을 얻었어.
B: That's a funny story.
   그거 재미있는 얘기구나.

 That's not what ~. ~인 건 그게 아니야.

what은 뒤에 '주어+동사'의 절을 받아서 '~하는 것'이란 명사 덩어리를 만듭니다. 무언가가 그런 게 아님을 설명하거나 해명할 때 사용할 수 있는 패턴이지요.

That's not what I'm trying to say. 내가 말하려고 하는 건 그게 아니야.
That's not what I'm looking for. 내가 찾고 있는 건 그게 아니야.
That's not what he told me yesterday. 그가 내게 어제 말한 건 그게 아니야.

🎬 영화에선 이렇게! [Hannibal]
That's not what I asked.
내가 물었던 건 그게 아니야.

💬 Conversation
A: **That's not what** I want from you.
   내가 네게서 원하는 건 그게 아니야.
B: Then what exactly do you want from me?
   그러면 내게 원하는 게 정확히 뭔가요?

145

173 That's because ~. 그건 ~해서 그래.

어떤 상황이 발생한 이유가 무엇인지 설명해 줄 때 사용할 수 있는 패턴입니다. That's because 뒤에 구체적인 이유를 넣어 말할 수 있습니다.

That's because you're full of it.	그건 네가 허풍쟁이라서 그래.
That's because she's got a crush on him.	그건 걔가 그를 짝사랑해서 그래.
That's because I'm broke.	그건 내가 파산해서 그래.

🎬 미드에선 이렇게! [That 70's Show 2*13]

That's because he doesn't like me.
그건 그가 날 좋아하지 않아서 그래.

💬 Conversation

A: I think president Lee is doing a pretty good job.
난 이 대통령이 잘 하고 있다고 생각해.

B: **That's because** you only see what you wanna see. He's the worst president ever!
그건 네가 보고 싶은 것만 봐서 그래. 그는 역대 최악의 대통령이라고!

174 That's when ~. 그 때 바로 ~한 거야.

앞서 어떤 상황을 설명하고 바로 그 때 또 다른 상황이 발생했음을 연결시켜서 말할 때 사용할 수 있는 패턴입니다.

That's when I saw her.	그 때 바로 전 그녀를 봤어요.
That's when the building started shaking.	그 때 바로 건물이 흔들리기 시작했어요.
That's when I learned the truth.	그 때 바로 전 진실을 알았어요.

🎬 미드에선 이렇게 [Close to Home 1*22]

That's when I went up to the room and shot him.
그 때 바로 전 방으로 올라가서 그를 쐈어요.

💬 Conversation

A: His wife left him about a month ago, and **that's when** he bought his first dog.
그의 아내는 그를 약 한 달 전에 떠났어요. 그리고 그 때 바로 그는 처음으로 개를 샀죠.

B: I guess he needed company.
같이 있어 줄 누군가가 필요했나 보군요.

Review!

미드&스크린 속 네이티브들의 표현법 따라잡기!
앞서 배운 패턴 문장들입니다. 한글을 보고 영어로 크게 외쳐 봅시다!

169 Is that why ~?
그래서 ~한 거니?

- ☐ 그래서 너 날 떠난 거니?
- ☐ 그래서 그녀의 월급을 두 배 올려준 거니?
- ☐ 그래서 너 우울해 보이는 거니?
- ☐ 그래서 그들이 널 기숙사 학교로 보낸 거니?
- ☐ 그래서 절 보자고 하신 건가요?

170 That's why I + 동사 ~.
그래서 내가 ~한 거야.

- ☐ 그래서 내가 널 이용한 거야.
- ☐ 그래서 내가 돌아온 거야.
- ☐ 그래서 내가 여기 온 거야.
- ☐ 그래서 내가 네게 그 차를 준 거야.
- ☐ 그래서 내가 널 사랑하는 거야.

171 That's how I + 과거동사 ~.
그런 식으로 난 ~했어.

- ☐ 그런 식으로 난 네 엄마를 만났다.
- ☐ 그런 식으로 난 변호사가 됐어요.
- ☐ 그런 식으로 난 수잔과 끝냈어.
- ☐ 그런 식으로 난 그녀의 전화번호를 딴 거야.
- ☐ 그런 식으로 난 내 별명을 얻었어.

172 That's not what ~.
~인 건 그게 아니야.

- ☐ 내가 말하려고 하는 건 그게 아니야.
- ☐ 내가 찾고 있는 건 그게 아니야.
- ☐ 그가 내게 어제 말한 건 그게 아니야.
- ☐ 내가 물었던 건 그게 아니야.
- ☐ 내가 네게서 원하는 건 그게 아니야.

173 That's because ~.
그건 ~해서 그래.

- ☐ 그건 네가 허풍쟁이라서 그래.
- ☐ 그건 걔가 그를 짝사랑해서 그래.
- ☐ 그건 내가 파산해서 그래.
- ☐ 그건 그가 날 좋아하지 않아서 그래.
- ☐ 그건 네가 보고 싶은 것만 봐서 그래.

174 That's when ~.
그 때 바로 ~한 거야.

- ☐ 그 때 바로 전 그녀를 봤어요.
- ☐ 그 때 바로 건물이 흔들리기 시작했어요.
- ☐ 그 때 바로 전 진실을 알았어요.
- ☐ 그 때 바로 전 방으로 올라가서 그를 쐈어요.
- ☐ 그 때 바로 그는 처음으로 개를 샀죠.

Situation 030 >> 말과 의사 전달

I was just saying that ~. 난 그냥 ~라고 말했던 것뿐이야.

자신이 했던 말의 의도가 무엇이었는지 설명할 때 I was just saying that~이라고 말할 수 있습니다. 즉, 내가 말하려던 것은 단지 이거였다는 것으로 접속사 that 뒤에 자신이 말하고자 했던 문장을 그대로 넣어 말하면 됩니다.

I was just saying that it's like a dream come true.
난 그냥 그건 마치 꿈이 현실로 이뤄진 것 같다고 말했던 것뿐이야.

I was just saying that you've got a great job.
난 그냥 네가 멋진 직업을 가지고 있다고 말했던 것뿐이야.

I was just saying that your room is much nicer than mine.
난 그냥 네 방이 내 방보다 훨씬 좋다고 말했던 것뿐이야.

🎬 영화에선 이렇게! [Indecent Proposal]

I was just saying that you're an amazing woman.
난 그냥 당신이 멋진 여자라고 말했던 것뿐이에요.

💬 Conversation

A: You were saying...?
말씀하시던 게...?

B: Oh, **I was just saying that** the baby in the picture is my daughter.
아, 저 사진 속에 있는 아기가 제 딸이라고 말했던 것뿐이에요.

I'd say ~. ~인 것 같아.

'~인 것 같아'라는 말은 바꿔 말하면 '나라면 ~라고 말하겠다'라는 말이 됩니다. 즉, I would say 뒤에 말하고 싶은 문장을 넣어서 표현할 수 있습니다.

I'd say life is not fair at all.   인생은 전혀 공평하지 않은 것 같아.
I'd say our chances are pretty slim.   우리 가능성이 상당히 희박한 것 같아.
I'd say we're in the right place.   우리 제대로 찾아온 것 같아.

🎬 미드에선 이렇게! [CSI Las Vegas 4*17]

I'd say she was hit in the head with something.
그녀는 무언가로 머리를 맞은 것 같아요.

💬 Conversation

A: I think he really doesn't want to join us. What should we do now?
그는 정말로 우리와 함께 하길 원하지 않는 것 같아. 이제 어떻게 해야 하지?

B: **I'd say** we should go talk to him again.
다시 한 번 그에게 얘기를 해봐야 할 것 같아.

 177

What I'm trying to say is (that) ~. 내가 하려는 말은 ~라는 거야.

자신이 하고 싶은 말의 핵심을 상대방에게 정리해서 전달하고자 할 때 사용할 수 있는 패턴입니다. 뭔가 말을 길게 하긴 했는데 내 의사의 요지가 전달된 것 같지 않다고 느껴지면 What I'm trying to say is ~라고 말한 다음 명확하게 자신의 요지를 말하면 됩니다.

What I'm trying to say is I'm in love with you. 내가 하려는 말은 내가 널 사랑한다는 거야.
What I'm trying to say is that you're never alone. 내가 하려는 말은 넌 절대 혼자가 아니라는 거야.
What I'm trying to say is you're too old to do that.
내가 하려는 말은 네가 그걸 하기에는 나이가 너무 많다는 거야.

🎬 미드에선 이렇게! [Heros 1*15]

What I'm trying to say is that you can't count on him.
내가 하려는 말은 너는 그를 믿을 수 없다는 거야.

💬 Conversation

A: **What I'm trying to say is,** if you feel like talking, I'm here to listen.
내가 하고 싶은 말은 네가 (누군가와) 대화를 하고 싶다면, 내가 네 얘기를 들어줄 거라는 거야.

B: Thank you. That means a lot to me.
고마워요. 많은 의지가 되네요.

 178

I hate to say this, but ~. 이런 말하기 싫지만, ~.

무언가 부정적인 말을 상대방에게 해야 할 때나 상대방의 기분을 다치지 않게 하기 위해 조심스럽게 말문을 열 때 사용할 수 있는 패턴입니다. No offense, but ~ 패턴으로 말해도 동일한 의미를 전달합니다.

I hate to say this, but can you lend me some money?
이런 말하긴 싫지만, 너 내게 돈 좀 빌려줄 수 있니?
I hate to say this, but you don't look good in that dress.
이런 말하긴 싫지만, 너 그 드레스 안 어울려.
I hate to say this, but I really don't like your brother.
이런 말하긴 싫지만, 나 너희 오빠 정말 싫어.

🎬 영화에선 이렇게! [Erin Brockovich]

I hate to say this, but everyone is upset about the arbitration thing.
이런 말하긴 싫지만, 모든 사람들이 그 중재재판 건에 대해서 화가 나 있어요.

💬 Conversation

A: I don't understand why she doesn't want to go out with me.
왜 그녀가 나와 데이트하고 싶어 하지 않는 건지 이해가 안 가.

B: **I hate to say this, but** maybe it's because of your age.
이런 말 하기는 싫은데, 아마도 그건 네 나이 때문인 것 같아.

149

179 I have to say,~ 이 말은 꼭 해야겠는데,~

상대방에게 어떤 말을 강조해서 말하고 싶을 때 I have to say~라고 할 수 있습니다. 다시 말해서 이 말은 꼭 해야겠다는 것으로 I have to say 뒤에 말하고자 하는 문장을 넣으면 됩니다.

I have to say, I really like it.	이 말은 꼭 해야겠는데, 그거 정말 마음에 드네요.
I have to say, you look good.	이 말은 꼭 해야겠는데, 너 좋아 보이는구나.
I have to say, I think you're being a bit rude.	이 말은 꼭 해야겠는데, 당신 좀 무례하게 구는 것 같네요.

■ 미드에선 이렇게! [That 70's Show 3*24]

I have to say, this has really been a magically romantic day.
이 말은 꼭 해야겠는데, 오늘 정말 마법처럼 로맨틱한 하루였어.

💬 Conversation

A: Mrs. Brown. Please let me do the dishes. It's the least I can do.
브라운 아줌마. 설거지는 제가 할게요. 그게 제가 해드릴 수 있는 가장 작은 일인걸요.

B: Oh, thank you. **I have to say,** your mom really taught you well.
오, 고맙구나. 이 말은 꼭 해야겠는데, 너희 엄마가 너를 잘 키우셨구나.

180 It says that ~. ~라고 적혀 있어.

say라는 단어는 '말하다'는 뜻 외에도 어딘가에 '~라고 쓰여 있다'는 뜻을 가지고 있습니다. 그래서 'It says that~'이라고 하면 that 이하의 문장이 적혀 있다는 뜻이 됩니다.

It says that my tax bill was paid in full.	내 세금계산서가 완납되었다고 적혀 있네요.
It says that the robber has been shot in the head.	그 강도가 머리에 총을 맞았다고 적혀 있구나.
It says that age doesn't matter in love.	사랑에 나이는 중요하지 않다고 적혀 있구나.

■ 미드에선 이렇게! [X-File 9*7]

It says that he was in an accident and possibly suffering from amnesia.
그가 사고를 당했고 아마도 기억상실증을 겪고 있었다고 적혀 있구나.

💬 Conversation

A: Going back through your wife's medical records, **it says that** she died from an allergic reaction to peanuts.
아내 분의 의료 기록을 살펴보니 아내분이 땅콩 알레르기 반응으로 사망하셨다고 적혀 있네요.

B: Yes, that's true.
네, 맞습니다.

Review!

미드&스크린 속 네이티브들의 표현법 따라잡기!
앞서 배운 패턴 문장들입니다. 한글을 보고 영어로 크게 외쳐 봅시다!

175 I was just saying that ~.
난 그냥 ~라고 말했던 것뿐이야.

- 난 그냥 그건 마치 꿈이 현실로 이뤄진 것 같다고 말했던 것뿐이야.
- 난 그냥 네가 멋진 직업을 가지고 있다고 말했던 것뿐이야.
- 난 그냥 네 방이 내 방보다 훨씬 좋다고 말했던 것뿐이야.
- 난 그냥 당신이 멋진 여자라고 말했던 것뿐이에요.
- 저 사진 속에 있는 아기가 제 딸이라고 말했던 것뿐이에요.

176 I'd say ~.
~인 것 같아.

- 인생은 전혀 공평하지 않은 것 같아.
- 우리 가능성이 상당히 희박한 것 같아.
- 우리 제대로 찾아온 것 같아.
- 그녀는 무언가로 머리를 맞은 것 같아요.
- 다시 한 번 그에게 얘기를 해봐야 할 것 같아.

177 What I'm trying to say is (that) ~.
내가 하려는 말은 ~라는 거야.

- 내가 하려는 말은 내가 널 사랑한다는 거야.
- 내가 하려는 말은 넌 절대 혼자가 아니라는 거야.
- 내가 하려는 말은 네가 그걸 하기에는 나이가 너무 많다는 거야.
- 내가 하려는 말은 너는 그를 믿을 수 없다는 거야.
- 내가 하고 싶은 말은 네가 (누군가와) 대화를 하고 싶다면, 내가 네 얘기를 들어줄 거라는 거야.

178 I hate to say this, but ~.
이런 말하기 싫지만, ~.

- 이런 말하긴 싫지만, 너 내게 돈 좀 빌려줄 수 있니?
- 이런 말하긴 싫지만, 너 그 드레스 안 어울려.
- 이런 말하긴 싫지만, 나 너희 오빠 정말 싫어.
- 이런 말하긴 싫지만, 모든 사람들이 그 중재재판 건에 대해서 화가 나 있어요.
- 이런 말 하기는 싫은데, 아마도 그건 네 나이 때문인 것 같아.

179 I have to say, ~
이 말은 꼭 해야겠는데, ~

- 이 말은 꼭 해야겠는데, 그거 정말 마음에 드네요.
- 이 말은 꼭 해야겠는데, 너 좋아 보이는구나.
- 이 말은 꼭 해야겠는데, 당신 좀 무례하게 구는 것 같네요.
- 이 말은 꼭 해야겠는데, 오늘 정말 마법처럼 로맨틱한 하루였어.
- 이 말은 꼭 해야겠는데, 너희 엄마가 너를 잘 키우셨구나.

180 It says that ~.
~라고 적혀 있어.

- 내 세금계산서가 완납되었다고 적혀 있네요.
- 그 강도가 머리에 총을 맞았다고 적혀 있구나.
- 사랑에 나이는 중요하지 않다고 적혀 있구나.
- 그가 사고를 당했고 아마도 기억상실증을 겪고 있었다고 적혀 있구나.
- 아내분이 땅콩 알레르기 반응으로 사망하셨다고 적혀 있네요.

Situation 031 >> 모름

I don't know if ~. ~인지 어떨지 모르겠어.

자신이 어떤 사실이나 내용을 모른다고 말할 때 I don't know ~ 패턴을 사용할 수 있습니다. 덧붙여 동사 know 뒤에 '~인지'라는 뜻을 가지고 있는 접속사 if와 함께 완전한 문장으로 말하면 어떤 일에 대해 확신이 없다는 뜻의 문장이 됩니다.

I don't know if I can trust you.	내가 널 믿을 수 있을지 어떨지 모르겠어.
I don't know if I can do this.	내가 이걸 할 수 있을지 어떨지 모르겠어.
I don't know if this is a good idea.	이게 좋은 생각인지 어떨지 모르겠어.

🎬 미드에선 이렇게! [Alias 3*14]

I don't know if I'm gonna have time to do that.
내가 그걸 할 수 있는 시간이 있을지 어떨지 모르겠어.

💬 Conversation

A: Are you ready to get on the stage?
무대에 올라 갈 준비됐나요?

B: **I don't know if** I'm ready for this. I'm so nervous.
제가 이걸 할 준비가 됐는지 어떨지 모르겠어요. 너무 긴장돼요.

How do I know ~? ~란 걸 내가 어떻게 알아요?

무언가에 대해 그 사실을 내가 어떻게 아느냐고 되물을 때 쓸 수 있는 패턴으로 How do I know가 있습니다. 뒤에 구체적인 내용을 언급해 주면 됩니다.

How do I know this necklace is real?	이 목걸이가 진짜란 걸 내가 어떻게 알아요?
How do I know this isn't a set-up?	이게 함정이 아니란 걸 내가 어떻게 알아요?
How do I know you're not gonna do it again?	네가 또 그러지 않을 거라는 걸 내가 어떻게 알아요?

🎬 미드에선 이렇게! [Prison Break 1*11]

How do I know you're not lying right now?
네가 지금 거짓말을 하는 게 아니라는 걸 내가 어떻게 알지?

💬 Conversation

A: **How do I know** you're not one of the bad guys?
당신이 나쁜 놈들과 한 패가 아니라는 걸 내가 어떻게 알아요?

B: If I were one of the bad guys, you'd already be dead.
만약 내가 그들 중 한명이라면, 당신은 이미 죽었을 거요.

I don't know anything about ~. 난 ~에 대해서 아는 게 전혀 없어.

어떤 일에 대해서 아는 것이 하나도 없다는 것을 말할 때 I don't know anything이라고 말할 수 있습니다. 그게 구체적으로 어떤 것인지는 about 뒤에 명사 형태로 넣어 말하면 됩니다.

I don't know anything about this guy. 난 이 남자에 대해서 아는 게 전혀 없어.
I don't know anything about her past. 난 그녀의 과거에 대해서 아는 게 전혀 없어.
I don't know anything about politics. 난 정치에 대해서 아는 게 전혀 없어.

🎬 영화에선 이렇게! [Seven Pounds]
I don't know anything about you or where you came from.
난 너에 대해서도 혹은 네가 어디 출신인지에 대해서도 아는 게 전혀 없어.

💬 Conversation
A: This is really delicious! Is it true that you cooked never before?
이거 정말 맛있는데요! 전에 한 번도 이거 요리해 본 적이 없다는 게 사실이에요?
B: Yes, the truth is, **I don't know anything about** cooking.
네, 사실 말이죠, 전 요리에 대해서 아는 게 전혀 없어요.

I don't know what I ~. 내가 뭘 ~인지(였는지) 모르겠어.

자신이 어떤 일을 하는지 또는 했는지에 대해 잘 모르겠다는 뜻으로 말할 때 I don't know what I 패턴을 사용합니다. 뒤에 구체적인 내용을 붙여서 말하면 됩니다.

I don't know what I should do right now. 내가 뭘 지금 해야 하는지 모르겠어.
I don't know what I was thinking last night. 내가 어젯밤에 무슨 생각을 했던 건지 모르겠어.
I don't know what I want to be in the future. 내가 미래에 뭐가 되고 싶은 건지 모르겠어.

🎬 영화에선 이렇게! [The Social Network]
It was three to fours years ago. **I don't know what I** said.
그건 3년에서 4년 전이었어. 내가 무슨 말을 했었는지 모르겠어.

💬 Conversation
A: **I don't know what I** can do to help you.
내가 너를 돕기 위해 뭘 할 수 있을지 모르겠어.
B: It's okay. Don't worry. I think I can handle it myself.
괜찮아요. 걱정하지 마요. 혼자서 처리할 수 있을 것 같아요.

I never knew you + 동사 ~. 네가 ~하는지 전혀 몰랐어.

상대방이 무언가를 했다는 사실을 자신은 전혀 알지 못했었다는 걸 강조하며 말할 때 사용할 수 있는 패턴입니다. 전혀 몰랐다는 강조의 느낌은 살지 않지만 never 대신에 didn't know를 넣어서 I didn't know you ~ 패턴으로 말해도 됩니다.

I never knew you smoked.	네가 담배 피우는지 전혀 몰랐어.
I never knew you had kids.	네가 자식들이 있는지 전혀 몰랐어.
I never knew you were into comic books.	네가 만화책을 좋아하는지 전혀 몰랐어.

🎬 영화에선 이렇게! [The Aviator]

Howard, **I never knew you** were such a good dancer.
하워드 씨, 당신이 그렇게 춤을 잘 추시는지 전혀 몰랐어요.

💬 Conversation

A: **I never knew you** were so funny.
난 네가 그렇게 재밌는 줄 전혀 몰랐어.

B: You never knew that because you didn't like me in high school.
고등학교 때 네가 날 좋아하지 않았으니까 몰랐지.

You never know when ~. 언제 ~일지는 전혀 모르는 거잖아.

언제 무슨 일이 발생할지는 절대 모르는 것임을 말할 때 쓸 수 있는 패턴입니다. 준비의 중요성을 강조해 주는 구문입니다.

You never know when your life is going to change.	언제 당신의 인생이 바뀔지는 전혀 모르는 거예요.
You never know when you may need the file again.	언제 너 그 파일이 다시 필요하게 될지 전혀 모르는 거잖아.
You never know when your parents will be gone for good.	언제 부모님이 돌아가실지 전혀 모르는 거잖아.

🎬 영화에선 이렇게! [What a Girl Wants]

You never know when something sharp might fall from the sky.
언제 하늘에서 무언가 날카로운 것이 떨어질지 전혀 모르는 거잖아.

💬 Conversation

A: Don't use your cell phone while driving. **You never know when** an accident can happen.
운전하는 동안 휴대전화 사용하지 마. 언제 사고가 발생할지 전혀 모르는 거잖아.

B: You're right. Maybe I should just turn it off.
네 말이 맞아. 그냥 꺼버릴까 봐.

Review!

미드&스크린 속 네이티브들의 표현법 따라잡기!
앞서 배운 패턴 문장들입니다. 한글을 보고 영어로 크게 외쳐 봅시다!

181 I don't know if ~.
~인지 어떨지 모르겠어.

- [ ] 내가 널 믿을 수 있을지 어떨지 모르겠어.
- [ ] 내가 이걸 할 수 있을지 어떨지 모르겠어.
- [ ] 이게 좋은 생각인지 어떨지 모르겠어.
- [ ] 내가 그걸 할 수 있는 시간이 있을지 어떨지 모르겠어.
- [ ] 제가 이걸 할 준비가 됐는지 어떤지 모르겠어요.

182 How do I know ~?
~란 걸. 내가 어떻게 알아요?

- [ ] 이 목걸이가 진짜란 걸 내가 어떻게 알아요?
- [ ] 이게 함정이 아니란 걸 내가 어떻게 알아요?
- [ ] 네가 또 그러지 않을 거라는 걸 내가 어떻게 알아요?
- [ ] 당신이 지금 거짓말을 하는 게 아니라는 걸 내가 어떻게 알지?
- [ ] 당신이 나쁜 놈들과 한 패가 아니라는 내가 어떻게 알아요?

183 I don't know anything about ~.
난 ~에 대해서 아는 게 전혀 없어.

- [ ] 난 이 남자에 대해서 아는 게 전혀 없어.
- [ ] 난 그녀의 과거에 대해서 아는 게 전혀 없어.
- [ ] 난 정치에 대해서 아는 게 전혀 없어.
- [ ] 난 너에 대해서도 혹은 네가 어디 출신인지에 대해서도 아는 게 전혀 없어.
- [ ] 전 요리에 대해서 아는 게 전혀 없어요.

184 I don't know what I ~.
내가 뭘 ~인지(였는지) 모르겠어.

- [ ] 내가 뭘 지금 해야 하는지 모르겠어.
- [ ] 내가 어젯밤에 무슨 생각을 했던 건지 모르겠어.
- [ ] 내가 미래에 뭐가 되고 싶은 건지 모르겠어.
- [ ] 내가 무슨 말을 했었는지 모르겠어.
- [ ] 내가 너를 돕기 위해 뭘 할 수 있을지 모르겠어.

185 I never knew you + 동사 ~
네가 ~하는지 전혀 몰랐어.

- [ ] 네가 담배 피는지 전혀 몰랐어.
- [ ] 네가 자식들이 있는지 전혀 몰랐어.
- [ ] 네가 만화책을 좋아하는지 전혀 몰랐어.
- [ ] 하워드 씨, 당신이 그렇게 춤을 잘 추시는지는 전혀 몰랐어요.
- [ ] 난 네가 그렇게 재밌는 줄 전혀 몰랐어.

186 You never know when ~.
언제 ~일지는 전혀 모르는 거잖아.

- [ ] 언제 당신의 인생이 바뀔지는 전혀 모르는 거예요.
- [ ] 언제 너 그 파일이 다시 필요하게 될지 전혀 모르는 거잖아.
- [ ] 언제 부모님이 돌아가실지 전혀 모르는 거잖아.
- [ ] 언제 하늘에서 무언가 날카로운 것이 떨어질지 전혀 모르는 거잖아.
- [ ] 언제 사고가 발생할지 전혀 모르는 거잖아.

Situation 032 >> 몰두와 선호

I'm totally hooked on ~. 나 완전 ~에 푹 빠졌어.

be hooked on은 '~에 푹 빠진 상태이다'로 사용됩니다. be 동사 대신에 get 동사를 사용하게 되면 '~에 푹 빠지게 되다'란 뜻이 됩니다.

I'm totally hooked on the OCN channel.
나 OCN 채널에 완전 푹 빠졌어.

I'm totally hooked on "Lineage".
나 리니지에 완전 푹 빠졌어.

I'm totally hooked on the Italian restaurant at the Hilton Hotel in Jeju.
나 제주도에 있는 힐튼 호텔 이탈리아 식당에 완전 푹 빠졌어.

🎬 미드에선 이렇게! [Monk 3*14]

He gets hooked on everything. He's the most compulsive person I've ever met.
그는 모든 것에 푹 빠져버려. 그는 내가 만난 사람 중 가장 충동적인 인간이야.

💬 Conversation

A: Have you heard the new song by Neyo?
너 Neyo의 새 노래 들어봤어?

B: Of course! It's awesome, isn't it? **I'm totally hooked on** that song.
당연하지. 노래 끝내주잖아, 그렇지 않니? 나 완전 그 노래에 푹 빠져버렸어.

You're obsessed with ~. 넌 ~에 집착하고 있는 거야.

be obsessed with는 무언가를 단순히 좋아하는 것을 넘어서 병적으로 집착하고 미련을 갖고 있는 상태를 의미합니다.

You're obsessed with me. 넌 내게 집착하고 있는 거야.
You're obsessed with babies and marriage. 넌 아기와 결혼에 집착하고 있는 거야.
You're obsessed with your ex-girlfriend. 넌 네 전 여자친구에게 집착하고 있는 거야.

🎬 영화에선 이렇게! [Scream 3]

You're obsessed with her.
넌 그녀에게 집착하고 있는 거야.

💬 Conversation

A: You barely eat. You work out all the time. **You're obsessed with** your weight.
넌 거의 먹지도 않잖아. 항상 운동을 하고. 넌 네 체중에 집착하고 있는 거야.

B: No, I'm just trying to keep fit.
아냐, 난 그냥 건강을 유지하려는 거야. * keep fit 건강을 유지하다

 189

You're addicted to ~. 넌 ~에 중독된 거야.

무언가에 병적으로 중독되어 버렸음을 말할 때 be addicted to ~란 표현을 사용합니다. 여기사 to는 전치사로 뒤에 명사 혹은 동명사 이하의 내용을 언급해 주면 됩니다. 약물, 흡연, 음주, 일상의 습관 모두가 중독의 대상이 될 수 있습니다.

You are addicted to the internet. 넌 인터넷에 중독된 거야.
You are addicted to online shopping. 넌 온라인 쇼핑에 중독된 거야.
You are addicted to checking your emails while you're away from your desk.
너 일 안 할 동안 이메일 확인하는 거에 중독된 거야.

■ 미드에선 이렇게! [Law and Order 2*15]
You are addicted to sugar, or the wrong medication.
넌 설탕 아니면 잘못된 약물에 중독된 거야.

💬 Conversation

A: **You're addicted to** your smart phone. I mean, why do you have to check it so often?
너 스마트폰에 중독된 거야. 내 말은 왜 그렇게 자주 확인을 해봐야 하는 건데?

B: Force of habit, I guess.
습관이 되어버린 것 같아.

 190

Which one do you ~? 어느 쪽이 넌 ~하니?

한정된 대상을 두고 상대방에게 어느 쪽 하나를 더 마음에 두고 있는지 여부를 물어볼 때 사용할 수 있는 패턴입니다. 여기서 one은 사람이나 사물 모두를 지칭할 수 있습니다.

Which one do you like better? 어느 쪽이 넌 더 좋니?
Which one do you want to talk to? 어느 쪽이랑 넌 얘기 나누고 싶니?
Which one do you prefer, dark green or light green?
어느 쪽을 넌 더 선호하니, 어두운 초록색 아니면 옅은 초록색?

■ 미드에선 이렇게! [The X-File 9*9]
Which one do you intend to marry, Rob or Fab?
넌 어느 쪽이랑 결혼 할 거니, 롭 아니면 팹?

💬 Conversation

A: This one is 10 dollars, and this metal one is 12 dollars. **Which one do you** like better?
이건 10달러고요, 이 금속으로 된 건 12달러에요. 어느 쪽이 더 좋으세요?

B: Well, I think the metal one looks better.
금속으로 된 게 더 괜찮은 것 같아요.

 191

I prefer to ~. 난 ~하는 게 더 좋아.

prefer 동사는 '무언가를 다른 것보다 더 좋아하다'라는 의미를 가지고 있습니다. 그래서 어떤 것을 선호한다고 말할 때는 I prefer to 패턴을 사용합니다.

I prefer to work alone.	전 혼자 일하는 게 더 좋아요.
I prefer to take care of business first.	전 일을 먼저 해결하는 게 더 좋아요.
I prefer to remain anonymous.	전 익명인 채로 있는 게 더 좋아요.

🎬 미드에선 이렇게! 〔Monk 4*13〕

I prefer to sit up front. It's one of my things.
난 앞 쪽에 앉는 게 더 좋아. 내가 지키는 것 중 하나죠.

💬 Conversation

A: **I prefer to** read rather than to watch TV.
난 텔레비전 보는 것보다 독서하는 게 더 좋아.

B: Really? Sounds like you're a bookworm.
정말? 그 말 네가 책벌레란 말 같이 들리는 걸.

 192

~ is not my thing. ~는 나하고 안 맞아.

무언가가 자신하고 맞지 않거나 자신의 취향이 아니라고 말할 때는 A is not my thing 패턴으로 말합니다. 여기서 thing은 preference, liking 정도를 대체하는 말이라고 생각하시면 됩니다.

Sculpture **is not my thing**.	조각술은 나하고 안 맞아.
Being a boyfriend **is not my thing**.	누군가의 남자친구가 되는 건 나하고 안 맞아.
Baseball **is not my thing**.	야구는 나하고 안 맞아.

🎬 영화에선 이렇게! 〔Hitch〕

Hit it and quit it **is not my thing**.
치고 빠지는 건 나하고 안 맞아요.

💬 Conversation

A: I think I have to change my major. Law **is not my thing**.
난 전과를 해야 할 것 같아요. 법학은 나하고 안 맞아요.

B: But you've only studied it for like a month. Don't you think you're being too hasty?
하지만 너 그거 공부한지 한 달 정도 밖에 안 되잖아. 너무 성급하게 군다고 생각 안 하니?

 미드&스크린 속 네이티브들의 표현법 따라잡기!
앞서 배운 패턴 문장들입니다. 한글을 보고 영어로 크게 외쳐 봅시다!

187 I'm totally hooked on ~.
나 완전 ~에 푹 빠졌어.

- ☐ 나 OCN 채널에 완전 푹 빠졌어.
- ☐ 나 리니지에 완전 푹 빠졌어.
- ☐ 나 제주도에 있는 힐튼 호텔 이탈리아 식당에 완전 푹 빠졌어.
- ☐ 그는 모든 것에 푹 빠져버려.
- ☐ 나 완전 그 노래에 푹 빠져버렸어.

188 You're obsessed with ~.
넌 ~에 집착하고 있는 거야.

- ☐ 넌 내게 집착하고 있는 거야.
- ☐ 넌 아기와 결혼에 집착하고 있는 거야.
- ☐ 넌 네 전 여자친구에게 집착하고 있는 거야.
- ☐ 넌 그녀에게 집착하고 있는 거야.
- ☐ 넌 네 체중에 집착하고 있는 거야.

189 You're addicted to ~.
넌 ~에 중독된 거야.

- ☐ 넌 인터넷에 중독된 거야.
- ☐ 넌 온라인 쇼핑에 중독된 거야.
- ☐ 너 일 안 할 동안 이메일 확인하는 거에 중독된 거야.
- ☐ 넌 설탕 아니면 잘못된 약물에 중독된 거야.
- ☐ 너 스마트폰에 중독된 거야.

190 Which one do you ~?
어느 쪽이 넌 ~하니?

- ☐ 어느 쪽이 넌 더 좋니?
- ☐ 어느 쪽이랑 넌 얘기 나누고 싶니?
- ☐ 어느 쪽을 넌 더 선호하니, 어두운 초록색 아니면 옅은 초록색?
- ☐ 넌 어느 쪽이랑 결혼 할 거니, 롭 아니면 팹?
- ☐ 어느 쪽이 더 좋으세요?

191 I prefer to ~.
난 ~하는 게 더 좋아.

- ☐ 전 혼자 일하는 게 더 좋아요.
- ☐ 전 일을 먼저 해결하는 게 더 좋아요.
- ☐ 전 익명인 채로 있는 게 더 좋아요.
- ☐ 난 앞 쪽에 앉는 게 더 좋아.
- ☐ 난 텔레비전 보는 것보다 독서하는 게 더 좋아.

192 ~ is not my thing.
~는 나하고 안 맞아.

- ☐ 조각술은 나하고 안 맞아.
- ☐ 누군가의 남자친구가 되는 건 나하고 안 맞아.
- ☐ 야구는 나하고 안 맞아.
- ☐ 치고 빠지는 건 나하고 안 맞아요.
- ☐ 법학은 나하고 안 맞아요.

Situation 033 >> 문제

What's wrong with ~? ~ 뭐가 문제야(왜 그래)?

누군가가 평소와는 다르게 행동한다거나 혹은 어떤 사물이 좀 이상한 상태를 보일 때 사용할 수 있는 패턴입니다. 또한 상대방이 무언가에 대해서 이상하다고 말할 때 '~가 어때서?'라며 따질 때도 이 패턴을 사용할 수 있습니다.

What's wrong with your nose?	너 코 왜 그래?
What's wrong with this picture?	이 사진이 뭐가 문제지?
What's wrong with my pants?	내 바지가 뭐가 문제야(내 바지가 어때서)?

🎬 미드에선 이렇게! [The Simpsons 3*16]
What's wrong with my moustache?
내 콧수염이 뭐가 문제야(내 콧수염이 어때서)?

💬 Conversation.
A: **What's wrong with** you? You look so down today.
　너 왜 그래? 너 너무 우울해 보여.
B: I failed the English exam again.
　나 또 영어시험 낙제했어.

I've got a problem with ~. 나 ~에 문제가 있어요(생겼어요).

have got은 have와 동일한 의미를 전달합니다. 즉, I've got a problem with ~는 자신이 무언가에 혹은 무언가를 하는 데 있어서 문제가 있거나 혹은 문제가 생겼음을 전달하는 패턴입니다.

I've got a problem with women.	난 여자들과 관계에 문제가 있어.
I've got a problem with my investors.	나 투자자들과 문제가 생겼어.
I've got a problem with you smoking.	난 네가 담배 피는 것에 문제가 있어(난 네가 담배 피는 게 마음에 안 들어).

🎬 영화에선 이렇게! [Billy Elliot]
I've got a problem with the audition.
저 오디션 보는 데 문제가 생겼어요.

💬 Conversation.
A: **I've got a problem with** my computer. The screen is frozen.
　나 컴퓨터에 문제가 있어요. 화면이 멈춰버렸네요.
B: Have you tried turning it off and on again?
　껐다가 다시 켜 봤어요?

 ## I can't afford to + 동사원형 ~. ~할 처지가 아냐.

자신이 처한 상황에서 무언가를 할 수 있는 처지나 혹은 재정적 여력이 안 된다고 말할 때 사용할 수 있는 패턴입니다.

I can't afford to waste any more time.	나 더 이상의 시간을 낭비할 수 있는 처지가 아냐.
I can't afford to be unemployed.	난 백수일 수 있는 처지가 아냐.
I can't afford to let her down.	난 그녀를 실망시킬 수 있는 처지가 아냐.

📽 미드에선 이렇게! [That 70's Show 1*24]
I can't afford to feed your friends.
나 네 친구들까지 먹여 살릴 수 있는 처지가 아냐.

💬 Conversation.

A: How about this apartment? It's 700 dollars a month including utilities.
이 아파트는 어떤가요? 전기, 가스요금 등을 포함해서 월 700달러에요.

B: Too expensive. **I can't afford to** pay that much on my own.
너무 비싸요. 저 혼자서는 그 만큼을 낼 수 있는 처지가 안 돼요.

 ## Don't blame me for ~. ~를 내 탓으로 돌리지 마.

blame A for B는 'B를 A의 탓으로 돌리다'란 뜻의 숙어 표현입니다. 즉, 어떤 상황이나 일에 대해서 그걸 내 탓으로 돌리지는 말라고 말할 때 Don't blame me for ~ 패턴으로 말할 수 있습니다.

Don't blame me for that.	그 일을 내 탓으로 돌리지 마.
Don't blame me for your inexperience.	네 미숙함을 내 탓으로 돌리지 마.
Don't blame me for something I didn't do.	내가 하지도 않은 일을 내 탓으로 돌리지 마.

📽 미드에선 이렇게! [Close to Home 1*8]
Don't blame me for your own mistakes.
네가 한 실수를 내 탓으로 돌리지 마.

💬 Conversation.

A: Jack! It's me, Mike. We went to the same school together, remember?
잭! 나야, 마이크. 우리 같은 학교에 다녔잖아, 기억나?

B: Mike! You have change a lot. **Don't blame me for** not recognizing you.
마이크! 너 많이 변했구나. 내가 너 못 알아 봤다고 내 탓으로 돌리진 마(너 못 알아 봤다고 뭐라 하지 마).

161

We don't have enough + 명사 ~. 우린 ~가 부족해.

무언가의 수나 양을 충분히 가지고 있지 않을 때 쓸 수 있는 패턴입니다. enough는 부사일 때는 '충분히'란 뜻이지만, 형용사로 쓰일 때는 '충분한'이란 뜻이 되어 뒤에 위치하는 명사를 수식해 줄 수 있습니다.

We don't have enough money.	우린 돈이 부족해.
We don't have enough time.	우린 시간이 부족해.
We don't have enough plates.	우린 접시가 부족해.

🎬 미드에선 이렇게! [X-File 1*5]
We don't have enough evidence to hold her.
우린 그녀를 붙잡아 둘 만큼의 증거가 부족해.

💬 Conversation.
A: **We don't have enough** tickets. What should we do?
우린 티켓이 부족해. 어떡하지?
B: Don't worry. You guys go have fun. I'll just stay home and watch TV.
걱정하지 마. 너희들끼리 가서 재미나게 놀아. 난 그냥 집에서 텔레비전 볼게.

I have trouble + 동사-ing ~. 난 ~하는 게 쉽지가 않아.

have trouble은 말 그대로 '문제가 있다'는 뜻입니다. 구체적으로 어떤 문제가 있는가는 뒤에 동사-ing 이하로 언급해 주면 됩니다.

I have trouble concentrating.	난 집중하는 게 쉽지가 않아.
I have trouble making rent.	나 월세 내는 게 쉽지가 않아.
I have trouble remembering names and faces.	난 사람 이름과 얼굴을 기억하는 게 쉽지가 않아.

🎬 영화에선 이렇게! [The Shawshank Redemption]
I have trouble sleeping at night.
나 밤에 잠을 자는 게 쉽지가 않아.

💬 Conversation.
A: **I have trouble** getting used to big city traffic.
나 대도시 교통에 익숙해지는 게 쉽지가 않아.
B: I know. I used to have trouble, too. It takes time.
알아. 나 역시도 쉽지가 않았어. 시간이 걸리지.

Review!

미드&스크린 속 네이티브들의 표현법 따라잡기!
앞서 배운 패턴 문장들입니다. 한글을 보고 영어로 크게 외쳐 봅시다!

193 What's wrong with ~?
~ 뭐가 문제야(왜 그래)?

- [ ] 너 코 왜 그래?
- [ ] 이 사진이 뭐가 문제지?
- [ ] 내 바지가 뭐가 문제야(내 바지가 어때서)?
- [ ] 내 콧수염이 뭐가 문제야(내 콧수염이 어때서)?
- [ ] 너 왜 그래?

194 I've got a problem with ~.
나 ~에 문제가 있어요(생겼어요).

- [ ] 난 여자들과 관계에 문제가 있어.
- [ ] 나 투자자들과 문제가 생겼어.
- [ ] 난 네가 담배 피는 것에 문제가 있어(난 네가 담배 피는 게 마음에 안 들어).
- [ ] 저 오디션 보는 데 문제가 생겼어요.
- [ ] 나 컴퓨터에 문제가 있어요.

195 I can't afford to + 동사원형 ~.
~할 처지가 아냐.

- [ ] 나 더 이상의 시간을 낭비할 수 있는 처지가 아냐.
- [ ] 난 백수일 수 있는 처지가 아냐.
- [ ] 난 그녀를 실망시킬 수 있는 처지가 아냐.
- [ ] 나 네 친구들까지 먹여 살릴 수 있는 처지가 아냐.
- [ ] 저 혼자서는 그 만큼을 낼 수 있는 처지가 안 돼요.

196 Don't blame me for ~.
~를 내 탓으로 돌리지 마.

- [ ] 그 일을 내 탓으로 돌리지 마.
- [ ] 네 미숙함을 내 탓으로 돌리지 마.
- [ ] 내가 하지도 않은 일을 내 탓으로 돌리지 마.
- [ ] 네가 한 실수를 내 탓으로 돌리지 마.
- [ ] 내가 너 못 알아봤다고 내 탓으로 돌리진 마.

197 We don't have enough + 명사 ~.
우린 ~가 부족해.

- [ ] 우린 돈이 부족해.
- [ ] 우린 시간이 부족해.
- [ ] 우린 접시가 부족해.
- [ ] 우린 그녀를 붙잡아 둘 만큼의 증거가 부족해.
- [ ] 우린 티켓이 부족해.

198 I have trouble + 동사-ing ~.
난 ~하는 게 쉽지가 않아.

- [ ] 난 집중하는 게 쉽지가 않아.
- [ ] 나 월세 내는 게 쉽지가 않아.
- [ ] 난 사람 이름과 얼굴을 기억하는 게 쉽지가 않아.
- [ ] 나 밤에 잠을 자는 게 쉽지가 않아.
- [ ] 나 대도시 교통에 익숙해지는 게 쉽지가 않아.

Situation **034** >> 바쁨과 타이밍

I have no time to ~. 전 ~할 시간 없어요.

time이란 명사 뒤에 to부정사 이하의 내용을 받아 '~할 시간'이란 명사구를 만듭니다. 즉, I have no time to ~는 자신이 바쁘다 보니 무언가를 할 시간적 여유가 없음을 설명할 때 사용할 수 있는 패턴입니다.

I have no time to waste.	나 낭비할 시간 없어.
I have no time to stand here and argue with you.	전 여기 서서 당신과 논쟁할 시간 없어요.
I have no time to explain it to you just now.	나 지금은 너한테 그걸 설명할 시간이 없어.

🎬 영화에선 이렇게! [Transformers]
I have no time to talk. I'm on a mission.
나 이야기할 시간 없어. 나 임무 수행 중이야.

💬 Conversation
A: It takes so long to get to school every day and **I have no time to** study.
매일 학교 오는 데 시간이 너무 걸려서 저 공부할 시간이 없어요.
B: You should rent a room near the campus.
학교 근처에 방을 구하세요.

There was no time to ~. ~할 시간이 없었어요.

'~가 있다'라는 뜻을 가지고 있는 There is ~의 과거형인 There was ~를 이용해서 '~할 시간이 없었다'고 말할 수 있습니다. There was no time 뒤에 to부정사의 내용으로 무엇을 할 시간이 없었는지 구체적으로 말할 수 있습니다.

There was no time to read a book.	책 한 권 읽을 시간이 없었어요.
There was no time to call an ambulance.	앰뷸런스를 부를 시간이 없었어요.
There was no time to have a chat with my friends.	친구들과 함께 수다 떨 시간이 없었어요.

🎬 미드에선 이렇게! [Close to Home 1*14]
There was no time to call for a warrant.
영장을 신청할 시간이 없었습니다.

💬 Conversation
A: Your beard is so bushy.
너 수염 너무 덥수룩하다.
B: **There was no time to** shave or shower because I stayed up all night doing this work.
면도나 샤워할 시간이 없었어, 이 일을 하느라 밤을 꼬박 샜거든.

201　I was busy + 동사-ing ~. 나 ~하느라 바빴어.

'나 바빴어'란 말은 영어로 간단히 I was busy라고 합니다. 구체적으로 무엇을 하느라 바빴는지를 뒤에 동사-ing 이하의 내용으로 설명해 줄 수 있습니다.

I was busy planning the wedding.　나 결혼식 준비하느라 바빴어.
I was busy working on something.　나 뭐 좀 작업하느라 바빴어.
I was busy doing my homework.　나 숙제하느라 바빴어.

🎬 영화에선 이렇게! [Just Married]
I was busy looking at the map.
난 지도 보느라고 바빴어.

💬 Conversation
A: Did you have a good time during the weekend? Anything special?
　　주말 동안 좋은 시간 보냈어? 특별한 일은 없었고?
B: No, nothing special. **I was busy** studying all weekend.
　　아니, 특별한 일 없었어. 나 주말 내내 공부하느라 바빴거든.

202　This is not a good time to ~. 지금은 ~하기 좋은 타이밍이 아니야.

상대방에게 지금은 무언가를 하기에 좋은 시기나 타이밍이 아니라고 말할 때 사용할 수 있는 패턴입니다. 주어 자리에 This 대신에 Now를 넣어서 Now's not a good time to ~ 패턴으로 말해도 됩니다.

This is not a good time to splurge on air travel.
지금은 해외여행에 돈을 쓰기 좋은 타이밍이 아니야.

This is not a good time to sell a house.
지금은 집을 팔기 좋은 타이밍이 아니야.

This is not a good time to invest in stocks.
지금은 주식에 투자하기 좋은 타이밍이 아니야.

🎬 영화에선 이렇게! [The Pianist]
This is not a good time to have children.
지금은 아이를 가지기에 좋은 타이밍이 아니에요.

💬 Conversation
A: **This is not a good to** time to talk.
　　지금은 통화를 하기가 좋은 타이밍이 아니야.
B: Oh, sorry. Can I call you again in an hour?
　　아, 미안해. 한 시간 정도 후에 전화해도 될까?

 ## I stayed up all night + 동사-ing ~. 나 ~하느라 밤을 꼬박 샜어.

'나 밤 샜어'란 말은 간단히 'I stayed up all night'이라고 합니다. 구체적으로 무엇을 하면서 밤을 샜는지는 뒤에 동사-ing 이하로 말하면 됩니다.

I stayed up all night playing an online game. 나 온라인 게임하느라 밤을 꼬박 샜어.
I stayed up all night thinking of her. 나 그녀 생각하느라 밤을 꼬박 샜어.
I stayed up all night wracking my brain for a better ending.
나 더 나은 결말을 생각하려고 머리를 짜내느라 밤을 꼬박 샜어.

🎬 미드에선 이렇게! [The O.C 3*1]

He ran away and **I stayed up all night** waiting for him.
그는 도망쳤고 전 그를 기다리느라 밤을 꼬박 샜어요.

💬 Conversation

A: I'm not flunking anything. **I stayed up all night** studying for the tests.
나 어떤 과목도 낙제 안 해. 시험 공부하느라 밤을 꼬박 샜다고.

B: Now that you mention it, you do look kind of awful today.
네가 언급해서 말인데, 너 오늘 정말로 좀 몰골이 말이 아니다.

 ## I think it's time for you to ~. 너 이제 ~할 때가 된 것 같아.

상대방에게 무언가를 하라는 뜻을 우회적으로 말할 때 '너 ~할 때가 된 것 같아'라고 할 수 있습니다. I think it's time for you to 뒤에 해야 하는 일을 구체적으로 붙여 말하면 됩니다.

I think it's time for you to go to bed. 너 이제 자러 갈 때가 된 것 같아.
I think it's time for you to leave. 너 이제 가볼 때가 된 것 같아.
I think it's time for you to be your own boss. 너 이제 사업을 시작할 때가 된 것 같아.

🎬 미드에선 이렇게! [Friends 1*8]

I think it's time for you to start using night cream.
너 이제 영양 크림을 발라야 할 때가 된 것 같아.

💬 Conversation

A: The stock market index has been on the rise for the last few weeks, but I keep losing money.
주식시장 지수는 지난 몇 주 동안 상승했는데, 난 계속 돈을 잃어.

B: Well, **I think it's time for you to** move on to other investments.
음, 너 이제 다른 투자처로 옮길 때가 된 것 같아.

Review!

미드&스크린 속 네이티브들의 표현법 따라잡기!
앞서 배운 패턴 문장들입니다. 한글을 보고 영어로 크게 외쳐 봅시다!

199 I have no time to ~.

전 ~할 시간 없어요.

- 나 낭비할 시간 없어.
- 전 여기 서서 당신과 논쟁할 시간 없어요.
- 나 지금은 너한테 그걸 설명할 시간이 없어.
- 나 이야기할 시간 없어. 나 임무 수행 중이야.
- 저 공부할 시간이 없어요.

200 There was no time to ~.

~할 시간이 없었어요.

- 책 한 권 읽을 시간이 없었어요.
- 앰뷸런스를 부를 시간이 없었어요.
- 친구들과 함께 수다 떨 시간이 없었어요.
- 영장을 신청할 시간이 없었습니다.
- 면도나 샤워할 시간이 없었어.

201 I was busy + V-ing ~.

나 ~하느라 바빴어.

- 나 결혼식 준비하느라 바빴어.
- 나 뭐 좀 작업하느라 바빴어.
- 나 숙제하느라 바빴어.
- 난 지도 보느라고 바빴어.
- 나 주말 내내 공부하느라 바빴거든.

202 This is not a good time to ~.

지금은 ~하기 좋은 타이밍이 아니야.

- 지금은 해외여행에 돈을 쓰기 좋은 타이밍이 아니야.
- 지금은 집을 팔기 좋은 타이밍이 아니야.
- 지금은 주식에 투자하기 좋은 타이밍이 아니야.
- 지금은 아이를 가지기에 좋은 타이밍이 아니에요.
- 지금은 통화를 하기가 좋은 타이밍이 아니야.

203 I stayed up all night + 동사-ing ~.

나 ~하느라 밤을 꼬박 샜어.

- 나 온라인 게임하느라 밤을 꼬박 샜어.
- 나 그녀 생각하느라 밤을 꼬박 샜어.
- 나 더 나은 결말을 생각하려고 머리를 짜내느라 밤을 꼬박 샜어.
- 그는 도망쳤고 전 그를 기다리느라 밤을 꼬박 샜어요.
- 시험 공부하느라 밤을 꼬박 샜다고.

204 I think it's time for you to ~.

너 이제 ~할 때가 된 것 같아.

- 너 이제 자러 갈 때가 된 것 같아.
- 너 이제 가볼 때가 된 것 같아.
- 너 이제 사업을 시작할 때가 된 것 같아.
- 너 이제 영양 크림을 발라야 할 때가 된 것 같아.
- 너 이제 다른 투자처로 옮길 때가 된 것 같아.

Situation **035** >> 방법

Could you show me how to + 동사원형 ~?
~하는 방법 좀 제게 알려주실래요?

'how to 동사 ~'는 '~하는 방법'이란 명사 덩어리를 만듭니다. can보다 정중한 뉘앙스인 could를 사용한 Could you show me how to ~? 패턴을 통해 방법을 알려달라고 부탁할 수 있습니다.

Could you show me how to get there?
거기 가는 방법 좀 제게 알려주실래요?

Could you show me how to make my own blog?
저만의 블로그를 만드는 방법 좀 제게 알려주실래요?

Could you show me how to use this smartphone?
이 스마트폰 사용하는 방법 좀 제게 알려주실래요?

🎬 영화에선 이렇게! [Scary Movie 2]

Could you show me how to open this thing?
이거 여는 방법 좀 제게 알려주실래요?

💬 Conversation

A: **Could you show me how to** use this machine?
이 기계 사용하는 방법 좀 제게 알려주실래요?

B: Of course. Just plug it into this hole.
물론이죠. 그냥 이 구멍에다 플러그를 꺼세요.

What's the best way to + 동사원형 ~? ~하는 가장 좋은 방법이 뭐죠?

'way to+동사 ~'는 '~하는 방법'이란 뜻을 만듭니다. 즉, What's the best way to ~?는 상대방에게 무언가를 하는 가장 좋은 방법을 물어볼 때 사용할 수 있는 패턴입니다.

What's the best way to get a promotion? 승진을 하는 가장 좋은 방법이 뭐죠?
What's the best way to learn English? 영어를 배우는 가장 좋은 방법이 뭐죠?
What's the best way to travel around Europe? 유럽을 여행하는 가장 좋은 방법이 뭐죠?

🎬 미드에선 이렇게! [Grey's Anatomy 3*11]

What's the best way to get him to do something?
그가 뭔가를 하게끔 하는 가장 좋은 방법이 뭐죠?

💬 Conversation

A: **What's the best way to** get to the city library?
시립 도서관에서 가는 가장 좋은 방법이 뭐죠?

B: Well, take any bus at that bus stop over there and get off after the third traffic light.
저쪽에 있는 버스 정류장에서 아무 버스나 타시고요, 세 번째 신호등이 지나고 나서 내리세요.

 I don't know how you + 동사원형 ~. 난 네가 어떻게 ~하는지 모르겠어.

상대방이 무언가를 어떻게 하는지 이해가 가지 않거나 믿기지 않을 때 그에 대한 놀라움을 나타내기 위해서 사용할 수 있는 패턴입니다. how는 뒤에 문장을 이끌어 '어떻게 ~하는지'란 명사 덩어리를 만듭니다.

> **I don't know how you** do this on a daily basis.
> 난 네가 어떻게 이걸 매일매일 하는지 모르겠어.
>
> **I don't know how you** sleep at night in this room.
> 난 네가 어떻게 밤에 이 방에서 자는지 모르겠어.
>
> **I don't know how you** work there.
> 난 네가 어떻게 그곳에서 일하는지 모르겠어.

🎬 미드에선 이렇게! [Prison Break 2*1]
I don't know how you can be so confident.
난 네가 어떻게 그렇게 자신감이 넘치는지 모르겠어.

💬 Conversation
A: **I don't know how you** can put up with her. She's so annoying.
난 네가 어떻게 그녀를 참는 건지 모르겠어. 걘 정말 짜증나잖아.
B: Try to get along with her. She's not as bad as you think.
걔와 어울리려고 노력해봐. 네가 생각하는 것만큼 나쁜 애는 아냐.

 Is there any way ~? ~할 방법이 없을까요?

무언가를 할 수 있는 방법이 혹시라도 있는지 여부를 물어볼 때 사용할 수 있는 패턴입니다. way 뒤에 묻고자 하는 내용을 문장으로 넣어주면 됩니다.

> **Is there any way** I can help? 제가 도움을 드릴 방법이 없을까요?
> **Is there any way** I can speak with him? 제가 그와 얘기할 방법이 없을까요?
> **Is there any way** you can get here from the hotel on your own?
> 네가 호텔에서 여기까지 혼자서 올 수 있는 방법이 없을까?

🎬 영화에선 이렇게! [The O.C. 3*2]
Is there any way I can get you to reconsider?
당신이 다시 한 번 생각하게끔 할 방법이 없을까요?

💬 Conversation
A: **Is there any way** you can postpone the meeting until next week?
다음 주까지 회의를 연기해 주실 수 있는 방법이 없을까요?
B: I'll see what I can do.
한 번 알아볼게요.

 209

I'll find a way to ~. ~할 방법을 찾아낼게요.

무언가를 할 방법을 자신이 찾아내겠다는 의지를 밝힐 때 사용할 수 있는 패턴입니다. to 뒤에 찾고자 하는 내용을 동사 형태로 넣어줍니다.

I'll find a way to get in touch with him.	그와 연락할 방법을 찾아낼게요.
I'll find a way to get out of here.	여기서 나갈 수 있는 방법을 찾아낼게요.
I'll find a way to make some extra money.	여분의 돈을 좀 벌 수 있는 방법을 찾아낼게요.

🎬 미드에선 이렇게! [X-Files 8*3]

I'll find a way to recommend a reduced sentence.
형량 감소를 제안할 수 있는 방법을 찾아낼게요.

💬 Conversation

A: **I'll find a way to** win the contest.
이 대회를 우승할 수 있는 방법을 찾아낼게요.

B: I'm sure you'll. Fingers crossed.
넌 분명 찾아낼 수 있을 거야. 행운을 빌어.

 210

There are other ways to ~. ~할 다른 방법들도 있어요.

무언가를 할 방법이 하나만 있는 것이 아니라, 그 밖에 다른 방법들도 있다는 것을 밝힐 때 사용할 수 있는 패턴입니다.

There are other ways to do this.	이걸 하는 다른 방법들도 있어요.
There are other ways to improve your English.	네 영어실력을 향상시킬 다른 방법들도 있어.
There are other ways to thank him.	그에게 감사를 표할 다른 방법들도 있어.

🎬 미드에선 이렇게! [Friends 6*6]

There are other ways to win back your money. How about blackjack?
네 돈을 다시 찾을 수 있는 다른 방법들도 있어. 블랙잭을 하는 건 어때?

💬 Conversation

A: **There are other ways to** deal with thinning or receding hair.
탈모를 해결하는 다른 방법들도 있어요.

B: Really? Tell me about them.
정말요? 그게 뭔지 말해 줘요.

Review!

미드&스크린 속 네이티브들의 표현법 따라잡기!
앞서 배운 패턴 문장들입니다. 한글을 보고 영어로 크게 외쳐 봅시다!

205 Could you show me how to ~?
~하는 방법 좀 제게 알려주실래요?

- ☐ 거기 가는 방법 좀 제게 알려주실래요?
- ☐ 저만의 블로그를 만드는 방법 좀 제게 알려주실래요?
- ☐ 이 스마트폰 사용하는 방법 좀 제게 알려주실래요?
- ☐ 이거 여는 방법 좀 제게 알려주실래요?
- ☐ 이 기계 사용하는 방법 좀 제게 알려주실래요?

206 What's the best way to ~?
~하는 가장 좋은 방법이 뭐죠?

- ☐ 승진을 하는 가장 좋은 방법이 뭐죠?
- ☐ 영어를 배우는 가장 좋은 방법이 뭐죠?
- ☐ 유럽을 여행하는 가장 좋은 방법이 뭐죠?
- ☐ 그가 뭔가를 하게끔 하는 가장 좋은 방법이 뭐죠?
- ☐ 시립 도서관에서 가는 가장 좋은 방법이 뭐죠?

207 I don't know how you ~.
난 네가 어떻게 ~하는지 모르겠어.

- ☐ 난 네가 어떻게 이걸 매일매일 하는지 모르겠어.
- ☐ 난 네가 어떻게 밤에 이 방에서 자는지 모르겠어.
- ☐ 난 네가 어떻게 그곳에서 일하는지 모르겠어.
- ☐ 난 네가 어떻게 그렇게 자신감이 넘치는지 모르겠어.
- ☐ 난 네가 어떻게 그녀를 참는 건지 모르겠어.

208 Is there any way ~?
~할 방법이 없을까요?

- ☐ 제가 도움을 드릴 방법이 없을까요?
- ☐ 제가 그와 얘기를 할 방법이 없을까요?
- ☐ 네가 호텔에서 여기까지 혼자서 올 수 있는 방법이 없을까?
- ☐ 당신이 다시 한 번 생각하게끔 할 방법이 없을까요?
- ☐ 다음 주까지 회의를 연기해 주실 수 있는 방법이 없을까요?

209 I'll find a way to ~.
~할 방법을 찾아낼게요.

- ☐ 그와 연락할 방법을 찾아낼게요.
- ☐ 여기서 나갈 수 있는 방법을 찾아낼게요.
- ☐ 여분의 돈을 좀 벌 수 있는 방법을 찾아낼게요.
- ☐ 형량 감소를 제안할 수 있는 방법을 찾아낼게요.
- ☐ 이 대회를 우승할 수 있는 방법을 찾아낼게요.

210 There are other ways to ~.
~할 다른 방법들도 있어요.

- ☐ 이걸 하는 다른 방법들도 있어요.
- ☐ 네 영어실력을 향상시킬 다른 방법들도 있어.
- ☐ 그에게 감사를 표할 다른 방법들도 있어.
- ☐ 네 돈을 다시 찾을 수 있는 다른 방법들도 있어.
- ☐ 탈모를 해결하는 다른 방법들도 있어요.

Situation 036 >> 배려하기

There's no need to + 동사원형 ~. ~할 필요 없어.

There's no need는 말 그대로 '그럴 필요는 없다'란 뜻입니다. 구체적으로 무엇을 할 필요가 없는지 말해 줄 때는 뒤에 to부정사로 언급해 주면 됩니다. 또한 There's를 생략하고 No need to ~라고 말하기도 합니다.

There's no need to panic.	당황할 필요 없어.
There's no need to worry.	걱정할 필요 없어.
There's no need to thank me.	제게 감사하실 필요 없어요.

🎬 미드에선 이렇게! 〔Veronica Mars I*II〕

Come to my party. **No need to** bring gifts.
내 파티에 와. 선물을 가져 올 필요 없어.

💬 Conversation

A: I'm very sorry.
정말 죄송해요.

B: **No need to** apologize. All's forgiven.
사과할 필요 없다. 다 용서했단다.

Please feel free to + 동사원형 ~. 편하게 ~하세요.

Please feel free to는 상대방에게 무언가를 편하게 하라고 배려할 때 사용할 수 있는 패턴입니다. 말 그대로 부담갖지 말고 자유롭게 하라는 뜻입니다.

Please feel free to come to my office.	편하게 제 사무실에 들르세요.
Please feel free to ask me any questions.	편하게 아무 질문이나 하세요.
Please feel free to correct me if I'm wrong.	제가 틀렸으면 편하게 지적하세요.

🎬 영화에선 이렇게! 〔Secretary〕

Please feel free to call me at your earliest convenience.
가능한 빨리 편하신 때에 제게 전화 주세요.

💬 Conversation

A: Here's my work. **Please feel free to** give comments.
이게 제 작품입니다. 편하게 의견 주세요.

B: Wow, this is wonderful.
와우, 멋진 걸요.

 You don't need to + 동사원형 ~. 너 ~할 필요 없어.

무언가를 굳이 할 필요가 없음을 뜻하며 상대방에게 배려해서 말하거나 조언할 때 사용할 수 있는 패턴입니다. need to 대신에 have to를 넣어서 You don't have to ~ 패턴으로 말해도 무방합니다.

You don't need to do this.	너 이럴 필요는 없어.
You don't need to be polite with me.	너 내게 예의 갖출 필요는 없어.
You don't need to worry about that.	너 그 일에 대해선 걱정할 필요 없어.

🎬 미드에선 이렇게! [Ghost Whisperer 1*10]

Mom, **you don't need to** pick me up.
엄마, 나 데리러 오지 않아도 돼.

💬 Conversation

A: Thanks again for the ride.
다시 한 번 태워다 주셔서 감사드려요.

B: **You don't need to** thank me. It's nothing.
제게 감사할 필요 없으세요. 아무것도 아닌 걸요.

 I'll keep an eye on ~. 내가 ~를 봐 줄게(감시하고 있을 게).

상대방이 잠시 자리를 비우거나 멀리 떠난 사이에 물건을 자신이 봐주겠다고 할 때나 혹은 누군가를 잘 지켜보고 있겠다고 할 때 쓰는 패턴입니다. keep an eye on은 말 그대로 무언가를 신경 써서 지켜보겠다는 의미입니다.

I'll keep an eye on your clothes.	내가 네 옷들을 봐 줄게.
I'll keep an eye on your car.	내가 네 차를 봐 줄게.
I'll keep an eye on her.	내가 그녀를 감시하고 있을게.

🎬 영화에선 이렇게! [Mr. Deeds]

I'll keep an eye on the company for you.
내가 네 대신에 회사를 봐 줄게요.

💬 Conversation

A: I have to go to the bathroom. Could you keep an eye on my son?
나 화장실에 가야 해. 내 아들 좀 봐 줄래?

B: Sure. **I'll keep an eye on** him.
물론이지. 내가 그를 봐 줄게.

If you want, I could + 동사원형 ~. 네가 원하면, 내가 ~할 수 있어.

'만약 ~하면'이란 뜻을 가진 접속사 if를 활용해 상대방이 원한다면 내가 무언가를 할 수도 있다고 배려해서 말할 때 사용할 수 있는 패턴입니다. 여기서 could는 '~할 수 있었다'란 과거시제로 해석하지 않습니다.

If you want, I could speak to her.	네가 원하면, 내가 그녀와 얘기해 볼 수 있어.
If you want, I could give you a ride.	네가 원하면, 내가 너 태워다 줄 게.
If you want, I could give you some tips.	네가 원하면, 내가 조언을 좀 해 줄게.

📺 미드에선 이렇게! [Friends 9*11]

If you want, I could loan you some money.
네가 원하면, 내가 돈을 좀 융자해 줄게.

💬 Conversation

A: Oh, no. We're out of milk and eggs.
아, 이런. 우유랑 계란이 다 떨어졌네.

B: **If you want, I could** run to the store.
네가 원하면, 내가 가게에 뛰어갔다 올게.

(Please) help yourself to ~. ~ 좀 가져다 드세요.

'help yourself to+음식' 패턴은 상대방에게 신경 쓰지 말고 마음껏 무언가를 직접 가져다 드시라고 권할 때 사용할 수 있는 패턴입니다.

Help yourself to food.	음식 좀 가져다 드세요.
Help yourself to drinks and cookies.	음료수랑 과자 좀 가져다 드세요.
Help yourself to the cake on the table.	탁자에 있는 케이크 좀 가져다 드세요.

📺 미드에선 이렇게 [Friends 4*5]

Please, **help yourself to** anything in the fridge.
냉장고에 있는 거 아무거나 가져다 드세요.

💬 Conversation

A: **Help yourself to** more pies.
파이 좀 더 가져다 드세요.

B: Thank you very much.
감사합니다.

Review!

미드&스크린 속 네이티브들의 표현법 따라잡기!
앞서 배운 패턴 문장들입니다. 한글을 보고 영어로 크게 외쳐 봅시다!

211 **There's no need to + 동사원형 ~.**
~할 필요 없어.

- 당황할 필요 없어.
- 걱정할 필요 없어.
- 제게 감사하실 필요 없어요.
- 선물을 가져 올 필요 없어.
- 사과할 필요 없다.

212 **Please feel free to + 동사원형 ~.**
편하게 ~하세요.

- 편하게 제 사무실에 들르세요.
- 편하게 아무 질문이나 하세요.
- 제가 틀렸으면 편하게 지적하세요.
- 가능한 빨리 편하신 때에 제게 전화 주세요.
- 편하게 의견 주세요.

213 **You don't need to + 동사원형 ~.**
너 ~할 필요 없어.

- 너 이럴 필요는 없어.
- 너 내게 예의 갖출 필요는 없어.
- 너 그 일에 대해선 걱정할 필요 없어.
- 나 데리러 오지 않아도 돼.
- 제게 감사할 필요 없으세요.

214 **I'll keep an eye on ~.**
내가 ~를 봐 줄게(감시하고 있을 게).

- 내가 네 옷들을 봐 줄게.
- 내가 네 차를 봐 줄게.
- 내가 그녀를 감시하고 있을게.
- 내가 네 대신에 회사를 봐 줄게요.
- 내가 그를 봐 줄게.

215 **If you want, I could + 동사원형 ~.**
네가 원하면, 내가 ~할 수 있어.

- 네가 원하면, 내가 그녀와 얘기해 볼 수 있어.
- 네가 원하면, 내가 너 태워다 줄 게.
- 네가 원하면, 내가 조언을 좀 해 줄게.
- 네가 원하면, 내가 돈을 좀 융자해 줄게.
- 네가 원하면, 내가 가게에 뛰어갔다 올게.

216 **(Please) help yourself to ~.**
~ 좀 가져다 드세요.

- 음식 좀 가져다 드세요.
- 음료수랑 과자 좀 가져다 드세요.
- 탁자에 있는 케이크 좀 가져다 드세요.
- 냉장고에 있는 거 아무거나 가져다 드세요.
- 파이 좀 더 가져다 드세요.

Situation 037 >> 변명과 착각

I thought it would be ~. 난 (그것이) ~일 거라고 생각했어.

자신의 생각과는 다르게 결과가 나왔을 때 자신은 그래도 그럴 거라고 생각했음을 말할 때 사용할 수 있는 패턴입니다.

I thought it would be different this time.
난 이번에는 다를 거라고 생각했어.

I thought it would be a nice surprise.
난 그게 깜짝 선물이 될 거라고 생각했어.

I thought it would be something we could do together.
난 그게 우리가 함께 할 수 있는 무언가일 거라고 생각했어.

미드에선 이렇게! [One Tree Hill 3*9]

I thought it would be funny if we both went in the same costume.
난 만약 우리가 같은 복장을 하고 가면 재미있을 거라고 생각했어.

Conversation

A: You got your bike stolen? Didn't you have a lock on your bicycle?
너 자전거 도둑맞았다고? 자전거에 자물쇠 안 채웠었어?

B: No, I was only gone for a minute, so **I thought it would be** okay.
아니, 잠깐만 자리를 비운 거라서 난 괜찮을 거라고 생각했어.

I thought you were ~. 난 네가 ~인 줄 알았어.

상대방이 어떤 상태 또는 행동을 하고 있을 거라고 자신은 생각했음을 밝힐 때 사용할 수 있는 패턴입니다. be 동사 were 뒤에는 형용사, 전치사구, 현재분사 등이 위치할 수 있습니다.

I thought you were dead. 난 네가 죽은 줄 알았어.
I thought you were asleep. 난 네가 자고 있는 줄 알았어.
I thought you were having fun there. 난 네가 거기서 즐거운 시간을 보내고 있는 줄 알았어.

영화에선 이렇게! [As Good as It Gets]

When I first saw you, **I thought you were** handsome.
내가 당신을 처음 봤을 때 난 당신이 잘 생긴 줄 알았어요.

Conversation

A: **I thought you were** at work. What are you doing here?
난 네가 회사에 있는 줄 알았어. 여기서 뭐하고 있는 거니?

B: I got off work early, so I was just hanging out with some of my friends.
오늘 일찍 퇴근해서 친구들 몇 하고 그냥 어울리고 있었지.

 219

I'm not trying to ~. 나 ~하려는 건 아니야.

자신의 의도가 무언가를 하려고 하는 것은 아님을 밝힐 때 사용할 수 있는 패턴입니다. 구차한 변명이 될 수도 있고 진심이 될 수도 있습니다.

I'm not trying to get you in trouble.	널 위험에 빠트리려고 하는 게 아니야.
I'm not trying to make you feel guilty.	네가 죄책감 느끼게 만들려고 하는 건 아니야.
I'm not trying to be sarcastic at all.	나 전혀 빈정대려고 하는 건 아니야.

■ 미드에선 이렇게! [Heros 1*4]
I'm not trying to discount your experience.
나 네 경험의 가치를 떨어뜨리려고 하는 건 아니야.

💬 Conversation
A: What the hell are you trying to do?
 너 대체 뭘 하려고 하는 거야?
B: **I'm not trying to** do anything. I was just looking for my book.
 나 뭘 하려고 하는 게 아니야. 나 그냥 내 책을 찾고 있던 것뿐이야.

 220

There's no excuse for ~. ~에 대해선 변명의 여지가 없어.

excuse는 명사로 '변명'이란 뜻을 가지고 있습니다. 이미 벌어진 일, 혹은 앞으로 벌어질 어떤 상황에 대해서 그 어떠한 변명의 여지도 없음을 확고히 할 때 사용할 수 있는 패턴입니다.

There's no excuse for being tardy.	지각하는 것에 대해서는 변명의 여지가 없어.
There's no excuse for this mistake.	이번 실수에 대해서는 변명의 여지가 없어.
There's no excuse for the way you acted.	네가 어떻게 행동했는지에 대해서는 변명의 여지가 없어.

■ 영화에선 이렇게! [You've got mail]
There's no excuse for my saying anything like that.
제가 그런 식으로 말한 것에 대해선 변명의 여지가 없어요.

💬 Conversation
A: I know you're just a temp nurse, but **there's no excuse for** sloppiness.
 그쪽이 임시 간호사란 건 알겠지만, 일처리가 엉성한 것에 대해선 변명의 여지가 없어요.
B: I'll keep that in mind.
 명심하겠습니다.

I don't know why I ~. 내가 왜 ~했는지 모르겠어.

서술어 don't know 뒤에 의문사 why가 이끄는 절을 붙임으로써 말하는 사람 본인조차도 이유를 모르겠음을 밝힐 때 사용할 수 있는 패턴입니다.

> **I don't know why I** just said that.
> 내가 왜 그런 말을 한 건지 모르겠어.
> **I don't know why I**'m so tired.
> 내가 왜 이렇게 피곤한 건지 모르겠어.
> **I don't know why I** didn't think of this sooner.
> 내가 왜 이걸 더 빨리 생각해내지 못한 건지 모르겠어.

🎬 영화에선 이렇게! [A few good men]

I don't know why I'm agreeing to this.
내가 왜 이 말에 동의하고 있는 건지 모르겠어.

💬 Conversation

A: **I don't know why I** keep forgetting things.
   내가 왜 계속 이것저것 까먹는지를 모르겠어.
B: You're just getting old. That's all.
   너 그냥 나이 들어가는 거야. 그게 다지 뭐.

I didn't know ~. 난 ~인 줄 몰랐어.

가장 흔하고 보편적인 변명이 바로 자신은 몰랐음을 강조하는 것입니다. 그냥 단순히 몰랐다고 변명을 할 때는 간단히 I didn't know that이라고 말하면 되지만, 좀 더 구체적으로는 뒤에 몰랐던 내용을 완전한 문장으로 연결시켜 말하면 됩니다.

> **I didn't know** you were waiting for me.
> 난 네가 날 기다리고 있는 줄 몰랐어.
> **I didn't know** I needed a permission from you.
> 전 당신으로부터 허락을 받아야 하는지 몰랐어요.
> **I didn't know** it was a big secret.
> 그게 엄청난 비밀인 줄 몰랐어.

🎬 미드에선 이렇게! [Heros I*22]

I'm sorry. **I didn't know** you were here.
죄송해요. 여기 계신 줄 몰랐어요.

💬 Conversation

A: Why didn't you answer my phone calls?
   너 왜 내 전화 안 받은 거야?
B: I'm sorry. **I didn't know** it was turned off.
   미안해. 전화기가 꺼져 있는 줄 몰랐어.

Review!

미드&스크린 속 네이티브들의 표현법 따라잡기!
앞서 배운 패턴 문장들입니다. 한글을 보고 영어로 크게 외쳐 봅시다.

217 I thought it would be ~.
난 그것이 ~일 거라고 생각했어.

- ☐ 난 이번에는 다를 거라고 생각했어.
- ☐ 난 그게 깜짝 선물이 될 거라고 생각했어.
- ☐ 난 그게 우리가 함께 할 수 있는 무언가일 거라고 생각했어.
- ☐ 난 만약 우리가 같은 복장을 하고 가면 재미있을 거라고 생각했어.
- ☐ 난 괜찮을 거라고 생각했어.

218 I thought you were ~.
난 네가 ~인 줄 알았어.

- ☐ 난 네가 죽은 줄 알았어.
- ☐ 난 네가 자고 있는 줄 알았어.
- ☐ 난 네가 거기서 즐거운 시간을 보내고 있는 줄 알았어.
- ☐ 난 당신이 잘 생긴 줄 알았어요.
- ☐ 난 네가 회사에 있는 줄 알았어.

219 I'm not trying to ~.
나 ~하려는 건 아니야.

- ☐ 널 위험에 빠트리려고 하는 게 아니야.
- ☐ 네가 죄책감 느끼게 만들려고 하는 건 아니야.
- ☐ 나 전혀 빈정대려고 하는 건 아니야.
- ☐ 나 네 경험의 가치를 떨어뜨리려고 하는 건 아니야.
- ☐ 나 뭘 하려고 하는 게 아니야.

220 There's no excuse for ~.
~에 대해선 변명의 여지가 없어.

- ☐ 지각하는 것에 대해서는 변명의 여지가 없어.
- ☐ 이번 실수에 대해서는 변명의 여지가 없어.
- ☐ 네가 어떻게 행동했는지에 대해서는 변명의 여지가 없어.
- ☐ 제가 그런 식으로 말한 것에 대해선 변명의 여지가 없어요.
- ☐ 일처리가 엉성한 것에 대해선 변명의 여지가 없어요.

221 I don't know why I ~.
내가 왜 ~했는지 모르겠어.

- ☐ 내가 왜 그런 말을 한 건지 모르겠어.
- ☐ 내가 왜 이렇게 피곤한 건지 모르겠어.
- ☐ 내가 왜 이걸 더 빨리 생각해내지 못한 건지 모르겠어.
- ☐ 내가 왜 이 말에 동의하고 있는 건지 모르겠어.
- ☐ 내가 왜 계속 이것저것 까먹는지를 모르겠어.

222 I didn't know ~.
난 ~인 줄 몰랐어.

- ☐ 난 네가 날 기다리고 있는 줄 몰랐어.
- ☐ 전 당신으로부터 허락을 받아야 하는지 몰랐어요.
- ☐ 그게 엄청난 비밀인 줄 몰랐어.
- ☐ 죄송해요. 여기 계신 줄 몰랐어요.
- ☐ 미안해. 전화기가 꺼져 있는 줄 몰랐어.

Situation 038 >> 부연설명

It's just that ~. 그냥 ~해서 그래.

상대방이 나에게 어떤 상황을 두고 질문을 던지거나 해명을 요구할 때 약간은 회피성으로 '그냥 ~라서 그래' 식으로 대답을 할 때 사용할 수 있는 패턴입니다.

It's just that I don't know much about him.	그냥 내가 그에 대해서 아는 게 많이 없어서 그래.
It's just that I get so nervous before I travel.	그냥 내가 여행 전에 너무 긴장하게 돼서 그래.
It's just that you look a little tired today.	그냥 네가 오늘 좀 피곤해 보여서 그래.

🎬 영화에선 이렇게! [Juno]

It's just that I'm not ready to be a mom.
그냥 제가 엄마가 될 준비가 되지 않아서 그래요.

💬 Conversation

A: Are you all right?
너 괜찮니?

B: Yeah, I'm fine. **It's just that** I feel a little dizzy.
응, 괜찮아. 그냥 좀 어지러워서 그래.

It's not that ~. ~하거나 그런 건 아니야.

상대방이 나에게 어떤 상황을 두고 질문을 던지거나 해명을 요구할 때 약간은 회피성으로 '~하거나 그런 건 아니야' 식으로 대답을 할 때 사용할 수 있는 패턴입니다.

It's not that I hate you.	내가 널 싫어하거나 그런 건 아니야.
It's not that I'm afraid of him.	내가 그를 두려워하거나 그런 건 아니야.
It's not that we don't want to help you.	우리가 널 도와주기 싫거나 그런 건 아니야.

🎬 미드에선 이렇게! [CSI Las Vegas 5*15]

It's not that we don't have confidence in you.
우리가 널 못 믿거나 그런 건 아니야.

💬 Conversation

A: You don't even care about him.
넌 그에게 관심조차도 갖지 않잖아.

B: **It's not that** I don't care. **It's just that** I think he should do things on his own.
내가 관심을 안 갖거나 그런 건 아냐. 그냥 난 걔가 혼자서 일들을 해야 한다고 생각해서 그래.

 No offense, but ~. 기분 나쁘게 하려는 건 아닌데, ~

어떤 말을 할 때 다소 상대방이 기분 나빠할 것으로 예상이 된다면, No offense, but ~ 패턴을 활용해서 기분 나빠하지 말고 들어달라고 말할 수 있습니다.

> **No offense, but** you're not the best teacher.
> 기분 나쁘게 하려는 건 아닌데, 너 최고의 선생님은 아니잖아.
>
> **No offense, but** you barely know me.
> 기분 나쁘게 하려는 건 아닌데, 넌 날 잘 모르잖아.
>
> **No offense, but** there's nothing you can do.
> 기분 나쁘게 하려는 건 아닌데, 네가 할 수 있는 건 아무것도 없어.

■ 영화에선 이렇게! 〔Home Alone〕
No offense, but aren't you a little old to be afraid?
기분 나쁘게 하려는 건 아닌데, 너 겁먹기에는 조금 나이가 많지 않냐?

💬 Conversation
A: **No offense, but** you don't know what you're talking about.
기분 나쁘게 하려는 건 아닌데, 넌 네가 무슨 말 하는 건지 모르잖아.

B: I know exactly what I'm talking about.
내가 무슨 말 하는 건지 잘 알고 있거든.

 On second thought, ~. 다시 생각해보니, ~

앞서 말했던 내용이나 의견을 다시 생각해 본 후 변경할 때 사용할 수 있는 패턴입니다. On second thought, ~라고 말한 후 바뀐 생각을 말하면 됩니다. Come to think of it도 유사한 의미를 전달해 줍니다.

> **On second thought,** you should drive. 다시 생각해보니까, 네가 운전하도록 해.
> **On second thought,** I think it's a good idea. 다시 생각해보니까, 그거 좋은 아이디어인 것 같아요.
> **On second thought,** you should call her first. 다시 생각해보니까, 네가 그녀에게 먼저 전화하도록 해.

■ 영화에선 이렇게! 〔Spiderman 2〕
On second thought, bring him to me alive.
다시 생각해보니, 그를 내게 살아있는 채로 데리고 오게.

💬 Conversation
A: Are you ready? Let's go out.
준비됐어? 나가자.

B: **On second thought,** I'm just gonna stay at home.
다시 생각해보니, 난 그냥 집에 있을래.

227 Thanks to you, ~. 네 덕분에, ~

'네 덕분에 ~'란 뜻의 thanks to you는 두 가지 상황에서 쓰입니다. 하나는 긍정적인 상황에서 상대방 덕분에 무언가가 해결되었을 때 사용되고, 두 번째는 부정적 상황에서 비꼬듯이 상대방 덕분에 어떤 나쁜 상황이 벌어졌음을 지적할 때 사용될 수 있습니다.

Thanks to you, I'm not angry anymore. 네 덕분에, 난 더 이상 화가 나지 않아.
Thanks to you, my husband's dead. 네 덕분에, 내 남편이 죽었어!
Thanks to you, I was able to finish a marathon. 네 덕분에, 나 마라톤을 완주할 수 있었어.

📽 영화에선 이렇게! 〔Little Mermaid〕
Thanks to you, I'm the laughingstock of the entire kingdom.
네 덕분에, 난 왕국 전체에서 웃음거리야.

💬 Conversation
A: **Thanks to you,** I can speak Japanese fluently now.
네 덕분에, 나 이젠 일본어를 유창하게 말할 수 있어.
B: I'm just glad I could be of help.
도움이 될 수 있어서 기쁘다.

228 Now that ~, ~. 자 이제 ~이니까, ~

Now that ~은 뒤에 문장을 이끌어 '이제 ~이니까'란 뜻으로 조건, 즉 어떤 특정 타이밍을 언급할 때 사용됩니다.

Now that you're in my debt, I'd like to ask you a favor.
자 이제 너 내게 빚졌으니까, 나 네게 부탁을 하고 싶어.

Now that you're here, I'm gonna tell you everything.
자 이제 네가 여기 있으니까, 내가 네게 모든 걸 말해 줄게.

Now that we have money, let's go buy something.
자 이제 우리 돈이 있으니까, 나가서 뭐 좀 사자.

📽 영화에선 이렇게! 〔Star Wars : Attack of the Clones〕
Now that I'm with you again, I'm in agony.
자 이제 당신과 다시 함께 하니까, 전 통증이 느껴지네요.

💬 Conversation
A: **Now that** you're a grown-up, you must start thinking about your future.
자 이제 너도 다 컸으니, 네 미래에 대해서 생각해보기 시작해야 한다.
B: Dad, but I'm only 17 now.
아빠, 하지만 전 이제 17살인데요.

Review!

미드&스크린 속 네이티브들의 표현법 따라잡기!
앞서 배운 패턴 문장들입니다. 한글을 보고 영어로 크게 외쳐 봅시다!

223 It's just that ~.
그냥 ~해서 그래.

- 그냥 내가 그에 대해서 아는 게 많이 없어서 그래.
- 그냥 내가 여행 전에 너무 긴장하게 돼서 그래.
- 그냥 네가 오늘 좀 피곤해 보여서 그래.
- 그냥 제가 엄마가 될 준비가 되지 않아서 그래요.
- 그냥 좀 어지러워서 그래

224 It's not that ~.
~거나 그런 건 아니야.

- 내가 널 싫어하거나 그런 건 아니야.
- 내가 그를 두려워하거나 그런 건 아니야.
- 우리가 널 도와주기 싫거나 그런 건 아니야.
- 우리가 널 못 믿거나 그런 건 아니야.
- 내가 관심을 안 갖거나 그런 건 아냐.

225 No offense, but ~.
기분 나쁘게 하려는 건 아닌데, ~

- 기분 나쁘게 하려는 건 아닌데, 너 최고의 선생님은 아니잖아.
- 기분 나쁘게 하려는 건 아닌데, 넌 날 잘 모르잖아.
- 기분 나쁘게 하려는 건 아닌데, 네가 할 수 있는 건 아무것도 없어.
- 기분 나쁘게 하려는 건 아닌데, 너 겁먹기에는 조금 나이가 많지 않냐?
- 기분 나쁘게 하려는 건 아닌데, 넌 네가 무슨 말 하는 건지 모르잖아.

226 On second thought, ~.
다시 생각해보니, ~

- 다시 생각해보니까, 네가 운전하도록 해.
- 다시 생각해보니까, 그거 좋은 아이디어인 것 같아요.
- 다시 생각해보니까, 네가 그녀에게 먼저 전화하도록 해.
- 다시 생각해보니, 그를 내게 살아있는 채로 데리고 오게.
- 다시 생각해보니, 난 그냥 집에 있을래.

227 Thanks to you, ~.
네 덕분에, ~

- 네 덕분에, 난 더 이상 화가 나지 않아.
- 네 덕분에, 내 남편이 죽었어!
- 네 덕분에, 나 마라톤을 완주할 수 있었어.
- 네 덕분에, 난 왕국 전체에서 웃음거리야.
- 네 덕분에, 나 이젠 일본어를 유창하게 말할 수 있어.

228 Now that ~, ~.
자 이제 ~이니까, ~

- 자 이제 너 내게 빚졌으니까, 나 네게 부탁을 하고 싶어.
- 자 이제 네가 여기 있으니까, 내가 네게 모든 걸 말해 줄게.
- 자 이제 우리 돈이 있으니까, 나가서 뭐 좀 사자.
- 자 이제 당신과 다시 함께 하니까, 전 통증이 느껴지네요.
- 자 이제 너도 다 컸으니, 네 미래에 대해서 생각해보기 시작해야 한다.

Situation 039 >> 부정적인 건강

I'm allergic to ~. 전 ~에 알레르기가 있어요.

알레르기의 영어식 발음은 allergy(앨러지)입니다. 즉, I'm allergic은 자신이 무언가에 알레르기가 있다는 말로 구체적으로 무엇에 알레르기가 있는지는 뒤에 전치사 'to+알레르기 대상'으로 언급해 주면 됩니다.

I'm allergic to fish.	전 생선에 알레르기가 있어요.
I'm allergic to peach.	난 복숭아에 알레르기가 있어.
I'm allergic to pollen.	나 꽃가루에 알레르기가 있어.

🎬 미드에선 이렇게! [Brothers and Sisters 1*11]

I'm allergic to mangoes. They make my lips swell up.
나 망고에 알레르기가 있어. 먹으면 입술이 부풀어.

💬 Conversation

A: You want a bite?
한 입 먹을래?

B: Isn't that a chicken sandwich? No, thanks. **I'm allergic to** chicken.
그거 치킨 샌드위치 아니니? 고맙지만 괜찮아. 나 닭에 알레르기 있어.

I'm worried about ~. 난 ~가 걱정돼.

be worried about은 '~을 걱정하다'란 표현입니다. 걱정의 강도가 클 때는 I'm so worried about ~ 이나 I'm really worried about ~ 등으로 말하면 됩니다.

I'm worried about her.	난 그녀가 걱정돼.
I'm worried about my job.	난 내 직장이 걱정돼.
I'm worried about your health.	난 네 건강이 걱정돼.

🎬 미드에선 이렇게! [Monk 5*15]

I'm worried about mom going shopping alone.
난 엄마가 혼자서 쇼핑을 가시는 게 걱정돼요.

💬 Conversation

A: **I'm worried about** you, Jack. You just don't seem yourself lately.
나 네가 걱정돼, 잭. 너 요즘 너 같지가 않아.

B: I'm just tired. That's all.
그냥 피곤해요. 그게 다예요.

I'm too tired to ~. 나 너무 피곤해서 ~ 못하겠어.

관용구문인 too ~to는 '너무 ~해서 ...할 수 없다'란 뜻을 만듭니다. 즉, I'm too tired to ~패턴은 본인이 너무 피곤해서 그 결과 무언가를 할 수가 없다는 의미를 전달합니다. not, no 등의 부정어는 없지만 to 이하의 동사 내용은 부정의 의미로 해석해야 합니다.

I'm too tired to slap you.　　　　나 너무 피곤해서 널 때리지도 못하겠어.
I'm too tired to do anything.　　　나 너무 피곤해서 아무것도 못하겠어.
I'm too tired to take a shower tonight.　나 너무 피곤해서 오늘 샤워 못하겠어.

🎬 영화에선 이렇게! [Roman Holiday]

I'm too tired to sleep. I can't sleep a wink.
나 너무 피곤해서 잠을 못 자겠어요. 한 숨도 잠이 안 와요.

💬 Conversation

A: Stop lazying around and get back to work.
　　그만 빈둥거리고 들어가서 일해요.
B: **I'm too tired to** work today. Can I get a half day off?
　　오늘 너무 피곤해서 일을 할 수가 없네요. 제가 반차 쓸 수 있을까요?

I'm not comfortable with ~. 난 ~가 편치 않아(익숙하지 않아).

어떤 대상에 대해서 자신이 느끼는 감정 상태가 그다지 편하지 않고 불편할 때 사용할 수 있는 패턴입니다. 싫어하는 것까지는 아니지만 다소 피하고 싶다는 의미를 담고 있습니다.

I'm not comfortable with women.　　난 여자들이 편치가 않아.
I'm not comfortable with change.　　난 변화가 익숙하지 않아.
I'm not comfortable with PDA.　　　난 공공장소에서 애정표현이 편치가 않아.
　　　　　　　　　　　　　　　　　　(PDA = public displays of affection)

🎬 미드에선 이렇게! [Will and Grace 4*19]

I'm not comfortable with Jim Carrey in dramatic roles.
난 짐 캐리가 극적인 역할(진지한 역할)을 하는 것에 익숙하지 않아.

💬 Conversation

A: What kind of English tutors are you looking for?
　　어떤 영어 과외선생님을 찾고 있는 거니?
B: Just anybody who can teach well. But I'd like a female tutor. **I'm not comfortable with** male tutors.
　　그냥 잘 가르치시는 아무나요. 하지만 여자 과외선생님이 좋아요. 남자 과외선생님은 편치가 않아서요.

I think I'm coming down with ~. 나 ~(병에) 걸리려는 것 같아.

100% 확실한 건 아니지만 컨디션 상 어떤 특정 병의 증상이 있는 것 같다고 말할 때 사용할 수 있는 패턴입니다. 100% 확실하게 무슨 증상이 오려는 것 같다고 말할 때는 I think를 빼고 I'm coming down with ~ 패턴으로만 말하면 됩니다.

> **I think I'm coming down with** the flu. 나 감기에 걸리려는 것 같아.
> **I think I'm coming down with** a cold or something. 나 감기나 뭐 그런 거 걸리려는 것 같아.
> **I think I'm coming down with** a fever. 나 몸살이 오려는 것 같아.

🎬 영화에선 이렇게! 〔The Pianist〕

I woke up and my head was spinning. **I think I'm coming down with** something.
아침에 일어났는데 머리가 빙 돌더군요. 뭔가 병에 걸리려는 것 같아요.

💬 Conversation

A: **I think I'm coming down with** sore throat.
   나 목감기에 걸리려는 것 같아.
B: Drink lots of hot water, and turn in early.
   뜨거운 물을 많이 마시고 일찍 자.

I hurt my ~. 저 ~를 다쳤어요.

두통, 치통, 복통 등의 증상을 설명할 때는 간단히 I have ~ 패턴을 이용해서 I have a headache이나 I have a toothache처럼 말하면 됩니다. 하지만, 무언가를 하다가 신체의 일부분을 다쳤을 때는 'I hurt my+신체부분' 패턴을 사용해서 말하도록 하세요.

> **I hurt my** back a little. 저 등을 좀 다쳤어요.
> **I hurt my** hand when I slapped him. 저 그의 따귀를 때렸을 때 손을 다쳤어요.
> **I hurt my** knee moving a washing machine. 세탁기를 옮기다가 무릎을 다쳤어요.

🎬 미드에선 이렇게! 〔How I met your mother 2*3〕

I hurt my ankle in yoga today.
저 오늘 요가를 하다가 발목을 다쳤어요.

💬 Conversation

A: What seems to be the problem?
   어디가 아프신가요?
B: **I hurt my** shoulder playing rugby at school. The pain is so bad.
   학교에서 럭비를 하다가 어깨를 다쳤어요. 너무 아파요.

Review!

미드&스크린 속 네이티브들의 표현법 따라잡기!
앞서 배운 패턴 문장들입니다. 한글을 보고 영어로 크게 외쳐 봅시다!

229 **I'm allergic to ~.**

전 ~에 알레르기가 있어요.

- ☐ 전 생선에 알레르기가 있어요.
- ☐ 난 복숭아에 알레르기가 있어.
- ☐ 나 꽃가루에 알레르기가 있어.
- ☐ 나 망고에 알레르기가 있어.
- ☐ 나 닭에 알레르기 있어.

230 **I'm worried about ~.**

난 ~가 걱정돼.

- ☐ 난 그녀가 걱정돼.
- ☐ 난 내 직장이 걱정돼.
- ☐ 난 네 건강이 걱정돼.
- ☐ 난 엄마가 혼자서 쇼핑을 가시는 게 걱정돼요
- ☐ 나 네가 걱정돼, 잭.

231 **I'm too tired to ~.**

나 너무 피곤해서 ~ 못하겠어.

- ☐ 나 너무 피곤해서 널 때리지도 못하겠어.
- ☐ 나 너무 피곤해서 아무것도 못하겠어.
- ☐ 나 너무 피곤해서 오늘 샤워 못하겠어.
- ☐ 나 너무 피곤해서 잠을 못 자겠어요.
- ☐ 오늘 너무 피곤해서 일을 할 수가 없네요.

232 **I'm not comfortable with ~.**

난 ~가 편치 않아(익숙하지 않아).

- ☐ 난 여자들이 편치가 않아.
- ☐ 난 공공장소에서 애정표현이 편치가 않아.
- ☐ 난 변화가 익숙하지 않아.
- ☐ 난 짐 캐리가 극적인 역할(진지한 역할)을 하는 것에 익숙하지 않아.
- ☐ 남자 과외선생님은 편치가 않아서요.

233 **I think I'm coming down with ~.**

나 ~병에 걸리려는 것 같아.

- ☐ 나 감기에 걸리려는 것 같아.
- ☐ 나 감기나 뭐 그런 거 걸리려는 것 같아.
- ☐ 나 몸살이 올리는 것 같아.
- ☐ 아침에 일어났는데 머리가 빙 돌더군요. 뭔가 병에 걸리려는 것 같아요.
- ☐ 나 목감기에 걸리려는 것 같아.

234 **I hurt my ~.**

저 ~를 다쳤어요.

- ☐ 저 등을 좀 다쳤어요.
- ☐ 저 그의 따귀를 때렸을 때 손을 다쳤어요.
- ☐ 세탁기를 옮기다가 무릎을 다쳤어요.
- ☐ 저 오늘 요가를 하다가 발목을 다쳤어요.
- ☐ 학교에서 럭비를 하다가 어깨를 다쳤어요.

187

Situation 040 >> 부정적인 기분

I don't feel much like ~. 나 ~할 생각 없어요.

feel like은 '~하고 싶은 기분이다'란 뜻으로도 사용됩니다. 즉, not feel much like은 '~하고 싶은 기분이 그다지 없다'란 의미로 뭔가를 하고 싶은 생각이나 기분이 들지 않을 때 사용할 수 있는 패턴입니다.

I don't feel much like sleeping.	나 별로 잘 생각 없어요.
I don't feel much like eating.	나 별로 먹고 싶은 생각 없어요.
I don't feel much like celebrating.	나 별로 축하하고픈 생각 없어요.

🎬 미드에선 이렇게! [Desperate Housewives 2*13]
I don't feel much like cooking tonight.
나 오늘밤은 별로 요리할 생각 없어요.

💬 Conversation
A: If you feel lonely, we're going out for drinks.
  혹시라도 너 외로우면 말이지, 우리 한 잔 하러 갈 거거든.
B: Thanks, but **I don't feel much like** having a drink.
  고마워, 하지만 나 별로 한 잔 하고픈 생각이 없어.

I feel bad that ~. ~라니 기분이 별로 안 좋다.

I feel bad는 기분이 나쁘거나 혹은 안쓰러움으로 인해 안타까울 때 모두 사용할 수 있습니다. 구체적으로 무엇 때문에 그런지는 뒤에 that절 이하로 연결시켜서 말하면 됩니다.

I feel bad that it happened.	그런 일이 일어나서 기분이 별로 안 좋다.
I feel bad that he got hurt.	그가 다쳤다니 기분이 별로 안 좋다.
I feel bad that I can't do more for you.	내가 널 위해 더 할 수 없다니 기분이 별로 안 좋다.

🎬 영화에선 이렇게! [Click]
I feel bad that we keep arguing.
우리가 계속 싸운 다는 게 기분이 별로 안 좋다.

💬 Conversation
A: You're wearing a cast again. **I feel bad that** you keep getting hurt.
  너 또 깁스하고 있구나. 너 계속 다치니까 내가 기분이 별로 안 좋다.
B: I'm okay. Thanks for worrying.
  나 괜찮아. 걱정해 줘서 고마워.

 237

It's so frustrating when ~. ~할 땐 정말 짜증나(속상해).

frustrating은 우리말로 '짜증나게 하는, 속상하게 하는, 좌절하게 하는' 등의 뜻을 갖고 있습니다. 어떤 때 기분이 정말 짜증난다는 설명을 할 때 사용할 수 있는 패턴입니다.

It's so frustrating when you don't know the answer.
정답을 모를 땐 정말 짜증나.

It's so frustrating when your car is not fixed right.
차가 제대로 고쳐지지 않았을 때 정말 짜증나.

It's so frustrating when things don't work out well.
일이 잘 풀리지 않을 때 정말 짜증나.

🎬 영화에선 이렇게! [Earthsea]

It's so frustrating when you can't find your keys.
열쇠를 찾을 수 없을 땐 정말 짜증나.

💬 Conversation

A: **It's so frustrating when** your boss rejects your suggestion.
상사가 제안을 거부할 땐 정말 짜증나.

B: Can't argue with that.
완전 동감해.

 238

Are you upset about ~? 너 ~ 때문에 화났니?

무언가에 화가 나고 열이 받을 때 영어로 I'm upset이라고 말합니다. 화난 이유는 보통 전치사 about을 뒤에 붙여서 말할 수 있습니다. 상대방에게 무언가 때문에 화가 났는지 여부를 물을 때 사용할 수 있는 패턴입니다.

Are you upset about me?   너 나 때문에 화났니?
Are you upset about yesterday?   너 어제 일 때문에 화났니?
Are you upset about your mother?   너 네 엄마 때문에 화났니?

🎬 미드에선 이렇게! [Big Bang Theory 1*14]

Are you upset about something?
너 뭔가 때문에 화났니(뭐 기분 나쁜 거 있어)?

💬 Conversation

A: **Are you upset about** your girlfriend?
너 네 여자 친구 때문에 화났니?

B: Yeah, a little. I don't understand why she keeps nagging me.
응, 약간. 왜 계속 내게 잔소리를 하는 건지 이해가 안 가.

I'm mad at you for ~. 나 네가 ~해서 화났어.

화가 났을 때는 I'm angry.라고도 하지만 I'm mad.라고도 합니다. 화난 대상을 가리킬 때는 전치사 at을 화난 이유를 설명할 때는 전치사 for를 붙여서 말할 수 있습니다.

I'm mad at you for lying to me.
난 네가 내게 거짓말해서 화났어.

I'm mad at you for what you said to me.
난 네가 내게 한 말 때문에 화났어.

I'm mad at you for not telling me about this.
나 네가 이것에 대해 내게 말해 주지 않아서 화났어.

📺 미드에선 이렇게! [Friends 9*3]

I'm mad at you for leaving.
나 네가 떠나서 화났어.

💬 Conversation

A: Why aren't you talking to me? Did I do something wrong?
너 왜 내게 말을 안 하니? 내가 뭐 잘못했어?

B: **I'm mad at you for** breaking your promise.
나 네가 약속을 지키지 않아서 화났어.

I'm disappointed that ~. 나 ~에 실망했어.

수동태 표현인 be disappointed는 '실망하다'란 뜻입니다. 상대방에게 실망했을 때는 전치사 in을 써서 I'm disappointed in you라고 말하면 됩니다. 좀 더 구체적으로 어떤 상황에 실망했는지를 설명할 때는 접속사 that을 통해서 뒤에 문장을 연결시켜 주면 됩니다.

I'm disappointed that you didn't call.
나 네가 전화하지 않아서 실망했어.

I'm disappointed that you were involved in this.
네가 이 일에 개입됐다니 실망했어.

I'm disappointed that you don't remember my birthday.
네가 내 생일을 기억 못하다니 실망했어.

🎬 영화에선 이렇게! [Batman Returns]

I'm disappointed you're not coming home for Christmas.
네가 크리스마스 때 집에 오지 않는다고 해서 실망했어.

💬 Conversation

A: **I'm disappointed that** the tickets were sold out.
난 표가 매진돼서 실망했어.

B: Don't worry. I'll pull some strings to get us tickets.
걱정하지 마. 내가 티켓을 구할 수 있게 힘을 좀 써 볼게.

Review!

미드&스크린 속 네이티브들의 표현법 따라잡기!
앞서 배운 패턴 문장들입니다. 한글을 보고 영어로 크게 외쳐 봅시다!

235 I don't feel much like ~.

나 ~할 생각 없어요.

- [ ] 나 별로 잘 생각 없어요.
- [ ] 나 별로 먹고 싶은 생각 없어요.
- [ ] 나 별로 축하하고픈 생각 없어요.
- [ ] 나 오늘밤은 별로 요리할 생각 없어요.
- [ ] 나 별로 한 잔 하고픈 생각이 없어.

236 I feel bad that ~.

~라니 기분이 별로 안 좋다.

- [ ] 그런 일이 일어나서 기분이 별로 안 좋다.
- [ ] 그가 다쳤다니 기분이 별로 안 좋다.
- [ ] 내가 널 위해 더 할 수 없다니 기분이 별로 안 좋다.
- [ ] 우리가 계속 싸운 다는 게 기분이 별로 안 좋다.
- [ ] 너 계속 다치니까 내가 기분이 별로 안 좋다.

237 It's so frustrating when ~.

~할 땐 정말 짜증나(속상해).

- [ ] 정답을 모를 땐 정말 짜증나.
- [ ] 차가 제대로 고쳐지지 않을 때 정말 짜증나.
- [ ] 일이 잘 풀리지 않을 때 정말 짜증나.
- [ ] 열쇠를 찾을 수 없을 땐 정말 짜증나.
- [ ] 상사가 제안을 거부할 땐 정말 짜증나.

238 Are you upset about ~?

너 ~ 때문에 화났니?

- [ ] 너 나 때문에 화났니?
- [ ] 너 어제 일 때문에 화났니?
- [ ] 너 네 엄마 때문에 화났니?
- [ ] 너 뭔가 때문에 화났니(뭐 기분 나쁜 거 있어)?
- [ ] 너 네 여자 친구 때문에 화났니?

239 I'm mad at you for ~.

나 네가 ~해서 화났어.

- [ ] 난 네가 내게 거짓말해서 화났어.
- [ ] 난 네가 내게 한 말 때문에 화났어.
- [ ] 나 네가 이것에 대해 내게 말해 주지 않아서 화났어.
- [ ] 나 네가 떠나서 화났어.
- [ ] 나 네가 약속을 지키지 않아서 화났어.

240 I'm disappointed that ~.

나 ~에 실망했어.

- [ ] 나 네가 전화하지 않아서 실망했어.
- [ ] 네가 이 일에 개입됐다니 실망했어.
- [ ] 네가 내 생일을 기억 못하다니 실망했어.
- [ ] 네가 크리스마스 때 집에 오지 않는다고 해서 실망했어.
- [ ] 난 표가 매진되서 실망했어.

Situation 041 >> 불가항력

I had no choice but to + 동사원형 ~. 나 ~할 수밖에 달리 방법이 없었어.

무언가를 하는 것 외에는 다른 선택 사항이 없었음을 말할 때 사용할 수 있는 패턴입니다. 현재 무언가를 하는 것 외에는 다른 방법이 없다고 말할 때는 I have no choice but to ~ 패턴으로 말하면 됩니다.

I had no choice but to do it.	난 그것을 할 수밖에 달리 방법이 없었어.
I had no choice but to give him another try.	난 그에게 한 번 기회를 줄 수밖에 달리 방법이 없었어.
I had no choice but to open fire.	난 총을 쏠 수밖에 달리 방법이 없었어.

■ 영화에선 이렇게! [Catch me if you can]
I have no choice but to ignore your request.
나 당신의 요청을 무시할 수밖에 달리 방법이 없네요.

💬 Conversation
A: How was the trip? Did you have fun?
여행은 어땠어? 즐거운 시간 보냈어?
B: It was terrible. It rained all day while I was there. So, **I had no choice but to** stay inside the hotel.
끔찍했어. 거기 있는 동안 하루 종일 비가 왔어. 그래서 호텔에 머물 수밖에 달리 방법이 없었어.

I can't help + 동사-ing ~. 나 자꾸 ~하게 돼.

자신의 의지와는 자신도 모르게 자꾸 어떤 행동이나 생각, 감정 등을 취하게 될 때 사용할 수 있는 패턴입니다. 따라서 동사 help 뒤에 동명사(~ing)이하의 내용을 붙여서 자신이 자꾸 하게 되는 행동을 언급하거나 혹은 간단하게 대명사 it을 넣어서 I can't help it!(나도 어쩔 수가 없어!)라고 말할 수도 있습니다.

I can't help thinking about him.	나 자꾸 그를 생각하게 돼.
I can't help hating my brother.	나 자꾸 내 동생이 미워지게 돼.
I can't help eating too much.	나 자꾸 너무 많이 먹게 돼.

■ 미드에선 이렇게! [Desperate Housewives 3*1]
I can't help being cautious.
나 자꾸 조심하게 돼.

💬 Conversation
A: This show is so funny. **I can't help** laughing!
이 방송 너무 재미있어. 나 자꾸 웃게 돼!
B: Yeah, it is hilarious.
응, 정말 웃기다.

 ## I can't help but + 동사원형 ~. 나 ~할 수밖에 없어(자꾸 ~하게 돼)

앞서 배운 'I can't help+동명사 ~' 패턴과 동일한 의미를 전달하는 패턴입니다. 단지 help 뒤에 동명사가 위치하지 않고 'but+동사원형 ~'의 어순으로 문장이 전개된다는 차이점이 있습니다.

I can't help but cry.
나 울 수밖에 없어.

I can't help but feel a little guilty.
나 죄책감을 느낄 수밖에 없어.

I can't help but stare at her.
나 그녀를 쳐다보게 될 수밖에 없어.

📺 미드에선 이렇게! [The Simpsons 3*16]
I can't help but feel partly responsible.
나 어느 정도는 책임감을 느낄 수밖에 없어.

💬 Conversation

A: We'll make it, so don't worry.
우린 그 일을 해낼 거야. 그러니 걱정하지 마.

B: I hope so, but given the current situation, **I can't help but** be a little skeptical.
나도 그러길 바라지만, 현 상황을 고려하면, 나 약간은 회의적이 될 수밖에 없어.

 ## I can't stop + 동사-ing ~. 나 ~하는 걸 멈출 수가 없어.

'멈추다'란 뜻을 가진 동사 stop은 뒤에 동명사(~ing)가 목적어로 붙어서 '~하는 걸 그만두다'란 의미를 만듭니다. 즉, 'I can't stop+동사-ing ~' 패턴은 도저히 무언가를 그만두거나 멈출 수가 없을 때 사용할 수 있는 패턴입니다.

I can't stop smoking.
난 담배 피우는 걸 멈출 수가 없어.

I can't stop falling in love with you.
너와 사랑에 빠지는 날 멈출 수가 없어.

I can't stop reading this book over and over again.
난 이 책을 반복해서 다시 읽는 걸 멈출 수가 없어.

📺 미드에선 이렇게! [Grey's Anatomy 1*7]
I'm freezing, doc. **I can't stop** shaking.
너무 추워요, 의사선생님. 몸이 계속 떨려요(나 몸이 떨리는 걸 멈출 수가 없어요).

💬 Conversation

A: Ever since yesterday, **I can't stop** thinking about her. I don't know what to do.
어제 이후로 나 그녀 생각하는 걸 멈출 수가 없어. 뭘 어떡해야 할지 모르겠어.

B: Boy, you're in love with her.
이런, 너 걔와 사랑에 빠졌구나.

 245

It's impossible to + 동사원형 ~. ~하는 건 불가능해.

무언가를 하는 것은 불가능하다고 말할 때 쓸 수 있는 패턴입니다. to 이하에 불가능한 내용을 동사 이하의 문장으로 붙여 주면 되고 It's not possible to ~ 패턴으로 말할 수도 있습니다.

It's impossible to find a donor in time.
제 때에 기증자를 찾는 것은 불가능해요.

It's impossible to guarantee delivery this late on Christmas Eve.
크리스마스이브에 이렇게 늦게 배달을 장담하는 건 불가능해요.

It's impossible to make him lose more weight.
그가 살을 더 빼게 만드는 건 불가능해요.

🎬 미드에선 이렇게! [Friends 4*8]

She exchanges every gift she gets. **It's impossible to** get her something she likes.
그녀는 받는 선물들 모두를 다시 교환해. 그녀가 좋아하는 뭔가를 사주는 건 불가능하지.

💬 Conversation

A: Why did you get this fake ID?
너 이 가짜 신분증은 왜 만든 거야?

B: Well, you know, **it's impossible to** see good live music in this town without one.
음, 그게 말이지, 우리 동네에서는 가짜 신분증 없이는 좋은 라이브 음악을 듣는 게 불가능하거든.

 246

The best thing you can do is ~. 네가 할 수 있는 최선책은 ~하는 거야.

다른 방도는 존재하지 않기에 무언가를 할 수밖에 없는 상황, 혹은 그렇게 하는 것이 최선책임을 상대방에게 전달할 때 쓸 수 있는 패턴입니다. be동사 is 뒤에 상대방이 해야만 하는 상황을 '동사원형' 이하의 내용으로 말하면 됩니다.

The best thing you can do is go see a doctor. 네가 할 수 있는 최선책은 병원에 가 보는 거야.
The best thing you can do is come clean. 네가 할 수 있는 최선책은 자백하는 거야.
The best thing you can do is get out of here. 네가 할 수 있는 최선책은 여기서 나가는 거야.

🎬 영화에선 이렇게! [Judge Dredd]

The best thing you can do is kill me.
네가 할 수 있는 최선책은 날 죽이는 거야.

💬 Conversation

A: I have a terrible toothache, and my gums are bleeding. What should I do?
나 이빨이 너무 아프고 잇몸에서는 피가 나와. 나 어떻게 해야 하지?

B: **The best thing you can do is** go see a dentist as soon as possible.
네가 할 수 있는 최선책은 가능한 빨리 치과에 가 보는 거야.

Review!

미드&스크린 속 네이티브들의 표현법 따라잡기!
앞서 배운 패턴 문장들입니다. 한글을 보고 영어로 크게 외쳐 봅시다!

241 I had no choice but to + 동사원형 ~.
나 ~할 수밖에 달리 방법이 없었어.

- ☐ 난 그것을 할 수밖에 달리 방법이 없었어.
- ☐ 난 그에게 한 번 기회를 줄 수밖에 달리 방법이 없었어.
- ☐ 난 총을 쏠 수밖에 달리 방법이 없었어.
- ☐ 나 당신의 요청을 무시할 수밖에 달리 방법이 없네요.
- ☐ 호텔에 머물 수밖에 달리 방법이 없었어.

242 I can't help + 동사-ing ~.
나 자꾸 ~하게 돼.

- ☐ 나 자꾸 그를 생각하게 돼.
- ☐ 나 자꾸 내 동생이 미워지게 돼.
- ☐ 나 자꾸 너무 많이 먹게 돼.
- ☐ 나 자꾸 조심하게 돼.
- ☐ 나 자꾸 웃게 돼!

243 I can't help but + 동사원형 ~.
나 ~할 수밖에 없어(자꾸 ~하게 돼).

- ☐ 나 울 수밖에 없어.
- ☐ 나 죄책감을 느낄 수밖에 없어.
- ☐ 나 그녀를 쳐다보게 될 수밖에 없어.
- ☐ 나 어느 정도는 책임감을 느낄 수밖에 없어.
- ☐ 나 약간은 회의적이 될 수밖에 없어.

244 I can't stop + 동사-ing ~.
나 ~하는 걸 멈출 수가 없어.

- ☐ 난 담배피우는 걸 멈출 수가 없어.
- ☐ 너와 사랑에 빠지는 날 멈출 수가 없어.
- ☐ 난 이 책을 반복해서 다시 읽는 걸 멈출 수가 없어.
- ☐ 몸이 계속 떨려요. [나 몸이 떨리는 걸 멈출 수가 없어]
- ☐ 나 그녀 생각하는 걸 멈출 수가 없어.

245 It's impossible to + 동사원형 ~.
~하는 건 불가능해.

- ☐ 제 때에 기증자를 찾는 것은 불가능해요.
- ☐ 크리스마스이브에 이렇게 늦게 배달을 장담하는 건 불가능해요.
- ☐ 그가 살을 더 빼게 만드는 건 불가능해요.
- ☐ 그녀가 좋아하는 뭔가를 사주는 건 불가능하지.
- ☐ 우리 동네에서는 가짜 신분증 없이는 좋은 라이브 음악을 듣는 게 불가능하거든.

246 The best thing you can do is ~.
네가 할 수 있는 최선책은 ~하는 거야.

- ☐ 네가 할 수 있는 최선책은 병원에 가 보는 거야.
- ☐ 네가 할 수 있는 최선책은 자백하는 거야.
- ☐ 네가 할 수 있는 최선책은 여기서 나가는 거야.
- ☐ 네가 할 수 있는 최선책은 날 죽이는 거야.
- ☐ 네가 할 수 있는 최선책은 가능한 빨리 치과에 가 보는 거야.

Situation 042 >> 비난

Shame on you for ~! ~하다니 부끄러운 줄 알아!

상대방에게 '부끄러운 줄 알아!' 또는 '수치스러운 줄 알아!'와 같은 비난의 말을 할 때 영어로 Shame on you!라고 합니다. 뒤에 전치사 for와 함께 좀 더 구체적으로 무엇에 대해서 부끄러워해야 하는지를 언급해 줄 수 있습니다.

Shame on you for doubting her. 그녀를 의심하다니 부끄러운 줄 알아!
Shame on you for giving up so easily. 그렇게 쉽게 포기하다니 부끄러운 줄 알아!
Shame on you for not trying to do anything. 어떤 것도 하려고 노력하지 않다니 부끄러운 줄 알아!

🎬 영화에선 이렇게! [Orange County]
Shame on you for abusing an old man.
나이 많으신 분을 학대하다니 부끄러운 줄 알아!

💬 Conversation
A: I cheated on the test. I copied another boy's paper.
저 시험 커닝했어요. 다른 아이의 시험지를 베꼈어요.
B: **Shame on you for** doing such a thing.
그런 짓을 하다니 부끄러운 줄 알아!

Why are you being so ~? 너 왜 그렇게 ~한 거야?

상대방이 취하는 현재 행동이 너무 지나치다고 느껴 이에 대한 불만을 나타낼 때 사용할 수 있는 패턴입니다. 강조의 부사 so 뒤에 내가 느끼는 상대방의 상태를 형용사 이하의 내용으로 언급해 주면 됩니다.

Why are you being so stubborn? 너 왜 그렇게 고집을 부리는 거야?
Why are you being so negative? 너 왜 그렇게 부정적인 거야?
Why are you being so unpleasant about this? 너 왜 그렇게 이 일에 대해서 불쾌해 하는 거야?

🎬 영화에선 이렇게! [The Vampire Diaries]
Why are you being so mushy?
너 왜 그렇게 감상적으로 구는 거야?

💬 Conversation
A: **Why are you being so** rude to him?
너 왜 그렇게 저 사람한테 무례하게 구는 거야?
B: I don't like him. That's all.
마음에 안 들어. 그게 다야.

You know better than to ~. 너 ~할 정도로 어리석었니?

상대방에게 '알 만한 사람이 왜 그래?'라고 핀잔을 줄 때 사용할 수 있는 표현이 바로 You know better than that입니다. 여기서 응용되어 상대방에게 '알 만한 사람이 왜 그런 짓을 하는 거야?'란 뉘앙스로 사용할 수 있는 패턴이 바로 You know better than to ~입니다.

You know better than to say such a thing. 너 그런 말을 할 정도로 어리석었니?
You know better than to go up in the tree. 너 그 나무에 올라갈 정도로 어리석었니?
You know better than to drive over 100 kilometers an hour.
너 100킬로미터 넘는 속도로 운전할 정도로 어리석었니?

📽 영화에선 이렇게! [Child's Play 3]
You know better than to talk back to a superior. 너 상사에게 말대꾸 할 정도로 어리석었니?

💬 Conversation
A: **You know better than to** play hooky. You had a math test!
  너 학교를 땡땡이 칠 정도로 어리석었니? 너 수학 시험 있었잖아!
B: Oh, come on. Don't treat me like a child. I know what I'm doing.
  아, 진짜. 저를 애처럼 다루지 말아요. 제 앞가림은 제가 한다고요.

I thought you'd be the last person to ~.
난 절대 네가 ~하지 않을 거라고 생각했어.

'the last person to+동사원형 ~'은 '~할 마지막 사람' 즉, '절대 ~하지 않을 사람'이란 의미로도 사용됩니다. 즉, 상대방에게 난 네가 그러지 않을 거라고 믿었는데 어떻게 그럴 수 있냐며 비난을 할 때 사용할 수 있는 패턴입니다.

I thought you'd be the last person to break my heart.
난 절대 네가 내 마음을 아프게 하지 않을 거라고 생각했어.
I thought you'd be the last person to lie to me.
난 절대 네가 내게 거짓말 하지 않을 거라고 생각했어.
I thought you'd be the last person to believe in God.
난 절대 네가 신을 믿지 않을 거라고 생각했어.

📽 미드에선 이렇게! [House 1*19]
I thought you'd be the last person to have a problem with non-conformity.
난 절대 네가 비주류 문화를 문제 삼지는 않을 거라고 생각했어.

💬 Conversation
A: **I thought you'd be the last person to** disappoint me.
  난 절대 네가 나를 실망시키지 않을 거라고 생각했어.
B: I'm sorry if I let you down, but please don't hate me.
  실망시켰다면 미안해. 하지만, 날 미워하지는 마.

Are you blaming me for ~? ~가 나 때문이라는 거야?

상대방이 어떤 일에 대해 나를 비난할 때 그게 내 책임이냐고 되물을 수 있습니다. 이 때 for 뒤에 비난하는 내용을 넣어서 물으면 됩니다.

Are you blaming me for everything? 모든 게 다 나 때문이라는 거야?
Are you blaming me for the accident? 그 사고가 나 때문이라는 거야?
Are you blaming me for his failure? 그의 실패가 나 때문이라는 거야?

■ 영화에선 이렇게! [3 Idiots]
Are you blaming me for the suicide of Joy?
조이의 자살이 나 때문이라는 건가요?

💬 Conversation
A: **Are you blaming me for** his death?
그의 죽음이 나 때문이라는 건가요?
B: It was your fault. You made him get involved in this.
당신 책임이에요. 당신이 그를 이 일에 개입시켰잖아요.

Why can't you ~? 왜 넌 ~ 못하니?

상대방의 언행이나 행동에 짜증이 나서 왜 넌 그 반대 상황 혹은 행동을 하지 못하느냐고 비난할 때 사용할 수 있는 패턴입니다.

Why can't you be honest with me? 왜 넌 내게 솔직하게 굴지를 못하니?
Why can't you just leave me alone? 왜 넌 그냥 날 내버려 두질 못하니?
Why can't you just be happy for me? 왜 넌 그냥 날 위해 기뻐해주지 못하니?

■ 미드에선 이렇게! [Friends 6*21]
Why can't you get a girlfriend your own age?
너 왜 네 나이 또래 여자친구를 사귀지 못하니?

💬 Conversation
A: **Why can't you** be more supportive of me?
왜 넌 나를 좀 더 응원해 주지 못하니?
B: Cause I'm not sure about what you do.
왜냐면 난 네가 하는 일이 믿음이 안 가.

Review!

미드&스크린 속 네이티브들의 표현법 따라잡기!
앞서 배운 패턴 문장들입니다. 한글을 보고 영어로 크게 외쳐 봅시다!

247 Shame on you for ~!
~하다니 부끄러운 줄 알아!

- [ ] 그녀를 의심하다니 부끄러운 줄 알아!
- [ ] 그렇게 쉽게 포기하다니 부끄러운 줄 알아!
- [ ] 어떤 것도 하려고 노력하지 않다니 부끄러운 줄 알아!
- [ ] 나이 많으신 분을 학대하다니 부끄러운 줄 알아!
- [ ] 그런 짓을 하다니 부끄러운 줄 알아!

248 Why are you being so ~?
너 왜 그렇게 ~한 거야?

- [ ] 너 왜 그렇게 고집을 부리는 거야?
- [ ] 너 왜 그렇게 부정적인 거야?
- [ ] 너 왜 그렇게 이 일에 대해서 불쾌해 하는 거야?
- [ ] 너 왜 그렇게 감상적으로 구는 거야?
- [ ] 너 왜 그렇게 저 사람한테 무례하게 구는 거야?

249 You know better than to ~.
너 ~할 정도로 어리석었니?

- [ ] 너 그런 말을 할 정도로 어리석었니?
- [ ] 너 그 나무에 올라갈 정도로 어리석었니?
- [ ] 너 100킬로미터 넘는 속도로 운전할 정도로 어리석었니?
- [ ] 너 상사에게 말대꾸 할 정도로 어리석었니?
- [ ] 너 학교를 땡땡이 칠 정도로 어리석었니?

250 I thought you'd be the last person to ~.
난 절대 네가 ~하지 않을 거라고 생각했었어.

- [ ] 난 절대 네가 내 마음을 아프게 하지 않을 거라고 생각했었어..
- [ ] 난 절대 네가 내게 거짓말 하지 않을 거라고 생각했었어.
- [ ] 난 절대 네가 신을 믿지 않을 거라고 생각했었어.
- [ ] 난 절대 네가 비주류 문화를 문제 삼지는 않을 거라고 생각했었어.
- [ ] 난 절대 네가 나를 실망시키지 않을 거라고 생각했었어.

251 Are you blaming me for ~.
~가 나 때문이라는 거야?

- [ ] 모든 게 다 나 때문이라는 거야?
- [ ] 그 사고가 나 때문이라는 거야?
- [ ] 그의 실패가 나 때문이라는 거야?
- [ ] 조이의 자살이 나 때문이라는 건가요?
- [ ] 그의 죽음이 나 때문이라는 건가요?

252 Why can't you ~?
왜 넌 ~ 못하니?

- [ ] 왜 넌 내게 솔직하게 굴지를 못하니?
- [ ] 왜 넌 그냥 날 내버려 두질 못하니?
- [ ] 왜 넌 그냥 날 위해 기뻐해주질 못하니?
- [ ] 왜 넌 네 나이 또래 여자 친구를 사귀지 못하니?
- [ ] 왜 넌 나를 좀 더 응원해주지 못하니?

Situation 043 >> 사과와 사죄

I'm sorry for ~. ~해서 미안해요.

상대방에게 미안하다고 할 때는 간단히 I'm sorry.라고 말하면 됩니다. 그러나 구체적으로 무엇에 대해서 미안한지를 언급할 때는 전치사 for를 사용해서 뒤에 명사 혹은 동명사(-ing)로 말을 이어가면 된답니다.

I'm sorry for cursing.	욕해서 미안해요.
I'm sorry for being late.	늦어서 미안해요.
I'm sorry for yelling at you.	당신한테 소리 질러서 미안해요.

🎬 미드에선 이렇게! [Everybody hates Chris 3*8]

I'm sorry for embarrassing you in front of Mandy.
맨디 앞에서 널 창피하게 해서 미안해

💬 Conversation

A: **I'm sorry for** interrupting your meal, but I have a bit of announcement.
식사를 방해해서 죄송합니다만, 말씀을 드려야 할 게 좀 있습니다.

B: Wait a second. Are you getting married?
잠깐만요. 당신 결혼해요?

I'm sorry to + 동사원형 ~. ~해서 죄송합니다.

앞서 배운 패턴과 의미는 동일합니다. 하지만 미안한 이유를 to부정사 이하로 설명하고 있기 때문에 to 뒤에는 동사로 미안한 이유를 설명해 주어야 합니다.

I'm sorry to call you this late.	이렇게 늦게 전화 드려서 죄송합니다.
I'm sorry to disappoint you.	실망시켜드려서 죄송합니다.
I'm sorry to barge in on you like this.	이런 식으로 불쑥 찾아와서 죄송합니다.

🎬 영화에선 이렇게! [Lost Room]

I'm sorry to make you go through this again.
네가 다시 이 일을 겪게 만들어서 미안해.

💬 Conversation

A: **I'm sorry to** bother you, but my friend over there... He thinks you're cute.
귀찮게 해서 죄송한데요, 저기에 있는 제 친구가... 당신이 귀엽다네요.

B: Well, tell your friend to call me later. This is my number.
음, 친구에게 나중에 제게 전화하라고 말해 줘요. 여기 제 전화번호요.

 I'm sorry if I ~. 내가 ~했다면 미안해.

자신이 무언가를 잘못했는지 확실치 않은 상황에서 조건으로 만약 그랬다면 사과를 한다고 말할 때 사용할 수 있는 패턴입니다.

I'm sorry if I ruined your meeting.	내가 너희들 모임을 망쳤다면 미안해.
I'm sorry if I gave you the wrong impression.	내가 그 쪽을 오해하게 했다면 미안해.
I'm sorry if I came at a bad time.	내가 안 좋은 타이밍에 왔다면 미안해.

🎬 미드에선 이렇게! [The Invasion 1*22]

I'm sorry if I made you do something you don't feel comfortable with.
네가 편하지 않은 걸 시킨 거라면 미안해.

💬 Conversation

A: **I'm sorry if I** got you into trouble with your boyfriend.
나 때문에 남자친구랑 문제가 생겼다면 미안해.

B: No, it's not your fault. You don't need to worry about it.
아냐, 네 잘못이 아냐. 그 문제는 네가 걱정할 필요 없어.

 I'm sorry that I ~. 내가 ~해서 미안해.

구체적으로 자신이 무언가를 한 상황을 사과하고 싶을 때는 I'm sorry 뒤에 that I 문장을 넣어 말하면 됩니다.

I'm sorry that I talked back to you earlier.	아까 말대답해서 죄송해요.
I'm sorry that I left without saying good-bye.	인사도 못하고 떠나서 미안해요.
I'm sorry that I kept you waiting.	널 기다리게 해서 미안해.

🎬 미드에선 이렇게! [Heros 1*5]

I'm sorry that I lied to you. I didn't know what else to do.
네게 거짓말을 해서 미안해. 달리 어떻게 해야 할지를 몰랐었어.

💬 Conversation

A: Jake, where are you now? We're all waiting for you.
제이크, 너 지금 어디야? 우리 모두 널 기다리고 있잖아.

B: **I'm sorry that I** didn't call you. I'm in the hospital now.
전화 못해서 미안해. 나 지금 병원이야.

I'm sorry I can't ~. ~할 수 없어서 미안해요(유감이지만 ~할 수 없네요).

자신이 무언가를 할 수 없어서 상대방에게 미안하다고 말할 때 I'm sorry I can't ~ 패턴을 사용할 수 있습니다. I'm sorry 뒤에 that이 이끄는 문장이 붙는데 that을 생략한 형태로 미안하다는 의미가 아닌 유감스럽다란 의미로도 사용됩니다.

I'm sorry I can't be of more help.	내가 좀 더 도움이 못 돼서 미안해.
I'm sorry I can't answer your questions.	질문에 대답을 못 해 줘서 미안해.
I'm sorry I can't accept your apology.	유감이지만 그쪽 사과를 받아들여 줄 수가 없네요.

🎬 미드에선 이렇게! [Numbers 2*23]

I'm sorry I can't be more specific.
좀 더 구체적으로 말씀 못 드려서 죄송합니다.

💬 Conversation

A: **I'm sorry I can't** go to the dance with you. The truth is, I have a boyfriend.
너랑 같이 그 댄스파티에 갈 수 없어서 미안해. 사실은 말이지, 나 남자친구가 있어.

B: What? Why didn't you tell me?
뭐? 왜 말 안 했던 거야?

I apologize for ~. ~에 대해 사죄드립니다.

정중하게 어떤 것에 대한 사죄나 사과를 할 때는 동사 apologize를 써서 I apologize.라고 말하면 됩니다. 또한 구체적인 사죄의 내용은 전치사 for와 함께 언급하면 됩니다.

I apologize for what I said.	제가 한 말에 대해서 사죄드립니다.
I apologize for my daughter's behavior.	제 딸의 행동에 대해 사죄드립니다.
I apologize for interrupting before.	아까 말씀 중에 끼어든 것에 대해 사죄드립니다.

🎬 미드에선 이렇게! [X-File 7*2]

I apologize for my choice of words.
제가 말을 좀 심하게 한 것에 대해 사죄드립니다.

💬 Conversation

A: **I apologize for** my tardiness.
늦은 것에 대해서 사죄드립니다.

B: That's all right. Now let's get started.
괜찮습니다. 자 이제 시작해볼까요.

Review!

미드&스크린 속 네이티브들의 표현법 따라잡기!
앞서 배운 패턴 문장들입니다. 한글을 보고 영어로 크게 외쳐 봅시다!

253 I'm sorry for ~.
~해서 미안해요.

- 욕해서 미안해요.
- 늦어서 미안해요.
- 당신한테 소리 질러서 미안해요.
- 맨디 앞에서 널 창피하게 해서 미안해
- 식사를 방해해서 죄송합니다만, 말씀을 드려야 할 게 좀 있습니다.

254 I'm sorry to + 동사원형 ~.
~해서 죄송합니다.

- 이렇게 늦게 전화 드려서 죄송합니다.
- 실망시켜드려서 죄송합니다.
- 이런 식으로 불쑥 찾아와서 죄송합니다.
- 네가 다시 이 일을 겪게 만들어서 미안해.
- 귀찮게 해서 죄송한데요.

255 I'm sorry if I ~.
내가 ~했다면 미안해.

- 내가 너희들 모임을 망쳤다면 미안해.
- 내가 그 쪽을 오해하게 했다면 미안해.
- 내가 안 좋은 타이밍에 왔다면 미안해.
- 네가 편하지 않은 걸 시킨 거라면 미안해.
- 나 때문에 남자친구랑 문제가 생겼다면 미안해.

256 I'm sorry that I ~.
내가 ~해서 미안해.

- 아까 말대답해서 죄송해요.
- 인사도 못하고 떠나서 미안해요.
- 널 기다리게 해서 미안해.
- 네게 거짓말을 해서 미안해.
- 전화 못해서 미안해.

257 I'm sorry I can't ~.
~할 수 없어서 미안해요(유감이지만 ~할 수 없네요).

- 내가 좀 더 도움이 못 돼서 미안해.
- 질문에 대답을 못 해 줘서 미안해.
- 유감이지만 그 쪽 사과를 받아들여 줄 수가 없네요.
- 좀 더 구체적으로 말씀 못 드려서 죄송합니다.
- 너랑 같이 그 댄스파티에 갈 수 없어서 미안해.

258 I apologize for ~.
~에 대해 사죄드립니다.

- 제가 한 말에 대해서 사죄드립니다.
- 제 딸의 행동에 대해 사죄드립니다.
- 아까 말씀 중에 끼어든 것에 대해 사죄드립니다.
- 제가 말을 좀 심하게 한 것에 대해 사죄드립니다.
- 늦은 것에 대해서 사죄드립니다.

Situation **044** >> 상대방 칭찬

You're pretty good with ~. 너 ~를 참 잘 다루는구나.

be good at은 무언가를 '잘 한다'란 뜻인 반면, be good with은 무언가를 '잘, 능숙하게 다루다'란 뜻입니다. 사람 또는 사물을 대하고 다루는 능력이 뛰어남을 칭찬할 때 사용할 수 있는 패턴입니다.

You're pretty good with kids. 너 애들을 참 잘 다루는구나.
You're pretty good with a knife. 너 칼을 참 잘 다루는구나.
You're pretty good with a camera. 너 카메라를 참 잘 다루는구나.

■ 미드에선 이렇게! 〔The O.C. 1*12〕
You're pretty good with the bouncer.
너 경비원을 참 잘 다루는구나.

● Conversation
A: **You're pretty good with** women.
   너 여자들을 참 잘 다루는구나.
B: Well, not as good as you are.
   글쎄, 너 만큼은 아니지.

You have an eye for ~. ~ 감각이 뛰어나시군요.

have an eye는 말 그대로 무언가를 보는 눈, 즉 감각, 안목이 있다는 의미를 전달해 줍니다. 그렇다면 음악 등을 듣는 감각이 있다고 할 땐 어떻게 말하면 될까요? 간단히 eye 대신에 ear를 넣어서 You have an ear for ~ 패턴으로 말하면 됩니다.

You have an eye for detail. 세부적인 것을 보는 감각이 뛰어나시군요.
You have an eye for fashion. 패션 감각이 뛰어나시군요.
You have an eye for personnel. 사람을 보는 감각(안목)이 뛰어나시군요.

■ 영화에선 이렇게! 〔The Curious Case of Benjamin Button〕
Some have an ear for music.
몇몇 사람들은 음악을 듣는 안목이 뛰어나죠.

● Conversation
A: That one is too plain. How about this one with checkered patterns?
   저건 너무 밋밋하다. 체크무늬 패턴을 가진 이건 어때?
B: Oh, that's much better. **You have an eye for** things. Let's take it.
   아, 그게 훨씬 낫다. 너 물건을 보는 감각이 뛰어나구나. 그걸로 사자.

 261

You did a good job on ~. 너 ~참 잘했어.

상대방에게 무언가를 잘했다고 칭찬할 때 Good job!, Great job! 혹은 Well done! 등의 표현을 사용하실 수 있습니다. 구체적으로 무엇을 잘했는지도 언급해 줄 때는 전치사 on과 함께 You did a good job on ~ 패턴으로 칭찬을 할 수 있습니다.

You did a good job on this one.	너 이번 일 참 잘했어.
You did a good job on your speech today.	너 오늘 연설 참 잘했어.
You did a good job on the interview.	면접을 참 잘 보셨습니다.

🎬 영화에선 이렇게! [Brothers]

He said **you did a good job on** the kitchen.
그가 당신이 부엌을 참 잘 해놨다고 말했어요.

💬 Conversation

A: **You did a good job on** your exams.
너 시험을 참 잘 봤구나.

B: Really? Thank you!
정말요? 감사합니다.

 262

He deserves to ~. 그는 ~할 만한 자격이 있어.

동사 deserve는 '~할 자격이 있다' 또는 '~할 가치가 있다'란 뜻으로 주어로 등장하는 인물에 대한 노력을 인정하여 칭찬할 때 사용할 수 있는 패턴입니다. 단, He deserves to go to prison.(그는 감옥에 감이 마땅해.)처럼 부정적인 의미로도 사용됩니다.

He deserves to be promoted to the level of management.
그는 관리 직급으로 승진될 자격이 있어.

He deserves to be with somebody who loves him.
그는 그를 사랑해주는 누군가와 함께 있을 자격이 있어.

He deserves to win the employee of the month award.
그는 그 달의 종업원 상을 받을 만한 자격이 있어.

🎬 미드에선 이렇게! [One Tree Hill 4*13]

He's gonna do awesome in college, and **he deserves to** be on top of the world.
그는 대학에서도 멋지게 해나갈 거야. 그리고 그는 세계의 최고의 자리에 설 자격이 있어.

💬 Conversation

A: **He deserves to** have us help him.
그는 우리의 도움을 받을 만한 자격이 있어.

B: You're right. He did a lot for us. Now it's time for us to help him.
네 말이 맞아. 그는 우리를 위해서 많은 걸 했어. 이젠 우리가 그를 도와줄 차례야.

263

You have a good head for ~. 넌 ~에 강하구나.

우리나라도 무언가에 지능이 높은 사람을 가리켜 '머리가 좋다'가 하듯이 have a good head for는 '~에 지능이 강하다'란 의미로 사용됩니다. 조금 더 의미가 확장되어 술 등에 강하다고 말할 때도 have a good head for 표현을 사용할 수 있습니다.

You have a good head for numbers.
넌 수에 강하구나.

You have a good head for whisky.
너 위스키에 강하구나.

You have a good head for working out solutions to many sorts of problems.
넌 많은 종류의 문제들에 있어 해결책을 내는 데 강하구나.

📽 영화에선 이렇게! [Quiz Show]
You know, I always **had a good head for** that kind of stuff.
그게 말이죠, 전 항상 그런 종류의 일에 강했습니다.

💬 Conversation
A: Do you think you have a good head for business?
본인이 비즈니스에 강하다고 생각하세요?
B: Yes, I do. Especially, **I have a good head for** marketing and sales.
네, 그렇습니다. 특히, 전 마케팅과 판매에 강합니다.

264

I like the way you ~. 난 네가 ~하는 방식이 마음에 들어.

'the way+주어+동사 ~'는 '주어가 동사하는 방식(방법)'이란 뜻을 만듭니다. 즉, 상대방이 하는 어떤 행동 혹은 상태의 방식이 마음에 든다고 칭찬할 때 사용할 수 있는 패턴입니다.

I like the way you do business.   난 자네가 일을 처리하는 방식이 마음에 들어.
I like the way you talk to people. 난 네가 사람들에게 말하는 방식이 들어.
I like the way you smell.   난 너한테서 나는 냄새가 마음에 들어.

📽 영화에선 이렇게! [The Invention Of Lying]
I like the way you see the world.
네가 세상을 바라보는 방식이 마음에 들어.

💬 Conversation
A: **I like the way you** cook. It's really delicious.
난 네가 요리하는 방식이 마음에 들어. 정말 맛있거든.
B: Thank you. Would you like some more of that?
고마워요. 그거 좀 더 드시겠어요?

Review!

미드&스크린 속 네이티브들의 표현법 따라잡기!
앞서 배운 패턴 문장들입니다. 한글을 보고 영어로 크게 외쳐 봅시다!

259　You're pretty good with ~.
너 ~를 참 잘 다루는구나.

- 너 애들을 참 잘 다루는구나.
- 너 칼을 참 잘 다루는구나.
- 너 카메라를 참 잘 다루는구나.
- 너 경비원을 참 잘 다루는구나.
- 너 여자들을 참 잘 다루는구나.

260　You have an eye for ~.
~감각이 뛰어나시군요.

- 세부적인 것을 보는 감각이 뛰어나시군요.
- 패션 감각이 뛰어나시군요.
- 사람을 보는 감각이[=안목]이 뛰어나시군요.
- 몇몇 사람들은 음악을 듣는 안목이 뛰어나죠.
- 너 물건을 보는 감각이 뛰어 나구나.

261　You did a good job on ~.
너 ~참 잘했어.

- 너 이번 일 참 잘했어.
- 너 오늘 연설 참 잘했어.
- 면접을 참 잘 보셨습니다.
- 그가 당신이 부엌을 참 잘 해놨다고 말했어요.
- 너 시험을 참 잘 봤구나.

262　He deserves to ~.
그는 ~할 자격이 있어.

- 그는 관리 직급으로 승진될 자격이 있어.
- 그는 그를 사랑해주는 누군가와 함께 있을 자격이 있어.
- 그는 그 달의 종업원 상을 받을 만한 자격이 있어.
- 그는 세계의 최고의 자리에 설 자격이 있어.
- 그는 우리의 도움을 받을 만한 자격이 있어.

263　You have a good head for ~.
넌 ~에 강하구나.

- 넌 수에 강하구나.
- 너 위스키에 강하구나.
- 넌 많은 종류의 문제들에 있어 해결책을 내는 데 강하구나.
- 그게 말이죠, 전 항상 그런 종류의 일에 강했습니다.
- 전 마케팅과 판매에 강합니다.

264　I like the way you ~.
난 네가 ~하는 방식이 마음에 들어.

- 난 자네가 일을 처리하는 방식이 마음에 들어.
- 난 네가 사람들에게 말하는 방식이 들어.
- 난 너한테서 나는 냄새가 마음에 들어.
- 난 네가 세상을 바라보는 방식이 마음에 들어.
- 난 네가 요리하는 방식이 마음에 들어.

207

Situation 045 >> 상대방에 대한 추측

You look ~. 너 ~해 보여 보여.

상대방의 얼굴이나 행동 등을 보고, 상대방에 대해서 추측을 할 때 사용할 수 있는 패턴입니다. 'You look+형용사'의 형태로 말하면 됩니다.

You look tired today.	너 오늘 피곤해 보여.
You look beautiful in that dress.	너 그 드레스 입으니까 예뻐 보여.
You look so pale.	너 안색이 너무 안 좋아 보여.

🎬 미드에선 이렇게! [Ghost Whisperer 2*9]

You look familiar to me. Have we met?
너 되게 얼굴이 친근해 보여요(낯이 익네요). 우리 전에 만난 적 있나요?

💬 Conversation

A: How do I look?
나 어때 보여?

B: **You look** old in that. Did your mom buy that?
너 그 옷 입으니까 늙어 보여. 그거 엄마가 사 준 옷이야?

You seem to ~. 너 ~인 것 같아.

상대방의 얼굴이나 행동 등을 보고 상대방에 대해서 추측할 때 look 대신에 seem 동사를 사용해서 말해도 됩니다. 하지만 구체적으로 어떤 상태나 행동을 동사와 함께 말할 때는 'You seem to+동사~' 패턴으로 말하면 됩니다.

You seem to be busy and tired these days.	너 요즘 바쁘고 피곤한 것 같아.
You seem to have a way with women.	너 여자를 다루는 방법을 아는 것 같아.
You seem to be enjoying Mexican food a lot.	너 멕시코 음식을 굉장히 즐기는 것 같아.

🎬 영화에선 이렇게! [Knocked Up]

You seem to be doing all right with Juila.
너 줄리아랑 잘 되어 가고 있는 것 같구나.

💬 Conversation

A: Excuse me, **you seem to** be sitting in my seat. It's 9A.
죄송하지만, 제 자리에 앉아 계신 것 같네요. 9A 좌석이잖아요.

B: Are you sure? Let me check the number on my ticket.
확실하신 건가요? 제 티켓 번호 좀 확인해 볼게요.

 You seem to have + 과거분사 ~. 너 ~한 것 같구나.

seem to 뒤를 동사원형이 아니라 have+ 과거분사의 현재완료형으로 지금 하고 있는 것이 아니라 이전에 무언가를 한 것 같다는 추측의 의미를 전달할 수 있습니다.

You seem to have done your homework.	너 숙제 다 한 것 같구나.
You seem to have lost some weight.	나 살 좀 뺀 것 같구나.
You seem to have found a soul mate.	너 소울 메이트를 찾은 것 같구나.

🎬 영화에선 이렇게! [The Young Victoria]
You seem to have confused me with a member of your club.
너 나를 너의 클럽 멤버와 혼동한 것 같구나.

💬 Conversation
A: **You seem to have** gained some weight.
　　너 살이 좀 찐 것 같구나.
B: Yeah, I ate a lot during the Christmas break.
　　응, 크리스마스 휴가 동안 엄청 먹었거든.

 You don't look like you ~. 너 ~해 보이지 않아.

상대방이 하는 행동이나 외모 등을 종합해서 판단할 때 무언가를 했거나, 하거나 혹은 할 것이라고 판단되지 않을 때 사용할 수 있는 패턴입니다.

You don't look like you got enough sleep.	너 잠을 충분히 잔 것 같아 보이지 않아.
You don't look like you are having fun.	너 즐거워하고 있는 것 같아 보이지 않아.
You don't look like you got the flu.	너 감기 걸린 것 같아 보이지 않아.

🎬 영화에선 이렇게! [Grown Ups]
You don't look like you are in the greatest shape, either.
너 또한 최상의 몸 상태인 것 같아 보이진 않아.

💬 Conversation
A: **You don't look like you**'re feeling well today.
　　너 오늘 별로 컨디션이 안 좋아 보인다.
B: Yeah, I'm a little under the weather.
　　응, 오늘 좀 몸 상태가 좋질 않네.

 269

Sounds like you ~. (들어보니) 너 ~인 것 같구나.

상대방이 하는 말을 듣고 상대방이 어떤 생각을 가지고 있는지, 어떤 마음을 품고 있는지를 추측한 내용을 말할 때 사용할 수 있는 패턴입니다. like 뒤에는 추측한 내용을 주어를 you로 잡고 동사와 함께 설명해 주면 됩니다. 주어 역할을 하는 It을 생략하고 간단히 Sounds like ~ 패턴으로 말할 수 있습니다.

> **Sounds like you** need a little time to reflect and heal.
> 너 마음을 추스를 시간이 필요한 것 같아.
>
> **Sounds like you**'re a little disappointed.
> 너 약간 실망한 것 같네.
>
> **Sounds like you**'re looking for a Tom Cruise.
> 너 탐 크루즈 같은 남자를 찾는 것 같구나.

🎬 미드에선 이렇게! [The Simpsons 6*14]

Sounds like you had a good day, dad.
좋은 하루를 보내신 것 같네요, 아빠.

💬 Conversation

A: **Sounds like you**'re jealous of her.
 너 그녀를 질투하고 있는 것 같은데.

B: Me? Jealous? That's nonsense.
 내가? 질투를 한다고? 말도 안 되는 소리 하고 있어.

 270

You might not be able to ~. 너 ~하지 못할 수도 있어.

추측을 나타내는 조동사 might와 가능을 나타내는 동사 표현 be able to를 혼합하여 상대방에게 무언가를 하지 못할 수도 있다는 추측의 의미를 전달할 때 사용할 수 있는 패턴입니다.

> **You might not be able to** handle it.   너 그거 감당하지 못할 수도 있어.
> **You might not be able to** find this book in Korea.   너 이 책 한국에서 찾지 못할 수도 있어.
> **You might not be able to** see her again.   너 다시는 그녀를 보지 못할 수도 있어.

🎬 영화에선 이렇게! [Jurassic Park]

I'm afraid **you might not be able to** get out of here.
유감이지만 너 여기서 빠져나가지 못할 수도 있어.

💬 Conversation

A: This Saturday is my girlfriend's birthday, so I'm gonna take her out to dinner.
 이번 주 토요일 내 여자친구 생일이라서 저녁식사 데이트를 하려고 그래.

B: Wherever you plan to go, you should make a reservation first, or **you might not be able to** get a table.
 너 어디로 가려고 하던 간에 먼저 예약을 해야 해. 그렇지 않으면 좌석을 얻지 못할 수도 있어.

Review!

미드&스크린 속 네이티브들의 표현법 따라잡기!
앞서 배운 패턴 문장들입니다. 한글을 보고 영어로 크게 외쳐 봅시다!

265 You look ~.
너 ~해 보여.

- ☐ 너 오늘 피곤해 보여.
- ☐ 너 그 드레스 입으니까 예뻐 보여.
- ☐ 너 안색이 너무 안 좋아 보여.
- ☐ 너 되게 얼굴이 친근해 보여요(얼굴이 낯이 익네요). 우리 전에 만난 적 있나요?
- ☐ 너 그 옷 입으니까 늙어 보여.

266 You seem to ~.
너 ~인 것 같아.

- ☐ 너 요즘 바쁘고 피곤한 것 같아.
- ☐ 너 여자를 다루는 방법을 아는 것 같아.
- ☐ 너 멕시코 음식을 굉장히 즐기는 것 같아.
- ☐ 너 쥴리아랑 잘 되어 가고 있는 것 같구나.
- ☐ 죄송하지만, 제 자리에 앉아 계신 것 같네요.

267 You seem to have + 과거분사 ~.
너 ~한 것 같구나.

- ☐ 너 숙제 다 한 것 같구나.
- ☐ 나 살 좀 뺀 것 같구나.
- ☐ 너 소울 메이트를 찾은 것 같구나.
- ☐ 너 나를 너의 클럽 멤버와 혼동한 것 같구나.
- ☐ 너 살이 좀 찐 것 같구나.

268 You don't look like you ~.
너 ~해 보이지 않아.

- ☐ 너 잠을 충분히 잔 것 같아 보이지 않아.
- ☐ 너 즐거워하고 있는 것 같아 보이지 않아.
- ☐ 너 감기 걸린 것 같아 보이지 않아.
- ☐ 너 또한 최상의 몸 상태인 것 같아 보이진 않아.
- ☐ 너 오늘 별로 컨디션이 안 좋아 보인다.

269 Sounds like you ~.
(들어보니) 너 ~인 것 같구나.

- ☐ 너 마음을 추스를 시간이 필요한 것 같아.
- ☐ 너 약간 실망한 것 같네.
- ☐ 너 탐 크루즈 같은 남자를 찾는 것 같구나.
- ☐ 좋은 하루를 보내신 것 같네요, 아빠.
- ☐ 너 그녀를 질투하고 있는 것 같은데.

270 You might not be able to ~.
너 ~하지 못할 수도 있어.

- ☐ 너 그거 감당하지 못할 수도 있어.
- ☐ 너 이 책 한국에서 찾지 못할 수도 있어.
- ☐ 너 다시는 그녀를 보지 못할 수도 있어.
- ☐ 유감이지만 너 여기서 빠져나가지 못할 수도 있어.
- ☐ 너 좌석을 얻지 못할 수도 있어.

Situation 046 >> 상대방의 행동 특징

He tends to + 동사원형 ~. 걔는 ~하는 경향이 있어.

tend to는 '~하는 경향이 있다'란 뜻의 숙어 표현입니다. 누군가의 특정 성향을 설명할 때 사용할 수 있는 패턴으로 have[has] a tendency to ~ 패턴으로 말해도 됩니다.

He tends to talk too much.	걔는 너무 말을 많이 하는 경향이 있어.
He tends to overreact.	걔는 너무 오버해서 반응하는 경향이 있어.
He tends to be a bit of a smartass.	걔는 좀 재수 없게 잘난 척 하는 경향이 있어.
	(**smartass** : 잘난 척 하는 사람)

▶ 미드에선 이렇게! 〔The O.C. 3*9〕

She tends to be a little clingy.
걔는 좀 달라붙는 경향이 있어.

💬 **Conversation**

A: How do you like your new boss?
새로 온 상사는 어때요?

B: I don't like him at all. **He tends to** look down on other people.
정말 별로예요. 그는 다른 사람들을 무시하는 경향이 있어요.

Why do you keep + 동사-ing ~? 왜 넌 계속 ~하니?

동사 keep은 뒤에 동명사를 붙여서 '계속해서 ~하다'란 구문표현을 만듭니다. 상대방이 지속적으로 취하는 행동에 대한 이유를 물어볼 때 사용할 수 있는 패턴입니다.

Why do you keep laughing at me?	너 왜 계속 날 비웃는 거야?
Why do you keep looking at her?	너 왜 계속 걔를 쳐다보는 거니?
Why do you keep following me?	너 왜 계속 나를 따라오는 거니?

▶ 영화에선 이렇게! 〔Back to the Future〕

Why do you keep calling me Calvin?
너 왜 계속 나를 캘빈이라고 부르는 거니?

💬 **Conversation**

A: **Why do you keep** checking your phone?
너 왜 계속 전화를 확인하는 거니?

B: My girlfriend hasn't responded to my text yet.
여자친구가 아직 내 문자에 답장을 안 보냈어.

273 You strike me as ~. 넌 내게 ~라는 인상을 줘.

strike A as B는 'A에게 B라는 인상을 주다'란 뜻의 구문 표현입니다. 상대방의 행동이나 인상을 바탕으로 자신에게 어떤 인상을 주었는지를 말해 줄 때 쓸 수 있는 패턴으로 You seem like ~이나 You look like ~ 패턴으로 말해도 무방합니다.

You strike me as a smart kid.	넌 내게 똑똑한 아이라는 인상을 줘.
You strike me as a bright young man.	넌 내게 똑똑한 젊은이라는 인상을 줘.
You strike me as a sensitive type.	넌 내게 예민한 타입이라는 인상을 줘.

🎬 영화에선 이렇게! [Saving Silverman]

You strike me as a pretty responsible guy.
넌 내게 꽤나 책임감 있는 사람이라는 인상을 줘.

💬 Conversation

A: **You strike me as** a cautious man.
넌 내게 조심스런 사람이라는 인상을 줘.

B: I guess I am.
그런 것 같네요.

274 How silly of her to + 동사원형 ~! ~하다니 걔 참 어리석구나!

How 감탄문 패턴으로 상대방이 무언가 어리석은 짓을 했을 때 이를 지적하기 위해 사용할 수 있는 패턴입니다. silly 대신에 fool이나 stupid를 대신 넣어서 말해도 무방합니다.

How silly of her to doubt me!	날 의심하다니 걔 참 어리석구나!
How silly of her to think like that!	그런 식으로 생각하다니 걔 참 어리석구나!
How silly of her to believe in an afterlife!	사후세계를 믿다니 걔 참 어리석구나!

🎬 미드에선 이렇게! [Veronica Mars 3*8]

How silly of her to forget!
(그걸) 잊다니 걔 참 어리석구나.

💬 Conversation

A: **How silly of her to** spend hours on this website!
이 웹 사이트에서 수 시간을 보내다니 걔 참 어리석구나.

B: Yeah, it's really stupid.
그러게, 정말 멍청하네.

I never took you for ~. 난 네가 ~라고는 생각 안 해봤어.

take A for B는 'A를 B라고 생각하다'란 뜻의 구문 표현입니다. 상대방이 내가 알고 있는 그에 대한 생각을 뒤엎는 행동을 했을 때 이에 대한 실망이나 놀라움을 전할 때 쓸 수 있는 패턴입니다.

I never took you for a spa person.	난 네가 온천을 좋아한다고는 생각 안 해봤어.
I never took you for a rat.	난 네가 밀고자라고는 생각 안 해봤어.
I never took you for the romantic type.	난 네가 로맨틱한 타입이라고는 생각 안 해봤어.

🎬 영화에선 이렇게! [It's a Boy Girl Thing]
I never took you for a quitter.
난 네가 포기나 하는 사람이라고는 생각 안 해봤어.

💬 Conversation
A: **I never took you for** a liar.
   난 네가 거짓말을 할 거라고는 생각 안 해봤어.
B: I'm sorry I lied to you. But please understand that I had no other choice.
   네게 거짓말해서 미안해. 하지만 다른 방법이 없었다는 걸 이해해 줘.

It was rude of you to + 동사원형 ~. 너 ~한 건 무례했어.

상대방의 행동을 구체적으로 언급하며 그러한 행동은 무례했다고 지적할 때 사용할 수 있는 패턴입니다. 앞서 배운 how 감탄문 패턴처럼 How rude of you to ~ 패턴으로 말해도 무방합니다.

It was rude of you to say that.	너 그 말한 건 무례했어.
It was rude of you to behave that way.	너 그런 식으로 행동한 건 무례했어.
It was rude of you to leave the room.	너 방을 나간 건 무례했어.

🎬 영화에선 이렇게! [Your Highness]
It was rude of you to steal her from me.
너 내게서 그녀를 빼앗은 건 무례했어.

💬 Conversation
A: **It was rude of you to** take calls during the meeting.
   너 회의 중에 전화를 받은 건 무례했어.
B: I'm sorry. It won't happen again.
   죄송합니다. 다시는 그런 일 없을 겁니다.

Review!

미드&스크린 속 네이티브들의 표현법 따라잡기!
앞서 배운 패턴 문장들입니다. 한글을 보고 영어로 크게 외쳐 봅시다.

271 He tends to + 동사원형 ~.
걔는 ~하는 경향이 있어.

- ☐ 걔는 너무 말을 많이 하는 경향이 있어.
- ☐ 걔는 너무 오버해서 반응하는 경향이 있어.
- ☐ 걔는 좀 재수 없게 잘난 척 하는 경향이 있어.
- ☐ 걔는 좀 달라붙는 경향이 있어.
- ☐ 그는 다른 사람들을 무시하는 경향이 있어요.

272 Why do you keep + 동사-ing ~?
왜 넌 계속 ~하니?

- ☐ 너 왜 계속 날 비웃는 거야?
- ☐ 너 왜 계속 쟤를 쳐다보는 거니?
- ☐ 너 왜 계속 나를 따라오는 거니?
- ☐ 너 왜 계속 나를 캘빈이라고 부르는 거니?
- ☐ 너 왜 계속 전화를 확인하는 거니?

273 You strike me as ~.
넌 내게 ~라는 인상을 줘.

- ☐ 넌 내게 똑똑한 아이라는 인상을 줘.
- ☐ 넌 내게 똑똑한 젊은이라는 인상을 줘.
- ☐ 넌 내게 예민한 타입이라는 인상을 줘.
- ☐ 넌 내게 패나 책임감 있는 사람이라는 인상을 줘.
- ☐ 넌 내게 조심스런 사람이라는 인상을 줘.

274 How silly of her to + 동사원형 ~!
~하다니 걔 참 어리석구나!

- ☐ 날 의심하다니 걔 참 어리석구나!
- ☐ 그런 식으로 생각하다니 걔 참 어리석구나!
- ☐ 사후세계를 믿다니 걔 참 어리석구나!
- ☐ (그걸) 잊다니 걔 참 어리석구나!
- ☐ 이 웹 사이트에서 수 시간을 보내다니 걔 참 어리석구나!

275 I never took you for ~.
난 네가 ~라고는 생각 안 해봤어.

- ☐ 난 네가 온천을 좋아한다고는 생각 안 해봤어.
- ☐ 난 네가 밀고자라고는 생각 안 해봤어.
- ☐ 난 네가 로맨틱한 타입이라고는 생각 안 해봤어.
- ☐ 난 네가 포기나 하는 사람이라고는 생각 안 해봤어.
- ☐ 난 네가 거짓말을 할 거라고는 생각 안 해봤어.

276 It was rude of you to + 동사원형 ~.
너 ~한 건 무례했어.

- ☐ 너 그 말한 건 무례했어.
- ☐ 너 그런 식으로 행동한 건 무례했어.
- ☐ 너 방을 나간 건 무례했어.
- ☐ 너 내게서 그녀를 빼앗은 건 무례했어.
- ☐ 너 회의 중에 전화를 받은 건 무례했어.

Situation 047 >> 상황 가정

If I were you, I would ~. 내가 너라면, 난 ~할 거야(할 텐데).

if 가정법 패턴으로 현재의 반대 사실, 즉 이루어 질 수 없는 내용을 일부러 동사를 과거로 표시하여 나타냅니다. if절에 be동사가 올 경우 문법상으로 주어에 관계없이 were가 와야 하지만 실제 회화에서는 were, was 모두 쓰입니다.

If I were you, I would take a break now. 내가 너라면, 난 지금 휴식을 취할 거야.
If I were you, I would not break up with her. 내가 너라면, 난 그녀와 헤어지지 않을 거야.
If I were you, I wouldn't do that. 내가 너라면, 난 그 일을 하지 않을 거야.

🎬 영화에선 이렇게! [The Matrix Reloaded]
If I were you, I would hope that we don't meet again.
내가 너라면, 난 우리가 다시는 만나지 않기를 바랄 거야.

💬 Conversation
A: How can I get to the post office?
도서관까지 어떻게 갈 수 있나요?
B: You can go there either by bus or by subway. But **If I were you, I would** take the subway.
버스나 전철을 타고 가시면 되요. 하지만, 제가 당신이라면 전 전철을 타겠어요.

If you were me, ~? 네가 나라면, ~할 거니?

if 가정법으로 상대방에게 '네가 내 입장이라면'이란 가정을 놓고 질문을 던질 때 쓰는 패턴입니다. If you were me 대신에 If you were in my shoes, ~라고 말해도 됩니다.

If you were me, what would you do? 네가 나라면, 넌 어떻게 하겠니?
If you were me, what would you say? 네가 나라면, 넌 뭐라고 말하겠니?
If you were me, would you wear a bikini? 네가 나라면, 너 비키니 입겠니?

🎬 미드에선 이렇게! [Close to Home 1*15]
If you were me, would you get a lawyer?
네가 나라면, 넌 변호사를 선임하겠니?

💬 Conversation
A: How can I just forget him? **If you were me,** would you say that?
어떻게 내가 그를 그냥 잊을 수 있어? 네가 나라면 너 그렇게 말할 수 있어?
B: I'm sorry. I didn't mean that.
미안해. 그런 의미로 말한 건 아니야.

 ## 279 If I had + 과거분사, I would have + 과거분사 ~.

내가 ~했다면, ~했을 텐데.

if 가정법으로 과거에 일어났던 상황을 반대로 가정해서 말하는 회화 패턴입니다. 과거에 일어났던 상황의 반대를 가정하기에 일부러 동사를 한 단계 전 시제인 had+과거분사로 표현해야 한다는 점에 주의하세요.

If I had studied harder, **I would have** gone to a better school.
내가 더 열심히 공부했다면, 더 좋은 학교에 갔을 텐데.

If I had said no, **I would have** regretted my decision.
내가 싫다고 말했다면, 난 내 결정을 후회했을 거야.

If I had known his address, **I would have** visited his house.
내가 그의 주소를 알았다면, 난 그의 집을 방문했을 텐데.

🎬 미드에선 이렇게! [Alias 2*19]

If I had known what she was doing, **I would have** stopped her.
내가 그녀가 뭘 하는지 알았다면, 난 그녀를 막았을 거야.

💬 Conversation

A: **If I had** started earlier, **I would have** finished the report on time.
내가 좀 더 일찍 시작했다면, 보고서를 제 시간에 끝낼 수 있었을 텐데.

B: What's done is done. Just forget about it.
이미 지나간 일이잖아. 그냥 잊어버려.

 ## 280 I wish I had + 과거분사 ~. 내가 ~했다면 좋았을 텐데.

과거에 이루지 못한 소망을 말할 때 사용할 수 있는 패턴입니다. I wish 뒤에 이어주는 문장의 서술어는 had+과거분사의 과거완료로 표현해야 합니다.

I wish I had known you back then.   내가 그 당시에 널 알았다면 좋았을 텐데.
I wish I had reacted differently.   내가 다르게 반응했었다면 좋았을 텐데.
I wish I had attended your university. 내가 너희 학교에 다녔었다면 좋았을 텐데.

🎬 영화에선 이렇게! [That 70's Show 7*23]

I wish I had manipulated Steven instead of opening up my heart.
내가 내 마음을 열지 말고 스티븐을 조종했었다면 좋았을 텐데.

💬 Conversation

A: **I wish I had** not left you.
내가 널 떠나지 않았다면 좋았을 텐데.

B: It's too late now. I'm getting married next week.
이젠 너무 늦었어. 나 다음 주에 결혼해.

281 Let's say ~. ~라고 가정해보자.

어떤 상황을 한 번 가정해보자고 상대방에게 권할 때 사용할 수 있는 패턴입니다. Let's say 뒤에 시제와 상관없이 완전한 문장을 연결시켜서 말하면 됩니다.

Let's say you're cheating on your boyfriend.
네가 네 남자 친구 몰래 바람피우고 있다고 가정해보자.

Let's say what she said is true.
그녀가 말한 것이 사실이라고 가정해보자.

Let's say you're hanging out in Gangnam with your friends.
네가 친구들과 함께 강남에서 놀고 있다고 가정해보자.

■ 영화에선 이렇게! [Meet the Parents]

Let's say you have kids and you wanna get out of the house.
네가 아이들이 있고 집 밖으로 나가고 싶다고 가정해보자.

💬 Conversation

A: **Let's say** Jane is not my girlfriend. Would you ask her out?
제인이 내 여자친구가 아니라고 가정해보자. 너 제인에게 데이트 신청하겠니?

B: No offense, but she's not exactly the type guys like me would go for.
기분 나쁘게 듣지는 말고 제인은 나 같은 남자들이 대시할 만한 타입은 아니잖아.

282 What if ~? ~하면 어쩌지?

what if는 What would happen if ~?의 줄임말입니다. 즉, if 뒤의 상황을 가정해서 만약 그렇다면 어떻게 해야 하는지를 상대방에게 묻고 싶을 때 사용할 수 있는 패턴입니다.

What if you're right? 네 말이 맞으면 어쩌지?
What if he doesn't want our help? 그가 우리의 도움을 원하지 않으면 어쩌지?
What if the worst should happen? 최악의 상황이 일어나면 어쩌지?

■ 미드에선 이렇게! [Ghost Whisperer 1*9]

What if he's just after her money?
그가 그저 그녀의 돈을 노리는 거면 어쩌지?

💬 Conversation

A: **What if** your mother gets angry?
너희 어머니가 화를 내시면 어쩌지?

B: Well, we'll just have to beg forgiveness.
그저 용서를 빌어야지 뭐.

Review!

미드&스크린 속 네이티브들의 표현법 따라잡기!
앞서 배운 패턴 문장들입니다. 한글을 보고 영어로 크게 외쳐 봅시다!

277 If I were you, I would ~.
내가 너라면, 난 ~할 거야(할 텐데).

- ☐ 내가 너라면, 난 지금 휴식을 취할 거야.
- ☐ 내가 너라면, 난 그녀와 헤어지지 않을 거야.
- ☐ 내가 너라면, 난 그 일을 하지 않을 거야.
- ☐ 내가 너라면, 난 우리가 다시는 만나지 않기를 바랄 거야.
- ☐ 제가 당신이라면 전 전철을 타겠어요.

278 If you were me, ~?
네가 나라면, ~할 거니?

- ☐ 네가 나라면, 넌 어떻게 하겠니?
- ☐ 네가 나라면, 넌 뭐라고 말하겠니?
- ☐ 네가 나라면, 너 비키니 입겠니?
- ☐ 네가 나라면, 넌 변호사를 선임하겠니?
- ☐ 네가 나라면 너 그렇게 말할 수 있어?

279 If I had + 과거분사, I would have + 과거분사 ~.
내가 ~했다면, ~했을 텐데.

- ☐ 내가 더 열심히 공부했다면, 더 좋은 학교에 갔을 텐데.
- ☐ 내가 싫다고 말했다면, 난 내 결정을 후회했을 거야.
- ☐ 내가 그의 주소를 알았다면, 난 그의 집을 방문했을 텐데.
- ☐ 내가 그녀가 뭘 하는지 알았다면, 난 그녀를 막았을 거야.
- ☐ 내가 좀 더 일찍 시작했다면, 보고서를 제 시간에 끝낼 수 있었을 텐데.

280 I wish I had + 과거분사 ~.
내가 ~했다면 좋았을 텐데.

- ☐ 내가 그 당시에 널 알았었다면 좋았을 텐데.
- ☐ 내가 다르게 반응했었다면 좋았을 텐데.
- ☐ 내가 너희 학교에 다녔었다면 좋았을 텐데.
- ☐ 내가 내 마음을 열지 말고 스티븐을 조종했었다면 좋았을 텐데.
- ☐ 내가 널 떠나지 않았었다면 좋았을 텐데.

281 Let's say ~.
~라고 가정해보자.

- ☐ 네가 네 남자 친구 몰래 바람피우고 있다고 가정해보자.
- ☐ 그녀가 말한 것이 사실이라고 가정해보자.
- ☐ 네가 친구들과 함께 강남에서 놀고 있다고 가정해보자.
- ☐ 네가 아이들이 있고 집 밖으로 나가고 싶다고 가정해보자.
- ☐ 제인이 내 여자친구가 아니라고 가정해보자.

282 What if ~?
~하면 어쩌지?

- ☐ 네 말이 맞으면 어쩌지?
- ☐ 그가 우리의 도움을 원하지 않으면 어쩌지?
- ☐ 최악의 상황이 일어나면 어쩌지?
- ☐ 그가 그저 그녀의 돈을 노리는 거면 어쩌지?
- ☐ 너희 어머니가 화를 내시면 어쩌지?

Situation 048 >> 성격과 성향

I'm more of a ~. 난 ~에 가까워.

성격이나 성향을 설명할 때 자신은 어느 쪽에 좀 더 가깝다고 말할 때 I'm more of a ~ 패턴을 사용합니다. a 뒤에는 자신의 성향을 묘사해 줄 단수명사를 언급해 주면 됩니다.

I'm more of a Big Bang fan.	난 빅뱅 팬에 가까워.
I'm more of a night owl.	난 야행성에 가까워.
I'm more of a realist.	난 현실주의자에 가까워.

🎬 미드에선 이렇게!

I'm different these days. **I'm more of a** businessman.
나 요즘 달라졌어. 난 사업가 쪽에 가깝지.

💬 Conversation

A: I brought some wine for you.
내가 널 위해 와인을 가져왔어.

B: Nah, **I'm more of a** beer guy.
됐어. 난 맥주를 좋아하는 사람에 가까워(난 맥주를 더 좋아해).

I find you very + 형용사 ~. 난 네가 매우 ~라고 생각해.

동사 find는 뒤에 '목적어+형용사'를 넣어 '목적어가 ~라고 생각하다'란 구문을 만듭니다. 강조의 부사 very를 넣어서 자신이 상대방을 어떻다고 생각하는지를 강조해서 말할 수 있습니다.

I find you very sexy.	난 네가 매우 섹시하다고 생각해.
I find you very amusing.	난 네가 매우 유쾌하다고 생각해.
I find you very beautiful.	난 네가 매우 아름답다고 생각해.

🎬 미드에선 이렇게! [Friends 6*12]

I find you very attractive.
난 네가 매우 매력적이라고 생각해.

💬 Conversation

A: No offense, but I'm not attracted to you. **I find you very** unappealing.
기분 나쁘게 하려는 건 아니지만, 난 너에게 끌리지가 않아. 난 네가 매우 매력이 없다고 생각해.

B: Well, that hurts.
아, 그 말 들으니 마음이 아프네.

 285 ## I'm not + 형용사 + enough ~. 난 그렇게 까지 ~하진 않아.

부사 enough는 형용사를 뒤에서 수식해 줍니다. 예를 들어 tall enough(키가 충분히 큰), delicious enough(충분히 맛있는)와 같이 쓰입니다. 자신이 충분히 어떤 상태가 아님을 나타낼 때 I'm not ~ enough 패턴으로 말할 수 있습니다.

I'm not handsome **enough**.	난 그렇게 까지 잘생기진 않았어.
I'm not brave **enough** for politics.	난 정치를 할 만큼 용감하진 않아.
I'm not big **enough** to forgive you.	난 널 용서할 만큼 그렇게 까지 너그럽진 않아.

🎬 영화에선 이렇게! [The School of Rock]
I'm not cool **enough**.
난 그렇게 까지 쿨 하진 않아.

💬 Conversation

A: **I'm not** good **enough** for her.
난 그녀에게 그렇게 까지 훌륭하진 않아(나 그녀와 어울리지 않아).

B: That's just an excuse. You're just afraid of getting hurt.
그건 그냥 변명이야. 넌 상처 받는 게 두려운 거야.

 286 ## I don't have the guts to + 동사원형 ~. 난 ~할 용기가 없어.

guts는 구어로 '용기, 배짱'이란 뜻을 갖고 있습니다. 자신이 무언가를 할 만큼의 용기는 없다고 말할 때 사용할 수 있는 패턴입니다.

I don't have the guts to confess.	난 고백할 용기가 없어.
I don't have the guts to say "No" to him.	난 그에게 싫다고 말할 용기가 없어.
I don't have the guts to bungee jump.	난 번지 점프를 할 용기가 없어.

🎬 미드에선 이렇게! [Friends 4*16]
I don't have the guts to ask him out.
난 그에게 데이트 신청을 할 용기가 없어.

💬 Conversation

A: You should come clean and tell him what you did.
너 솔직히 자백하고 그에게 네가 한 짓을 말해야 해.

B: **I don't have the guts to** do so.
난 그렇게 할 용기가 없어.

I'm not much on ~. 난 ~에 대해선 잘 몰라.

무언가에 대해서 잘 모른다고 말할 때는 간단하게는 I don't know much about ~패턴으로 말할 수 있습니다. 좀 더 구어적인 표현으로 I'm not much on ~ 패턴도 같이 알아두세요.

I'm not much on fashion. 난 패션에 대해선 잘 몰라.
I'm not much on wine. 난 와인에 대해선 잘 몰라.
I'm not much on blind dates. 난 소개팅에 대해선 잘 몰라.

🎬 영화에선 이렇게! [Sweet November]
I'm not much on that kind of thing.
난 그런 거에 대해선 잘 몰라.

💬 Conversation
A: Do you know what the IMF stands for?
너 IMF가 뭘 뜻하는 건지 알아?
B: **I'm not much on** acronyms.
난 약자에 대해선 잘 몰라.

I'm easy to + 동사원형 ~. 난 ~하기 쉬운 사람이야.

I'm easy.는 말 그대로 '나는 쉬운 사람이다.'란 뜻입니다. 구체적으로 무엇을 하기에 쉬운지는 뒤에 to부정사 이하의 내용을 붙여서 설명해 줄 수 있습니다.

I'm easy to get along with. 난 함께 어울리기 쉬운 사람이야.
I'm easy to read. 난 (속마음을) 읽기 쉬운 사람이야.
I'm easy to persuade. 난 설득하기 쉬운 사람이야.

🎬 미드에선 이렇게! [Will and Grace 5*21]
I'm easy to live with.
난 같이 살기 쉬운 사람이야.

💬 Conversation
A: Coffee or tea?
커피 마실래, 홍차 마실래?
B: Anything. **I'm easy to** please.
아무 거나. 난 만족시키기 쉬운 사람이야(난 아무거나 다 좋아).

Review!

미드&스크린 속 네이티브들의 표현법 따라잡기!
앞서 배운 패턴 문장들입니다. 한글을 보고 영어로 크게 외쳐 봅시다!

283 I'm more of a ~.
난 ~에 가까워.

- 난 빅뱅 팬에 가까워.
- 난 야행성에 가까워.
- 난 현실주의자에 가까워.
- 난 사업가 쪽에 가깝지.
- 난 맥주를 좋아하는 사람에 가까워.
  [= 난 맥주를 더 좋아해]

284 I find you very + 형용사 ~.
난 네가 매우 ~라고 생각해.

- 난 네가 매우 섹시하다고 생각해.
- 난 네가 매우 유쾌하다고 생각해.
- 난 네가 매우 아름답다고 생각해.
- 난 네가 매우 매력적이라고 생각해.
- 난 네가 매우 매력이 없다고 생각해.

285 I'm not + 형용사 + enough ~.
난 그렇게 까지 ~하진 않아.

- 난 그렇게 까지 잘생기진 않았어.
- 난 정치를 할 만큼 용감하진 않아.
- 난 널 용서할 만큼 그렇게 까지 너그럽진 않아.
- 난 그렇게 까지 쿨 하진 않아.
- 난 그녀에게 그렇게 까지 훌륭하진 않아.
  [= 나 그녀와 어울리지 않아]

286 I don't have the guts to + 동사원형 ~.
난 ~할 용기가 없어.

- 난 고백할 용기가 없어.
- 난 그에게 싫다고 말할 용기가 없어.
- 난 번지 점프를 할 용기가 없어.
- 난 그에게 데이트 신청을 할 용기가 없어.
- 난 그렇게 할 용기가 없어.

287 I'm not much on ~.
난 ~에 대해선 잘 몰라.

- 난 패션에 대해선 잘 몰라.
- 난 와인에 대해선 잘 몰라.
- 난 소개팅에 대해선 잘 몰라.
- 난 그런 거에 대해선 잘 몰라.
- 난 약자에 대해선 잘 몰라.

288 I'm easy to + 동사원형 ~.
난 ~하기 쉬운 사람이야.

- 난 함께 어울리기 쉬운 사람이야.
- 난 (속마음을) 읽기 쉬운 사람이야.
- 난 설득하기 쉬운 사람이야.
- 난 같이 살기 쉬운 사람이야.
- 난 만족시키기 쉬운 사람이야(난 아무거나 다 좋아).

223

Situation 049 >> 소유 여부

 289

I have ~. 난 ~가 있어요.

돈이나 여자친구처럼 형태가 있는 대상 및 질문, 약속, 일 등처럼 형태가 없는 추상적 개념 등을 가지고 있다고 말할 때 사용할 수 있는 패턴입니다. have 대신에 have got을 써서 I've got ~ 패턴으로 말하기도 합니다.

> **I have** a girlfriend. 난 여자친구가 있어요.
> **I have** a plan for the party. 난 파티 계획이 있어요(내게 파티 계획이 있어).
> **I have** lots of things to do. 난 할 일이 많이 있어요.

🎬 미드에선 이렇게! [Ghost Whisperer 2*18]
I'm kind of tired. Do **I have** a place to sleep?
저 좀 피곤하네요. 제가 잘 곳이 있나요?

💬 Conversation
A: I can't talk about this right now. **I have** a headache.
　지금은 이 일에 대해서 얘기할 수가 없어. 나 두통이 있어요(머리가 아파).
B: Oh, no. Did you take a pill?
　아, 저런. 약은 먹었어요?

 290

I have some ~. 난 ~가 좀 있어요.

소유하고 있는 대상의 수나 양이 조금 될 때는 some을 붙여서 I have some ~ 패턴으로 말하면 됩니다.

> **I have some** pain in my neck. 저 목에 통증이 좀 있어요.
> **I have some** laundry to do. 저 해야 할 빨래가 좀 있어요.
> **I have some** money to burn. 저 막 써도 되는 돈이 좀 있어요.

🎬 미드에선 이렇게! [Numbers 2*22]
I have some important information that relates to the case.
제게 그 사건과 관련된 중요한 정보가 좀 있어요.

💬 Conversation
A: Brian, **I have some** bad news and some good news.
　브라이언, 좋은 소식과 나쁜 소식이 있어.
B: Give me the bad news first.
　나쁜 소식부터 먼저 말해 줘.

224

I don't have ~. 난 ~가 없어요.

일반동사의 부정문은 주어의 수와 인칭에 따라서 동사 앞에 don't 혹은 doesn't 를 붙여서 말하면 됩니다. 그러므로 '난 ~가 없어요'는 I don't have ~ 패턴으로 말할 수 있습니다.

I don't have a son. I just have a daughter.	전 아들이 없어요. 다만 딸이 있을 뿐이죠.
I don't have much time.	난 많은 시간이 없어(난 시간이 많지 않아).
I don't have anybody to call.	난 전화할 사람이 아무도 없어.

🎬 영화에선 이렇게! [Super bad]

Technically **I don't have** a first name, so don't worry about my first name.
엄밀히 말해서, 전 성이 없어요. 그러니까 제 성이 뭔지 신경쓰지 마세요.

💬 Conversation

A: Why do we have to leave now?
왜 우리 지금 떠나야 하는 건데?

B: **I don't have** time to explain. Get your bags. Hurry!
설명할 시간이 없어. 가방들 가져와. 서둘러!

I don't have anything to ~. 난 ~할 게 아무것도 없어.

명사는 to동사의 수식을 받아 '~할 명사'란 의미를 만들어냅니다. 부정문에서 'anything to 동사'는 '~할 아무것도'란 뜻을 만듭니다.

I don't have anything to say.	난 말할 게 아무것도 없어(난 할 말이 없어).
I don't have anything to lose.	난 잃을 게 아무것도 없어.
I don't have anything to worry about.	난 걱정할 게 아무것도 없어.

🎬 영화에선 이렇게! [Lizzie McGuire]

I don't have anything to wear tomorrow to school.
나 내일 학교에 입고 갈 게 아무것도 없어.

💬 Conversation

A: We're having a party tonight, and I want you to come.
오늘 밤에 파티를 열 건데, 당신이 와 주셨으면 좋겠어요.

B: It's very kind of you to offer, but I can't. **I don't have anything to** wear.
초대해주셔서 감사하지만, 갈 수가 없어요. 입고 갈 게 아무것도 없거든요.

293 I have no + 명사 ~. 난 ~가 없어.

자신이 무엇을 전혀 가지고 있지 않을 때 I have no ~ 패턴을 사용해서 말할 수 있습니다. 돈이 한 푼도 없다면 I have no money. 비밀이 없을 때는 I have no secrets. 등으로 말하면 됩니다.

I have no choice.	난 선택권이 없어.
I have no interest in her.	난 그녀에게 관심이 없어.
I have no idea.	난 아이디어가 없어(난 전혀 모르겠어).

🎬 미드에선 이렇게! [Close to Home 2*16]

I have no further questions, Your Honor.
더 이상 질문은 없습니다, 재판관님.

💬 Conversation

A: Are you absolutely sure this is what she wants?
이게 그녀가 원하는 것이라고 정말 확신하세요?

B: Yeah. **I have no** doubts.
네, 의심할 여지도 없습니다.

---

294 Do you have any ~? 너 ~ 있니?

혹시라도 상대방에게 무언가가 있는지 여부를 물어볼 때 사용할 수 있는 패턴입니다. 일반동사의 의문문은 주어의 인칭이나 수에 따라서 주어 앞에 Do 혹은 Does를 붙여서 말하면 됩니다.

Do you have any cash?	혹시 현금 있어요?
Do you have any children?	혹시 아이가 있으세요?
Do you have any questions or concerns?	혹시 질문이나 염려되시는 게 있나요?

🎬 영화에선 이렇게! [Basic Instinct]

Do you have any coke? I just love coke with Jack Daniels.
혹시 콜라 있어요? 전 잭 다니엘에 콜라 타 먹는 걸 완전 좋아하거든요.

💬 Conversation

A: Hi, **do you have any** sedatives?
안녕하세요. 혹시 진정제 있나요?

B: Sure. How many do you need?
물론이죠. 몇 알이나 필요하세요?

Review!

미드&스크린 속 네이티브들의 표현법 따라잡기!
앞서 배운 패턴 문장들입니다. 한글을 보고 영어로 크게 외쳐 봅시다!

289 I have ~
난 ~가 있어요.

- 난 여자친구가 있어요.
- 난 파티 계획이 있어요(내게 파티 계획이 있어).
- 난 할 일이 많이 있어요.
- 제가 잘 곳이 있나요?
- 나 두통이 있어요(머리가 아파).

290 I have some ~.
난 ~가 좀 있어요.

- 저 목에 통증이 좀 있어요.
- 저 해야 할 빨래가 좀 있어요.
- 저 막 써도 되는 돈이 좀 있어요.
- 제게 그 사건과 관련된 중요한 정보가 좀 있어요.
- 좋은 소식과 나쁜 소식이 있어.

291 I don't have ~.
난 ~가 없어요.

- 전 아들이 없어요. 딸만 있죠.
- 난 많은 시간이 없어(난 시간이 많지 않아).
- 난 전화할 사람이 아무도 없어.
- 전 성이 없어요.
- 설명할 시간이 없어.

292 I don't have anything to ~.
난 ~할 게 아무것도 없어.

- 난 말할 게 아무것도 없어(난 할 말이 없어).
- 난 잃을 게 아무것도 없어.
- 난 걱정할 게 아무것도 없어.
- 나 내일 학교에 입고 갈 게 아무것도 없어.
- 입고 갈 게 아무것도 없거든요.

293 I have no + 명사.
난 ~가 없어.

- 난 선택권이 없어.
- 난 그녀에게 관심이 없어.
- 난 아이디어가 없어(난 전혀 모르겠어).
- 더 이상 질문은 없습니다. 재판관님.
- 의심할 여지도 없습니다.

294 Do you have any ~?
너 ~ 있니?

- 혹시 현금 있어요?
- 혹시 아이가 있으세요?
- 혹시 질문이나 염려되시는 게 있나요?
- 혹시 콜라 있어요?
- 혹시 진정제 있나요?

Situation **050** >> 습관

I usually + 동사원형 ~. 난 보통 ~해.

빈도부사 always(항상) > usually(보통) > often(자주) 등은 현재시제 동사와 함께 쓰여 자신의 습관을 설명할 때 사용될 수 있습니다. I usually ~ 패턴을 통해서 일반적으로 하는 자신의 습관을 설명할 수 있습니다.

I usually get up at 6.   난 보통 6시에 일어나요.
I usually watch TV all day long.   난 보통 하루종일 텔레비전을 봐.
I usually don't turn in until 3 in the morning.   난 보통 새벽 3시까지 잠자리에 들지 않아.

■ 미드에선 이렇게! [The O.C 1*1]
I usually make breakfast at my house.
난 보통 집에서 아침을 준비해(우리 집에선 내가 아침을 준비해).

💬 Conversation
A: What do you usually do during weekends?
　　주말에는 보통 뭘 하세요?
B: **I usually** try to get some rest.
　　전 보통 휴식을 취하려고 노력해요.

Do you always + 동사원형 ~? 항상 ~하시나요?

상대방이 어떤 행동을 지속적으로 하는지에 대해 묻거나 혹은 상대방의 행동이 마음에 들지 않을 때 '넌 항상 ~하니?'란 질문 패턴으로 Do you always ~?를 사용할 수 있습니다.

Do you always eat breakfast?   항상 아침을 드시나요?
Do you always eat so fast?   항상 그렇게 빨리 식사를 하세요?
Do you always begin conversation this way?   항상 이런 식으로 대화를 시작하시나요?

■ 미드에선 이렇게! [X-File 7*10]
Do you always lock your doors at night?
항상 밤에는 문들을 잠그시나요?

💬 Conversation
A: **Do you always** stutter?
　　항상 말을 더듬으세요?
B: No. Only when I'm nervous.
　　아뇨, 긴장했을 때만 그래요.

297 I'm not in the habit of ~. 난 천성이 ~하질 못해.

be in the habit of는 무언가를 하는 습관이 있다는 뜻입니다. 부정문으로 not in the habit of라고 말하면 그것을 하는 습관이 내겐 없다는 뜻이므로 의역하여 천성이 그런 걸 하지 못한다는 뜻으로 사용할 수 있습니다.

I'm not in the habit of getting up early.   난 천성이 일찍 못 일어나.
I'm not in the habit of waiting.   난 천성이 기다리는 걸 못 해.
I'm not in the habit of sending flowers to women.   난 천성이 여자한테 꽃을 못 보내.

🎬 미드에선 이렇게! 〔Gossip Girl 5*10〕
I'm not in the habit of doing that.
난 천성이 그러질 못해.

💬 Conversation
A: Are you telling me the truth?
　내게 진실을 말씀 하시는 건가요?
B: **I'm not in the habit of** lying.
　전 천성이 거짓말을 못 합니다.

298 I make it a habit not to +동사원형 ~. 전 ~하지 않는 게 습관이 됐어요.

'make it a habit to+동사원형 ~'는 무언가를 하는 것을 습관으로 만들거나 무언가를 하는 게 버릇이 되었다는 의미를 전달할 수 있습니다. to 앞에 not을 붙여서 무언가를 하지 않는 게 습관이 되었다고 말할 수 있습니다.

I make it a habit not to eat after 6 pm.   전 저녁 6시 이후에는 먹지 않는 게 습관이 됐어요.
I make it a habit not to skip breakfast.   전 아침을 거르지 않는 게 습관이 됐어요.
I make it a habit not to carry too much cash.   전 현금을 너무 많이 가지고 다니지 않는 게 습관이 됐어요.

🎬 영화에선 이렇게! 〔Switch〕
I make it a habit not to drink on the job.
전 근무 중엔 술 마시지 않는 게 습관이 됐어요.

💬 Conversation
A: It's hard to tell what you're thinking.
　네가 무슨 생각을 하는지 알기가 어려워.
B: Well, **I make it a habit not to** show my emotions.
　음, 전 감정을 드러내지 않는 게 습관이 됐어요.

I'm not used to ~. 난 ~에 익숙하지가 않아.

'be used to+명사/동명사' 패턴은 '~을 하는 데 익숙하다'란 뜻의 표현 구문입니다. 자신은 무언가를 하는 데 익숙하지 않다고 말할 때 I'm not used to ~ 패턴으로 말할 수 있습니다.

> **I'm not used to** this. 난 이런 일에 익숙하지가 않아.
> **I'm not used to** riding a bike. 난 자전거 타는 것에 익숙하지가 않아.
> **I'm not used to** making speeches in public. 난 사람들 앞에서 연설하는 것에 익숙하지가 않아.

🎬 미드에선 이렇게! [CSI Las Vegas 1*23]
I'm not used to having people in my house.
난 집에 손님을 들이는 것에 익숙하지가 않아.

💬 Conversation
A: **I'm not used to** speaking English.
  난 영어로 말하는 것에 익숙하지가 않아.
B: Remember, only practice makes perfect.
  기억해, 오직 연습만이 살 길이라는 거.

I'm getting used to ~. 난 ~에 익숙해지고 있어.

be동사가 상태를 의미한다면 get은 '~하게 되다'는 상태의 변화를 의미합니다. 즉, get used to는 '~에 익숙해지게 되다'란 의미가 됩니다. 어떤 일이나 행동에 점점 익숙해져갈 때 I'm getting used to ~ 패턴으로 말할 수 있으며 여기서 to는 전치사이므로 뒤에 동사원형이 위치할 수 없습니다.

> **I'm getting used to** the work. 난 그 일에 익숙해지고 있어.
> **I'm getting used to** her style. 난 그녀의 스타일에 익숙해지고 있어.
> **I'm getting used to** living in New York. 난 뉴욕에 사는 게 익숙해지고 있어.

🎬 영화에선 이렇게! [Born to Ride]
I'm getting used to getting up early. Why are you up?
난 일찍 일어나는 것에 익숙해지고 있어. 넌 왜 일어났어?

💬 Conversation
A: **I'm getting used to** wearing these outfits.
  나 이 복장을 입는 데 익숙해지고 있어.
B: Actually, they look good on you.
  사실, 그 옷 너한테 잘 어울려.

 미드&스크린 속 네이티브들의 표현법 따라잡기!
앞서 배운 패턴 문장들입니다. 한글을 보고 영어로 크게 외쳐 봅시다!

295 I usually + 동사원형 ~.
난 보통 ~해.

- 난 보통 6시에 일어나요.
- 난 보통 하루종일 텔레비전을 봐.
- 난 보통 새벽 3시까지 잠자리에 들지 않아.
- 난 보통 집에서 아침을 준비해(우리 집에선 내가 아침을 준비해).
- 전 보통 휴식을 취하려고 노력해요.

296 Do you always + 동사원형 ~?
항상 ~하시나요?

- 항상 아침을 드시나요?
- 항상 그렇게 빨리 식사를 하세요?
- 항상 이런 식으로 대화를 시작하시나요?
- 항상 밤에는 문들을 잠그시나요?
- 항상 말을 더듬으세요?

297 I'm not in the habit of ~.
난 천성이 ~하질 못해.

- 난 천성이 일찍 못 일어나.
- 난 천성이 기다리는 걸 못 해.
- 난 천성이 여자한테 꽃을 못 보내.
- 난 천성이 그러질 못해.
- 전 천성이 거짓말을 못 합니다.

298 I make it a habit not to + 동사원형 ~.
전 ~하지 않는 게 습관이 됐어요.

- 전 저녁 6시 이후에는 먹지 않는 게 습관이 됐어요.
- 전 아침을 거르지 않는 게 습관이 됐어요.
- 전 현금을 너무 많이 가지고 다니지 않는 게 습관이 됐어요.
- 전 근무 중엔 술 마시지 않는 게 습관이 됐어요.
- 전 감정을 드러내지 않는 게 습관이 됐어요.

299 I'm not used to ~.
난 ~에 익숙하지가 않아.

- 난 이런 일에 익숙하지가 않아.
- 난 자전거 타는 것에 익숙하지가 않아.
- 난 사람들 앞에서 연설하는 것에 익숙하지가 않아.
- 난 집에 손님을 들이는 것에 익숙하지가 않아.
- 난 영어로 말하는 것에 익숙하지가 않아.

300 I'm getting used to ~.
난 ~에 익숙해지고 있어.

- 난 그 일에 익숙해지고 있어.
- 난 그녀의 스타일에 익숙해지고 있어.
- 난 뉴욕에 사는 게 익숙해지고 있어.
- 난 일찍 일어나는 것에 익숙해지고 있어.
- 나 이 복장을 입는 데 익숙해지고 있어.

Situation 051 >> 시간의 흐름

It's been a while since ~. ~한 지 오래되었잖아.

무언가를 한 이후로 꽤 시간이 흘렀음을 말할 때 사용할 수 있는 패턴입니다. a while 대신에 a long time 혹은 ages를 넣어서 말해도 무방합니다.

It's been a while since we talked. 우리 대화한 지 오래되었잖아.
It's been a while since we moved here. 우리가 여기로 이사 온 지 오래되었잖아.
It's been a while since I've seen a movie. 내가 영화를 본 지 오래되었구나.

🎬 영화에선 이렇게! [Did you hear about the Morgans?]
It's been a while since we dined together.
우리 함께 식사를 한 지 오래되었잖아.

💬 Conversation
A: **It's been a while since** we keep in touch.
　 우리 연락한 지 오래되었잖아.
B: Indeed. So, how have you been?
　 정말 그렇구나. 그래, 어떻게 지냈니?

It takes forever to + 동사원형 ~. ~하는 데 시간이 엄청 걸리네요.

시간이 얼마 걸리는지를 말할 때 주어로 쓰이는 it은 우리말로 '그것'이라고 해석하지 않습니다. 무언가를 하는 데 시간이 엄청 오래 걸림을 말할 때 약간 과장을 해서 It takes forever to ~ 패턴을 사용할 수 있습니다.

It takes forever to get on the internet. 인터넷에 접속하는 데 시간이 엄청 걸리네요.
It takes forever to finish this book. 이 책 끝내는 데 시간이 엄청 걸리네요.
It takes forever to download one picture. 사진하나 다운받는 데 시간이 엄청 걸리네요.

🎬 미드에선 이렇게! [Monk 3*5]
It takes forever to get through security these days.
요즘엔 보안을 통과하는 데 시간이 엄청 걸리네요.

💬 Conversation
A: There's only one waitress.
　 웨이트리스가 한 명 밖에 없네요.
B: They should hire more staff. **It takes forever to** get a drink.
　 여기 직원들을 더 고용해야 해요. 음료 받는 데 시간이 엄청 걸리네요.

When was the last time ~? 너 마지막으로 ~한 게 언제니?

무언가를 마지막으로 한 게 언제인지를 질문할 때 사용할 수 있는 패턴입니다. 명사 time 뒤에는 주어와 동사로 구성된 문장을 붙여서 내용을 구체화시킬 수 있습니다.

When was the last time you saw your sister? 너 마지막으로 네 여동생을 본 게 언제니?
When was the last time we went out to eat? 우리가 마지막으로 외식하러 갔던 게 언제지?
When was the last time you went to see a movie? 너 마지막으로 영화 보러 간 게 언제니?

🎬 미드에선 이렇게! [Will and Grace 5*13]
When was the last time you had a girlfriend?
너 마지막으로 여자친구가 있었던 게 언제니?

💬 Conversation
A: **When was the last time** you took vacation?
   너 마지막으로 휴가를 갔던 게 언제니?
B: It was so long ago that I can't even remember.
   너무 오래 전 일이라 기억도 안 나.

When did you first + 동사원형 ~? 너 언제 처음으로 ~했니?

상대방에게 무언가를 처음으로 했던 적이 언제인지를 질문할 때 사용할 수 있는 패턴입니다. 무언가를 마지막으로 한 게 언제인지를 물을 때는 first 대신에 last를 넣어서 질문하면 됩니다.

When did you first hear this story? 너 언제 처음으로 이 얘기를 들었니?
When did you first notice this? 너 언제 처음으로 이걸 알아챘니?
When did you first meet him? 너 언제 처음으로 그를 만났니?

🎬 영화에선 이렇게! [The Proposal]
When did you first start to date?
너 언제 처음으로 데이트하기 시작했니?

💬 Conversation
A: **When did you first** find interest in photography?
   너 언제 처음으로 사진에 관심을 갖게 됐니?
B: A few months ago.
   몇 개월 전에요.

233

When is the best time to + 동사원형 ~?
~하기 가장 좋은 때가 언제니?

명사 time은 뒤에 to부정사를 받아서 '~할 시간(때)'란 명사 덩어리를 만듭니다. 무언가를 하기 가장 좋은 시간이나 때를 물을 때 사용할 수 있는 패턴입니다.

When is the best time to exercise?	운동하기 가장 좋은 때가 언제죠?
When is the best time to go fishing?	낚시하러 가기 가장 좋은 때가 언제니?
When is the best time to stop by your house?	너희 집에 잠깐 들르기 가장 좋은 때가 언제니?

🎬 영화에선 이렇게! 〔Blame it on the Bellboy〕
When is the best time to do that?
그거 하기 가장 좋은 때가 언제니?

💬 Conversation
- A: **When is the best time to** visit Korea?
  한국을 방문하기 가장 좋은 때가 언제죠?
- B: You should visit Korea between May and June. The weather is wonderful then.
  5월에서 6월 사이에 방문해서야 해요. 그 때 날씨가 환상적이죠.

How long will it take to + 동사원형 ~?
~하는 데 얼마나 걸릴까요?

무언가를 하는 데 걸리는 시간을 물을 때 쓸 수 있는 패턴입니다. 미래시제 will 대신에 현재시제로 How long does it take to ~? 패턴으로 물어도 동일한 의미를 전달합니다.

How long will it take to pack?	짐 싸는 데 얼마나 걸릴까요?
How long will it take to get there by taxi?	택시로 거기 가는 데 얼마나 걸릴까요?
How long will it take to save 1000 dollars?	1000달러를 모으는 데 얼마나 걸릴까요?

🎬 영화에선 이렇게! 〔Apollo 13〕
How long will it take to get to the moon?
달 까지 가는 데 얼마나 걸릴까요?

💬 Conversation
- A: **How long will it take to** fix it?
  그거 고치는 데 얼마나 걸릴까요?
- B: I have to find what's wrong first.
  일단 뭐가 잘못됐는지부터 알아내야죠.

Review!

미드&스크린 속 네이티브들의 표현법 따라잡기!
앞서 배운 패턴 문장들입니다. 한글을 보고 영어로 크게 외쳐 봅시다!

301 It's been a while since ~.
~한 지 오래되었잖아.

- ☐ 우리 대화한 지 오래되었잖아.
- ☐ 우리가 여기로 이사 온 지 오래되었잖아.
- ☐ 내가 영화를 본 지 오래되었구나.
- ☐ 우리 함께 식사를 한 지 오래되었잖아.
- ☐ 우리 연락한 지 오래되었잖아.

302 It takes forever to + 동사원형 ~.
~하는 데 시간이 엄청 걸리네요.

- ☐ 인터넷에 접속하는 데 시간이 엄청 걸리네요.
- ☐ 이 책 끝내는 데 시간이 엄청 걸리네요.
- ☐ 사진하나 다운받는 데 시간이 엄청 걸리네요.
- ☐ 요즘엔 보안을 통과하는 데 시간이 엄청 걸리네요.
- ☐ 음료 받는 데 시간이 엄청 걸리네요.

303 When was the last time ~?
너 마지막으로 ~한 게 언제니?

- ☐ 너 마지막으로 네 여동생을 본 게 언제니?
- ☐ 우리가 마지막으로 외식하러 갔던 게 언제지?
- ☐ 너 마지막으로 영화 보러 간 게 언제니?
- ☐ 너 마지막으로 여자친구가 있었던 게 언제니?
- ☐ 너 마지막으로 휴가를 갔던 게 언제니?

304 When did you first + 동사원형 ~?
너 언제 처음으로 ~했니?

- ☐ 너 언제 처음으로 이 얘기를 들었니?
- ☐ 너 언제 처음으로 이걸 알아챘니?
- ☐ 너 언제 처음으로 그를 만났니?
- ☐ 너 언제 처음으로 데이트하기 시작했니?
- ☐ 너 언제 처음으로 사진에 관심을 갖게 됐니?

305 When is the best time to + 동사원형 ~?
~하기 가장 좋은 때가 언제니?

- ☐ 운동하기 가장 좋은 때가 언제죠?
- ☐ 낚시하러 가기 가장 좋은 때가 언제니?
- ☐ 너희 집에 잠깐 들르기 가장 좋은 때가 언제니?
- ☐ 그거 하기 가장 좋은 때가 언제니?
- ☐ 한국을 방문하기 가장 좋은 때가 언제죠?

306 How long will it take to + 동사원형 ~?
~하는 데 얼마나 걸릴까요?

- ☐ 짐 싸는 데 얼마나 걸릴까요?
- ☐ 택시로 거기 가는 데 얼마나 걸릴까요?
- ☐ 1000달러를 모으는 데 얼마나 걸릴까요?
- ☐ 달 까지 가는 데 얼마나 걸릴까요?
- ☐ 그거 고치는 데 얼마나 걸릴까요?

Situation 052 >> 싫어하는 것 말하기

I hate + 동사-ing ~. 난 ~하는 게 정말 싫어.

동사 hate은 뒤에 '동사-ing'의 동명사 목적어가 붙어서 일반적으로 어떤 행동을 하는 것이 정말 싫다는 의미를 전달합니다. hate 대신에 dislike나 don't like 등을 넣어서 말해도 됩니다.

I hate talking to you.	난 너랑 얘기하는 게 싫어.
I hate working late.	난 야근하는 게 정말 싫어.
I hated taking baths when I was a kid.	난 어렸을 때 목욕하는 게 싫었어.

📺 미드에선 이렇게! [CSI Las Vegas 1*15]
I hate going out to lunch with you CSIs.
난 당신들 CSI 요원들과 점심 먹으러 가는 게 정말 싫어요.

💬 Conversation
A: **I hate** watching sports on TV.
   나 텔레비전으로 운동경기 보는 거 정말 싫어.
B: Then, let's just watch a movie.
   그러면 그냥 영화나 보자.

I hate that ~. ~라는 게 정말 싫어.

어떤 상황에 대해서 그런 일이 있다는 것이 혹은 그런 일이 있었다는 것이 정말 싫고 짜증난다는 의미를 전달할 때 사용할 수 있는 패턴입니다. 접속사 that 뒤에는 완전한 문장으로 싫은 내용을 연결시키면 됩니다.

I hate that you know me so well.	네가 날 그렇게 잘 알고 있는 게 정말 싫다.
I hate that I'm so into you.	내가 너에게 푹 빠져버렸다는 게 정말 싫다.
I hate that my room is so small.	내 방이 엄청 작다는 게 정말 싫다.

📺 영화에선 이렇게! [Eternal Sunshine]
I hate that I said mean things about you.
내가 당신에 대해 좋지 않은 말들을 했었다는 게 정말 싫네요.

💬 Conversation
A: Don't get mad at me. I was just trying to help. **I hate that** you're mad at me.
   제게 화내지 마요. 전 그냥 도와드리려고 한 건데. 저한테 화를 내시는 게 정말 싫어요.
B: Don't fake crying with me.
   우는 척 하지 마.

 309

I just can't stand ~. 나 도저히 ~를 참을 수가 없어.

무언가를 싫다고 말할 때는 동사로 hate나 can't stand, don't like 등을 쓸 수 있습니다. 뒤에는 목적어로 싫어하는 대상을 언급해 주면 됩니다. can't stand는 가장 강도가 싫게 싫어함을 말할 때 쓰는 표현으로 싫어함을 넘어서 더 이상 참을 수가 없을 정도라는 의미를 전달합니다. 목적어 자리에는 (대)명사나 to부정사, 동명사가 모두 옵니다.

I just can't stand your friends.
너 도저히 네 친구들을 참을 수가 없어.
I just can't stand you being here.
나 도저히 네가 여기 있다는 것을 참을 수가 없어.
I just can't stand the thought of losing you.
나 도저히 널 잃는다는 생각을 참을 수가 없어.

🎬 영화에선 이렇게! [She's Out Of My League]
I just can't stand to see you get hurt.
나 도저히 네가 상처받는 걸 보는 걸 참을 수가 없어.

💬 Conversation

A: **I just can't** stand your playing the guitar anymore.
나 도저히 더 이상은 네가 기타 치는 걸 참을 수가 없어.

B: Oh, I'm sorry. I'll just go into my room and read.
아, 미안해. 난 그냥 방에 들어가서 독서나 할 게.

 310

I don't like what ~. 난 ~가 마음에 안 들어.

what은 뒤에 절을 이끌어 '~하는 것'이란 명사 덩어리를 만듭니다. 예를 들어 what you said(네가 말한 것), what you're doing(네가 하는 것)과 같이 해석이 됩니다. 즉, I don't like what ~ 패턴은 누군가가 하는 행동이나 말 등이 마음에 들지 않음을 전달해 주는 회화패턴입니다.

I don't like what I'm hearing.
전 제가 듣고 있는 말이 마음에 안 드네요.
I don't like what you're doing.
난 네가 하는 짓이 마음에 안 들어.
I don't like what he's proposing.
난 그가 제안하는 것이 마음에 안 들어.

🎬 영화에선 이렇게! [Taxi 3]
I don't like what you're thinking, cabby.
택시기사양반, 난 당신이 생각하고 있는 게 마음에 안 드는군요.

💬 Conversation

A: **I don't like what** I see when I look in the mirror.
거울을 봤을 때 보이는 게 마음에 안 들어.

B: What are you talking about? You're a very attractive woman.
무슨 소리를 하는 거야? 넌 굉장히 매력적인 여자야.

I hate it when ~. 난 ~할 때 정말 싫어.

어떤 특정한 경우를 예로 들면서 그것이 싫고 마음에 안 든다고 말할 때 사용할 수 있는 패턴입니다. 여기서 it은 그것으로 해석하지 말고 when이 이끄는 문장이 동사 hate의 대상이라고 여기면 됩니다.

> **I hate it when** she talks like that.
> 난 걔가 그런 식으로 말할 때 정말 싫어.
> **I hate it when** you get hysterical.
> 난 네가 히스테리를 부릴 때 정말 싫어.
> **I hate it when** you dominate the remote.
> 난 네가 리모컨을 독점할 때 정말 싫어.

🎬 영화에선 이렇게! [Face-Off]
I hate it when you call me bro.
난 네가 날 형제라고 부를 때 정말 싫어.

💬 Conversation
A: **I hate it when** people talk loud on their cell phones in public places.
난 사람들이 공공장소에서 큰 소리로 핸드폰으로 얘기할 때 정말 싫어.
B: Yeah, it's so rude of them.
그래, 정말 매너 없는 인간들이지.

I hate the way ~. 난 ~가 그런 식으로 ~하는 게 정말 싫어.

the way ~는 뒤에 절을 이끌어 '~하는 방식'이란 명사 덩어리를 만듭니다. 즉, I hate the way ~는 '난 ~하는 방식이 정말 싫어'란 뜻이 됩니다. 좀 더 자연스러운 우리말 해석을 위해서 '난 ~가 그런 식으로 ~하는 게 정말 싫어'로 의역해 줄 수 있습니다.

> **I hate the way** she treats me.
> 난 그녀가 그런 식으로 날 대하는 게 정말 싫어.
> **I hate the way** you see me.
> 난 네가 그런 식으로 날 쳐다보는 게 정말 싫어.
> **I hate the way** you bite your bottom lip when you're nervous.
> 난 네가 긴장했을 때 그런 식으로 아랫입술을 깨무는 게 싫어.

🎬 영화에선 이렇게! [10 things I hate about you]
I hate the way you talk to me and the way you cut your hair.
난 네가 그런 식으로 내게 말하는 거랑 그런 식으로 머리를 자르는 게 정말 싫어.

💬 Conversation
A: **I hate the way** teenagers get dressed these days.
난 요즘 10대 애들이 그런 식으로 차려입는 게 정말 싫어.
B: Me, too. They all wear the same North Face jackets to school. It's so stupid.
나도 그래. 걔들 모두 같은 North Face 재킷을 입고 학교에 가잖아. 정말 멍청해.

Review!

미드&스크린 속 네이티브들의 표현법 따라잡기!
앞서 배운 패턴 문장들입니다. 한글을 보고 영어로 크게 외쳐 봅시다!

307 **I hate + 동사-ing ~.**

난 ~하는 게 정말 싫어.

- [ ] 난 너랑 얘기하는 게 싫어.
- [ ] 난 야근하는 게 정말 싫어.
- [ ] 난 어렸을 때 목욕하는 게 싫었어.
- [ ] 난 당신들 CSI 요원들과 점심 먹으러 가는 게 정말 싫어요.
- [ ] 나 텔레비전으로 운동경기 보는 거 정말 싫어.

308 I hate that ~.

난 ~라는 게 정말 싫어.

- [ ] 네가 날 그렇게 잘 알고 있는게 정말 싫다.
- [ ] 내가 너에게 푹 빠져버렸다는 게 정말 싫다.
- [ ] 내 방이 엄청 작다는 게 정말 싫다.
- [ ] 내가 당신에 대해 좋지 않은 말들을 했었다는 게 정말 싫네요.
- [ ] 저한테 화를 내시는 게 정말 싫어요.

309 **I just can't stand ~.**

나 도저히 ~하는 걸 참을 수가 없어.

- [ ] 너 도저히 네 친구들을 참을 수가 없어.
- [ ] 나 도저히 네가 여기 있다는 것을 참을 수가 없어.
- [ ] 나 도저히 널 잃는 다는 생각을 참을 수가 없어.
- [ ] 나 도저히 네가 상처받는 걸 보는 걸 참을 수가 없어.
- [ ] 나 도저히 더 이상은 네가 기타 치는 걸 참을 수가 없어.

310 I don't like what ~.

난 ~가 마음에 안 들어.

- [ ] 전 제가 듣고 있는 말이 마음에 안 드네요.
- [ ] 난 네가 하는 짓이 마음에 안 들어.
- [ ] 난 그가 제안하는 것이 마음에 안 들어.
- [ ] 택시기사양반, 난 당신이 생각하고 있는 게 마음에 안 드는군요.
- [ ] 거울을 봤을 때 보이는 게 마음에 안 들어.

311 I hate it when ~.

난 ~할 때 정말 싫어.

- [ ] 난 걔가 그런 식으로 말할 때 정말 싫어.
- [ ] 난 네가 히스테리를 부릴 때 정말 싫어.
- [ ] 난 네가 리모컨을 독점할 때 정말 싫어.
- [ ] 난 네가 날 형제라고 부를 때 정말 싫어.
- [ ] 난 사람들이 공공장소에서 큰 소리로 핸드폰으로 얘기할 때 정말 싫어.

312 **I hate the way ~.**

난 ~하는 방식이 정말 싫어.

- [ ] 난 그녀가 그런 식으로 날 대하는 게 정말 싫어.
- [ ] 난 네가 그런 식으로 날 쳐다보는 게 정말 싫어.
- [ ] 난 네가 긴장했을 때 그런 식으로 아랫입술을 깨무는 게 싫어.
- [ ] 난 네가 그런 식으로 내게 말하는 거랑 그런 식으로 머리를 자르는 게 정말 싫어.
- [ ] 난 요즘 10대 애들이 그런 식으로 차려입는 게 정말 싫어.

Situation **053** >> 아는지 묻기

Do you know if ~? ~인지 혹시 아세요?

상대방에게 어떤 일에 대해 확신 여부를 물을 때 사용하는 표현이 Do you know if~?입니다. 이때 if 는 '만약'이란 뜻이 아니라 '~인지'라는 뜻으로 사용되며 '~인지 아닌지'에 대해 묻는 표현입니다.

> **Do you know if** there's a train coming anytime soon?
> 곧 오고 있는 기차가 있는지 혹시 아세요?
>
> **Do you know if** Mr. Brown is in the office?
> 브라운 씨가 사무실에 있는지 혹시 아세요?
>
> **Do you know if** your sister is hiring at her cafe?
> 너희 누나 카페에서 사람 구하고 있는지 혹시 아니?

🎬 미드에선 이렇게! [That 70's Show 4*10]

Do you know if he's seeing anyone?
그가 만나는 사람이(사귀는 사람이) 있는지 혹시 아세요?

💬 Conversation

A: **Do you know if** Jane is home? It's really important that I speak to her.
제인이 집에 있는지 혹시 아세요? 꼭 개와 통화를 할 일이 있어서요.

B: Are you a friend of hers?
제인 친구인가요?

Did you know that ~? ~라는 거 알고 있었어(알고 있니)?

상대방에게 어떤 일에 대해 알고 있었냐고 물을 때는 Did you know that~?이라고 물을 수 있으며, 접속사 that 뒤에 묻고자 하는 내용의 문장을 넣어 말할 수 있습니다.

> **Did you know that** you're wearing my clothes?   너 지금 내 옷 입고 있다는 거 알고 있었어?
> **Did you know that** I have a Ph. D?   너 내가 박사학위가 있다는 거 알고 있었어?
> **Did you know that** you always evade a question with a silent shrug?
> 너 항상 말없이 어깨를 들썩이며 질문을 회피한다는 거 알고 있니?

🎬 미드에선 이렇게! [Ghost Whisperer 3*4]

Did you know that most stalkers actually believe they're in a relationship with the person they're stalking?
너 대부분의 스토커들이 그들이 스토킹하는 사람과 관계를 맺고 있다고 믿는다는 거 알아?

💬 Conversation

A: **Did you know that** I'm working at your father's restaurant?
내가 너희 아빠 식당에서 일한다는 거 알고 있었어?

B: Yeah, my dad told me that.
응, 아빠가 말씀해 주셨어.

Do you know why ~? 너 왜 ~인지 알아?

상대방에게 어떤 일의 이유를 물을 때는 의문사 why를 써서 Do you know why?라고 말할 수 있으며, why 뒤에 그 일에 해당하는 내용을 넣어 좀 더 구체적으로 물을 수 있습니다.

Do you know why this park was closed down?
너 왜 이 공원이 폐쇄된 건지 알아?

Do you know why they call him Monkey Man?
왜 사람들이 그를 "몽키맨"이라고 부르는지 알아요?

Do you know why I chose you as my assistant?
왜 내가 당신을 내 비서로 선택한 건지 알아요?

🎬 영화에선 이렇게! [Devils Wear Prada]
Do you know why I hired you?
내가 왜 당신을 고용했는지 알아요?

💬 Conversation

A: **Do you know why** I married you? Because you knocked me up.
당신 왜 내가 당신과 결혼한지 알아요? 당신이 날 결혼 전에 임신시켰으니까요.

B: Are you serious?
진심이야?

Do you know when ~? 언제 ~인지 알아요?

접속사 when은 '언제'라는 뜻을 가지고 있으므로 Do you know 뒤에 when과 함께 문장을 넣어 말하면 그 일이 언제 일어나는지(일어났는지)를 물을 수 있습니다.

Do you know when he'll be back from work?
언제 그가 퇴근할지 아세요?

Do you know when they stopped talking to each other?
그들이 언제부터 서로 대화가 단절된 건지 아세요?

Do you know when I first started loving you?
언제 내가 당신을 사랑하기 시작한 건지 아세요?

🎬 영화에선 이렇게! [She's the Man]
Do you know when soccer tryouts start?
축구부 선수 모집이 언제 시작하는지 아니?

💬 Conversation

A: **Do you know when** her birthday is?
그녀의 생일이 언제인지 알아요?

B: Of course, I do. It's Friday next week. She's been reminding me every day.
당연히 알지. 다음 주 금요일이야. 걔가 매일 나한테 얘기했거든.

241

Do you know where I can find ~? ~가 어디에 있는지 아세요?

누군가가 또는 어떤 장소가 어디에 있는지 아느냐고 물을 때는 조금 돌려 말해서 '내가 어디에서 ~를 찾을 수 있느냐'고 물을 수 있습니다. 이 때 '어디에서 찾을 수 있느냐'의 간접의문문은 문장 안에 들어가므로 평서문 형태로 바뀌어 where I can find라고 말해야 합니다.

Do you know where I can find Ms. Boyle?
보일 씨가 어디에 있는지 아세요?

Do you know where I can find a good restaurant around here?
이 근처에 괜찮은 식당이 어디에 있는지 아세요?

Do you know where I can find the help desk?
안내데스크가 어디에 있는지 아세요?

■ 미드에선 이렇게! [Taken I*4]

Do you know where I can find some information on the dig site?
발굴현장에 대한 정보가 어디에 있는지 아세요?

💬 Conversation

A: **Do you know where I can find** the children's clothing section?
아이들 의류 매장이 어디에 있는지 아세요?

B: Take the elevator to the fourth floor. It'll be on your left.
엘리베이터를 타고 4층으로 가세요. 왼쪽에 있을 거예요.

Do you know how to ~? ~하는 방법을 알아요?

무언가를 하는 방법을 아느냐고 물을 때는 how to를 써서 말할 수 있습니다. how to 뒤에 구체적으로 하는 일의 동사를 넣어 말하면 됩니다. 즉, 어떤 일을 하는 방법을 아느냐고 물을 때는 Do you know how to~?라고 말하면 됩니다.

Do you know how to get in touch with Tom?   탐과 연락을 취하는 방법을 아세요?
Do you know how to get back to your hotel?   머물고 계신 호텔로 돌아가시는 방법을 아세요?
Do you know how to cut hair?   머리 자를 줄 아세요?

■ 영화에선 이렇게! [인생은 아름다워]

Do you know how to turn on the windshield wipers?
자동차 와이퍼 키는 방법 알아요?

💬 Conversation

A: Do you know how to drive?
너 운전하는 방법 알아?

B: **Do I know how to** drive? Are you kidding? I'm one of the greats!
내가 운전하는 방법 아냐고? 장난쳐? 나 운전 엄청 잘 해!

Review!

미드&스크린 속 네이티브들의 표현법 따라잡기!
앞서 배운 패턴 문장들입니다. 한글을 보고 영어로 크게 외쳐 봅시다!

313 Do you know if ~?
~인지 혹시 아세요?

- ☐ 곧 오고 있는 기차가 있는지 혹시 아세요?
- ☐ 브라운 씨가 사무실에 있는지 혹시 아세요?
- ☐ 너희 누나 카페에서 사람 구하고 있는지 혹시 아니?
- ☐ 그가 만나는 사람이(사귀는 사람이) 있는지 혹시 아세요?
- ☐ 제인이 집에 있는지 혹시 아세요?

314 Did you know that ~?
~라는 거 알고 있었어(알고 있니)?

- ☐ 너 지금 내 옷 입고 있다는 거 알고 있었어?
- ☐ 너 내가 박사학위가 있다는 거 알고 있었어?
- ☐ 너 항상 말없이 어깨를 들썩이며 질문을 회피한다는 거 알고 있니?
- ☐ 너 대부분의 스토커들이 그들이 스토킹하는 사람과 관계를 맺고 있다고 믿는다는 거 알아?
- ☐ 내가 너희 아빠 식당에서 일한다는 거 알고 있었어?

315 Do you know why ~?
너 왜 ~인지 알아?

- ☐ 너 왜 이 공원이 폐쇄된 건지 알아?
- ☐ 왜 사람들이 그를 '몽키맨'이라고 부르는지 알아요?
- ☐ 왜 내가 당신을 내 비서로 선택한 건지 알아요?
- ☐ 내가 왜 당신을 고용했는지 알아요?
- ☐ 당신 왜 내가 당신과 결혼한지 알아요?

316 Do you know when ~?
언제 ~인지 알아요?

- ☐ 언제 그가 퇴근할지 아세요?
- ☐ 그들이 언제부터 서로 대화가 단절된 건지 아세요?
- ☐ 언제 내가 당신을 사랑하기 시작한 건지 아세요?
- ☐ 축구부 선수 모집이 언제 시작하는지 아니?
- ☐ 그녀의 생일이 언제인지 알아요?

317 Do you know where I can find ~?
~가 어디에 있는지 아세요?

- ☐ 보일 씨가 어디에 있는지 아세요?
- ☐ 이 근처에 괜찮은 식당에 어디에 있는지 아세요?
- ☐ 안내데스크가 어디에 있는지 아세요?
- ☐ 발굴현장에 대한 정보가 어디에 있는지 아세요?
- ☐ 아이들 의류 매장이 어디에 있는지 아세요?

318 Do you know how to ~?
~하는 방법을 알아요?

- ☐ 탐과 연락을 취하는 방법을 아세요?
- ☐ 머물고 계신 호텔로 돌아가시는 방법을 아세요?
- ☐ 머리 자를 줄 아세요?
- ☐ 자동차 와이퍼 키는 방법 알아요?
- ☐ 너 운전하는 방법 알아?

Situation 054 >> 아는지 말하기

I know (that) ~. 난 ~라는 걸 알아.

자신이 어떤 사실이나 내용을 알고 있다고 말할 때 I know ~ 패턴을 사용할 수 있습니다. 동사 know 뒤에는 알고 있는 내용을 접속사 that이 이끄는 완전한 문장으로 말해 주면 됩니다. that을 생략하고 말해도 관계없습니다.

I know that you made the final decision.
네가 최종 결정을 내렸다는 거 알고 있어.

I know that you're getting married soon.
곧 결혼하신다는 거 알고 있어요.

I know that there was an accident in the library.
도서관에서 사고가 있었다는 걸 알고 있어.

🎬 미드에선 이렇게! [Desperate Housewives 2*7]

I know that he stayed at your place last night.
그가 어젯밤에 너희 집에서 머물렀다는 거 알고 있어.

💬 Conversation

A: **I know that** you're busy, but can you spare me some time?
바쁘시다는 거 압니다만, 시간 좀 내주실 수 있으세요?

B: Of course. Come on in and have a seat.
물론이죠. 들어와서 앉으세요.

I know you have ~. 네가 ~가 있다는 거 알아.

상대방이 숙제, 일, 문제, 질문, 또는 질병 등을 가지고 있음을 본인이 알고 있다고 상기시켜 줄 때 사용할 수 있는 패턴입니다. I know 뒤에는 접속사 that이 you have ~ 문장을 이끌지만 that은 주로 생략합니다.

I know you have a lot of homework to do.
네가 학교 숙제가 많다는 거 알아.

I know you have a big day today.
네가 오늘 중요한 일이 있다는 거 알아.

I know you have some stuff planed for his birthday party.
네가 그의 생일파티로 뭔가를 준비해 놨다는 거 알아.

🎬 미드에선 이렇게! [How I met your mother 2*3]

I know you have a plane to catch, but do you mind doing a little favor for me?
비행기 타러 가셔야 하는 거 아는데요, 저를 위해서 조그만 부탁하나 들어주실래요?

💬 Conversation

A: **I know you** still **have** feelings for James.
네가 여전히 제임스에게 마음이 남아 있다는 거 알아.

B: What? No! I don't have any feelings left for him. I'm completely over him.
뭐? 아냐! 그에게 남은 감정 따위는 없어. 난 완전히 그를 잊었다고.

 I've known ~. 난 (전부터) ~를 알고 지냈어.

누군가를 혹은 어떤 사실을 전부터 계속 알아 왔거나 혹은 알고 지내왔다고 말할 때 사용할 수 있는 패턴입니다. 현재완료형 동사 have known 뒤에는 알고 있던 사실을 '(대)명사' 혹은 '문장'으로 연결시켜 주면 됩니다.

I've known these people my whole life.
난 평생 이 사람들을 알고 지냈어.

I've known him for 25 years.
난 그를 25년 동안 알고 지냈어.

I've known your mom since before you were born.
난 자네가 태어나기 전부터 자네의 어머니를 알고 지냈어.

🎬 미드에선 이렇게! [Dawson's Creek 2*2]
I've known you since the fourth grade.
난 너를 4학년 때부터 알고 지냈잖아.

💬 Conversation
A: Do you know where she lives?
그녀가 어디 사는지 알고 있니?
B: I don't know. **I've** only **known** her for five days.
몰라. 그녀를 5일 동안 알고 지냈어(그녀를 안 지 5일 밖에 안 됐어).

 I knew you'd ~. 네가 ~할 줄 알았어.

과거형 동사 knew와 조동사 would를 사용해서 상대방이 그런 행동을 할 줄 미리 알고 있었다는 말을 할 때 사용할 수 있는 패턴입니다.

I knew you'd forgive me.	네가 날 용서해 줄 줄 알았어.
I knew you'd say that.	네가 그렇게 말할 줄 알았어.
I knew you'd still be here.	여전히 네가 여기 있을 줄 알았어.

🎬 미드에선 이렇게! [One Tree Hill 1*16]
I knew you'd do the right thing for yourself in the end.
네가 결국은 네 자신을 위해서 옳은 일을 할 줄 알았어.

💬 Conversation
A: **I knew you'd** give me another shot.
네가 내게 한 번 더 기회를 줄 줄 알았어.
B: This will be the last, so don't let me down again.
이번이 네 마지막 기회일 거야, 그러니 날 다시 실망시키지 마.

245

I know what you + 동사 ~. 난 네가 뭘 ~하는지(했는지) 알아.

상대방이 무엇을 했는지 또는 무엇을 하는지 등을 자신이 알고 있다고 밝힐 때 사용할 수 있는 패턴입니다. 여기서 'what+you+동사'는 '네가 무엇을 ~하는지(했는지)'로 해석하면 됩니다.

I know what you did last summer.	난 네가 지난 여름에 뭘 했는지 알아.
I know what you want from me.	난 네가 내게서 뭘 하는 건지 알아.
I know what you are going to say.	나 네가 무슨 말을 하려는 건지 알아.

🎬 미드에선 이렇게! 〔The O.C 2*8〕

I know what you are worried about.
나 네가 뭘 걱정하고 있는 건지 알아.

💬 Conversation

A: **I know what you** are thinking. You don't want to go to the movies with him.
  네가 무슨 생각하고 있는지 알아. 너 그와 영화 보러 가기 싫은 거잖아.

B: It's not that I don't want to go. It's just… he's not my type.
  가기 싫은 건 아냐. 그저 단지… 그는 내 이상형이 아니거든.

I know how much you ~. 네가 얼마나 ~하는지 알고 있어.

무언가에 대한 상대방의 감정 정도를 자신이 알고 있다고 말할 때 사용할 수 있는 패턴입니다. 여기서 'how much+you+동사 ~'는 '네가 얼마나 ~하는지(했는지)'로 해석하면 됩니다.

I know how much you want to have a baby.	네가 얼마나 아이를 가지고 싶어 하는지 알고 있어.
I know how much you like him.	네가 얼마나 그를 좋아하는지 알고 있어.
I know how much you hate her.	네가 얼마나 그녀를 싫어하는지 알고 있어.

🎬 영화에선 이렇게! 〔Inception〕

Look, **I know how much you** wanna go home.
이봐, 자네가 얼마나 집에 가고 싶어 하는지 알고 있어.

💬 Conversation

A: Oh, my god! I got the job! I'm going to work for Facebook!
  이런, 세상에! 나 취업했어! 나 페이스북에서 일하게 될 거야.

B: Congratulations! **I know how much you** wanted to work for them. I'm really happy for you.
  축하해! 네가 얼마나 거기서 일하고 싶어 했는지 알아. 나도 정말 기쁘다.

Review!

미드&스크린 속 네이티브들의 표현법 따라잡기!
앞서 배운 패턴 문장들입니다. 한글을 보고 영어로 크게 외쳐 봅시다!

I know (that) ~.
난 ~라는 걸 알아.

- 네가 최종 결정을 내렸다는 거 알고 있어.
- 곧 결혼하신다는 거 알고 있어요.
- 도서관에서 사고가 있었다는 걸 알고 있어.
- 그가 어젯밤에 너희 집에서 머물렀다는 거 알고 있어.
- 바쁘시다는 거 압니다만, 시간 좀 내주실 수 있으세요?

I knew you'd ~.
네가 ~할 줄 알았어.

- 네가 날 용서해 줄 줄 알았어.
- 네가 그렇게 말할 줄 알았어.
- 여전히 네가 여기 있을 줄 알았어.
- 네가 결국은 네 자신을 위해서 옳은 일을 할 줄 알았어.
- 네가 내게 한 번 더 기회를 줄 줄 알았어.

I know you have ~.
네가 ~가 있다는 거 알아.

- 네가 학교 숙제가 많다는 거 알아.
- 네가 오늘 중요한 일이 있다는 거 알아.
- 네가 그의 생일파티로 뭔가를 준비해 놨다는 거 알아.
- 비행기 타러 가야 하는 거 알아.
- 네가 여전히 제임스에게 마음이 남아 있다는 거 알아.

I know what you + 동사 ~.
난 네가 뭘 ~하는지(했는지) 알아.

- 난 네가 지난 여름에 뭘 했는지 알아.
- 난 네가 내게서 뭘 하는 건지 알아.
- 나 네가 무슨 말을 하려는 건지 알아.
- 나 네가 뭘 걱정하고 있는 건지 알아.
- 네가 무슨 생각하고 있는지 알아.

321 I've known ~.
난 전부터 ~를 알고 지냈어.

- 난 평생 이 사람들을 알고 지냈어.
- 난 그를 25년 동안 알고 지냈어.
- 난 자네가 태어나기 전부터 자네의 어머니를 알고 지냈어.
- 난 너를 4학년 때부터 알고 지냈잖아.
- 그녀를 5일 동안 알고 지냈어(그녀를 안 지 5일 밖에 안 됐어).

324 I know how much you ~
네가 얼마나 ~하는지 알고 있어.

- 네가 얼마나 아이를 가지고 싶어 하는지 알고 있어.
- 네가 얼마나 그를 좋아하는지 알고 있어.
- 네가 얼마나 그녀를 싫어하는지 알고 있어.
- 이봐, 자네가 얼마나 집에 가고 싶어 하는지 알고 있어.
- 네가 얼마나 거기서 일하고 싶어 했는지 알아.

Situation 055 >> 아쉬움과 과거의 추측

You could have + 과거분사 ~ 너 ~할 수도 있었을 텐데.

could have + 과거분사는 '~할 수도 있었다' 또는 '~할 수도 있었을 텐데'란 뜻으로 과거에 대한 추측이나 아쉬움을 나타냅니다. could have는 줄여서 could've라 쓰고 '쿠룹'이라고 발음하면 됩니다.

> **You could have** told me this much sooner.
> 너 이거 훨씬 더 빨리 내게 말해 줄 수도 있었잖아.
>
> **You could have** taken care of this matter yourself.
> 너 네가 직접 이 문제를 해결할 수도 있었잖아.
>
> **You could have** warned me.
> 나한테 미리 경고해 줄 수도 있었잖아.

■ 영화에선 이렇게! 〔Unbreakable〕

You could have owned your own gym. You could've opened a chain of restaurants.
너 네 체육관을 소유할 수도 있었을 텐데. 너 식당 체인을 열 수도 있었을 텐데.

💬 Conversation

A: What were you thinking? **You could have** gotten yourself killed.
무슨 생각을 했던 거야? 너 죽었을 수도 있었어.

B: I'm sorry. I'm such a mess these days.
미안해. 나 요즘 정말 엉망이야.

You should have + 과거분사 ~. 넌 ~했었어야 했어.

should have + 과거분사는 '~했었어야만 했다'란 뜻으로 과거의 벌어진 사실에 대한 아쉬움이나 유감을 나타냅니다. should have는 줄여서 should've라 쓰고 '슈룹'이라고 발음합니다.

You should have listened to your father.	넌 네 아버지 말씀을 들었어야 했어.
You should have consulted with me.	너 나랑 상의를 했어야 했어.
You should have brought this to me first.	너 이거 내게 먼저 가져왔어야 했어.

■ 미드에선 이렇게! 〔Lost 1*13〕

You should have mentioned that to your plastic surgeon.
너 네 성형수술 의사에게 그 얘길 언급했어야 했어.

💬 Conversation

A: Damn it, Jack! You scared the hell out of me.
젠장, 잭! 너 때문에 놀라서 애 떨어지는 줄 알았잖아.

B: Ha ha! **You should have** seen the look on your face.
하하! 너 네 얼굴 표정 봤어야 해(너 놀란 얼굴 진짜 웃겼어).

327 He might have + 과거분사 ~. 그는 ~했었을지도 몰라요.

'might+동사원형'이 '~일지도 모른다'란 뜻으로 현재의 추측을 나타내는 반면 'might have+과거분사'는 '~했었을지도 모른다'는 뜻으로 과거의 추측을 나타냅니다.

He might have seen the map.
그는 그 지도를 봤었을지도 몰라요.
He might have proposed to his girlfriend.
그는 그의 여자친구에게 청혼을 했을지도 몰라요.
He might have lied about his phone number.
그는 그의 전화번호에 대해 거짓말을 했을지도 몰라요.

■ 미드에선 이렇게! [Ghost Whisperer 1*7]
He might have come back and killed his wife.
그는 돌아와서 그의 아내를 죽였을지도 몰라요.

💬 Conversation

A: I don't like you hanging out with Jason. He is a bad guy.
난 네가 제이슨이랑 어울리는 거 싫어. 그는 나쁜 놈이라고.

B: **He might have** made a mistake but he's not a bad guy.
그가 실수를 했었을지도 몰라요, 하지만 나쁜 사람은 아니에요.

328 I would have + 과거분사 ~. 나라면 ~했었을 거야(난 ~했었을 거야).

조동사 would는 will 보다 약하게 '~할 것이다'란 뜻으로도 쓰입니다. 뒤에 have+과거분사를 붙이면 과거에 대한 추측이 되어 '~했었을 것이다' 또는 '~했었을 텐데'란 의미로도 사용됩니다.

I would have said, "No".
나라면 안 된다고 말했을 거야.
I would have done anything to get it.
나라면 그것을 얻기 위해 어떤 일이라도 했었을 거야.
I would have believed anything she told me.
난 그녀가 말하는 건 어떤 것이든 믿었을 거야.

■ 미드에선 이렇게! [Grey's Anatomy 1*1]
I would have been a really good postal worker.
난 정말로 유능한 우체국 직원이 됐을 거야.

💬 Conversation

A: **I would have** done nothing without you. Thank you.
난 너 없이는 아무것도 하지 못했을 거야. 고마워.

B: Don't mention it. You would have done the same for me.
별 말씀을요. 당신도 저를 위해 똑같이 해 주셨을 거예요.

249

You must have + 과거분사 ~. 넌 ~했었던 게 틀림없어.

조동사 must는 '~해야만 한다'란 뜻 외에 '~임이 틀림없다'는 뜻으로 강한 추측을 나타냅니다. must 뒤에 동사원형이 아닌 have+과거분사를 이어주면 과거 사실에 대한 강한 추측이나 판단을 나타내어 '~했었던 게 틀림없다'란 의미가 됩니다.

You must have drunk too much. — 너 술을 많이 마셨던 게 틀림없어.
You must have lost your mind. — 너 정신이 나갔던 게 틀림없어.
You must have known it would happen. — 넌 그게 일어날 거라고 알았었던 게 틀림없어.

🎬 영화에선 이렇게! [What Women Want]
You must have looked forward to meeting me.
당신은 날 만나길 고대했던 게 틀림없어요.

💬 Conversation
A: **You must have** been the tallest one in your class.
넌 너희 반에 가장 큰 애였음이 틀림없어.
B: No, I wasn't. There was a guy named Robert, and he was about an inch taller than me.
아니야. 로버트란 이름을 가진 남자 애가 있었는데, 걔가 나보다 1인치는 더 컸어.

It's too bad ~. ~라니 너무 안타깝다(유감스럽다).

무언가 너무 안타깝고 유감스러울 때 It's too bad라고 말합니다. 구체적으로 무엇이 안타깝고 유감스러운지는 뒤에 완전한 문장으로 붙여서 언급해 주면 됩니다.

It's too bad you're leaving.
네가 떠날 거라니 너무 안타깝다.

It's too bad Kevin didn't hire his best friend, Matt.
케빈이 그의 가장 친한 친구인 매트를 고용하지 않았다니 유감스럽다.

It's too bad you judge us by the way we look.
당신이 우릴 외모로 판단한다니 너무 유감스럽습니다.

🎬 영화에선 이렇게! [There's Something About Mary]
It's too bad you don't live here.
네가 여기 안 산다니 너무 안타깝다.

💬 Conversation
A: **It's too bad** John got hurt in the pool.
존이 수영장에서 다쳤다니 너무 안타깝네요.
B: Don't worry too much. He's expected to recover soon.
너무 걱정하지는 마요. 곧 회복할 거라고 하던 걸요.

Review!

미드&스크린 속 네이티브들의 표현법 따라잡기!
앞서 배운 패턴 문장들입니다. 한글을 보고 영어로 크게 외쳐 봅시다!

325 You could have + 과거분사 ~.
너 ~할 수도 있었을 텐데.

- 너 이거 훨씬 더 빨리 내게 말해 줄 수도 있었잖아.
- 너 네가 직접 이 문제를 해결할 수도 있었잖아.
- 나한테 미리 경고해 줄 수도 있었잖아.
- 너 네 체육관을 소유할 수도 있었을 텐데. 너 식당 체인을 열 수도 있었을 텐데.
- 너 죽었을 수도 있어.

326 You should have + 과거분사 ~.
넌 ~했었어야 했어.

- 넌 네 아버지 말씀을 들었어야 했어.
- 넌 나랑 상의를 했어야 했어.
- 너 이거 내게 먼저 가져왔어야 했어.
- 너 네 성형수술 의사에게 그 얘길 언급했어야 했어.
- 하하! 너 네 얼굴 표정 봤어야 해(너 놀란 얼굴 진짜 웃겼어).

327 He might have + 과거분사 ~.
그는 ~했었을지도 몰라요.

- 그는 그 지도를 봤었을지도 몰라요.
- 그는 그의 여자친구에게 청혼을 했을지도 몰라요.
- 그는 그의 전화번호에 대해 거짓말을 했을지도 몰라요.
- 그는 돌아와서 그의 아내를 죽였을지도 몰라요.
- 그가 실수를 했었을지도 몰라요.

328 I would have + 과거분사 ~.
나라면 ~했었을 거야(난 ~했었을 거야).

- 나라면 안 된다고 말했을 거야.
- 나라면 그것을 얻기 위해 어떤 일이라도 했을 거야.
- 난 그녀가 말하는 건 어떤 것이든 믿었을 거야.
- 난 정말로 유능한 우체국 직원이 됐을 거야.
- 난 너 없이는 아무것도 하지 못했을 거야.

329 You must have + 과거분사 ~.
넌 ~했었던 게 틀림없어.

- 너 술을 많이 마셨던 게 틀림없어.
- 너 정신이 나갔던 게 틀림없어.
- 넌 그게 일어날 거라고 알았던 게 틀림없어.
- 당신은 날 만나길 고대했던 게 틀림없어요.
- 넌 너희 반에 가장 큰 얘였음이 틀림없어.

330 It's too bad ~.
~라니 너무 안타깝다(유감스럽다).

- 네가 떠날 거라니 너무 안타깝다.
- 케빈이 그의 가장 친한 친구인 매트를 고용하지 않았다니 유감스럽다.
- 당신이 우릴 외모로 판단한다니 너무 유감스럽습니다.
- 네가 여기 안 산다니 너무 안타깝다.
- 존이 수영장에서 다쳤다니 너무 안타깝네요.

Situation 056 >> 약속

I promise I'll ~. ~하겠다고 약속할게.

상대방에게 자신이 무언가를 하겠다고 약속할 때 사용할 수 있는 패턴입니다. 무언가를 하겠다고 약속할 수 없을 때는 I can't promise I'll ~ 패턴을 사용해서 말할 수 있습니다.

I promise I'll make this up to you.
이 빚은 꼭 갚겠다고 약속할게.

I promise I'll quit smoking.
담배 끊겠다고 약속할게.

I promise I'll explain everything when I get back.
내가 돌아오면 모든 걸 다 설명해 주겠다고 약속할게.

🎬 영화에선 이렇게! [The Island]
I promise I'll go easy on you.
너한테 심하게 굴지 않겠다고 약속할게.

💬 Conversation
A: Mike, you haven't handed in your report yet.
마이크, 아직 너 보고서 제출 안 했더구나.
B: I'm sorry, Professor Brown. **I promise I'll** submit the report by next Monday.
죄송합니다, 브라운 교수님. 다음 주 월요일까지 보고서 제출할 것을 약속드릴게요.

You promised you'd ~. 너 ~하겠다고 약속했었잖아.

상대방이 했던 약속을 지키지 않았을 때, 그 내용을 상기시켜 주면서 따질 때 사용할 수 있는 패턴입니다. 여기서 you'd는 you would의 줄임말로 '읏' 정도로 짧게 발음해 주면 됩니다.

You promised you'd come home tonight.
너 오늘 밤은 집에 들어온다고 약속했잖아.

You promised you'd take me for a ride.
너 나 드라이브 시켜준다고 약속했잖아.

You promised you'd try to limit pork to five servings a week.
너 일주일에 다섯 끼만 돼지고기 먹기로 노력하겠다고 약속했었잖아.

🎬 영화에선 이렇게! [Mamma Mia]
You promised you'd come to my wedding.
제 결혼식에 오실 거라고 약속했었잖아요.

💬 Conversation
A: **You promised you'd** take me out to dinner tonight.
오늘 밤 나 외식시켜준다고 약속했었잖아.
B: I know, but something urgent has come up, so I have to work late.
알아, 근데 급한 일이 생겨서 야근해야만 해.

Promise you'll ~. ~하겠다고 약속해 줘.

상대방에게 무언가를 약속해 달라고 요청할 때 사용할 수 있는 패턴입니다. promise와 you 사이에 목적어로 me를 넣어서 Promise me you'll ~ 패턴으로 말해도 됩니다.

Promise you'll give me a call first.
내게 먼저 전화하겠다고 약속해 줘.

Promise you'll never leave me again.
절대로 다시는 날 떠나지 않겠다고 약속해 줘.

Promise you'll always love me.
날 항상 사랑하겠다고 약속해 줘.

■ 미드에선 이렇게! [Dawson's Creek 1*3]

Do me a favor. **Promise you'll** always be up front and honest with me.
부탁하나 들어줘. 내겐 항상 솔직하게 굴겠다고 약속해 줘.

💬 Conversation

A: **Promise you'll** come back before May.
5월 전에 돌아올 거라고 약속해 줘.

B: I promise. Until then, take care of yourself.
약속할 게. 그 때까지 잘 지내고 있어.

Can you promise that ~? ~하겠다고 약속할 수 있어?

상대방에게 무언가를 약속해 줄 수 있는지 여부를 확인할 때 사용할 수 있는 패턴입니다. Can you promise와 뒤에 문장을 이어주는 접속사 that은 생략이 가능해서 Can you promise+문장 ~? 패턴으로 물어도 됩니다.

Can you promise me **that** that's not gonna happen?
그런 일 없을 거라고 내게 약속할 수 있어?

Can you promise me **that** you won't cheat on me again?
다시는 나 몰래 바람피우지 않겠다고 약속할 수 있어?

Can you promise me **that** you won't commit any more crimes?
더 이상의 범죄는 저지르지 않겠다고 약속할 수 있어?

■ 미드에선 이렇게! [Friends 3*21]

Can you promise me **that** you won't tell her?
그녀에게 말하지 않겠다고 약속할 수 있어?

💬 Conversation

A: **Can you promise that** you will do what I ask?
내가 해달라고 하는 거 하겠다고 약속할 수 있어?

B: Of course. I can do anything for you.
물론이지. 널 위해서라면 뭐든지 할 수 있어.

No matter what happens, I'll ~. 무슨 일이 있어도, 난 ~할 거야.

no matter what ~은 '아무리 뭐가 ~할지라도'란 의미로 사용됩니다. 어떤 예외 상황도 없이 반드시 무언가를 하겠다는 강한 다짐이나 약속을 할 때 사용할 수 있는 패턴입니다. 또한 No matter what은 whatever와 동일하기 때문에 Whatever happens, I'll ~ 패턴으로 사용해도 됩니다.

No matter what happens, I'll be with you.
무슨 일이 있어도, 난 너와 함께 있을 거야.

No matter what happens, I'll find an answer to this question.
무슨 일이 있어도, 나 이 질문에 답을 찾아낼 거야.

No matter what happens, I'll never stop loving her.
무슨 일이 있어도, 전 계속 그녀를 사랑할 겁니다.

🎬 미드에선 이렇게! [The Simpsons 4*18]

No matter what happens, I'll never forget the advice you gave me.
무슨 일이 있어도, 네가 내게 했던 충고를 절대로 잊지 않을게.

💬 Conversation

A: **No matter what happens, I'll** always stand by you.
무슨 일이 있어도, 난 항상 네 편이 되어 줄게.

B: Thank you. That means a lot.
고마워. 그 말 많은 힘이 되는구나.

You have my word that ~. ~라고 약속드립니다.

You have my word는 '약속할게' 또는 '내 말 믿어도 돼'란 뜻으로 사용되는 표현입니다. 구체적으로 어떤 말을 믿어도 되는지를 언급할 때는 that 뒤에 그 내용을 문장으로 연결시켜 주면 됩니다.

You have my word that I won't do anything stupid.
멍청한 짓 않겠다고 약속드립니다.

You have my word that this problem will not continue.
이 문제가 지속되지는 않을 거라고 약속드립니다.

You have my word that you will get your package by Friday.
금요일까지는 소포를 받으시게 될 거라고 약속드립니다.

🎬 미드에선 이렇게! [The Secret Life of the American Teenager]

You have my word that I will do the best that I can do.
제가 할 수 있는 한 최선을 다할 거라는 걸 약속드려요.

💬 Conversation

A: **You have my word that** we'll never again get behind schedule in shipping.
선적에 있어서 다시는 일정을 어기지 않겠다고 약속드립니다.

B: I hope you keep your word.
약속을 지키시길 바랍니다.

Review!

미드&스크린 속 네이티브들의 표현법 따라잡기!
앞서 배운 패턴 문장들입니다. 한글을 보고 영어로 크게 외쳐 봅시다!

331 I promise I'll ~.
~하겠다고 약속할게.

- 이 빚은 꼭 갚겠다고 약속할게.
- 담배 끊겠다고 약속할게.
- 내가 돌아오면 모든 걸 다 설명해 주겠다고 약속할게.
- 너한테 심하게 굴지 않겠다고 약속할게.
- 다음 주 월요일까지 보고서 제출할 것을 약속드릴게요.

334 Can you promise that ~?
~하겠다고 약속할 수 있어?

- 그런 일 없을 거라고 내게 약속할 수 있어?
- 다시는 나 몰래 바람피우지 않겠다고 약속할 수 있어?
- 더 이상의 범죄는 저지르지 않겠다고 약속할 수 있어?
- 그녀에게 말하지 않겠다고 약속할 수 있어?
- 내가 해달라고 하는 거 하겠다고 약속할 수 있어?

332 You promised you'd ~.
너 ~하겠다고 약속했었잖아.

- 너 오늘 밤은 집에 들어온다고 약속했잖아.
- 너 나 드라이브 시켜준다고 약속했잖아.
- 너 일주일에 다섯 끼만 돼지고기 먹기로 노력하겠다고 약속했었잖아.
- 제 결혼식에 오실 거라고 약속했었잖아요.
- 오늘 밤에 나 외식시켜준다고 약속했었잖아.

335 No matter what happens, I'll ~.
무슨 일이 있어도, 난 ~할 거야.

- 무슨 일이 있어도, 난 너와 함께 있을 거야.
- 무슨 일이 있어도, 나 이 질문에 답을 찾아낼 거야.
- 무슨 일이 있어도, 전 계속 그녀를 사랑할 겁니다.
- 무슨 일이 있어도, 네가 내게 했던 충고를 절대로 잊지 않을게.
- 무슨 일이 있어도, 난 항상 네 편이 되어 줄게.

333 Promise you'll ~.
~하겠다고 약속해 줘.

- 내게 먼저 전화하겠다고 약속해 줘.
- 절대로 다시는 날 떠나지 않겠다고 약속해 줘.
- 날 항상 사랑하겠다고 약속해 줘.
- 내겐 항상 솔직하게 굴겠다고 약속해 줘.
- 5월 전에 돌아올 거라고 약속해 줘.

336 You have my word that ~.
~라고 약속드립니다.

- 멍청한 짓 않겠다고 약속드립니다.
- 이 문제가 지속되지는 않을 거라고 약속드립니다.
- 금요일까지는 소포를 받으시게 될 거라고 약속드립니다.
- 제가 할 수 있는 한 최선을 다할 거라는 걸 약속드려요
- 선적에 있어서 다시는 일정을 어기지 않겠다고 약속드립니다.

Situation **057** ≫ 어려움 말하기

I had a hard time + 동사-ing ~. 나 ~하느라 힘들었어.

'have a hard time+동사-ing ~' 구문은 '~하느라 힘들다' 또는 '~하느라 어렵다'란 뜻을 전달합니다. a hard time 대신에 difficulty 혹은 trouble을 넣어서 말해도 됩니다.

I had a hard time going through my divorce. 나 이혼수속을 밟느라 힘들었어.
I had a hard time making ends meet. 나 수지 맞추느라 힘들었어.
I had a hard time finding this place. 나 이곳을 찾느라 힘들었어.

■ 영화에선 이렇게! [Nutty Professor 2]
I had a hard time getting a cab.
나 택시 잡느라 힘들었어.

💬 Conversation
A: **I had a hard time** sleeping last night.
  나 어젯밤 잠들기가 힘들었어.
B: Is something bugging you?
  뭐 신경 쓰이는 일이라도 있어?

I'm struggling with ~. 나 ~하느라 힘들어.

struggle은 동사로 '허우적거리다' 또는 '고군분투하다' 등의 의미가 있습니다. 따라서 전치사 with와 함께 쓰여서 무언가를 하느라 힘들거나 고군분투 중이라는 의미를 전달해 줍니다.

I'm struggling with a deadline. 나 마감일 맞추느라 힘들어.
I'm struggling with the copy machine. 나 복사기 작동시키기가 힘들어.
I'm struggling with my schoolwork. 나 학교공부 하느라 힘들어.

■ 영화에선 이렇게! [The Santa Clause 2]
I'm struggling with the timing.
난 타이밍 맞추느라 힘들어.

💬 Conversation
A: You look like a mess. What's up?
  너 꼴이 말이 아니구나. 무슨 일이야?
B: **I'm struggling with** my work, and it keeps piling up.
  일 하느라 너무 힘들어, 그런데 일은 계속 쌓여가고 있어.

339 I found it hard to ~. ~하는 게 어렵더라.

이 패턴에서 it은 가목적어로 '그것'이라고 해석할 필요가 없습니다. 문장 끝의 'to부정사' 이하가 진짜 목적어이므로 '~하는 것이 어렵다는 걸 알았다' 즉, '~하는 게 어렵더라'란 패턴으로 사용하면 됩니다.

I found it hard to believe myself. 내 스스로를 믿는다는 게 어렵더라.
I found it hard to get used to the new city. 새로운 도시에 익숙해지는 게 어렵더라.
I found it hard to socialize. 난 사람들과 어울리는 게 어렵더라.

미드에선 이렇게! [Medium]
I found it hard to be so close to that man.
나 그 남자에게 아주 가까이 가는 게 어렵더라.

💬 Conversation
A: How was the test?
시험은 어땠어?
B: I blew it. **I found it hard to** concentrate for two hours.
망쳤어. 두 시간 동안 집중하는 게 어렵더라.

340 It's too difficult to + 동사원형 ~. ~하는 건 너무 어려워.

too .. to ~ 구문은 '너무 ..해서 ~할 수 없다'란 의미를 만듭니다. 즉, 어떤 행동을 하는 것이 너무 어렵다고 말할 때는 It's too difficult to ~ 패턴으로 말하면 됩니다.

It's too difficult to translate this in Korean. 이걸 한글로 번역하는 건 너무 어려워.
It's too difficult to kick the bad habits. 나쁜 습관을 버리는 건 너무 어려워.
It's too difficult to quit smoking. 담배를 끊는 건 너무 어려워.

영화에선 이렇게! [In a Day]
It's too difficult to be around that person.
저 사람 주변에 있는 건 너무 어려워.

💬 Conversation
A: **It's too difficult to** give up the woman I love.
내가 사랑하는 여자를 포기하는 건 너무 어려워.
B: I know it's not easy, but you have to. You guys aren't meant for each other.
쉽지 않다는 거 나도 알아, 하지만 그래야만 해. 너희 둘은 짝이 아니야.

341

I could barely + 동사원형 ~. 나 거의 ~ 못 했어.

빈도부사 중 하나인 barely는 '거의 ~않는'이란 뜻을 가집니다. 아예 못 한 건 아니지만, 사실 상 거의 못 한 거나 다름없을 때 I could barely ~ 패턴으로 말할 수 있습니다.

I could barely breathe.	나 거의 숨도 못 쉬었어.
I could barely sleep.	나 거의 잠도 못 잤어.
I could barely keep myself from laughing.	나 거의 웃음을 참을 수가 없었어.

🎬 미드에선 이렇게! 〔House 1*1〕

The next morning, **I could barely** stand up.
다음 날, 전 거의 일어서지도 못했어요.

💬 Conversation

A: How was the lecture by Professor Coles?
콜스 교수님 강의는 어땠어?

B: It was so boring. **I could barely** keep my eyes open.
강의가 너무 지루했어. 난 거의 눈을 뜰 수조차 없었어(졸려 죽는 줄 알았어).

342

How hard is it to + 동사원형 ~? ~하는 게 뭐 그리(얼마나) 어렵다고 그러냐?

별로 어려운 것도 아닌 일을 상대방이 못한다고 하거나 망설일 때 그까짓 거 얼마나 어렵다고 그러냐며 핀잔을 줄 때 사용할 수 있는 패턴입니다. 의문사 how는 뒤에 형용사와 같이 연결될 때 '어떻게'가 아니라 '얼마나'란 뜻이 됩니다.

How hard is it to make coffee?	커피 타는 게 뭐 그리 어렵다고 그러냐?
How hard is it to watch two kids?	애 둘 보는 게 뭐 그리 어렵다고 그러냐?
How hard is it to learn this dance?	이 춤 배우는 게 뭐 그리 어렵다고 그러냐?

🎬 영화에선 이렇게! 〔Girl with a Pearl Earring〕

How hard is it to paint a pretty girl?
예쁜 소녀를 그리는 게 뭐 그리 어렵다고 그러냐?

💬 Conversation

A: I don't think I can do this.
나 이거 못할 것 같아.

B: What's wrong with you? **How hard is it to** fix a window?
너 대체 왜 그러냐? 창문 고치는 게 뭐 그리 어렵다고 그래?

Review!

미드&스크린 속 네이티브들의 표현법 따라잡기!
앞서 배운 패턴 문장들입니다. 한글을 보고 영어로 크게 외쳐 봅시다!

337 I had a hard time + 동사-ing ~.
나 ~하느라 힘들었어.

- ☐ 나 이혼수속을 밟느라 힘들었어.
- ☐ 나 수지 맞추느라 힘들었어.
- ☐ 나 이곳을 찾느라 힘들었어.
- ☐ 나 택시 잡느라 힘들었어.
- ☐ 나 어젯밤 잠들기가 힘들었어.

338 I'm struggling with ~.
나 ~하느라 힘들어.

- ☐ 나 마감일 맞추느라 힘들어.
- ☐ 복사기 작동시키기가 힘들어.
- ☐ 나 학교숙제 하느라 힘들어.
- ☐ 난 타이밍 맞추느라 힘들어.
- ☐ 일 하느라 너무 힘들어.

339 I found it hard to ~.
~하는 게 어렵더라.

- ☐ 내 스스로를 믿는다는 게 어렵더라.
- ☐ 새로운 도시에 익숙해지는 게 어렵더라.
- ☐ 난 사람들과 어울리는 게 어렵더라.
- ☐ 나 그 남자에게 아주 가까이 가는 게 어렵더라.
- ☐ 두 시간 동안 집중하는 게 어렵더라.

340 It's too difficult to + 동사원형 ~.
~하는 건 너무 어려워.

- ☐ 이걸 한글로 번역하는 건 너무 어려워.
- ☐ 나쁜 습관을 버리는 건 너무 어려워.
- ☐ 담배를 끊는 건 너무 어려워.
- ☐ 저 사람 주변에 있는 건 너무 어려워.
- ☐ 내가 사랑하는 여자를 포기하는 건 너무 어려워.

341 I could barely + 동사원형 ~.
나 거의 ~ 못 했어.

- ☐ 나 거의 숨도 못 쉬었어.
- ☐ 나 거의 잠도 못 잤어.
- ☐ 나 거의 웃음을 참을 수가 없었어.
- ☐ 전 거의 일어서지도 못했어요.
- ☐ 난 거의 눈을 뜰 수조차 없었어.

342 How hard is it to + 동사원형 ~?
~하는 게 뭐 그리(얼마나) 어렵다고 그러냐?

- ☐ 커피 타는 게 뭐 그리 어렵다고 그러냐?
- ☐ 애 둘 보는 게 뭐 그리 어렵다고 그러냐?
- ☐ 이 춤 배우는 게 뭐 그리 어렵다고 그러냐?
- ☐ 예쁜 소녀를 그리는 게 뭐 그리 어렵다고 그러냐?
- ☐ 창문 고치는 게 뭐 그리 어렵다고 그래?

Situation **058** >> 예상

I never expected to + 동사원형 ~.
나 ~할 줄은 몰랐어.

무언가를 전혀 예상하거나 기대하지 않았다는 말을 전할 때 사용할 수 있는 패턴입니다. I didn't expect라고 말하는 것보다 never를 넣어서 좀 더 강조의 의미를 나타냅니다.

I never expected to lose.	나 질 줄은 몰랐어.
I never expected to feel this way again.	나 다시 이런 감정을 느낄 줄은 몰랐어.
I never expected to fall in love with her.	난 그녀를 사랑하게 될 줄은 몰랐어.

🎬 미드에선 이렇게! 〔Close To Home 2*18〕
I sent her the letter, but **I never expected to** hear back from her.
난 그녀에게 편지를 보냈어, 하지만 내가 그녀로부터 답장을 받을 줄은 몰랐어.

💬 Conversation
A: **I never expected to** see you here. What a nice surprise!
　 나 널 여기서 보게 될 줄은 몰랐어. 정말 놀랍다!
B: I never expected to see you here, either.
　 나도 널 여기서 보게 될 줄은 몰랐어.

I never expected you to + 동사원형 ~.
난 네가 ~할 줄은 몰랐어.

동사 expect 뒤에 목적어와 to부정사를 넣으면 '목적어가 ~할 것으로 예상하다'란 뜻을 만듭니다. 상대방이 무언가를 할 것이라고 혹은 어떤 상태에 있을 거라고 전혀 예상치 못했음을 말할 때 쓸 수 있는 패턴입니다.

I never expected you to be in jail.	난 네가 감옥에 있을 줄은 몰랐어.
I never expected you to excel in business.	난 네가 사업 수단이 뛰어날 줄은 몰랐어.
I never expected you to show up at the meeting.	난 네가 회의에 나타날 줄은 몰랐어.

🎬 영화에선 이렇게! 〔8mm〕
I never expected you to get this far.
난 네가 이만큼 멀리 올 줄은 몰랐어.

💬 Conversation
A: **I never expected you to** go out with a guy like Ted.
　 난 네가 테드와 같은 남자랑 사귈 줄은 몰랐어.
B: Well, why not?
　 글쎄, 안 될게 뭐 있니?

 345

I have this feeling that ~. ~라는 느낌이 자꾸 들어요.

어떤 느낌, 생각이 계속 들 때 I have this feeling이라고 말할 수 있습니다. 구체적으로 그 느낌이 무엇인지 설명하고 싶다면 접속사 that과 함께 문장을 붙여서 말하면 됩니다.

I have this feeling that I could do anything.
내가 어떤 것도 할 수 있을 거라는 느낌이 자꾸 들어.

I have this feeling that things are gonna get really ugly.
상황이 정말 안 좋아질 것 같다는 느낌이 자꾸 들어요.

I have this feeling that she really likes me.
그녀가 날 정말 좋아한다는 느낌이 자꾸 들어.

🎬 미드에선 이렇게! [The Simpsons 6*11]
I have this feeling that we forgot something.
우리가 뭔가를 잊은 것 같다는 느낌이 자꾸 들어.

💬 Conversation
A: **I have this feeling that** somebody is watching us.
누군가가 우리를 지켜보고 있다는 느낌이 자꾸 들어.
B: Stop it. You're freaking me out.
그만 해. 너 때문에 무서워 죽겠어.

 346

He's expected to + 동사원형 ~. 그는 ~할 것으로 예상되어져요.

동사 expect를 수동태인 be expected를 활용한 패턴입니다. 그가 무언가를 할 것으로 예상되고 기대되어진다는 말을 전할 때 쓸 수 있는 패턴으로 We expect him to ~ 패턴으로 말해도 무방합니다.

He's expected to be released today.   그는 오늘 풀려날 거라 예상되어져요.
He's expected to be arriving home today.   그는 오늘 집에 도착할 걸로 예상되어져요.
He's expected to make a full recovery.   그는 완전히 회복될 것으로 예상되어져요.

🎬 미드에선 이렇게! [X-File 4*3]
He's expected to testify before a grand jury.
그는 대법원에서 증언을 할 것으로 예상되어져요.

💬 Conversation
A: **He's expected to** retire next month.
그는 다음 달에 은퇴를 할 것으로 예상되어져요.
B: That's a good news. He has been in charge for too long.
그거 좋은 소식이군요. 그는 현역에 너무 오래 있었어요.

347. I didn't think you'd + 동사원형 ~. 난 네가 ~할 거라곤 생각 안 했어.

상대방이 무언가를 할 것이라고 자신은 생각해 보지 못했음을 말할 때 쓸 수 있는 패턴입니다. 좀 더 강하게 전혀 생각지 못했음을 강조하고 싶을 때는 I never thought you'd ~ 패턴으로 말할 수 있습니다.

I didn't think you'd come back.	난 네가 돌아 올 거라곤 생각 안 했어.
I didn't think you'd understand.	난 네가 이해해 줄 거라곤 생각 안 했어.
I didn't think you'd be here today.	난 네가 여기 올 거라곤 생각 안 했어.

🎬 영화에선 이렇게! 〔The Longest Yard〕

I didn't think you'd sell us out.
난 네가 우리를 배신할 거라곤 생각 안 했어.

💬 Conversation

A: **I didn't think you'd** be interested in him.
난 네가 그에게 관심이 있을 거라곤 생각 안 했어.

B: Please don't tell anyone else.
다른 누구에게도 말하지 말아요.

348. I can tell by ~. ~로 딱 알겠는 걸요.

무언가에 의해서 어떤 사실을 충분히 유추해 낼 수 있을 때 사용할 수 있는 패턴입니다. 말 그대로 무언가에 의해서 어떤 사실을 내가 말할 수 있겠다는 의미를 전달합니다.

I can tell by your face.	당신 얼굴로 딱 알겠는 걸요.
I can tell by the way you walk.	당신이 어떻게 걷는지로 딱 알겠는 걸요.
I can tell by the way you look at me.	당신이 날 어떻게 바라보는지로 딱 알겠는 걸요.

🎬 미드에선 이렇게 〔CSI Las Vegas 1*9〕

Businessman. **I can tell by** the way he ordered drinks.
(그는) 사업가예요. 그가 술을 어떻게 주문하는지로 딱 알겠는 걸요.

💬 Conversation

A: You had another drink. **I can tell by** the funny look in your eyes.
너 한 잔 더 마셨구나. 네 눈빛이 이상한 걸로 딱 알겠는 걸.

B: Yeah, I'm feeling a little tipsy now.
응, 이제 좀 취기가 도는 것 같아.

Review!

미드&스크린 속 네이티브들의 표현법 따라잡기!
앞서 배운 패턴 문장들입니다. 한글을 보고 영어로 크게 외쳐 봅시다!

343 I never expected to + 동사원형 ~.
나 ~할 줄은 몰랐어.

- 나 질 줄은 몰랐어.
- 나 다시 이런 감정을 느낄 줄은 몰랐어.
- 난 그녀를 사랑하게 될 줄은 몰랐어.
- 내가 그녀로부터 답장을 받을 줄은 몰랐어.
- 나 널 여기서 보게 될 줄은 몰랐어.

344 I never expected you to + 동사원형 ~.
난 네가 ~할 줄은 몰랐어.

- 난 네가 감옥에 있을 줄은 몰랐어.
- 난 네가 사업 수단이 뛰어날 줄은 몰랐어.
- 난 네가 회의에 나타날 줄은 몰랐어.
- 난 네가 이만큼 멀리 올 줄은 몰랐어.
- 난 네가 테드와 같은 남자랑 사귈 줄은 몰랐어.

345 I have this feeling that ~.
~라는 느낌이 자꾸 들어요.

- 내가 어떤 것도 할 수 있을 거라는 느낌이 자꾸 들어.
- 상황이 정말 안 좋아질 것 같다는 느낌이 자꾸 들어요.
- 그녀가 날 정말 좋아한다는 느낌이 자꾸 들어.
- 우리가 뭔가를 잊은 것 같다는 느낌이 자꾸 들어.
- 누군가가 우리를 지켜보고 있다는 느낌이 자꾸 들어.

346 He's expected to + 동사원형 ~.
그는 ~할 것으로 예상되어져요.

- 그는 오늘 풀려날 거라 예상되어져요.
- 그는 오늘 집에 도착할 걸로 예상되어져요.
- 그는 완전히 회복될 것으로 예상되어져요.
- 그는 대법원에서 증언을 할 것으로 예상되어져요.
- 그는 다음 달에 은퇴를 할 것으로 예상되어져요.

347 I didn't think you'd + 동사원형 ~.
난 네가 ~할 거라곤 생각 안 했어.

- 난 네가 돌아 올 거라곤 생각 안 했어.
- 난 네가 이해해 줄 거라곤 생각 안 했어.
- 난 네가 여기 올 거라곤 생각 안 했어.
- 난 네가 우리를 배신할 거라곤 생각 안 했어.
- 난 네가 그에게 관심이 있을 거라곤 생각 안 했어.

348 I can tell by ~.
~로 딱 알겠는 걸요.

- 당신 얼굴로 딱 알겠는 걸요.
- 당신이 어떻게 걷는지로 딱 알겠는 걸요.
- 당신이 날 어떻게 바라보는지로 딱 알겠는 걸요.
- 그가 술을 어떻게 주문하는지로 딱 알겠는 걸요.
- 네 눈빛이 이상한 걸로 딱 알겠는 걸.

Situation 059 >> 예정과 순서

I'm supposed to + 동사원형 ~. 나 ~하기로 되어 있어.

be supposed to는 '~하기로 되어 있다'는 뜻입니다. 상대방과 이미 약속을 잡은 상태일 때도 쓰이지만, 도리상 혹은 상식상 그래야 하는 것이 옳다는 의미로도 사용되는 패턴입니다.

I'm supposed to go there tonight. 나 오늘밤 거기에 가기로 되어 있어.
I'm supposed to wash the dishes. 나 설거지하기로 되어 있어.
I'm supposed to pick up my wife at the airport. 나 공항에 아내를 데리러 가기로 되어 있어.

🎬 미드에선 이렇게! [Desperate Housewives 3*1]
I'm supposed to meet my girlfriends for lunch at 1.
나 1시에 친구들과 점심 먹으러 만나기로 되어 있어.

💬 Conversation
A: Where is Jenny? **I'm supposed to** go to the library with her.
  제니 어디 있지? 나 걔랑 도서관에 가기로 했는데.
B: I just saw her leaving with her boyfriend.
  나 방금 걔 남자친구랑 밖으로 나가는 걸 봤어.

How am I supposed to + 동사원형 ~? 나보고 어떻게 ~하라는 거야?

자신은 도저히 무언가를 할 수 없을 것 같은데, 강요나 억지에 의해서 그 무언가를 할 수밖에 없는 상황에서 이에 대한 불평을 나타낼 때 사용할 수 있는 패턴입니다. 평서문으로는 간단히 I can't ~이라고 강하게 말할 수도 있습니다.

How am I supposed to live without you? 나보고 어떻게 너 없이 살라는 거야?
How am I supposed to pay for college? 나보고 어떻게 대학 등록금을 내라는 거야?
How am I supposed to fix this car? 나보고 어떻게 이 차를 고치라는 거야?

🎬 미드에선 이렇게! [Close to Home 1*1]
How am I supposed to calm down?
나보고 어떻게 침착하라는 거야?

💬 Conversation
A: **How am I supposed to** do this alone?
  나보고 어떻게 이걸 혼자서 하라는 거야?
B: Think of something!
  뭔가 방법을 생각해 내 봐!

 351

You're not supposed to + 동사원형 ~. 너 ~하면 안 돼.

지극히 상식선에서 무언가를 해서는 안 되는 게 옳음을 상대방에게 전달할 때 You're not supposed to ~ 패턴으로 말하면 됩니다.

You're not supposed to be in here.	너 여기 있으면 안 돼.
You're not supposed to eat that.	너 그거 먹으면 안 돼.
You're not supposed to text and drive.	너 문자 보내면서 운전하면 안 돼.

📺 미드에선 이렇게! [Will and Grace 4*15]

You're not supposed to see the bride before the wedding.
너 결혼식 전에 신부 얼굴을 봐서는 안 돼.

💬 Conversation

A: **You're not supposed to** smoke in here.
여기서 담배 피시면 안 돼요.

B: Oh, sorry. I didn't know.
아, 죄송해요. 몰랐어요.

 352

I'm scheduled to + 동사원형 ~. 나 ~하는 걸로 일정이 잡혀 있어요.

schedule은 명사로는 '일정'이지만, 동사로는 '일정을 잡다'란 뜻입니다. 자신이 무언가를 하기로 일정이 잡혀 있는 상태라면 수동태 표현으로 I'm scheduled to ~ 패턴으로 말할 수 있습니다.

I'm scheduled to arrive in New York at 3.	나 3시에 뉴욕에 도착하는 걸로 일정이 잡혀 있어요.
I'm scheduled to leave on Friday.	난 금요일에 떠나는 걸로 일정이 잡혀 있어요.
I'm scheduled to meet with her in the lobby after lunch.	난 그녀와 점심식사 후에 로비에서 만나기로 일정이 잡혀 있어요.

📺 미드에선 이렇게! [Law and Order 3*18]

I'm scheduled to lecture in Boston tomorrow.
나 내일 보스턴에서 강의하는 걸로 일정이 잡혀 있어요.

💬 Conversation

A: Hi, my name is Kevin Lee. **I'm scheduled to** see Mrs. Robinson at 2:30.
안녕하세요. 제 이름은 케빈 리입니다. 로빈슨 씨와 2시 반에 보기로 일정이 잡혀 있습니다.

B: Oh, hi, Mr. Lee. I'll let her know you have arrived.
아, 안녕하세요. 이 선생님. 로빈슨 씨께 오셨다고 말씀드리겠습니다.

  353

It's my turn to + 동사원형 ~. 내가 ~할 차례야.

turn은 명사로 '차례'란 뜻으로도 쓰입니다. 즉, '내 차례야'는 영어로 It's my turn이라고 하고 '네 차례야'는 영어로 It's your turn이라고 합니다. 구체적으로 무엇을 할 차례인지는 뒤에 to부정사 이하로 설명해 주면 됩니다.

It's my turn to drive.	내가 운전할 차례야.
It's my turn to sleep.	내가 잘 차례야.
It's my turn to watch out for you.	내가 널 돌봐 줄 차례야.

🎬 미드에선 이렇게! [Ghost Whisperer 2*16]

It's my turn to buy you coffee, right?
내가 네게 커피 사 줄 차례야, 맞지?

💬 Conversation

A: Aren't you hungry? Let's go. I'm buying.
배고프지 않니? 가자. 내가 살 게.

B: No, no. **It's my turn to** treat you to dinner.
아냐, 아냐. 내가 네게 저녁을 대접할 차례야.

 354

It's too late to + 동사원형 ~. ~하기에는 너무 늦었어.

시간상 또는 일정상 '너무 늦었어'는 영어로 It's too late이라고 합니다. 구체적으로 무언가를 하기에 너무 늦은 건지를 말하고 싶다면 뒤에 to부정사 이하로 언급하면 됩니다.

It's too late to go back now.	지금 돌아가기에는 너무 늦었어.
It's too late to meet her today.	그녀를 오늘 만나기에는 너무 늦었어.
It's too late to stop now.	지금 멈추기에는 너무 늦었어.

🎬 미드에선 이렇게! [Brothers and Sisters 1*16]

It's too late to do anything about it. He's dead.
그 일에 대해서 어떻게 하기에는 너무 늦었어. 그는 죽었다고.

💬 Conversation

A: I'll call the restaurant and reserve a table for tonight.
식당에 전화에서 오늘 밤 자리를 예약할게.

B: You don't need to. Besides, **It's too late to** make a reservation now.
그럴 필요 없어요. 게다가, 지금 예약을 하기에는 너무 늦었어요.

Review!

미드&스크린 속 네이티브들의 표현법 따라잡기!
앞서 배운 패턴 문장들입니다. 한글을 보고 영어로 크게 외쳐 봅시다!

349 I'm supposed to + 동사원형 ~.
나 ~하기로 되어 있어.

- ☐ 나 오늘밤 거기에 가기로 되어 있어.
- ☐ 나 설거지하기로 되어 있어.
- ☐ 나 공항에 아내를 데리러 가기로 되어 있어.
- ☐ 나 1시에 여자친구들과 점심 먹으러 만나기로 되어 있어.
- ☐ 나 걔랑 도서관에 가기로 했는데.

350 How am I supposed to + 동사원형 ~?
나보고 어떻게 ~하라는 거야?

- ☐ 나보고 어떻게 너 없이 살라는 거야?
- ☐ 나보고 어떻게 대학 등록금을 내라는 거야?
- ☐ 나보고 어떻게 이 차를 고치라는 거야?
- ☐ 나보고 어떻게 침착하라는 거야?
- ☐ 나보고 어떻게 이걸 혼자서 하라는 거야?

351 You're not supposed to + 동사원형 ~.
너 ~하면 안 돼.

- ☐ 너 여기 있으면 안 돼.
- ☐ 너 그거 먹으면 안 돼.
- ☐ 너 문자 보내면서 운전하면 안 돼.
- ☐ 너 결혼식 전에 신부 얼굴을 봐서는 안 돼.
- ☐ 여기서 담배 피시면 안 돼요.

352 I'm scheduled to + 동사원형 ~.
나 ~하는 걸로 일정이 잡혀있어요.

- ☐ 나 3시에 뉴욕에 도착하는 걸로 일정이 잡혀 있어요.
- ☐ 난 금요일에 떠나는 걸로 일정이 잡혀 있어요.
- ☐ 난 그녀와 점심식사 후에 로비에서 만나기로 일정이 잡혀 있어요.
- ☐ 나 내일 보스턴에서 강의하는 걸로 일정이 잡혀 있어요.
- ☐ 로빈슨 씨와 2시 반에 보기로 일정이 잡혀 있습니다.

353 It's my turn to + 동사원형 ~.
내가 ~할 차례야.

- ☐ 내가 운전할 차례야.
- ☐ 내가 잘 차례야.
- ☐ 내가 널 돌봐 줄 차례야.
- ☐ 내가 네게 커피 사 줄 차례야. 맞지?
- ☐ 내가 네게 저녁을 대접할 차례야.

354 It's too late to + 동사원형 ~.
~하기에는 너무 늦었어.

- ☐ 지금 돌아가기에는 너무 늦었어.
- ☐ 그녀를 오늘 만나기에는 너무 늦었어.
- ☐ 지금 멈추기에는 너무 늦었어.
- ☐ 그 일에 대해서 어떻게 하기에는 너무 늦었어.
- ☐ 지금 예약을 하기에는 너무 늦었어요.

Situation 060 >> 요청

Let me + 동사원형 ~. (내가) ~할게.

자신이 무언가를 직접 하겠다고 상대방에게 겸손하게 요청하거나 말할 때 사용할 수 있는 패턴입니다. 동사 let은 'let+목적어+동사원형'의 어순으로 '목적어가 ~하게 허락하다'란 의미를 만들기 때문입니다.

Let me give you a hand.	내가 좀 거들어 줄게요.
Let me get you a cup of coffee.	커피 한 잔 갖다 줄게요.
Let me think about that.	그 일에 대해선 생각 좀 해 볼게요.

🎬 영화에선 이렇게! 〔The Matrix〕
Let me give you one piece of advice.
자네에게 충고 하나를 해 줄게.

💬 Conversation
A: I don't know how to email my resume with my photo attached.
나 이력서에 내 사진 첨부해서 이메일 보내는 방법을 모르겠어.
B: **Let me** do that for you. It's a piece of cake.
그거 내가 널 위해 해 줄게. 식은 죽 먹기거든.

Let me know what you + 동사원형 ~.

(당신이) ~한 게 뭔지 알려줘요.

'what+주어+동사~'는 '~가 ~하는 것'이란 명사 덩어리를 만듭니다. 상대방이 하는 그 무언가를 내게 알려달라고 요청할 때 사용할 수 있는 패턴입니다.

Let me know what you need.	당신이 필요한 게 뭔지 알려줘요.
Let me know what you think.	당신이 생각하는 게 뭔지 알려줘요.
Let me know what you want from me.	당신이 내게서 원하는 게 뭔지 알려줘요.

🎬 미드에선 이렇게! 〔The O.C 3*3〕
Let me know what you wanna do about the will.
그 유언에 대해서 당신이 하길 원하는 게 뭔지 알려줘요.

💬 Conversation
A: **Let me know what you** want me to do.
당신이 내가 하길 바라는 게 뭔지 알려줘요.
B: I want you to search the internet and do some research on the issue.
인터넷을 검색해서 그 문제에 대해 조사를 좀 해 보도록 해요.

 357

Please allow me to + 동사원형 ~. (제가) ~하겠습니다.

let me ~ 패턴이 무언가를 하겠다고 말할 때 좀 더 대중적인 일상회화 표현이라면 allow me to ~ 패턴은 좀 더 공식적인 만남 간에 더 정중하게 무언가를 하겠다고 요청할 때 사용되는 패턴입니다.

Please allow me to introduce myself first.
먼저 제 소개를 하겠습니다.

Please allow me to apologize.
제가 사과하겠습니다(제 사과를 받아들여 주세요).

Please allow me to offer you 10% discount.
10% 할인을 제공해 드리겠습니다.

🎬 영화에선 이렇게! 〔Couples Retreat〕

Please allow me to put on something more proper before we begin.
우리가 시작하기 전에 좀 더 적절한 옷으로 입고 오겠습니다.

💬 Conversation

A: I really love her. **Please allow me to** marry your daughter.
전 정말 그녀를 사랑합니다. 따님과 결혼할 수 있게 허락해 주십시오.

B: Over my dead body!
내 눈에 흙이 들어가기 전까지는 안 돼!

 358

Let's take ~. ~를 합시다.

동사 take는 무언가를 '택하다, 취하다, 받다' 등의 의미를 가지며 take a walk(산책하다), take a look(보다), take a picture(사진 찍다) 등과 같이 다양한 관용표현에 활용됩니다. 무언가를 하자고 요청할 때 쓰이는 Let's ~ 패턴과 어울려 많은 상황에서 쓰일 수 있습니다.

Let's take a walk.
산책 합시다.

Let's take a picture over there.
저쪽에서 사진 찍읍시다.

Let's take a shower before we have dinner.
저녁 먹기 전에 샤워합시다.

🎬 영화에선 이렇게! 〔The Pursuit of Happiness〕

Let's take a break. Be back in 10.
휴식을 취합시다. 10분 후에 돌아오세요.

💬 Conversation

A: How are we going to the Seoul Theme Park tomorrow?
내일 우리 서울 놀이동산에 어떻게 가지?

B: **Let's take** the subway together. Meet me in front of the subway station, okay?
함께 전철을 타자. 전철역 앞에서 만나자, 알았지?

 359

Let's not + 동사원형 ~. ~하지 말자.

Let's ~가 무언가를 하자는 요청의 패턴이라면, 반대로 Let's not ~은 무언가를 하지 말자는 요청의 패턴입니다.

Let's not jump the gun here.	여기서 경솔하게 굴지 말자.
Let's not panic until we get an X-ray.	엑스레이를 받을 때까지는 당황하지 말자.
Let's not get ahead of ourselves.	우리 너무 앞서 생각하지 말자.

(**jump the gun** : 경솔히 굴다 / **get ahead of oneself** : 앞서가다)

🎬 영화에선 이렇게! [Fight Club]

Let's not make a big deal out of it.
별 것도 아닌 거 가지고 호들갑 떨지 말자.

💬 Conversation

A: I really want him dead.
난 정말 그가 죽어버렸으면 좋겠어.

B: Hey, watch it. **Let's not** say things we'll live to regret.
이봐, 말조심해. 후회하고 살 말은 하지 말자.

 360

Hand me + 대상, will you? ~ 좀 건네줄래?

명령문 뒤에 부가의문문으로 will you? 또는 좀 더 공손하게는 would you?를 붙여서 '~해라'가 아니라 '~해 줄래?'라고 물을 수 있습니다. 가까이에 있는 친구에게 어떤 물건을 집어서 내게 건네달라고 요청할 때 hand me ~, will you?라고 물을 수 있습니다.

Hand me that ice-cream scoop, **will you**?	거기 아이스크림 국자 좀 건네줄래?
Hand me the blanket, **will you**?	그 담요 좀 건네줄래?
Hand me a kleenex, **will you**?	휴지 좀 건네줄래?

🎬 미드에선 이렇게! [That 70's Show 5*7]

Hand me that remote there, **will you**?
거기 리모컨 좀 건네줄래?

💬 Conversation

A: **Hand me** those apples, **will you**?
거기 사과 좀 건네줄래?

B: Sure. Here you are.
물론이지. 여기 있어.

Review!

미드&스크린 속 네이티브들의 표현법 따라잡기!
앞서 배운 패턴 문장들입니다. 한글을 보고 영어로 크게 외쳐 봅시다!

355 Let me + 동사원형 ~.
내가 ~할게.

- 내가 좀 거들어 줄게요.
- 커피 한 잔 갖다 줄게요.
- 그 일에 대해선 생각 좀 해 볼게요.
- 자네에게 충고 하나를 해 줄게.
- 그거 내가 널 위해 해 줄게.

356 Let me know what you + 동사원형 ~.
당신이 ~한 게 뭔지 알려줘요.

- 당신이 필요한 게 뭔지 알려줘요.
- 당신이 생각하는 게 뭔지 알려줘요.
- 당신이 내게서 원하는 게 뭔지 알려줘요.
- 그 유언에 대해서 당신이 하길 원하는 게 뭔지 알려줘요.
- 당신이 내가 하길 바라는 게 뭔지 알려줘요.

357 Please allow me to + 동사원형 ~.
제가 ~하겠습니다.

- 먼저 제 소개를 하겠습니다.
- 제가 사과하겠습니다(제 사과를 받아들여 주세요).
- 10% 할인은 제공해 드리겠습니다.
- 우리가 시작하기 전에 좀 더 적절한 옷으로 입고 오겠습니다.
- 따님과 결혼할 수 있게 허락해 주십시오.

358 Let's take ~.
~를 합시다.

- 산책 합시다.
- 저쪽에서 사진 찍읍시다.
- 저녁 먹기 전에 샤워합시다.
- 휴식을 취합시다. 10분 후에 돌아오세요.
- 함께 전철을 타자.

359 Let's not + 동사원형 ~.
~하지 말자.

- 여기서 경솔하게 굴지 말자.
- 엑스레이를 받을 때까지는 당황하지 말자.
- 우리 너무 앞서 생각하지 말자.
- 별 것도 아닌 거 가지고 호들갑 떨지 말자.
- 후회하고 살 말은 하지 말자.

360 Hand me + 대상, will you?
~ 좀 건네줄래?

- 거기 아이스크림 국자 좀 건네줄래?
- 그 담요 좀 건네줄래?
- 휴지 좀 건네줄래?
- 거기 리모컨 좀 건네줄래?
- 거기 사과 좀 건네줄래?

271

Situation 061 >> 의견 묻기

Do you think ~? ~라고 생각해?

상대방에게 어떤 사실이나 상황을 두고 그렇게 생각하는지 여부를 물을 때 Do you think ~? 패턴으로 말할 수 있습니다. 동사 think 뒤에는 접속사 that이 이끄는 문장이 와야 하는데 이때 that은 생략이 가능합니다.

Do you think she likes me?	그녀가 날 좋아한다고 생각해?
Do you think they will be late?	그들이 늦게 올 거라고 생각해?
Do you think I was born yesterday?	너 내가 세상물정 모른다고 생각해?
	(**be born yesterday** : 세상물정을 모르다)

🎬 미드에선 이렇게! 〔One Tree Hill 2*22〕
Do you think this is a joke?
이게 농담이라고 생각해?

💬 **Conversation**

A: **Do you think** we'll make it to the conference in time?
우리가 회의장에 시간 맞춰 도착할 수 있을 거라고 생각해?

B: We have enough time, so take it easy.
우리 시간 충분해, 그러니까 맘 편하게 있어.

Do you think I should +동사원형 ~? 나 ~해야 할까?

자신이 무언가를 해야 하는지 그 여부에 대해서 상대방에게 의견을 물어볼 때 사용할 수 있는 패턴입니다. 종종 회화에서는 do you를 생략하고 Think I should ~? 의 패턴으로 간략하게 묻기도 합니다.

Do you think I should apply for the job?	나 그 일자리에 지원해야 할까?
Do you think I should go talk to her?	나 가서 그녀와 얘기를 해야 할까?
Do you think I should dye my hair blonde?	나 머리를 금발로 염색해야 할까?

🎬 미드에선 이렇게! 〔Close to Home 1*15〕
Do you think I should get a lawyer?
제가 변호사를 선임해야 할까요?

💬 **Conversation**

A: **Do you think I should** get Botox?
나 보톡스 맞아야 할까?

B: No! You really don't need to. You look beautiful just the way you are.
아니! 너 정말 그럴 필요 없어. 넌 네 모습 그대로 아름다워.

Don't you think ~? ~인 것 같지 않니?

어떤 사실이나 상황을 두고 상대방은 그렇게 생각하지 않는 건지 확인하기 위해 질문을 할 때 사용할 수 있는 패턴입니다.

Don't you think it's too big for my room? 그거 내 방에 너무 큰 것 같지 않니?
Don't you think good looks are important? 외모는 중요한 것 같지 않니?
Don't you think it's a little out of fashion? 그거 좀 유행에 뒤떨어지는 것 같지 않니?

🎬 미드에선 이렇게! [The Simpsons 5*16]
Don't you think you're spending too much time with Ned?
너 네드랑 시간을 너무 많이 보내는 것 같지 않니?

💬 Conversation
A: **Don't you think** the coffee here is delicious?
　 여기 커피 맛있는 것 같지 않니?
B: Yeah, this place is gonna be my favorite hangout.
　 응, 이제 여기 자주 와야겠어.

What can I do to + 동사원형 ~? 어떻게 하면 ~할 수 있을까?

What can I do?는 직역하면 '내가 뭘 할 수 있죠?'란 뜻이죠. 이유나 목적을 나타내는 to부정사를 뒤에 붙여서 What can I do to ~?로 말하면 '어떻게 하면 ~할 수 있을까?'란 조언이나 의견을 물어보는 패턴이 됩니다.

What can I do to help? 어떻게 하면 내가 도울 수 있을까?
What can I do to make you trust me? 어떻게 하면 네가 날 믿게 할 수 있을까?
What can I do to make it up to you? 어떻게 하면 네게 보답할 수 있을까?

🎬 영화에선 이렇게! [Bride Wars]
What can I do to make you feel better?
어떻게 하면 네 기분이 나아지게 할 수 있을까?

💬 Conversation
A: **What can I do to** improve my grade?
　 어떻게 하면 성적을 올릴 수가 있지?
B: I wish I knew that.
　 나도 그걸 알면 좋겠다.

How do you feel about ~? ~에 대해 어떻게 생각해(~는 어떤 것 같아)?

상대방이 무언가에 대해서 어떤 감정을 느끼는지 즉, 무언가에 대해 어떤 개인적인 의견이나 생각을 가지고 있는지 혹은 그것의 호불호를 묻고 싶을 때 사용할 수 있는 패턴입니다.

How do you feel about the ending of the movie? 그 영화의 결말에 대해 어떻게 생각해?
How do you feel about what he does for a living? 그의 직업에 대해 어떻게 생각해?
How do you feel about us having a baby? 우리가 아이를 갖는 것에 대해 어떻게 생각해?

🎬 미드에선 이렇게! [Numbers 3*23]
How do you feel about working with Charlie now?
이제 찰리와 함께 일하는 거 어떤 것 같아?

💬 Conversation
A: **How do you feel** about her?
그녀에 대해 어떻게 생각해요?
B: Well, I think she is a very attractive woman.
음, 난 그녀가 굉장히 매력적인 여성이라고 생각해요.

What do you think of + 명사? ~는 어떤가요(~에 대해 어떻게 생각해)?

상대방에게 어떤 대상에 대해서 어떻게 생각하는지 여부를 물어 볼 때 사용할 수 있는 패턴입니다. 전치사는 명사를 목적어로 취하므로 명사나 동명사가 of 뒤에 위치해야 합니다. 전치사 of 대신에 about을 써도 크게 의미상의 차이가 존재하지 않습니다.

What do you think of your new neighborhood? 새로 이사 간 동네는 어떤가요?
What do you think of my project? 내 프로젝트에 대해 어떻게 생각해?
What do you think of this checkered sweater? 이 체크무늬 스웨터는 어떤가요?

🎬 미드에선 이렇게! [Friends 8*5]
What do you think of adding him to our team?
그를 우리 팀에 들이는 거 어떻게 생각해?

💬 Conversation
A: **What do you think of** this one with striped patterns?
줄무늬 패턴을 가진 이건 어떤가요?
B: That's cool. I'll take that one.
멋진데요. 그걸로 살게요.

Review!

미드&스크린 속 네이티브들의 표현법 따라잡기!
앞서 배운 패턴 문장들입니다. 한글을 보고 영어로 크게 외쳐 봅시다!

361 Do you think ~?
~라고 생각해?

- [ ] 그녀가 날 좋아한다고 생각해?
- [ ] 그들이 늦게 올 거라고 생각해?
- [ ] 너 내가 세상물정 모른다고 생각해?
- [ ] 이게 농담이라고 생각해?
- [ ] 우리가 회의장에 시간 맞춰 도착할 수 있을 거라고 생각해?

362 Do you think I should + 동사원형 ~?
나 ~해야 할까?

- [ ] 나 그 일자리에 지원해야 할까?
- [ ] 나 가서 그녀와 얘기를 해야 할까?
- [ ] 나 머리를 금발로 염색해야 할까?
- [ ] 제가 변호사를 선임해야 할까요?
- [ ] 나 보톡스 맞아야 할까?

363 Don't you think ~?
~인 것 같지 않니?

- [ ] 그거 내 방에 너무 큰 것 같지 않니?
- [ ] 외모는 중요한 것 같지 않니?
- [ ] 그거 좀 유행에 뒤떨어지는 것 같지 않니?
- [ ] 너 네들이랑 시간을 너무 많이 보내는 것 같지 않니?
- [ ] 여기 커피 맛있는 것 같지 않니?

364 What can I do to + 동사원형 ~?
어떻게 하면 ~할 수 있을까?

- [ ] 어떻게 하면 내가 도울 수 있을까?
- [ ] 어떻게 하면 네가 날 믿게 할 수 있을까?
- [ ] 어떻게 하면 네게 보답할 수 있을까?
- [ ] 어떻게 하면 네 기분이 나아지게 할 수 있을까?
- [ ] 어떻게 하면 성적을 올릴 수가 있지?

365 How do you feel about ~?
~에 대해 어떻게 생각해(~는 어떤 것 같아)?

- [ ] 그 영화의 결말에 대해 어떻게 생각해?
- [ ] 그의 직업에 대해 어떻게 생각해?
- [ ] 우리가 아이를 갖는 것에 대해 어떻게 생각해?
- [ ] 이제 찰리와 함께 일하는 거 어떤 것 같아?
- [ ] 그녀에 대해 어떻게 생각해요?

366 What do you think of + 명사?
~는 어떤가요(~에 대해 어떻게 생각해)?

- [ ] 새로 이사 간 동네는 어떤가요?
- [ ] 내 프로젝트에 대해 어떻게 생각해?
- [ ] 이 체크무늬 스웨터는 어떤가요?
- [ ] 그를 우리 팀에 들이는 거 어떻게 생각해?
- [ ] 줄무늬 패턴을 가진 이건 어떤가요?

Good job!

Situation 062 >> 의문사 + 계획 묻기

Who's gonna ~? 누가 ~할 거죠?

본 패턴에서는 의문사 Who가 주어 역할을 하므로 '누구를'이 아니라 '누가'로 해석해야 합니다. 누가 무언가를 할지 묻는 패턴이지만, '과연 누가 ~하겠어?'란 부정의 의미로 사용되기도 합니다.

Who's gonna run the team?	누가 팀을 이끌죠?
Who's gonna explain this to her?	누가 이걸 그녀에게 설명할 거죠?
Who's gonna drive me to school?	누가 날 학교까지 태워다 줄 거죠?

🎬 미드에선 이렇게! [Prison Break 1*20]

Now **who's gonna** tell me what's going on?
자 누가 내게 무슨 일인지 말해 줄 거지?

💬 Conversation

A: **Who's gonna** cook tonight?
누가 오늘 밤에 요리할 거죠?

B: You are.
너지.

Who are you gonna ~? 너 누구를(에게) ~할 거야?

이 패턴에서 의문사 Who는 동사의 목적어 혹은 전치사의 목적어 역할을 할 수 있으므로 '누구를' 혹은 '누구에게' 등으로 해석해야 합니다.

Who are you gonna send it to?	너 그거 누구한테 보낼 거야?
Who are you gonna believe, me or Jack?	너 누구를 믿을 거야? 나야 잭이야?
Who are you gonna call?	너 누구에게 전화할 거야?

🎬 영화에선 이렇게! [The Quick and the Dead]

Who are you gonna challenge today?
오늘은 누구에게 도전할 건가?

💬 Conversation

A: **Who are you gonna** vote for president in 2012?
너 2012년 대선에서 누구를 찍을 거니?

B: I don't know. I haven't made up my mind yet.
모르겠어. 아직 결정하지 못했어.

 369

Where are you gonna ~? 너 어디로(어디서) ~할 거니?

where는 머무는 장소로 '어디서' 또는 향하는 장소로 '어디로'로 해석이 됩니다. 상대방에게 장소와 관련된 계획을 물어볼 때 사용할 수 있는 패턴입니다.

Where are you gonna sleep tonight? 너 오늘밤에 어디서 잘 거니?
Where are you gonna put the garbage? 너 그 쓰레기 어디다 둘 거니?
Where are you gonna go at this hour? 너 이 시간에 어디로 갈 거니?

▶ 미드에선 이렇게! [Numbers 2*16]
Where are you gonna take me to dinner?
너 저녁 먹으러 날 어디로 데려갈 거니?

💬 Conversation
A: **Where are you gonna** get a thousand bucks?
너 어디서 천 달러를 구해 올 거니?
B: I got it all figured.
나한테 다 생각이 있어.

 370

How are you gonna ~? 너 어떻게 ~할 거야?

의문사 how는 어떻게 즉, 방법을 물어볼 때 쓰입니다. 상대방에게 무언가를 어떻게 하려고 하는지를 물을 때 사용할 수 있는 패턴입니다.

How are you gonna help me? 너 어떻게 나를 도와줄 거야?
How are you gonna get to work tomorrow? 너 내일 어떻게 출근할 거야?
How are you gonna pay, in cash or by credit card?
어떻게 결제하시겠습니까? 현금으로요 아니면 신용카드로요?

▶ 영화에선 이렇게! [Ocean's Twelve]
How are you gonna possibly get 97 million dollars by next Wednesday?
너 어떻게 다음 주 수요일까지 구천칠백만 달러를 구하겠다는 거야?

💬 Conversation
A: **How are you gonna** pay for your boob job?
너 가슴 성형수술 비용을 어떻게 지불할 거야?
B: Well, I'm thinking about selling my car.
글쎄, 차를 팔까 생각 중이야.

371 What are you gonna ~? 너 뭘 ~할 거니?

'무엇'이란 뜻의 의문사 what을 이용해 상대방에게 무엇을 할 것인지 계획을 물을 때 사용할 수 있는 패턴입니다.

What are you gonna do with that?	너 그걸로 뭘 할 거니?
What are you gonna spend your money on?	너 뭐에 네 돈을 쓸 거니?
What are you gonna say to her?	너 그녀에게 뭐라고 말할 거니?

🎬 미드에선 이렇게! [The Simpsons 6*23]

What are you gonna do with your day off?
너 하루 쉬는 날인데 뭘 할 거니?

💬 Conversation

A: I'm not wearing a tux to the wedding.
나 결혼식에 턱시도 안 입을 거야.

B: **What are you gonna** wear then?
너 그러면 뭘 입을 거니?

372 When are you gonna ~? 너 언제 ~할 거니?

'언제'란 의미의 의문사 when을 사용해 상대방에게 언제 무언가를 할 계획인지 물을 때 사용할 수 있는 패턴입니다.

When are you gonna grow up?	너 언제 철들래?
When are you gonna be back?	너 언제 돌아올 거니?
When are you gonna finish this report?	너 이 보고서 언제 끝낼 거니?

🎬 미드에선 이렇게! [How I Met Your Mother 1*9]

When are you gonna start thinking about having a baby?
너 언제 아기 갖는 걸 생각하기 시작할 거니?

💬 Conversation

A: **When are you gonna** leave the office?
너 언제 퇴근 할 거니?

B: I don't know. I still have a lot of work to do.
모르겠어. 아직도 할 일이 엄청 많아.

Review!

미드&스크린 속 네이티브들의 표현법 따라잡기!
앞서 배운 패턴 문장들입니다. 한글을 보고 영어로 크게 외쳐 봅시다!

367 Who's gonna ~?
누가 ~할 거죠?

- [ ] 누가 팀을 이끌죠?
- [ ] 누가 이걸 그녀에게 설명할 거죠?
- [ ] 누가 날 학교까지 태워다 줄 거죠?
- [ ] 자 누가 내게 무슨 일인지 말해 줄 거지?
- [ ] 누가 오늘 밤에 요리할 거죠?

368 Who are you gonna ~?
너 누구를(에게) ~할 거니?

- [ ] 너 그거 누구한테 보낼 거야?
- [ ] 너 누구를 믿을 거야? 나야 잭이야?
- [ ] 너 누구에게 전화할 거야?
- [ ] 오늘은 누구에게 도전할 건가?
- [ ] 너 2012년 대선에서 누구를 찍을 거니?

369 Where are you gonna ~?
너 어디로(어디서) ~할 거니?

- [ ] 너 오늘밤에 어디서 잘 거니?
- [ ] 너 그 쓰레기 어디다 둘 거니?
- [ ] 너 이 시간에 어디로 갈 거니?
- [ ] 너 저녁 먹으로 날 어디로 데려갈 거니?
- [ ] 너 어디서 천 달러를 구해 올 거니?

370 How are you gonna ~?
너 어떻게 ~할 거야?

- [ ] 너 어떻게 나를 도와줄 거야?
- [ ] 너 내일 어떻게 출근할 거야?
- [ ] 어떻게 결재하시겠습니까? 현금으로요 아니면 신용카드로요?
- [ ] 너 어떻게 다음 주 수요일까지 구천칠백만 달러를 구하겠다는 거야?
- [ ] 너 가슴 성형수술 비용을 어떻게 지불할 거야?

371 What are you gonna ~?
너 뭘 ~할 거니?

- [ ] 너 그걸로 뭘 할 거니?
- [ ] 너 뭐에 네 돈을 쓸 거니?
- [ ] 너 그녀에게 뭐라고 말할 거니?
- [ ] 너 하루 쉬는 날인데 뭘 할 거니?
- [ ] 너 그러면 뭘 입을 거니?

372 When are you gonna ~?
너 언제 ~할 거니?

- [ ] 너 언제 철들래?
- [ ] 너 언제 돌아올 거니?
- [ ] 너 이 보고서 언제 끝낼 거니?
- [ ] 너 언제 아기 갖는 걸 생각하기 시작할 거니?
- [ ] 너 언제 퇴근 할 거니?

Situation **063** >> 의문사 + 하고 싶은 것 묻기

Why do you want to ~? 왜 넌 ~하고 싶은 거니?

상대방에게 무언가를 하고 싶은 이유가 뭔지 묻고 싶을 때 사용할 수 있는 패턴입니다. want to를 줄여서 wanna라고 말해도 됩니다.

Why do you want to go to Australia?	왜 넌 호주에 가고 싶은 거니?
Why do you want to work with us?	왜 당신은 우리와 함께 일하고 싶은 거죠?
Why do you want to buy a second hand computer?	왜 넌 중고 컴퓨터를 사고 싶은 거니?

🎬 미드에선 이렇게! [The Simpsons 4*13]

Why do you wanna have a baby so bad?
왜 넌 그렇게 아기를 가지고 싶은 거니?

💬 Conversation

A: **Why do you want to** become a stock broker?
넌 왜 주식 중개인이 되고 싶은 거니?

B: Because they make big money.
왜냐면 그 사람들은 돈을 많이 버니까.

Where do you wanna ~? 너 어디로(어디서, 어디에) ~하고 싶니?

where 의문문에서 의문사 where는 우리말로 '어디서, 어디로, 어디에' 등으로 해석이 될 수 있습니다. 이것은 상대방이 무언가를 할 때 바라는 혹은 생각하고 있는 장소를 물어볼 때 사용할 수 있는 패턴입니다.

Where do you wanna sit?	너 어디에 앉고 싶니?
Where do you wanna go first?	너 어디로 먼저 가고 싶니?
Where do you wanna eat today?	너 오늘은 어디서 먹고 싶니?

🎬 영화에선 이렇게! [The Holiday]

Where do you wanna go on your next vacation?
너 어디로 다음 휴가 때 가고 싶니?

💬 Conversation

A: Friday is fine by me. **Where do you wanna** meet?
나 금요일 괜찮아. 너 어디서 만나고 싶니?

B: I'll just come to your house.
내가 그냥 너희 집으로 갈게.

280

 375

What do you wanna ~? 너 뭘 ~하고 싶니?

친한 사이에 격식 없이 상대방에게 뭘 하고 싶은지 물을 때 사용할 수 있는 패턴입니다.

What do you wanna know?	뭘 알고 싶니?
What do you wanna order?	뭐 주문할 거야?
What do you wanna talk about?	무슨 얘길하고 싶니?

🎬 영화에선 이렇게! [Kick-Ass]

What do you wanna drink, wanna pepsi?
뭘 마시고 싶니, 펩시 마실래?

💬 Conversation

A: **What do you wanna** do tomorrow?
너 내일 뭘 하고 싶니?

B: I don't know. What do you wanna do?
모르겠어. 넌 뭘 하고 싶은데?

 376

What do you feel like ~? 너 뭐 ~하고 싶니?

feel like는 '~하고 싶다'는 뜻으로 사용됩니다. 상대방에게 무엇을 먹고 싶은지, 무엇을 하고 싶은지 등의 질문을 할 때 What do you feel like ~? 패턴으로 질문을 던져보세요.

What do you feel like drinking?	너 뭐 마시고 싶니?
What do you feel like watching?	너 뭐 보고 싶니?
What do you feel like talking about?	너 무슨 얘기하고 싶니?

🎬 미드에선 이렇게! [Veronica Mars 2*7]

What do you feel like doing? I've got some games.
너 뭐 하고 싶니? 나 게임이 몇 개 있어.

💬 Conversation

A: **What do you feel like** eating for lunch?
너 점심으로 뭐 먹고 싶니?

B: I don't know. There isn't much choice, right?
모르겠어. 선택할 게 많지도 않잖아, 그지?

How would you like ~? ~ 좀 드시겠어요? / ~는 어떻게 해드릴까요?

How would you like ~?란 패턴은 두 가지 의미로 사용됩니다. '~ 좀 드시겠어요?'란 의미로 사용될 때는 How about ~?나 Would you like ~? 패턴과 의미가 동일합니다. 그리고 식당에서 스테이크 등의 주문을 받을 때 '~는 어떻게 해드릴까요?'란 의미로도 사용됩니다.

How would you like some cookies?	과자 좀 드시겠어요?
How would you like some champagne?	샴페인 좀 드시겠어요?
How would you like your steak?	스테이크는 어떻게 해드릴까요?

🎬 영화에선 이렇게! [The Notebook]

How would you like some breakfast?
아침식사 좀 드시겠어요?

💬 Conversation

A: **How would you like** your eggs?
계란은 어떻게 해드릴까요?

B: I'd like it over easy, please. (**sunny side up** : 노른자를 익히지 않은 것 / **over hard** : 노른자를 완전히 익힌 것)
노른자를 살짝만 익혀주세요.

How would you like to ~? 어떻게 ~하시겠어요? / ~하는 게 어때요?

How would you like to ~? 패턴은 두 가지 의미로 사용됩니다. 첫째, 어떻게 무언가를 처리할 건지 방법을 물어볼 때 사용됩니다. 둘째, 상대방에게 무언가를 하는 게 어떻겠냐고 권유할 때도 사용될 수 있습니다.

How would you like to pay for your order?	어떻게 주문을 계산하시겠어요?
How would you like to have a drink with me?	저와 한 잔 하시는 게 어때요?
How would you like to get together this Friday?	이번 주 금요일에 뭉치는 게 어때요?

🎬 미드에선 이렇게! [How I met your mother 2*5]

How would you like to extend your stay here?
여기 머무는 기간을 더 늘리는 게 어때요?

💬 Conversation

A: **How would you like to** go on a date with me? Right now!
저와 데이트하러 가는 게 어때요? 지금 당장이요!

B: Why not?
좋아요!

Review!

미드&스크린 속 네이티브들의 표현법 따라잡기!
앞서 배운 패턴 문장들입니다. 한글을 보고 영어로 크게 외쳐 봅시다!

373 Why do you want to ~?
왜 넌 ~하고 싶은 거니?

- 왜 넌 호주에 가고 싶은 거니?
- 왜 당신은 우리와 함께 일하고 싶은 거죠?
- 왜 넌 중고 컴퓨터를 사고 싶은 거니?
- 왜 넌 그렇게 아기를 가지고 싶은 거니?
- 넌 왜 주식 중개인이 되고 싶은 거니?

374 Where do you wanna ~?
너 어디로(어디서, 어디에) ~하고 싶니?

- 너 어디에 앉고 싶니?
- 너 어디로 먼저 가고 싶니?
- 너 오늘은 어디서 먹고 싶니?
- 너 어디로 다음 휴가 때 가고 싶니?
- 너 어디서 만나고 싶니?

375 What do you wanna ~?
너 뭘 ~하고 싶니?

- 뭘 알고 싶니?
- 뭐 주문할 거야?
- 무슨 얘길하고 싶니?
- 뭘 마시고 싶니. 펩시 마실래?
- 너 내일 뭘 하고 싶니?

376 What do you feel like ~?
너 뭐 ~하고 싶니?

- 너 뭐 마시고 싶니?
- 너 뭐 보고 싶니?
- 너 무슨 얘기하고 싶니?
- 너 뭐 하고 싶니? 나 게임이 몇 개 있어.
- 너 점심으로 뭐 먹고 싶니?

377 How would you like ~?
~ 좀 드시겠어요? / ~는 어떻게 해드릴까요?

- 과자 좀 드시겠어요?
- 샴페인 좀 드시겠어요?
- 스테이크는 어떻게 해드릴까요?
- 아침식사 좀 드시겠어요?
- 계란은 어떻게 해드릴까요?

378 How would you like to ~?
어떻게 ~하시겠어요? / ~하는 게 어때요?

- 어떻게 주문을 계산하시겠어요?
- 저와 한 잔 하시는 게 어때요?
- 이번 주 금요일에 뭉치는 게 어때요?
- 여기 머무는 기간을 더 늘리는 게 어때요?
- 저와 데이트하러 가는 게 어때요?

Situation 064 >> 의문사 How + 형용사·부사~ 패턴

379 How far is ~? ~ 얼마나 멀어?

의문사 how는 뒤에 형용사 혹은 부사와 연결되어 '어떻게'가 아니라 '얼마나'란 의미로 사용됩니다. How far is ~? 패턴은 뒤에 나오는 대상까지의 거리가 얼마나 먼지를 물을 때 사용됩니다.

How far is your office from the park?	공원에서부터 네 사무실까지 얼마나 멀어?
How far is the bus stop from here?	여기서 버스정류장까지 얼마나 멀어요?
How far is the nearest convenience store?	가장 가까운 편의점까지 얼마나 멀어요?

🎬 미드에선 이렇게! [House 3*7]

How far is Atlantic city from here?
여기서부터 애틀랜틱시티까지 얼마나 멀어요?

💬 Conversation

A: **How far is** this restaurant?
    이 식당까지 얼마나 멀어요?

B: It's just around the corner.
    바로 모퉁이 돌면 나와요.

380 How soon ~? 언제쯤(얼마나 빨리) ~?

how soon은 시간상으로 '얼마나 빨리'란 뜻입니다. 상대방에게 얼마나 빨리, 즉 언제쯤 무언가를 할 수 있을지 여부를 물을 때 보통 사용되는 패턴입니다. how soon 대신에 의문사 when을 넣어 말해도 무방합니다.

How soon do you expect him back?	언제쯤 그가 돌아올 것으로 예상하시나요?
How soon will the train come here?	언제쯤 기차가 이곳으로 올까요?
How soon can you finish the assignment?	언제쯤 과제를 끝낼 수 있겠니?

🎬 미드에선 이렇게! [One Tree Hill 5*5]

How soon can you be in New York?
언제쯤 뉴욕에 오실 수 있으신가요?

💬 Conversation

A: **How soon** can we receive the shipment?
    언제쯤 저희가 선적을 받을 수 있을까요?

B: In about a week, I guess.
    대략 일주일 정도 후일 겁니다.

 ## How often do you + 동사원형 ~? 얼마나 자주 ~하니?

빈도부사 often을 how 뒤에 붙여서 상대방에게 얼마나 자주 무언가를 하는지 그 정도를 물어볼 때 사용할 수 있는 패턴입니다.

How often do you bathe?	얼마나 자주 목욕하니?
How often do you have that indigestion?	얼마나 자주 그런 소화불량이 생기나요?
How often do you visit your parents' home?	얼마나 자주 부모님 댁을 방문하니?

📺 미드에선 이렇게! [Close to Home I*I]

How often do you see your grandchildren?
얼마나 자주 손자손녀들을 보시나요?

💬 Conversation

A: **How often do you** eat out?
얼마나 자주 외식하니?

B: My wife doesn't like cooking, so we eat out almost every day.
아내가 요리하는 걸 좋아하지 않아서 우린 거의 매일 외식을 해요.

 ## How much is[are] ~? ~는 얼마죠?

무언가의 가격이나 금액을 물어볼 때는 how 뒤에 부사 much를 붙여서 How much ~? 패턴으로 질문을 던지면 됩니다. 가격을 물어보는 대상이 단수일 때는 How much is ~?, 복수일 때는 How much are ~ ? 패턴으로 물으면 됩니다.

How much is the admission fee?	입장료는 얼마인가요?
How much are reserved seats?	지정석은 얼마죠?
How much are you looking at?	당신이 바라보는 것은 얼마죠(얼마에 원하시나요)?

📺 미드에선 이렇게! [That 70's show I*I2]

How much is that refrigerator?
저 냉장고 얼마인가요?

💬 Conversation

A: **How much is** the bus fare?
버스 요금은 얼마인가요?

B: It's 2 dollars if you're not a student.
학생이 아니시라면 2달러입니다.

How long has it been since ~? ~한 지 얼마나 지났죠?

상대방에게 무언가를 한 후에 얼마나 시간이 지났는지를 물어볼 때 사용할 수 있는 패턴입니다. 시간이나 날씨 또는 명암 등을 나타낼 때는 비인칭 주어 it을 쓰기 때문에 여기서도 it은 '그것'으로 해석되지 않습니다.

> **How long has it been since** you came to America? 미국에 오신 지 얼마나 지났죠?
> **How long has it been since** you graduated from school? 학교를 졸업한 지 얼마나 지났죠?
> **How long has it been since** he got a job? 그가 직장을 구한 지 얼마나 지났죠?

🎬 영화에선 이렇게! [Traitor]
How long has it been since you've seen him?
그를 본 지 얼마나 지났죠?

💬 Conversation
A: **How long has it been since** you traveled?
너 여행한 지 얼마나 됐지?
B: More than 2 years, I guess.
2년 이상 된 것 같아.

How long have you been ~? ~한 지 얼마나 되셨나요?

현재완료 시제 'have+과거분사'는 과거의 어느 시점부터 현재까지도 계속 이어지는 행동이나 사건을 설명해 줍니다. 상대방에게 무언가를 해온 지 얼마나 됐는지를 물을 때 How long have you been ~? 패턴을 사용해서 물을 수 있습니다. been 뒤에는 현재분사(V-ing), 과거분사(p.p) 혹은 전치사구가 위치할 수 있습니다.

> **How long have you been** sitting here? 여기 앉아계신 지 얼마나 되셨나요?
> **How long have you been** married? 결혼하신 지 얼마나 되셨나요?
> **How long have you been** playing the piano? 피아노 치신 지 얼마나 되셨나요?

🎬 영화에선 이렇게! [Dead Man Walking]
How long have you been in this country?
이 나라에 계신 지 얼마나 되셨나요?

💬 Conversation
A: **How long have you been** going out with Kelly?
켈리랑 사귄 지 얼마나 됐어요?
B: A month.
한 달 됐어요.

Review!

미드&스크린 속 네이티브들의 표현법 따라잡기!
앞서 배운 패턴 문장들입니다. 한글을 보고 영어로 크게 외쳐 봅시다!

379 How far is ~?
~ 얼마나 멀어?

- 공원에서부터 네 사무실까지 얼마나 멀어?
- 여기서 버스정류장까지 얼마나 멀어요?
- 가장 가까운 편의점까지 얼마나 멀어요?
- 여기서부터 애틀랜틱시티까지 얼마나 멀어요?
- 이 식당까지 얼마나 멀어요?

380 How soon ~?
언제쯤(얼마나 빨리) ~?

- 언제쯤 그가 돌아올 것으로 예상하시나요?
- 언제쯤 기차가 이곳으로 올까요?
- 언제쯤 과제를 끝낼 수 있겠니?
- 언제쯤 뉴욕에 오실 수 있으신가요?
- 언제쯤 저희가 선적을 받을 수 있을까요?

381 How often do you + 동사원형 ~?
얼마나 자주 ~하니?

- 얼마나 자주 목욕하니?
- 얼마나 자주 그런 소화불량이 생기나요?
- 얼마나 자주 부모님 댁을 방문하니?
- 얼마나 자주 손자손녀들을 보시나요?
- 얼마나 자주 외식하니?

382 How much is[are] ~?
~는 얼마죠?

- 입장료는 얼마인가요?
- 지정석은 얼마죠?
- 당신이 바라보는 것은 얼마죠(얼마에 원하시나요)?
- 저 냉장고 얼마인가요?
- 버스 요금은 얼마인가요?

383 How long has it been since ~?
~한 지 얼마나 지났죠?

- 미국에 오신 지 얼마나 지났죠?
- 학교를 졸업한 지 얼마나 지났죠?
- 그가 직장을 구한 지 얼마나 지났죠?
- 그를 본 지 얼마나 지났죠?
- 너 여행한 지 얼마나 됐지?

384 How long have you been ~?
~한 지 얼마나 되셨나요?

- 여기 앉아계신 지 얼마나 되셨나요?
- 결혼하신 지 얼마나 되셨나요?
- 피아노 치신 지 얼마나 되셨나요?
- 이 나라에 계신 지 얼마나 되셨나요?
- 켈리랑 사귄 지 얼마나 됐어요?

Situation 065 >> 의문사 what 패턴

What's your + 단수명사? 네 ~는 뭐니?

상대방과 관련한 그 무엇인가가 궁금해서 질문을 던질 때 사용할 수 있는 패턴입니다. 상대방이 가장 좋아하는 무언가를 물을 때는 favorite을 붙여서 What's your favorite ~? 패턴으로 질문을 던지시면 됩니다.

What's your point?   네 요점이 뭐니?
What's your problem?   너 문제가 뭐야(너 대체 왜 그래)?
What's your last name?   성이 뭐예요?

🎬 미드에선 이렇게! [One Tree Hill 1*3]
What's your favorite number?
네가 가장 좋아하는 숫자가 뭐니?

💬 Conversation
A: **What's your** favorite food?
  가장 좋아하는 음식이 뭐예요?
B: It's Chinese.
  중국음식이요.

What are you + 동사-ing ~? 너 지금 뭐 ~하고 있는 거야?

상대방에게 지금 무엇을 하고 있는 건지 묻고 싶을 때 사용할 수 있는 패턴입니다. '~하는 중이다'란 서술어 표현을 만드는 현재진행형 시제 'be동사+일반동사-ing'를 의문문으로 활용한 패턴입니다.

What are you talking about?   너 지금 무슨 소릴 하고 있는 거야?
What are you doing here?   너 지금 여기서 뭐 하고 있는 거야?
What are you trying to say?   너 지금 무슨 말을 하려고 하는 거야?

🎬 영화에선 이렇게! [Pulp Fiction]
What are you looking for?
너 지금 뭘 찾고 있는 거니?

💬 Conversation
A: **What are you** thinking about?
  너 지금 무슨 생각을 하고 있니?
B: I'm thinking about you.
  나 네 생각하고 있는 중이지.

387　What's + 전명구?　~에 있는 건 뭐야?

'전명구'는 '전치사+명사'의 줄임말입니다. 전치사는 보통 뒤에 위치하는 명사의 위치나 방향 등을 알려주는 역할을 하며, What's(What is)에서 be 동사인 is는 존재를 알려주는 '있다'란 뜻입니다.

What's in that box?　그 상자 안에 있는 건 뭐야?
What's in the briefcase?　서류가방 안에 있는 건 뭐야?
What's under the bed?　침대 밑에 있는 게 뭐야?

📽 미드에선 이렇게! [CSI Las Vegas 5*10]
What's on the menu today?
오늘 메뉴에 있는 건 뭐죠?

💬 Conversation
A: **What's** on your mind?
　마음에 있는 게 뭐니(하고 싶은 말이 뭐니)?
B: Well, I'd like to talk about my job performance.
　제 업무 성과에 대해서 얘기를 나누고 싶습니다.

388　What's it like to + 동사원형 ~?　~하는 건 어떤 기분이야(하니까 어때)?

What ~ like는 무엇이 아니라 상태, 즉, how와 동일한 의미가 됩니다. 즉, What's it like to ~?는 to 이하에 등장하는 동사의 내용이 어떤지, 어떤 기분인지를 물을 때 쓸 수 있는 패턴입니다.

What's it like to be in love?　사랑에 빠지니까 어떤 기분이야?
What's it like to work with him?　그와 함께 일하니까 어때?
What's it like to be a wife and mother?　한 사람의 아내이자 한 아이의 엄마인 건 어떤 기분이니?

🎬 영화에선 이렇게! [Batman Forever]
What's it like to have your face on the cover of every magazine?
모든 잡지 표지에 본인 얼굴이 실리니까 어때요?

💬 Conversation
A: **What's it like to** live the life of a super model?
　슈퍼모델의 삶을 사는 건 어떤 기분이에요?
B: It's not as awesome as you think it would be.
　당신이 생각하는 것 만큼 그렇게 멋지지는 않아요.

What + 과거동사 ~? 뭐가 ~한 거야?

What 뒤에 과거동사를 연결시켜서 질문을 던지면 '무엇이 ~한 거야?'란 뜻의 질문 패턴이 됩니다. 아래의 몇 가지 회화표현들을 외워서 활용해 보도록 하세요.

What took you so long?	뭐가 널 그렇게 오래 걸리게 한 거야(왜 이렇게 오래 걸렸어)?
What brought you here?	뭐가 널 여기로 데려온 거예요(여긴 무슨 일로 왔죠)?
What happened between you two?	뭐가 너희 둘 사이에 있었던 거야(둘 사이에 무슨 일이 있었던 거야)?

🎬 미드에선 이렇게! [Numbers 4*4]

What changed your mind?
뭐가 네 마음을 바꾼 거야?

💬 Conversation

A: **What** made you so late?
뭐가 널 이렇게 늦게 한 거야(왜 이렇게 늦은 거야)?

B: I took the wrong bus.
버스를 잘못 탔어요.

What time is + 단수명사? ~는 몇 시지?

의문사 what은 뒤에 명사를 수식해 줄 수 있습니다. 예를 들어 what subject는 '무슨 과목', what food 는 '무슨 음식', what time은 '몇 시'가 되는 것처럼 상대방에게 무언가의 시간 즉, 일정을 물어볼 때 What time is ~? 패턴으로 질문을 던지면 됩니다.

What time is the game tonight?	오늘 밤 경기가 몇 시지?
What time is it in Japan?	일본은 지금 몇 시지?
What time is your flight?	네 비행기는 몇 시지?

🎬 미드에선 이렇게! [Veronica Mars 3*12]

What time is the show?
그 방송이 몇 시지?

💬 Conversation

A: **What time is** the next train?
다음 기차는 몇 시지?

B: The next train will come in 10 minutes.
다음 기차는 10분 후에 올 거예요.

Review!

미드&스크린 속 네이티브들의 표현법 따라잡기!
앞서 배운 패턴 문장들입니다. 한글을 보고 영어로 크게 외쳐 봅시다!

385 What's your + 단수명사?
~는 뭐니?

- [ ] 네 요점이 뭐니?
- [ ] 너 문제가 뭐야(너 대체 왜 그래)?
- [ ] 성이 뭐예요?
- [ ] 네가 가장 좋아하는 숫자가 뭐니?
- [ ] 가장 좋아하는 음식이 뭐예요?

386 What are you + 동사-ing ~?
너 지금 뭐 ~하고 있는 거야?

- [ ] 너 지금 무슨 소릴 하고 있는 거야?
- [ ] 너 지금 여기서 뭐 하고 있는 거야?
- [ ] 너 지금 무슨 말을 하려고 하는 거야?
- [ ] 너 지금 뭘 찾고 있는 거니?
- [ ] 너 지금 무슨 생각을 하고 있니?

387 What's + 전명구?
~에 있는 건 뭐야?

- [ ] 그 상자 안에 있는 건 뭐야?
- [ ] 서류가방 안에 있는 건 뭐야?
- [ ] 침대 밑에 있는 게 뭐야?
- [ ] 오늘 메뉴에 있는 건 뭐죠?
- [ ] 마음에 있는 게 뭐니(하고 싶은 말이 뭐니)?

388 What's it like to + 동사원형 ~?
~하는 건 어떤 기분이야(하니까 어때)?

- [ ] 사랑에 빠지니까 어떤 기분이야?
- [ ] 그와 함께 일하니까 어때?
- [ ] 한 사람의 아내이자 한 아이의 엄마인 건 어떤 기분이니?
- [ ] 모든 잡지 표지에 본인 얼굴이 실리니까 어때요?
- [ ] 슈퍼모델의 삶을 사는 건 어떤 기분이에요?

389 What + 과거동사 ~?
뭐가 ~한 거야?

- [ ] 뭐가 널 그렇게 오래 걸리게 한 거야(왜 이렇게 오래 걸렸어)?
- [ ] 뭐가 널 여기로 데려온 거예요(여긴 무슨 일로 왔죠)?
- [ ] 뭐가 너희 둘 사이에 있었던 거야(둘 사이에 무슨 일이 있었던 거야)?
- [ ] 뭐가 네 마음을 바꾼 거야?
- [ ] 뭐가 널 이렇게 늦게 한 거야(왜 이렇게 늦은 거야)?

390 What time is + 단수명사?
~는 몇 시지?

- [ ] 오늘 밤 경기가 몇 시지?
- [ ] 일본은 지금 몇 시지?
- [ ] 네 비행기는 몇 시지?
- [ ] 그 방송이 몇 시지?
- [ ] 다음 기차는 몇 시지?

Situation 066 >> 의문사 when 패턴

When is your ~? 네 ~는 언제야?

상대방의 생일, 시험, 결혼기념일 등 어떤 특정한 행사나 계획이 언제 있는지 일정을 물어볼 때 사용할 수 있는 패턴입니다.

When is your birthday?   네 생일은 언제야?
When is your exam?   네 시험은 언제야?
When is your wedding anniversary?   네 결혼기념일은 언제야?

🎬 미드에선 이렇게! [Friends 4*23]
When is your next flight to London?
네 런던 행 다음 비행기는 언제야?

💬 Conversation
A: **When is your** next class?
    네 다음 수업은 언제야?
B: It's at 2.
    2시에 있어.

When are you+동사-ing ~? 너 언제 ~할 거니?

현재진행형인 be+동사-ing는 확정된 가까운 미래를 나타낼 수도 있습니다. 예를 들어 What are you doing tomorrow?는 '너 내일 뭐하는 중이니?'가 아니라 '너 내일 뭐 할 거니?'란 뜻이 됩니다. 이것은 When are you gonna+동사원형 ~? 패턴으로 질문해서도 됩니다.

When are you getting married?   너 언제 결혼할 거니?
When are you coming back?   너 언제 돌아올 거니?
When are you dumping her?   너 언제 걔 찰 거야?

🎬 영화에선 이렇게! [Inception]
When are you taking me there?
너 언제 날 거기로 데려갈 거니?

💬 Conversation
A: **When are you** moving out?
    너 언제 이사 나갈 거야?
B: I'm moving out tomorrow.
    내일 이사 나가요.

 393

When can I ~? 저 언제 ~할 수 있어요?

조동사 can을 활용해서 상대방에게 자신이 언제 무언가를 할 수 있을지 일정이나 계획을 물어볼 때 사용할 수 있는 패턴입니다.

When can I see you again?	저 언제 다시 당신을 볼 수 있나요?
When can I go home?	저 언제 집에 갈 수 있어요?
When can I take off my seat belt?	저 언제 좌석벨트를 풀 수 있어요?

🎬 미드에선 이렇게! 〔Monk 3*8〕

When can I talk to this Mr. Lankman?
저 언제 이 랭크맨 씨란 사람과 얘기할 수 있나요?

💬 Conversation

A: I have one last question. **When can I** get the results?
  마지막 질문이 있어요. 저 언제 결과를 받을 수 있을까요?

B: We'll give you a call no later than Friday.
  늦어도 금요일까지 전화를 드리도록 할게요.

 394

When did you last + 동사원형 ~? 너 언제 마지막으로 ~했니?

When did you ~?는 상대방에게 어떤 행동을 한 시점이 언제인지를 물을 때 쓰이는 패턴입니다. 여기에 부사 last(마지막으로)를 더해서 무언가를 마지막으로 한 시점이 언제인지를 물을 수 있습니다.

When did you last speak to her?	너 언제 마지막으로 걔와 얘기했니?
When did you last take a subway?	너 언제 마지막으로 전철을 탔니?
When did you last kiss?	너 언제 마지막으로 키스했니?

🎬 미드에선 이렇게! 〔Law and Order 2*7〕

When did you last see your parents?
너 언제 마지막으로 부모님을 뵈었니?

💬 Conversation

A: **When did you last** have a girlfriend?
  너 언제 마지막으로 여자친구가 있었니?

B: Well, I've never had a girlfriend in my life.
  음, 난 살면서 여자친구가 있어 본 적이 한 번도 없어.

When do you think ~? 언제 ~일 것 같니?

상대방에게 어떤 상황이 언제쯤 벌어질 것인지를 물을 때 사용할 수 있는 패턴입니다.

When do you think he'll be back? 언제 그가 돌아올 것 같니?
When do you think you can finish the project? 언제 너 그 프로젝트를 끝낼 것 같니?
When do you think I'll have my first date? 언제 내가 첫 데이트를 할 수 있을 것 같니?

🎬 영화에선 이렇게! 〔Knocked Up〕
When do you think we can launch this site?
언제 우리 이 사이트를 오픈할 수 있을 것 같니?

💬 Conversation
A: **When do you think** that studio apartment will be available?
  언제쯤 그 원룸이 이용 가능할 것 같아요?
B: I'll check with the owner first thing in the morning.
  아침에 제일 먼저 주인에게 확인해 볼게요.

Since when do you ~? 언제부터 ~했니?

상대방이 평소에는 하지 않을 행동을 할 때 이에 대한 놀라움으로 혹은 약간의 비꼼을 담아서 언제부터 네가 그랬냐고 질문을 던질 때 사용할 수 있는 패턴입니다.

Since when do you talk to him like that? 언제부터 너 그에게 그런 식으로 말을 했니?
Since when do you care about your weight? 언제부터 너 몸무게를 신경 썼니?
Since when do you make mistakes? 언제부터 네가 실수를 했니?

🎬 영화에선 이렇게! 〔The Pursuit of Happiness〕
Since when do you not like macaroni and cheese?
언제부터 너 마카로니와 치즈를 좋아하지 않았니?

💬 Conversation
A: **Since when do you** eat carrots?
  언제부터 너 당근을 먹었니?
B: I've always loved them.
  난 항상 당근 좋아했는데.

Review!

미드&스크린 속 네이티브들의 표현법 따라잡기!
앞서 배운 패턴 문장들입니다. 한글을 보고 영어로 크게 외쳐 봅시다!

391 When is your ~?
네 ~는 언제야?

- □ 네 생일은 언제야?
- □ 네 시험은 언제야?
- □ 네 결혼기념일은 언제야?
- □ 네 런던 행 다음 비행기는 언제야?
- □ 네 다음 수업은 언제야?

392 When are you + 동사 ing ~?
너 언제 ~할 거니?

- □ 너 언제 결혼할 거니?
- □ 너 언제 돌아올 거니?
- □ 너 언제 걔 찰 거야?
- □ 너 언제 날 거기로 데려갈 거니?
- □ 너 언제 이사 나갈 거야?

393 When can I ~?
저 언제 ~할 수 있어요?

- □ 저 언제 다시 당신을 볼 수 있나요?
- □ 저 언제 집에 갈 수 있어요?
- □ 저 언제 좌석벨트를 풀 수 있어요?
- □ 저 언제 이 랭크맨 씨란 사람과 얘기할 수 있나요?
- □ 저 언제 결과를 받을 수 있을까요?

394 When did you last + 동사원형 ~?
너 언제 마지막으로 ~했니?

- □ 너 언제 마지막으로 걔와 얘기했니?
- □ 너 언제 마지막으로 전철을 탔니?
- □ 너 언제 마지막으로 키스했니?
- □ 너 언제 마지막으로 부모님을 뵈었니?
- □ 너 언제 마지막으로 여자친구가 있었니?

395 When do you think ~?
언제 ~일 것 같니?

- □ 언제 그가 돌아올 것 같니?
- □ 언제 너 그 프로젝트를 끝낼 것 같니?
- □ 언제 내가 첫 데이트를 할 수 있을 것 같니?
- □ 언제 우리 이 사이트를 오픈할 수 있을 것 같니?
- □ 언제 쯤 그 원룸이 이용 가능할 것 같나요?

396 Since when do you ~?
언제부터 ~했니?

- □ 언제부터 너 그에게 그런 식으로 말을 했니?
- □ 언제부터 너 몸무게를 신경 썼니?
- □ 언제부터 네가 실수를 했니?
- □ 언제부터 너 마카로니와 치즈를 좋아하지 않았니?
- □ 언제부터 너 당근을 먹었니?

Situation 067 >> 의문사 where 패턴

Where is my + 단수명사? 내 ~ 어디 있지?

자신의 물건 혹은 남편, 아내, 아기, 친구 등 사람들이 어디 있는지 모르는 상태에서 이들을 찾을 때 사용할 수 있는 패턴입니다.

Where is my phone?	내 전화기 어디 있지?
Where is my husband?	제 남편 어디 있죠?
Where is my book?	내 책 어디에 있지?

🎬 영화에선 이렇게! [Taken]
Where is my daughter?
내 딸은 어디 있지?

💬 Conversation

A: **Where is my** wallet? I can't remember where I put it.
   내 지갑이 어디 있지? 어디다 뒀는지 기억이 안 나.

B: I saw it on the kitchen table.
   부엌 테이블에 있는 거 봤어요.

Where are your + 복수명사? 네 ~는 어디에 있니?

앞서 배운 Where is my ~? 패턴과 마찬가지로 상대방의 물건들 혹은 상대방과 관계있는 사람들의 위치를 물어볼 때 사용할 수 있는 패턴입니다. 위치를 물어보는 대상이 한 개가 아닌 복수, 즉 여러 개 일 때는 be동사가 are가 와야 합니다.

Where are your parents?	네 부모님은 어디에 계시니?
Where are your wheels?[=Where is your car?]	네 차는 어디에 있니?
Where are your colleagues?	네 동료들은 어디에 있니?

🎬 미드에선 이렇게! [The O.C 3*9]
Where are your painkillers?
네 진통제는 어디에 있니?

💬 Conversation

A: Behave yourself. **Where are your** manners?
   점잖게 굴거라. 네 예절은 어디다 뒀니(너 참 예의가 없구나)?

B: I'm sorry, Mrs. Kim.
   죄송합니다. 김 선생님.

 399

Where's the nearest ~? 가장 가까운 ~는 어디죠?

그냥 Where is ~? 패턴은 무언가의 위치를 물을 때 쓰입니다. '가까운'이란 뜻의 형용사 near의 최상급을 사용해서 현재 위치에서 가장 가까운 곳에 위치한 장소를 물어볼 수 있습니다.

Where's the nearest restroom? 가장 가까운 화장실이 어디죠?
Where's the nearest bus stop? 가장 가까운 버스정류장이 어디죠?
Where's the nearest pharmacy? 가장 가까운 약국이 어디죠?

■ 미드에선 이렇게! [Law and Order 3*5]
Where's the nearest high school?
가장 가까운 고등학교가 어디죠?

💬 Conversation
A: **Where's the nearest** subway station?
 가장 가까운 전철역이 어디죠?
B: Opposite the post office. Five minutes' walk.
 우체국 반대편이요. 5분 정도 걸어서 가시면 되요.

 400

Where can I ~? 어디서 ~할 수 있나요?

무언가를 언제 할 수 있는지 상대방에게 물을 때 사용할 수 있는 패턴입니다. 조동사 can이 있으므로 I 뒤에 동사원형을 넣어 말하면 됩니다.

Where can I pick up my bag? 어디서 제 가방을 찾을 수 있나요?
Where can I buy this kind of thing? 어디서 이런 걸 살 수 있나요?
Where can I get a bus to Gangnam station? 어디서 강남역 가는 버스를 탈 수 있나요?

■ 미드에선 이렇게! [Ghost Whisperer 1*6]
Where can I find your mother?
어디서 네 어머니를 만날 수 있을까?

💬 Conversation
A: **Where can I** drop you?
 어디서 내려 줄까?
B: Right over there.
 바로 저기요.

Where's a good place to ~? ~하기 좋은 곳이 어디니?

place란 명사를 to부정사가 형용사적 용법에 의해서 수식해 줍니다. 즉, place to go는 '갈 장소'란 명사 덩어리가 됩니다. 무언가를 하기 괜찮은 장소가 어디인지를 물을 때 쓸 수 있는 패턴입니다.

Where's a good place to go? 가기 좋은 곳이 어디니?
Where's a good place to eat around here? 이 근처에서 식사하기 좋은 곳이 어디니?
Where's a good place to take her to dinner? 그녀와 저녁식사 하러 가기 좋은 곳이 어디니?

🎬 미드에선 이렇게! 〔Accidentally on Purpose〕
Where's a good place to have a chat with an old guy?
나이 많은 남자와 수다 떨기에 좋은 곳이 어디니?

💬 Conversation
A: **Where's a good place to** go shopping for clothes?
   옷 쇼핑하러 가기 좋은 곳이 어디니?
B: You should go to Dong-dae-moon. There are lots of shopping malls you can choose from.
   동대문에 가 봐요. 선택할 수 있는 많은 쇼핑몰들이 있어요.

Where did you ~? 너 어디서(어디에) ~한 거니?

상대방에게 어떤 행동을 취했던 곳이 어디인지 물어볼 때 사용할 수 있는 패턴입니다. 조심해야 할 것은 Where did you think ~?나 Where did you say ~? 등의 패턴은 상대방이 어디서 생각하고 어디서 말했냐는 것이 아니라 뒤에 다시 언급되는 동사와 where를 관계시켜서 해석해야 한다는 점입니다. (미드 예문 참조)

Where did you buy this? 너 어디서 이거 산 거니?
Where did you take this picture? 너 어디서 이 사진 찍은 거니?
Where did you get this information? 너 어디서 이 정보를 얻은 거니?

🎬 미드에선 이렇게! 〔Desperate Housewives 1*7〕
Where did you say they were going tonight?
너 어디에 걔들이 오늘밤 간다고 말했지?

💬 Conversation
A: Jack, **where did you** park the car?
   잭, 너 차 어디에 주차했니?
B: I parked it right over there.
   바로 저쪽에 차 대놨어.

Review!

미드&스크린 속 네이티브들의 표현법 따라잡기!
앞서 배운 패턴 문장들입니다. 한글을 보고 영어로 크게 외쳐 봅시다!

397　Where is my + 단수명사?
내 ~ 어디 있지?

- 내 전화기 어디 있지?
- 제 남편 어디 있죠?
- 내 책 어디에 있지?
- 내 딸은 어디 있지?
- 내 지갑이 어디 있지?

398　Where are your + 복수명사?
네 ~는 어디에 있니?

- 네 부모님은 어디에 계시니?
- 네 차는 어디에 있니?
- 네 동료들은 어디에 있니?
- 네 진통제는 어디에 있니?
- 네 예절은 어디다 뒀니(너 참 예의가 없구나)?

399　Where's the nearest ~?
가장 가까운 ~는 어디죠?

- 가장 가까운 화장실이 어디죠?
- 가장 가까운 버스정류장이 어디죠?
- 가장 가까운 약국이 어디죠?
- 가까운 고등학교가 어디죠?
- 가장 가까운 전철역이 어디죠?

400　Where can I ~?
어디서 ~할 수 있나요?

- 어디서 제 가방을 찾을 수 있나요?
- 어디서 이런 걸 살 수 있나요?
- 어디서 강남역 가는 버스를 탈 수 있나요?
- 어디서 네 어머니를 만날 수 있을까?
- 어디서 내려 줄까?

401　Where's a good place to ~?
~하기 좋은 곳이 어디니?

- 가기 좋은 곳이 어디니?
- 이 근처에서 식사하기 좋은 곳이 어디니?
- 그녀와 저녁식사 하러 가기 좋은 곳이 어디니?
- 나이 많은 남자와 수다 떨기에 좋은 곳이 어디니?
- 옷 쇼핑하러 가기 좋은 곳이 어디니?

402　Where did you ~?
너 어디서(어디에) ~한 거니?

- 너 어디서 이거 산거니?
- 너 어디서 이 사진 찍은 거니?
- 너 어디서 이 정보를 얻은 거니?
- 너 어디에 걔들이 오늘밤 간다고 말했었지?
- 너 차 어디에 주차했니?

Situation **068** >> 의문사 who 패턴

Who wants to + 동사원형 ~? 누가 ~할래(~하고 싶은 사람)?

누가 먼저 무언가를 하고 싶은지 물을 때 사용할 수 있는 패턴입니다. 본 패턴은 '~하고 싶은 사람이 어딨냐?'는 비꼬는 뉘앙스를 전달할 때도 사용될 수 있습니다. ex) Who wants to study on weekends?(주말에 공부하고 싶은 사람이 어디 있냐?)

Who wants to say grace?	누가 식전 기도할래?
Who wants to go for a ride?	드라이브 가고 싶은 사람?
Who wants to try this first?	누가 먼저 이거 시도해 볼래?

📺 미드에선 이렇게! 〔The O.C 2*18〕
Who wants to help me hang the banner?
누가 나 현수막 거는 거 도와줄래?

💬 Conversation

A: **Who wants to** volunteer for this work?
   누가 이 일 자원할래?
B: I do.
   저 하고 싶어요.

Who + 과거동사 ~? 누가 ~했어?

의문사 who 뒤에 과거동사를 붙여서 질문을 하면 '누가 ~했어?'란 의미의 질문 패턴이 됩니다.

Who said that?	누가 그런 말 했어?
Who invited you?	누가 널 초대했니?
Who died and made you a queen[or king]?	네가 뭔데 나한테 이래라 저래라야?

🎬 영화에선 이렇게! 〔Cheaper by the Dozen 2〕
Who cut the cheese? (**cut the cheese** : 방귀를 뀌다)
누가 방귀 뀐 거야?

💬 Conversation

A: I don't think it's fair.
   그게 공평하다고 생각 안 해요.
B: **Who** asked your opinion?
   누가 네 의견 물었어?

Who's in charge of ~? ~의 책임자가 누구죠?

in charge of는 '~을 책임지고 있는(맡고 있는)'이란 뜻입니다. 어떤 일에 대해 누가 책임을 맡고 있는지 물을 때 쓸 수 있는 패턴입니다.

Who's in charge of this project?	이 프로젝트의 책임자가 누구죠?
Who's in charge of this parade?	이 퍼레이드의 책임자가 누구죠?
Who's in charge of this case?	이 사건의 책임자가 누구죠?

▶ 영화에선 이렇게! [Accepted]
Who's in charge of room assignments around here?
이곳에서 방 배정 책임자가 누구죠?

💬 Conversation

A: **Who's in charge of** customer complaints?
고객 불만 책임자가 누구죠?

B: That would be Mr. Lee.
그건 이 과장님이십니다.

Who do you think + 동사 ~? 누가 ~라고 생각하니?

'Who+동사 ~?(누가 ~하니?)' 패턴에 상대방의 의견을 묻기 위해서 중간에 삽입구로 do you think 가 들어간 패턴입니다. 즉, 이것은 '누가 ~라고 생각하니?'란 뜻으로 상대방의 의견을 물을 때 쓰는 패턴입니다.

Who do you think will win the race?	누가 경주를 이길 거라고 생각하니?
Who do you think is more guilty?	누가 더 죄가 크다고 생각하니?
Who do you think killed him?	누가 그를 죽였다고 생각하니?

▶ 미드에선 이렇게! [That 70's Show 7*2]
Who do you think shot J. F. K?
누가 케네디 대통령을 쐈다고 생각하니?

💬 Conversation

A: **Who do you think** hates me this much?
누가 날 이만큼이나 미워한다고 생각하니?

B: Maybe it's John. You bully him every day.
아마도 존 일거야. 넌 걔를 매일 괴롭히잖아.

Who was the last person to + 동사원형 ~?

마지막으로 ~한 사람이 누구지?

last person to는 '~를 마지막으로 한 사람'이란 뜻이 됩니다. 어떤 일을 마지막으로 한 사람이 누구인지 물을 때 사용할 수 있는 패턴입니다.

Who was the last person to use the copier?
마지막으로 복사기를 사용한 사람이 누구지?

Who was the last person to leave the room this morning?
오늘 아침에 마지막으로 방을 나간 사람이 누구지?

Who was the last person to hear from him?
마지막으로 그로부터 연락을 들은 사람이 누구지?

🎬 영화에선 이렇게! 〔Dead Man Walking〕

Who was the last person to die?
마지막으로 죽은 사람이 누구지?

💬 Conversation

A: **Who was the last person to** read the magazine?
다지막으로 그 잡지를 읽은 사람이 누구지?

B: It must have been Joe.
틀림없이 조였을 거야.

Whose + 명사 ~ is it? 누구의 ~야?

의문사 whose는 뒤에 명사를 받아서 '누구의 명사'란 의미를 만듭니다. 예를 들어 whose book은 '누구의 책'이고 whose shoes는 '누구의 신발'이란 뜻이 됩니다. 따라서 어떤 사물 또는 상황의 소유 대상이 누구인지를 물을 때 사용할 수 있는 패턴입니다.

Whose car **is it**?   누구 차야?
Whose account **is it**?   누구 계좌야?
Whose picture **is it**?   누구 사진이야?

🎬 영화에선 이렇게! 〔The Day after Tomorrow〕

Whose phone **is it**? Give it to me.
누구 전화기야? 내게 줘 봐.

💬 Conversation

A: **Whose** turn **is it** next?
다음은 누구 차례지?

B: It's your turn, idiot.
네 차례잖아. 멍청아.

미드&스크린 속 네이티브들의 표현법 따라잡기!
앞서 배운 패턴 문장들입니다. 한글을 보고 영어로 크게 외쳐 봅시다!

403　Who wants to + 동사원형 ~?
누가 ~할래(~하고 싶은 사람)?

- 누가 식전 기도할래?
- 드라이브 가고 싶은 사람?
- 누가 먼저 이거 시도해 볼래?
- 누가 나 현수막 거는 거 도와줄래?
- 누가 이 일 자원할래?

404　Who + 과거동사 ~?
누가 ~했어?

- 누가 그런 말 했어?
- 누가 널 초대했니?
- 네가 뭔데 나한테 이래라 저래라야?
- 누가 방귀 뀐 거야?
- 누가 네 의견 물었어?

405　Who's in charge of ~?
~의 책임자가 누구죠?

- 이 프로젝트의 책임자가 누구죠?
- 이 퍼레이드의 책임자가 누구죠?
- 이 사건의 책임자가 누구죠?
- 이곳에서 방 배정 책임자가 누구죠?
- 고객 불만 책임자가 누구죠?

406　Who do you think + 동사 ~?
누가 ~라고 생각하니?

- 누가 경주를 이길 거라고 생각하니?
- 누가 더 죄가 크다고 생각하니?
- 누가 그를 죽였다고 생각하니?
- 누가 케네디 대통령을 쐈다고 생각하니?
- 누가 날 이만큼이나 미워한다고 생각하니?

407　Who was the last person to + 동사원형 ~?
마지막으로 ~한 사람이 누구지?

- 마지막으로 복사기를 사용한 사람이 누구지
- 오늘 아침에 마지막으로 방을 나간 사람이 누구지?
- 마지막으로 그로부터 연락을 들은 사람이 누구지
- 마지막으로 죽은 사람이 누구지?
- 마지막으로 그 잡지를 읽은 사람이 누구지?

408　Whose + 명사 ~ is it?
누구의 ~야?

- 누구 차야?
- 누구 계좌야?
- 누구 사진이야?
- 누구 전화기야?
- 다음은 누구 차례지?

303

Situation 069 >> 이유

Why did you + 동사원형 ~? 왜 ~한 거니?

상대방이 어떤 행동을 한 이유에 대해서 물어볼 때 사용할 수 있는 패턴입니다. 분노를 담아서 상대방에게 이유를 따지듯이 물을 때에는 why 뒤에 the hell을 붙여 Why the hell did you ~? 패턴으로 질문을 던질 수 있습니다.

Why did you hire her?	왜 그녀를 고용한 거니?
Why did you bring me here?	왜 날 여기로 데리고 온 거니?
Why did you rat out my brother?	왜 너 내 동생을 일러바친 거니? (**rat out** : ~를 밀고하다, 일러바치다)

🎬 미드에선 이렇게! 〔Close to Home I*2〕

Why did you miss classes the next day?
왜 그 다음 날 수업을 빠진 거니?

💬 Conversation

A: **Why did you** want to marry him?
왜 그와 결혼하고 싶었던 거니?

B: Well, I was in love with him.
음, 그를 사랑했었으니까요.

How come ~? 왜(어째서) ~인 건데?

How come은 의문사 Why와 같은 뜻으로 '왜' 즉, 이유를 물어볼 때 사용됩니다. 어떤 상황을 두고 상대방에게 왜 그런 건지 따지듯이 묻거나 불만을 표현하듯이 말할 때 주로 사용되는 패턴입니다. How come 뒤에는 '주어+동사' 어순으로 문장이 위치해야 합니다.

How come we have to go now?	왜 우리 지금 가야 하는 건데?
How come you're always late for work?	왜 항상 넌 회사에 지각하는 건데?
How come nobody told me?	어째서 아무도 내게 말 안 한 건데?

🎬 영화에선 이렇게! 〔Transformer〕

Sam, are you in there? **How come** the door is locked?
샘, 방 안에 있니? 왜 문이 잠겨 있는 거니?

💬 Conversation

A: **How come** I don't see you around much these days?
왜 요즘 네 얼굴 보기가 어려운 거니?

B: I've been busy.
바빴어요.

 411

What made you + 동사원형 ~? 왜(어째서) ~한 거죠?

동사 make는 'make+목적어+동사원형'의 어순으로 '~를 ~하게 시키다'란 뜻을 가집니다. 즉, What made you ~? 패턴은 왜, 어째서, 어떤 계기가 상대방이 무언가를 하게끔 만든 건지를 묻는 패턴이 됩니다.

> **What made you** change your mind? 왜 마음을 바꾼 거죠?
> **What made you** wanna be a teacher? 왜 선생님이 되고 싶은 거니?
> **What made you** choose our company? 어째서 저희 회사를 선택하신 거죠?

🎬 미드에선 이렇게! [In Treatment]

What made you decide to come here?
왜 여기에 오기로 결정한 거죠?

💬 Conversation

A: **What made you** want to study the history of art?
　 왜 미술의 역사를 공부하고 싶어진 거죠?

B: I don't know. Perhaps it's because my father was a painter.
　 잘 모르겠어요. 아버지께서 화가였기 때문인 것 같기도 해요.

 412

What makes you think ~? 왜 ~라고 생각하는 거니?

Why do you think ~? 패턴은 상대방에게 초점을 두어서 왜 그렇게 생각하는지 이유를 묻는 패턴이 지만, What makes you think ~? 패턴은 What에 초점을 두어서 도대체 뭐가 상대방을 그런 생각을 하게끔 한 건지를 묻는 패턴입니다.

> **What makes you think** I'll help you? 왜 내가 널 도와줄 거라고 생각하는 거니?
> **What makes you think** it was murder? 왜 그게 살인사건이라고 생각하는 거니?
> **What makes you think** I'm a lawyer? 왜 내가 변호사라고 생각하는 거니?

🎬 영화에선 이렇게! [The Devil Wears Prada]

What makes you think I'm not interested in fashion?
왜 제가 패션에 관심이 없을 거라고 생각하시는 거죠?

💬 Conversation

A: **What makes you think** I have a girlfriend?
　 왜 내가 여자친구가 있다고 생각하는 거니?

B: It's a hunch.
　 직감이죠.

305

413

I have no idea why ~. 왜 ~인지 전혀 모르겠어.

난 잘 모르겠다고 말할 때는 I don't know / I don't have a clue / I have no idea 등의 표현을 사용합니다. 모르겠다는 말 뒤에 의문사 why가 이끄는 절을 연결시키면 '왜 ~인지' 그 이유를 모르겠다는 말이 됩니다.

I have no idea why he's here. 왜 그가 여기 있는 건지 전혀 모르겠어.
I have no idea why she hired you. 왜 그녀가 널 고용한 건지 전혀 모르겠어.
I have no idea why you're so mad. 왜 네가 그렇게 화가 난 건지 전혀 모르겠어.

📽 미드에선 이렇게! [Prison Break 1*5]

I have no idea why you needed to transfer me.
왜 절 다른 곳으로 옮길 필요가 있으셨는지 전혀 모르겠어요.

💬 Conversation

A: **I have no idea why** she's so depressed.
   왜 그녀가 그렇게 우울한 건지 전혀 모르겠어.

B: Me, neither.
   나도 모르겠어.

414

Just because ~(,) doesn't mean ... ~라고 해서 …인 건 아니야.

어떤 이유로 인해서 어떤 결과가 도출되는 것은 아님을 강조할 때 사용할 수 있는 패턴입니다. 문법적으로는 doesn't mean 앞에 주어 역할로 it이나 that이 와야 하나 구어체 영어에서는 종종 생략이 됩니다.

Just because you didn't hear them fighting **doesn't mean** they were happy.
네가 그들이 싸우는 소리 못 들었다고 해서 그들이 행복했던 건 아니야.

Just because I drive a beemer, **doesn't mean** I'm rich.
내가 BMW를 몰고 다닌다고 해서 내가 부자인 건 아니야.

Just because he's handsome, **doesn't mean** I like him.
그가 잘 생겼다고 해서 내가 그를 좋아하는 건 아니야.

🎬 영화에선 이렇게! [American Pie 5 : The Nake Mile]

Just because he can, **doesn't mean** he will.
그가 할 수 있다고 해서 그가 한다는 건 아니야.

💬 Conversation

A: **Just because** you pray, **doesn't mean** it can change God.
   네가 기도를 한다고 해서 그게 신의 마음을 바꿀 수 있는 건 아니야.

B: I know. But praying is all I can do right now.
   나도 알아. 하지만 지금 내가 할 수 있는 건 기도가 전부인 걸.

Review!

미드&스크린 속 네이티브들의 표현법 따라잡기!
앞서 배운 패턴 문장들입니다. 한글을 보고 영어로 크게 외쳐 봅시다!

409 Why did you + 동사원형 ~?
왜 ~한 거니?

- 왜 그녀를 고용한 거니?
- 왜 날 여기로 데리고 온 거니?
- 왜 너 내 동생을 일러바친 거니?
- 왜 그 다음 날 수업을 빠진 거니?
- 왜 그와 결혼하고 싶었던 거니?

410 How come ~?
왜(어째서) ~인 건데?

- 왜 우리 지금 가야 하는 건데?
- 왜 항상 넌 회사에 지각하는 건데?
- 어째서 아무도 내게 말 안 한 건데?
- 왜 문이 잠겨 있는 거니?
- 왜 요즘 네 얼굴 보기가 어려운 거니?

411 What made you + 동사원형 ~?
왜(어째서) ~한 거죠?

- 왜 마음을 바꾼 거죠?
- 왜 선생님이 되고 싶은 거니?
- 어째서 저희 회사를 선택하신 거죠?
- 왜 여기에 오기로 결정한 거죠?
- 왜 미술의 역사를 공부하고 싶어진 거죠?

412 What makes you think ~?
왜 ~라고 생각하는 거니?

- 왜 내가 널 도와줄 거라고 생각하는 거니?
- 왜 그게 살인사건이라고 생각하는 거니?
- 왜 내가 변호사라고 생각하는 거니?
- 왜 제가 패션에 관심이 없을 거라고 생각하시는 거죠?
- 왜 내가 여자친구가 있다고 생각하는 거니?

413 I have no idea why ~.
왜 ~인지 전혀 모르겠어.

- 왜 그가 여기 있는 건지 전혀 모르겠어.
- 왜 그녀가 널 고용한 건지 전혀 모르겠어.
- 왜 네가 그렇게 화가 난 건지 전혀 모르겠어.
- 왜 절 다른 곳으로 옮길 필요가 있으셨는지 전혀 모르겠어요.
- 왜 그녀가 그렇게 우울한 건지 전혀 모르겠어.

414 Just because ~(,) doesn't mean ..
~라고 해서 ...인 건 아니야.

- 네가 그들이 싸우는 소릴 못 들었다고 해서 그들이 행복했던 건 아니야
- 내가 BMW를 몰고 다닌다고 해서 내가 부자인 건 아니야.
- 그가 잘 생겼다고 해서 내가 그를 좋아하는 건 아니야.
- 그가 할 수 있다고 해서 그가 한다는 건 아니야.
- 네가 기도를 한다고 해서 그게 신의 마음을 바꿀 수 있는 건 아니야.

Situation 070 >> 친숙함과 인지 정도

I'm familiar with ~. 난 ~를 잘 알아.

무언가 혹은 누군가를 이미 본 적이 있거나, 들은 적이 있거나 혹은 해 본 적이 있어서 본인이 아주 잘 알고 있다거나 친숙하다는 말을 할 때 사용할 수 있는 패턴입니다. very, really 등의 부사를 붙여서 더 강조하듯 말해 줄 수 있습니다. ex) I'm really familiar with ~ / I'm very familiar with ~

I'm familiar with this area.	난 이 지역을 잘 알아.
I'm familiar with your concerns.	난 자네가 뭘 걱정하는지 잘 알아.
I'm familiar with the appeals process.	전 항소 절차에 대해 잘 압니다.

📺 미드에선 이렇게! [Law and Order 2*21]
I'm familiar with how city business is conducted.
전 시의 업무가 어떻게 돌아가는지 잘 알고 있습니다.

💬 Conversation

A: **I'm familiar with** this neighborhood, because I have lived here for 5 years.
난 이 동네를 잘 알아, 왜냐면 여기서 5년 동안 살고 있거든.

B: Then, take me to the best Italian restaurant around here.
그렇다면 이 근처에서 가장 좋은 이탈리아 식당으로 날 데려가 줘.

It occurred to me that ~. ~라는 생각이 문득 들었어요.

'발생하다'란 뜻을 가진 동사 occur를 사용해서 갑자기 문득 머릿속에 어떤 생각이 들었음을 말할 때 사용할 수 있는 패턴입니다. that절 이하에 자신이 든 생각을 문장으로 표현해 주면 됩니다.

It occurred to me that it might rain in the evening.
저녁에 비가 올지도 모른다는 생각이 문득 들었어요.
It occurred to me that she might be very tired.
그녀가 굉장히 피곤할지도 모른다는 생각이 문득 들었어요.
It occurred to me that I had forgotten my keys.
열쇠를 놔두고 왔다는 생각이 문득 들었어요.

🎬 영화에선 이렇게! [50 ways to leave your lover]
It occurred to me that we're all kind of stray dogs.
우리 모두는 길을 잃은 개와 같다는 생각이 문득 들었어요.

💬 Conversation

A: **It occurred to me that** my mom is a very busy person.
엄마가 굉장히 바쁜 사람이란 생각이 문득 들었어요.

B: Yeah, that's why you should try to help her as much as you can.
그래, 그러니까 넌 가능한 많이 어머니를 도와드리도록 노력해야 하는 거야.

Are you aware of[that] ~? ~알고 있는 건가요?

be aware는 무언가를 '알고 있다, 인지하고 있다' 의미의 동사 표현입니다. 인지하고 있는 내용을 문장으로 표현하고 싶을 때는 접속사 that을, 대명사나 명사(구)로 표현하고 싶을 때는 전치사 of와 함께 연결하여 말하면 됩니다.

> **Are you aware that** there is an exam tomorrow?
> 너 내일 시험 있다는 거 알고 있는 거야?
>
> **Are you aware that** your daughter has a boyfriend?
> 너 네 딸이 남자친구가 있다는 거 알고 있는 거야?
>
> **Are you aware of** the consequences of this action?
> 이 행동의 결과에 대해서 알고 있는 거야?

🎬 미드에선 이렇게! [Desperate Housewives 1*1]

Are you aware of what your sons are doing?
당신 아들들이 무슨 짓을 하고 있는 알고 있는 건가요?

💬 Conversation

A: **Are you aware that** 90% of restaurants tank in their first year?
식당들의 90%가 첫 해에 망한다는 거 알고 있는 거야?

B: Yeah, I know. But I'm sure that I will not be one of them.
응, 알고 있어. 하지만 난 내가 그들 중 한 명은 안 될 거라는 걸 확신해.

Before I knew it, I+동사 ~. 정신을 차려보니(어느 샌가), 난 ~했더라고.

어떤 상황이 자신도 모르는 새에 발생하거나 이루어졌음을 강조할 때 문두에 Before I knew it이라고 말하고 다음 말을 연결시키면 됩니다.

> **Before I knew it, I** had no idea where I was. 정신을 차려보니 내가 어디에 있는 건지 전혀 모르겠더라고.
> **Before I knew it, I** was married to that guy. 정신을 차려보니 난 저 남자와 결혼해 있더라고.
> **Before I knew it, I** finished reading all three books. 어느 샌가 난 책 3권을 전부 다 읽었더라고.

🎬 영화에선 이렇게! [Super Size Me]

Before I knew it, I wound up weighing 425 pounds.
정신을 차려보니 전 425파운드의 무게가 나가게 되었더라고.

💬 Conversation

A: Tell me about your success story.
본인의 성공담을 저희에게 말씀해 주세요.

B: I just worked really hard. Almost 24/7. And **before I knew it, I** was waking up in a better apartment. 전 그냥 정말 열심히 일했습니다. 거의 하루 종일요. 그리고 어느 샌가 전 더 좋은 집에서 아침을 맞이하고 있더군요.

All I know is that ~. 내가 아는 건 ~뿐이야.

자신이 확실하게 알고 있는 한 가지 사실이 무엇인지 밝힐 때 사용할 수 있는 패턴입니다. 접속사 that 이하에 자신이 아는 사실을 문장으로 연결시키면 됩니다. 여기서 접속사 that은 생략하고 All I know is ~ 이후에 바로 문장을 연결시켜서 말해도 됩니다.

> **All I know is that** you're very important to me.
> 내가 아는 건 네가 내게 아주 중요하다는 것뿐이야.
>
> **All I know is that** I can't have another failed marriage.
> 내가 아는 건 난 또 실패한 결혼을 할 수는 없다는 것뿐이야.
>
> **All I know is that** he is an actor.
> 내가 아는 건 그가 배우라는 것뿐이야.

🎬 영화에선 이렇게! 〔Vanilla Sky〕

All I know is, you killed your girlfriend.
내가 아는 건 네가 네 여자친구를 죽였다는 것뿐이야.

💬 Conversation

A: Who's that girl? She's cute. Are you going to see her again?
저 여자 누구야? 귀여운데. 다시 만나 볼 거야?

B: I don't think so. **All I know is that** her name is Alice. I didn't even get her phone number.
아니. 내가 아는 건, 이름이 앨리스라는 것뿐이야. 전화번호도 못 땄어.

Who knows if ~? ~일지도 모르잖아?

Who knows if ~? 패턴은 직역하면 '~인지 누가 알겠어?'란 뜻입니다. 즉, if 뒤에 언급될 내용의 정답을 아는 사람은 아무도 없으므로 그냥 계획대로 밀고 나가던지 아니면 한 번 쯤 더 의심을 해보던지 등의 뉘앙스를 전달하는 패턴입니다.

> **Who knows if** they are still in business? 여전히 거기 영업하고 있을지도 모르잖아?
> **Who knows if** she'll even recognize you? 심지어 그녀가 널 알아볼지도 모르잖아?
> **Who knows if** he's lying? 그가 거짓말하고 있는 걸지도 모르잖아?

🎬 영화에선 이렇게! 〔Back to the Future〕

Who knows if they got cotton underwear in the future?
미래에 면 속옷이 있을지도 모르잖아요?

💬 Conversation

A: Why don't we order some Chinese? **Who knows if** they deliver?
우리 중국음식 시켜먹는 게 어때? 배달해 줄지도 모르잖아?

B: But it's already midnight, man.
하지만 벌써 자정인데.

Review!

미드&스크린 속 네이티브들의 표현법 따라잡기!
앞서 배운 패턴 문장들입니다. 한글을 보고 영어로 크게 외쳐 봅시다!

415　I'm familiar with ~.
난 ~를 잘 알아

- [ ] 난 이 지역을 잘 알아.
- [ ] 난 자네가 뭘 걱정하는지 잘 알아.
- [ ] 전 항소 절차에 대해 잘 압니다.
- [ ] 전 시의 업무가 어떻게 돌아가는지 잘 알고 있습니다.
- [ ] 난 이 동네를 잘 알아

416　It occurred to me that ~.
~라는 생각이 문득 들었어요.

- [ ] 저녁에 비가 올지도 모른다는 생각이 문득 들었어요.
- [ ] 그녀가 굉장히 피곤할지도 모른다는 생각이 문득 들었어요.
- [ ] 열쇠를 놔두고 왔다는 생각이 문득 들었어요.
- [ ] 우리 모두는 길을 잃은 개와 같다는 생각이 문득 들었어요.
- [ ] 엄마가 굉장히 바쁜 사람이란 생각이 문득 들었어요.

417　Are you aware of[that] ~?
~알고 있는 건가요?

- [ ] 너 내일 시험 있다는 거 알고 있는 거야?
- [ ] 너 네 딸이 남자친구가 있다는 거 알고 있는 거야?
- [ ] 이 행동의 결과에 대해서 알고 있는 거야?
- [ ] 당신 아들들이 무슨 짓을 하고 있는 알고 있는 건가요?
- [ ] 식당들의 90%가 첫 해에 망한다는 거 알고 있는 거야?

418　Before I knew it, I+동사 ~
정신을 차려보니(어느 샌가), 난 ~했더라고

- [ ] 정신을 차려보니 내가 어디에 있는 건지 전혀 모르겠더라고.
- [ ] 정신을 차려보니 난 저 남자와 결혼해 있더라고.
- [ ] 어느 샌가 난 책 3권을 전부 다 읽었더라고.
- [ ] 정신을 차려보니 전 425파운드의 무게가 나가게 되었더라고.
- [ ] 그리고 어느 샌가 전 더 좋은 집에서 아침을 맞이하고 있더군요.

419　All I know is that ~.
내가 아는 건 ~뿐이야.

- [ ] 내가 아는 건 네가 내게 아주 중요하다는 것뿐이야.
- [ ] 내가 아는 건 난 또 실패한 결혼을 할 수는 없다는 것뿐이야.
- [ ] 내가 아는 건 그가 배우라는 것뿐이야.
- [ ] 내가 아는 건 네가 네 여자친구를 죽였다는 것뿐이야.
- [ ] 내가 아는 건 이름이 앨리스라는 것뿐이야.

420　Who knows if ~?
~일지도 모르잖아?

- [ ] 여전히 거기 영업하고 있을지도 모르잖아?
- [ ] 심지어 그녀가 널 알아볼지도 모르잖아?
- [ ] 그가 거짓말하고 있는 걸지도 모르잖아?
- [ ] 미래에 면 속옷이 있을지도 모르잖아요?
- [ ] 배달해 줄지도 모르잖아?

Situation 071 >> 일과 직업

I run ~. 나 ~를 운영해.

동사 run은 가게나 회사 등을 '운영하다'란 뜻으로도 사용됩니다. 자신이 직접 어떤 사업체를 운영한다고 말할 때 사용할 수 있는 패턴입니다.

I run a nightclub in Gangnam.	나 강남에 나이트클럽을 운영해.
I run a legal dating service.	난 합법적인 만남 서비스 회사를 운영해.
I run a website for pregnant women.	난 임산부들을 위한 웹사이트를 운영해.

🎬 미드에선 이렇게! [Ghost Whisperer 2*2]
I run the real estate office on the other side of the square.
전 광장 맞은편에서 부동산을 운영하고 있어요.

💬 Conversation
A: What do you do for a living, Mrs. Brown?
브라운 씨는 무슨 일을 하고 계시나요?
B: **I run** a cafe downtown.
전 시내에 카페를 운영해요.

I'm working on ~. 나 ~ 작업 중이에요(진행 중이에요).

work on은 '무언가를 작업하다, 진행 중이다'란 뜻을 가지고 있습니다. 따라서 be+동사-ing의 현재진행으로 I'm working on ~이라고 하면 무언가를 지금 작업 중이고 현재진행 중이란 의미를 나타냅니다.

I'm working on the case.	난 그 사건을 진행 중이에요.
I'm working on a business plan.	난 사업계획서를 작업 중이에요.
I'm working on my toast for the wedding.	나 결혼식 축사를 작성 중이에요.

🎬 미드에선 이렇게! [X-File 2*20]
I'm working on a homicide investigation.
전 살인사건 조사를 진행 중이에요.

💬 Conversation
A: What are you up to?
너 지금 뭐하니?
B: The usual. I'm trying to write. **I'm working on** a new book.
늘 하는 거. 글을 쓰려고 하던 중이야. 새 책을 작업 중이거든.

 I'm in the middle of ~. 나 한창 ~하는 중이야.

무언가를 한창 하고 있어서 바쁘다는 뉘앙스를 전달할 때 사용할 수 있는 패턴입니다.

> **I'm in the middle of** an important call.
> 나 한창 중요한 전화를 받고 있는 중이야.
>
> **I'm in the middle of** a very important meeting.
> 나 한창 아주 중요한 회의를 하고 있는 중이야.
>
> **I'm in the middle of** something very important.
> 나 한창 굉장히 중요한 뭔가를 하고 있는 중이야.

📺 미드에선 이렇게! [How I met your mother 2*7]
> **I'm in the middle of** taking a test.
> 나 한창 시험을 치고 있는 중이야.

💬 Conversation
> A: Look, I need to ask you a favor.
> 저기 나 너한테 부탁할 게 있어.
>
> B: **I'm in the middle of** work.
> 나 한창 일하고 있는 중인데요.

 I'm swamped with ~. 나 ~ 때문에 허우적대고 있어.

'늪'이란 뜻을 가진 명사 swamp를 동사로 사용해서 수동태 be swamped라고 하면 늪에 빠진 것처럼 여러 가지 일들로 바빠서 꼼짝달싹 못한다는 것을 의미합니다. 간단히 엄청 바쁘다는 것을 말하고 싶을 때는 I'm swamped!라고 말할 수 있습니다.

> **I'm swamped with** homework.   나 숙제 때문에 허우적대고 있어.
> **I'm swamped with** bills.   나 공과금 등 때문에 허우적대고 있어.
> **I'm swamped with** the new job.   나 새로운 일 때문에 허우적대고 있어.

📺 미드에선 이렇게! [Veronica Mars 2x21]
> **I'm swamped with** my own finals.
> 나도 내 기말고사 때문에 허우적대고 있어.

💬 Conversation
> A: Tim, can I talk to you for a moment?
> 팀, 잠깐 너랑 얘기 좀 할 수 있을까?
>
> B: Can it wait? **I'm swamped with** work right now.
> 나중에 얘기하면 안 될까? 나 지금 일 때문에 허우적대고 있어.

 I used to work for ~. 난 ~에서 근무한 적이 있어요.

work for는 '~에서 근무하다, ~를 위해 일하다'란 뜻입니다. used to(~하곤 했었다)를 이용해서 과거에 자신이 근무했던 회사에 대한 설명을 할 수 있습니다.

> **I used to work for** him.
> 전 그 사람 밑에서 근무한 적이 있어요.
>
> **I used to work for** the Korean government.
> 전 한국정부에서 근무한 적이 있어요.
>
> **I used to work for** the consumer protection agency.
> 난 소비자 보호원에서 근무한 적이 있어요.

■ 미드에선 이렇게! [Ghost Whisperer 2*6]
I used to work for her parents when I was young.
난 어렸을 때 그녀의 부모님 밑에서 일한 적이 있어.

💬 Conversation

A: **I used to work for** an international trading company. I quit months ago.
전 국제무역회사에서 근무한 적이 있어요. 수개월 전에 그만뒀죠.

B: So, what do you do now?
그러면 지금은 뭐 하세요?

 I'm doing my best to ~. ~하려고 최선을 다하고 있어요.

do one's best는 '최선을 다하다'란 뜻입니다. to부정사(~를 위해서)를 이용해서 자신이 무엇을 위해서 최선을 다하고 있는지를 설명해 줄 수 있습니다.

> **I'm doing my best to** remain calm. 전 평정심을 유지하려고 최선을 다하고 있어요.
> **I'm doing my best to** make things right. 전 일들을 바로 잡으려고 최선을 다하고 있어요.
> **I'm doing my best to** ignore that. 그 일은 무시하려고 최선을 다하고 있어요.

■ 영화에선 이렇게! [The Dilemma]
I'm doing my best to keep your head in the game.
난 네가 경기에 집중을 유지하게 하려고 최선을 다하고 있어.

💬 Conversation

A: I don't understand. Your grades keep falling for the last 3 months.
이해가 안 가는구나. 네 성적이 지난 3개월 동안 계속 떨어지고 있어.

B: I know that, and **I'm doing my best to** pull my grades up.
알고 있어요. 그래서 전 성적을 올리기 위해서 최선을 다하고 있어요.

Review!

미드&스크린 속 네이티브들의 표현법 따라잡기!
앞서 배운 패턴 문장들입니다. 한글을 보고 엉어로 크게 외쳐 봅시다!

421 I run ~.

나 ~를 운영해.

- ☐ 나 강남에 나이트클럽을 운영해.
- ☐ 난 합법적인 만남 서비스 회사를 운영해.
- ☐ 난 임산부들을 위한 웹사이트를 운영해.
- ☐ 전 광장 맞은편에서 부동산을 운영하고 있어요.
- ☐ 전 시내에 카페를 운영해요.

422 I'm working on ~.

나 ~ 작업 중이에요(진행 중이에요).

- ☐ 난 그 사건을 진행 중이에요.
- ☐ 난 사업계획서를 작업 중이에요.
- ☐ 나 결혼식 축사를 작성 중이에요.
- ☐ 전 살인사건조사를 진행 중이에요.
- ☐ 새 책을 작업 중이거든.

423 I'm in the middle of ~.

나 한창 ~하는 중이야.

- ☐ 나 한창 중요한 전화를 받고 있는 중이야.
- ☐ 나 한창 아주 중요한 회의를 하고 있는 중이야.
- ☐ 나 한창 굉장히 중요한 뭔가를 하고 있는 중이야.
- ☐ 나 한창 시험을 치고 있는 중이야.
- ☐ 나 한창 일하고 있는 중인데요.

424 I'm swamped with ~.

나 ~ 때문에 허우적대고 있어.

- ☐ 나 숙제 때문에 허우적대고 있어.
- ☐ 나 공과금 등 때문에 허우적대고 있어.
- ☐ 나 새로운 일 때문에 허우적대고 있어.
- ☐ 나도 내 기말고사 때문에 허우적대고 있어.
- ☐ 나 지금 일 때문에 허우적대고 있어.

425 I used to work for ~.

난 ~에서 근무한 적이 있어요.

- ☐ 전 그 사람 밑에서 근무한 적이 있어요.
- ☐ 전 한국정부에서 근무한 적이 있어요.
- ☐ 난 소비자 보호원에서 근무한 적이 있어요.
- ☐ 난 어렸을 때 그녀의 부모님 밑에서 일한 적이 있어요.
- ☐ 전 국제무역회사에서 근무한 적이 있어요.

426 I'm doing my best to ~.

~하려고 최선을 다하고 있어요.

- ☐ 전 평정심을 유지하려고 최선을 다하고 있어요.
- ☐ 전 일들을 바로 잡으려고 최선을 다하고 있어요.
- ☐ 그 일은 무시하려고 최선을 다하고 있어요.
- ☐ 난 네가 경기에 집중을 유지하게 하려고 최선을 다하고 있어.
- ☐ 전 성적을 올리기 위해서 최선을 다하고 있어요.

Situation 072 >> 일상생활

I'm just + 동사-ing ~. 나 그냥 ~하는 중이야.

'be+동사-ing'는 현재진행형 시제로 자신이 지금 무엇을 하고 있는지 자신의 현재 일상에 대해서 설명해 줄 수 있습니다. 부사 just(그냥)를 붙여서 좀 더 편하게 말할 수 있습니다.

I'm just cooking in my kitchen.	나 그냥 부엌에서 요리하는 중이야.
I'm just brushing my teeth.	나 그냥 양치질하는 중이야.
I'm just jogging in the park.	나 그냥 공원에서 조깅하는 중이야.

🎬 영화에선 이렇게! 〔The Matrix〕
I'm just doing my job.
전 그냥 제 일을 하는 중이에요.

💬 Conversation
A: What are you doing out here?
너 밖에서 뭐하고 있는 거니?
B: **I'm just** thinking about my girlfriend. Wanna sit?
나 그냥 여자친구 생각하는 중이야. 너도 앉을래?

Are you + 동사-ing ~? 너 ~하고 있니?

상대방에게 지금 무언가를 하고 있는지 여부를 물을 때 사용할 수 있는 패턴입니다. 현재진행형 시제의 의문문은 be동사를 주어 앞으로 뺀다는 거 기억하세요.

Are you listening to me?	너 내 말 듣고 있니?
Are you doing your homework?	너 숙제하고 있니?
Are you ignoring me?	너 나 무시하는 거니?

🎬 미드에선 이렇게! 〔Ghost Whisperer 1*17〕
Are you having your lunch?
너 점심 먹고 있니?

💬 Conversation
A: **Are you** taking a shower?
너 샤워하고 있니?
B: No, I'm taking a bath.
아니, 나 목욕하고 있어.

 429

I was + 동사-ing ~. 나 ~하고 있었어.

친구와 통화할 때 가장 많이 묻는 질문 중에 하나가 '너 뭐하고 있었어?'일 겁니다. 영어로는 What were you doing?이죠. 이에 대한 답변으로 '나 ~하고 있었어'라고 말할 때는 I was+동사-ing ~ 패턴을 사용합니다.

I was doing yoga.	나 요가하고 있었어.
I was driving home.	나 집으로 운전하고 있었어.
I was pulling your leg.	난 농담하던 거야. (**pull one's leg** : (~에게) 농담하다)

🎬 영화에선 이렇게! [Truman Show]

I was watching when you were born.
난 네가 태어났을 때 지켜보고 있었어.

💬 Conversation

A: Where were you? I've been looking for you.
　너 어디 있었어? 너 찾고 있었잖아.

B: I was at home. **I was** working on my computer.
　나 집에 있었어. 나 컴퓨터로 작업하고 있었지.

 430

I've been so ~ lately. 나 요즘 너무 ~했어.

시간의 계속적인 흐름을 나타내는 현재완료시제 'have+과거분사'를 활용해 자신이 요즘 계속 어떤 상태인지를 설명해 줄 수 있습니다. 또한 강조의 부사 so 뒤에는 형용사나 과거분사를 위치시켜서 말해 주면 됩니다.

I've been so stressed out **lately**.	나 요즘 스트레스를 너무 받아왔어.
I've been so lonely **lately**.	나 요즘 너무 외로웠어.
I've been so edgy **lately**.	나 요즘 너무 신경이 날카로웠어.

🎬 미드에선 이렇게! [Ghost Whisperer 1*15]

I've been so busy **lately**.
나 요즘 너무 바빴어.

💬 Conversation

A: **I've been so** focused on the work **lately**.
　나 요즘 일에 너무 몰두해 있었어.

B: Yeah, you need a rest.
　그러게, 넌 휴식이 필요해.

431   I managed to + 동사원형 ~. 나 간신히 ~했어.

manage to는 '간신히 ~하다' 혹은 '그럭저럭 ~해내다'란 의미로 사용됩니다. 무언가를 쉽게 해내지 않고 어렵게 가까스로 해냈음을 나타낼 때 사용할 수 있는 패턴입니다.

I managed to get to work on time.	나 간신히 회사에 제 시간에 출근했어.
I managed to get the job done.	나 간신히 그 일을 끝낼 수 있었어.
I managed to find a solution to the problem.	나 간신히 그 문제에 대한 해결책을 찾았어.

🎬 영화에선 이렇게! [Meet The Fockers]

I managed to make some lemon juice.
나 간신히 레몬주스를 좀 만들었어.

💬 Conversation

A: **I managed to** finally buy a car.
    나 간신히 차를 샀어.

B: Wow, you must be really happy. Can we go for a spin in your new car?
    와우, 너 정말 기쁘겠구나. 네 새 차 타고 드라이브 가면 안 될까?

432   I'm late for ~. 나 ~에 늦었어.

'나 늦었어'는 영어로 I'm late이라고 합니다. 구체적으로 무엇에 늦었는지는 전치사 for와 함께 설명해 주면 됩니다.

I'm late for work.	나 회사에 늦었어.
I'm late for school.	나 학교에 늦었어.
I'm late for a meeting.	나 회의에 늦었어.

🎬 미드에선 이렇게! [Sex and the City 1*4]

I gotta go. **I'm late for** a meeting with my editor.
나 가 봐야 해. 나 내 편집자하고 회의에 늦었어.

💬 Conversation

A: Don't you want some coffee?
    커피 좀 마시지 않을래요?

B: No, thanks. **I'm late for** aerobics.
    괜찮아요. 나 에어로빅 시간에 늦었어요.

Review!

미드&스크린 속 네이티브들의 표현법 따라잡기!
앞서 배운 패턴 문장들입니다. 한글을 보고 영어로 크게 외쳐 봅시다!

427 I'm just + 동사-ing ~.
나 그냥 ~하는 중이야.

- ☐ 나 그냥 부엌에서 요리하는 중이야.
- ☐ 나 그냥 양치질하는 중이야.
- ☐ 나 그냥 공원에서 조깅하는 중이야.
- ☐ 전 그냥 제 일을 하는 중이에요.
- ☐ 나 그냥 여자친구 생각하는 중이야.

428 Are you + 동사-ing ~?
너 ~하고 있니?

- ☐ 너 내 말 듣고 있니?
- ☐ 너 숙제하고 있니?
- ☐ 너 나 무시하는 거니?
- ☐ 너 점심 먹고 있니?
- ☐ 너 샤워하고 있니?

429 I was + 동사-ing ~.
나 ~하고 있었어.

- ☐ 나 요가하고 있었어.
- ☐ 나 집으로 운전하고 있었어.
- ☐ 난 농담하던 거야.
- ☐ 난 네가 태어났을 때 지켜보고 있었어.
- ☐ 나 컴퓨터로 작업하고 있었지.

430 I've been so ~ lately.
나 요즘 너무 ~했어.

- ☐ 나 요즘 스트레스를 너무 받아왔어.
- ☐ 나 요즘 너무 외로웠어.
- ☐ 나 요즘 너무 신경이 날카로웠어.
- ☐ 나 요즘 너무 바빴어.
- ☐ 나 요즘 일에 너무 몰두해 있었어.

431 I managed to + 동사원형 ~.
나 간신히 ~했어.

- ☐ 나 간신히 회사에 제 시간에 출근했어.
- ☐ 나 간신히 그 일을 끝낼 수 있었어.
- ☐ 나 간신히 그 문제에 대한 해결책을 찾았어.
- ☐ 나 간신히 레몬주스를 좀 만들었어.
- ☐ 나 간신히 차를 샀어.

432 I'm late for ~.
나 ~에 늦었어.

- ☐ 나 회사에 늦었어.
- ☐ 나 학교에 늦었어.
- ☐ 나 회의에 늦었어.
- ☐ 나 내 편집자하고 회의에 늦었어.
- ☐ 나 에어로빅 시간에 늦었어요.

Situation **073** >> 일정

When is ~ due? ~ 마감일(예정일)이 언제야?

형용사 due는 '만기된, 도착 예정인' 등의 뜻을 가집니다. 상대방의 숙제, 프로젝트, 보고서, 출산일 등의 일정을 물어볼 때 사용할 수 있는 패턴입니다.

When is your paper **due**?	리포트 마감일이 언제야?
When is the project proposal **due**?	프로젝트 제안서 마감일이 언제야?
When is the next rent **due**?	다음 월세 내는 날이 언제야?

🎬 미드에선 이렇게! [Friends 4*16]
When is the baby **due**?
아기 예정일이 언제야?

💬 Conversation

A: **When is** the first mortgage payment **due**?
첫 회 주택융자금 내는 날이 언제지?

B: Two weeks from now.
2주 남았어요.

When do you want to ~? 너 언제 ~하고 싶어?

상대방에게 언제 무엇을 하고 싶은지 대략적인 일정을 묻고 싶을 때 사용할 수 있는 패턴입니다. 정확히 몇 시에 무언가를 하고 싶은지 묻고 싶다면 What time do you want to ~? 패턴을 사용하면 됩니다.

When do you want to move in?	너 언제 이사 들어오고 싶어?
When do you want to start?	너 언제 시작하고 싶어?
When do you want to marry me?	너 언제 나랑 결혼하고 싶어?

🎬 영화에선 이렇게! [Jerry Maguire]
When do you want to leave?
언제 떠나고 싶으세요?

💬 Conversation

A: **When do you want to** meet her?
너 언제 그녀를 만나고 싶니?

B: Well, I don't work late tomorrow night.
글쎄, 내일은 야근 안 하는데.

435   I've already ~. 저 벌써 ~했어요.

현재완료시제 have+과거분사는 무언가를 벌써 혹은 이미 끝냈다는 '완료'의 의미로도 사용됩니다. 일정과 관련해서 이미 완료된 상황을 말할 때 사용할 수 있는 패턴입니다.

I've already finished writing the second book.
저 벌써 두 번째 책 집필을 끝냈어요.

I've already paid all my bills for the month except rent.
저 월세를 제외하고 이달 치 공과금들은 모두 벌써 냈어요.

I've already set a meeting for this afternoon with them.
제가 이미 오늘 오후에 그들과 회의를 잡아놨어요.

🎬 미드에선 이렇게! [Law and Order 2*21]

I've already given you $ 50,000. I can't afford any more.
내가 벌써 5만 달러를 네게 줬잖아. 더 이상은 나도 여력이 안 돼.

💬 Conversation

A: So, where are we going out for dinner tonight?
그러면 우리 오늘밤에 어디로 저녁 먹으러 가요?

B: **I've already** made a reservation at the Outback.
내가 벌써 아웃백에 예약해놨어.

---

436   Are you done with ~? 너 ~ 다 끝냈니?

be+과거분사의 수동태이지만 능동으로 해석이 됩니다. be done with는 '~와 끝을 내다' 즉, '~를 다 끝내다'로 해석이 됩니다. 상대방에게 일, 작업 등을 다 끝냈는지 혹은 음식 등을 다 먹고 끝냈는지 여부를 물을 때 사용할 수 있는 패턴입니다.

Are you done with your shopping?   쇼핑 다 끝냈니?
Are you done with your report?   너 보고서 다 끝냈니?
Are you done with that coffee?   너 그 커피 다 끝냈니(그 커피 다 마셨니)?

🎬 미드에선 이렇게! [That 70's Show 2*24]

Are you done with that pizza?
너 그 피자 다 끝냈니?

💬 Conversation

A: **Are you done with** the dishes?
설거지 다 끝냈니?

B: Yes. I'll do the laundry tomorrow.
네, 빨래는 내일 할게요.

321

I'm on my way to ~. 나 지금 ~에 가는 중이야.

간단히 '나 지금 가는 중이야'는 영어로 I'm on my way라고 합니다. 구체적으로 어디에 가는지는 방향을 나타내는 전치사 to를 이용해 'to+장소'로 언급하면 되고, 이유를 말하고 싶다면 to부정사 to를 이용해 'to+동사원형 ~' 이하로 언급해 주면 됩니다.

I'm on my way to the hospital. 나 지금 병원에 가는 중이야.
I'm on my way to work. 나 지금 회사에 가는 중이야.
I'm on my way to meet my boyfriend. 나 지금 남자친구 만나러 가는 중이야.

🎬 영화에선 이렇게! 〔The 40 Year Old Virgin〕
I'm on my way to your house.
나 지금 너희 집으로 가는 중이야.

💬 Conversation
A: Mary, where are you going?
   메리, 어디 가는 중이니?
B: **I'm on my way to** the shopping mall. Do you wanna come with me?
   나 지금 쇼핑몰에 가는 중이야. 너도 같이 갈래?

I'm planning to ~. 나 ~할 작정이야(하려고 계획 중이야).

plan to는 '~하려고 계획 중이다' 혹은 '~할 작정이다'란 뜻입니다. 충동적인 결정이 아니라 시간을 두고 준비 중이라는 뉘앙스를 전달해 주는 패턴입니다.

I'm planning to go skiing next weekend. 나 다음 주에 스키 타러 갈 작정이야.
I'm planning to move down to Jeju next year. 나 내년에 제주도로 이사 가려고 계획 중이야.
I'm planning to travel for a while. 나 당분간은 여행을 할 계획 중이야.

🎬 미드에선 이렇게! 〔Alias 4x15〕
I'm planning to visit tomorrow.
내일 방문할 작정이야.

💬 Conversation
A: **I'm planning to** throw a surprise party for my mom's birthday.
   나 엄마 생일에 깜짝 파티를 해 주려고 계획 중이야.
B: That's a great idea.
   그거 좋은 생각이다.

Review!

미드&스크린 속 네이티브들의 표현법 따라잡기!
앞서 배운 패턴 문장들입니다. 한글을 보고 영어로 크게 외쳐 봅시다!

433 When is ~ due?
~ 마감일(예정일)이 언제야?

- □ 리포트 마감일이 언제야?
- □ 프로젝트 제안서 마감일이 언제야?
- □ 다음 월세 내는 날이 언제야?
- □ 아기 예정일이 언제야?
- □ 첫 회 주택융자금 내는 날이 언제지?

434 When do you want to ~?
너 언제 ~하고 싶어?

- □ 너 언제 이사 들어오고 싶어?
- □ 너 언제 시작하고 싶어?
- □ 너 언제 나랑 결혼하고 싶어?
- □ 언제 떠나고 싶으세요?
- □ 너 언제 그녀를 만나고 싶니?

435 I've already ~.
저 벌써 ~했어요.

- □ 저 벌써 두 번째 책 집필을 끝냈어요.
- □ 저 월세를 제외하고 이달 치 공과금들은 모두 벌써 냈어요.
- □ 제가 이미 오늘 오후에 그들과 회의를 잡아놓았어요.
- □ 내가 벌써 5만 달러를 네게 줬잖아.
- □ 내가 벌써 아웃백에 예약해놨어.

436 Are you done with ~?
너 ~ 다 끝냈니?

- □ 쇼핑 다 끝냈니?
- □ 너 보고서 다 끝냈니?
- □ 너 그 커피 다 끝냈니(그 커피 다 마셨니)?
- □ 너 그 피자 다 끝냈니?
- □ 설거지 다 끝냈니?

437 I'm on my way to ~.
나 지금 ~에 가는 중이야.

- □ 나 지금 병원에 가는 중이야.
- □ 나 지금 회사에 가는 중이야.
- □ 나 지금 남자친구 만나러 가는 중이야.
- □ 나 지금 너희 집으로 가는 중이야.
- □ 나 지금 쇼핑몰에 가는 중이야. 너도 같이 갈래?

438 I'm planning to ~.
나 ~할 작정이야(하려고 계획 중이야).

- □ 나 다음 주에 스키 타러 갈 작정이야.
- □ 나 내년에 제주도로 이사 가려고 계획 중이야.
- □ 나 당분간은 여행을 할 계획 중이야.
- □ 내일 방문할 작정이야.
- □ 나 엄마 생일에 깜짝 파티를 해 주려고 계획 중이야.

Situation **074** >> 제안과 의견 말하고 묻기

Maybe we should + 동사원형 ~. 아무래도 우리 ~해야 할 것 같아.

'We should + 동사원형 ~' 패턴이 무언가를 해야 하는 당위성을 강조하는 패턴이라면 앞에 maybe를 붙임으로써 그래야 할 것 같다는 제안이나 의견의 패턴으로 사용될 수 있습니다.

Maybe we should eat out tonight.
아무래도 우리 오늘밤 외식해야 할 것 같아.

Maybe we should move to a larger community.
아무래도 우리 더 큰 동네로 이사 가야 할 것 같아.

Maybe we should speak to Tom about it first.
아무래도 우리 그 일에 대해 먼저 탐과 얘기해 봐야 할 것 같아.

🎬 미드에선 이렇게! [Numbers 4*12]

Maybe we should just go easy on her.
아무래도 우리 그냥 그녀를 살살 대해야 할 것 같아.

💬 Conversation

A: **Maybe we should** try to get some sleep.
  아무래도 우리 잠을 좀 자둬야 할 것 같아.
B: Okay. I'll just sleep on the floor.
  그래. 난 바닥에서 잘 게.

I suggest we + 동사원형 ~. 우리 ~하도록 해요.

'I suggest we should + 동사원형 ~' 어순에서 should를 생략하고 'I suggest we + 동사원형' 패턴으로 말할 수 있습니다. 우리가 무언가를 해야 한다고 제안할 때 사용할 수 있습니다.

I suggest we sleep on it. 우리 그 문제는 곰곰이 생각해 보도록 해요.
I suggest we keep it to ourselves. 그건 우리끼리만 알고 있기로 해요.
I suggest we raise this subject in the election. 우리 선거에서 이 주제를 끄집어내기로 해요.

🎬 미드에선 이렇게! [Lost 5*1]

I suggest we all try to make the best of it.
우리 모두 주어진 상황에서 최선을 다하도록 노력해요.

💬 Conversation

A: **I suggest we** make a decision right now.
  우리 바로 지금 결정을 내리도록 해요.
B: I agree with you.
  저도 당신 의견에 동의합니다.

441 How does + 단수명사 + sound to you? ~는 어때?

무엇을 먹을지, 뭐를 할지, 어디를 갈지 등을 고민할 때 특정 단어를 언급하며 상대방에게 그것에 대한 의견이 어떤지를 물을 때 사용할 수 있는 패턴입니다. 예를 들어 How does coffee sound to you? 라고 물으면 커피를 마시는 것에 대한 의견이 어떤지를 물어보는 것입니다.

How does a movie **sound to you**?	영화 한 편 어때?
How does Mexican food **sound to you**?	멕시코 음식 어때?
How does Hawaii **sound to you**?	하와이는 어때?

🎬 영화에선 이렇게! [Quiz Show]

How does 50,000 dollars a year **sound to you**, professor?
연봉 50,000달러는 어떤가요, 교수님?

💬 Conversation

A: **How does** Greek food **sound to you**?
그리스 음식은 어때?

B: Greek food? That sounds delicious.
그리스 음식? 맛있겠는데.

442 Would you care to + 동사원형 ~? ~하시겠어요?

care to는 주로 부정문과 의문문에서 '~하고 싶다, ~해도 좋다'란 뜻으로 사용되는 표현입니다. 즉, Would you care to ~?는 상대방에게 무언가를 하고 싶은지, 혹은 무언가를 해도 괜찮은지 여부를 물을 때 사용할 수 있는 패턴으로 회화에서는 Would you를 생략하고 간단히 Care to ~?라고 물을 수도 있습니다.

Would you care to make a wager?	내기 하시겠어요?
Would you care to join us?	저희와 합석하시겠어요?
Would you care to wait in my office?	제 사무실에서 기다리시겠어요?

📺 미드에선 이렇게! [Close to Home 2*6]

Would you care to revise your statement?
진술하신 내용을 정정하시겠어요?

💬 Conversation

A: **Would you care to** take a walk with me?
저와 같이 산책하러 가시겠어요?

B: Oh, I'd love to.
아, 좋지요.

443

How do you like + 명사 ? ~는 마음에 들어(어때)?

특정 대상을 언급하면서 상대방에게 그것이 어떤지, 마음에 드는지 여부를 물어볼 때 사용할 수 있는 패턴입니다. How do you like 뒤에 명사 형태로 물어보는 대상을 넣으면 됩니다.

How do you like your new job?	새 직장은 마음에 드세요?
How do you like my new car?	내 새 차 어때?
How do you like her so far?	지금까지 그 여자 마음에 드니?

🎬 미드에선 이렇게! [Will and Grace 1*13]
How do you like my new suit? Look, look, look, no panty line.
내 새 정장 어때? 봐봐, 봐봐, 봐봐, 팬티 라인도 안 보이잖아.

💬 Conversation
A: **How do you like** this shirt?
　이 셔츠는 어때요?
B: It's not bad, but I don't like the color.
　나쁘지 않네요, 하지만 색깔이 마음에 안 들어요.

444

What do you say to + (동)명사? ~는 어때(하는 게 어때)?

What do you say to ~? 패턴에서 to는 전치사로 뒤에는 명사나 동명사가 위치해야 합니다. 상대방에게 무언가 혹은 무언가 할 것을 제안하면서 그에 대한 의견을 묻는 표현입니다.

What do you say to a beer tonight?	오늘밤 맥주 한 잔 어때?
What do you say to going out with my brother?	우리 오빠와 사귀는 거 어때?
What do you say to watching a movie tonight?	오늘밤에 영화 한 편 보는 거 어때?

🎬 영화에선 이렇게! [Pirate of the Caribbean : The Curse of the Black Pearl]
What do you say to three shillings and we forget the name?
3실링을 줄 테니 이름은 잊어버리는 게 어때?

💬 Conversation
A: **What do you say to** going swimming after lunch?
　점심 먹고 수영하러 가는 거 어때요?
B: I'd rather take a nap.
　전 그냥 낮잠이나 잘래요.

Review!

미드&스크린 속 네이티브들의 표현법 따라잡기!
앞서 배운 패턴 문장들입니다. 한글을 보고 영어로 크게 외쳐 봅시다!

439 Maybe we should + 동사원형 ~.
아무래도 우리 ~해야 할 것 같아.

- ☐ 아무래도 우리 오늘밤 외식해야 할 것 같아.
- ☐ 아무래도 우리 더 큰 동네로 이사 가야 할 것 같아.
- ☐ 아무래도 우리 그 일에 대해 먼저 탐과 얘기해 봐야 할 것 같아.
- ☐ 아무래도 우리 그냥 그녀를 살살 대해야 할 것 같아
- ☐ 아무래도 우리 잠을 좀 자둬야 할 것 같아.

440 I suggest we + 동사원형 ~.
우리 ~하도록 해요.

- ☐ 우리 그 문제는 곰곰이 생각해 보도록 해요.
- ☐ 그건 우리끼리만 알고 있기로 해요.
- ☐ 우리 선거에서 이 주제를 끄집어내기로 해요.
- ☐ 우리 모두 주어진 상황에서 최선을 다하도록 노력해요.
- ☐ 우리 바로 지금 결정을 내리도록 해요

441 How does + 단수명사 + sound to you?
~는 어때?

- ☐ 영화 한 편 어때?
- ☐ 멕시코 음식 어때?
- ☐ 하와이는 어때?
- ☐ 연봉 50,000달러는 어떤가요, 교수님?
- ☐ 그리스 음식은 어때?

442 Would you care to + 동사원형 ~?
~하시겠어요?

- ☐ 내기 하시겠어요?
- ☐ 저희와 합석하시겠어요?
- ☐ 제 사무실에서 기다리시겠어요?
- ☐ 진술하신 내용을 정정하시겠어요?
- ☐ 저와 같이 산책하러 가시겠어요?

443 How do you like + 명사 ?
~는 마음에 들어(~는 어때)?

- ☐ 새 직장은 마음에 드세요?
- ☐ 내 새 차 어때?
- ☐ 지금까지 그 여자 마음에 드니?
- ☐ 내 새 정장 어때?
- ☐ 이 셔츠는 어때요?

444 What do you say to + (동)명사?
~는 어때(하는 게 어때)?

- ☐ 오늘밤 맥주 한 잔 어때?
- ☐ 우리 오빠와 사귀는 거 어때?
- ☐ 오늘밤에 영화 한 편 보는 거 어때?
- ☐ 3실링을 줄 테니 이름은 잊어버리는 게 어때?
- ☐ 점심 먹고 수영하러 가는 거 어때요?

Situation 075 >> 제안하기

Shall we + 동사원형 ~? 우리 ~할까요?

상대방에게 정중하게 무언가를 하는 게 어떨지 제안을 할 때 사용할 수 있는 패턴입니다. shall은 조동사이므로 의문문으로 말할 때 주어 앞에 위치하고 주어 뒤에는 동사원형이 와야 합니다.

Shall we go to my office?	우리 제 사무실로 가실까요?
Shall we dance?	우리 춤출까요?
Shall we drink to that?	우리 그걸 위해서 한 잔 할까요?

🎬 미드에선 이렇게! [The Simpsons 4*13]
Shall we continue this conversation over dinner?
우리 이 대화는 저녁식사를 하면서 계속할까요?

💬 Conversation
A: **Shall we** go into the living room?
　　우리 거실로 갈까요?
B: Yes.
　　네.

Let's ~, shall we? ~하실까요?

상대방에게 let's 요청 패턴으로 무언가를 하자고 제안을 한 후, 부가의문문으로 뒤에 shall we?를 붙이면 '~하자'는 직접적인 요청이 아닌 '~하실까요?'란 간접적인 요청의 뜻이 됩니다.

Let's recap, **shall we**?	복습을 할까요?
Let's try this again, **shall we**?	다시 한 번 해볼까요?
Let's begin our training, **shall we**?	우리 훈련 시작할까요?

🎬 미드에선 이렇게! [Lost 5*1]
Now **let's** get started, **shall we**?
자 시작해 보실까요?

💬 Conversation
A: Do you have the time?
　　몇 시인지 알아요?
B: It's almost 1 now. **Let's** get back to work, **shall we**?
　　거의 1시야. 일하러 돌아갈까요?

 447

Why don't we + 동사원형 ~? 우리 ~하는 게 어때?

상대방에게 나를 포함한 우리가 함께 무언가를 하는 게 어떨지 여부를 물으며 제안을 할 때 Why don't we ~? 패턴을 사용할 수 있습니다.

Why don't we go someplace quiet? 우리 어디 조용한 곳으로 가는 게 어때?
Why don't we just hang out here all day? 우리 그냥 여기서 하루 종일 노는 게 어때?
Why don't we try something new? 우리 뭔가 새로운 걸 해 보는 게 어때?

🎬 미드에선 이렇게! 〔House 2*3〕
Why don't we pick this conversation up in half an hour?
이 대화는 30분 후에 다시 하는 게 어때요?

💬 Conversation
A: **Why don't we** go to bed?
우리 자러 가는 게 어때?
B: I'm not tired. You can go to bed if you are.
난 안 피곤해. 너 피곤하면 자러 가도 돼.

 448

Why don't you + 동사원형 ~? 너 ~하지 그래?

대상이 우리가 아닌 너만을 말하는 패턴으로 무언가를 하는 게 어떤지 여부를 상대방에게 제안할 때 사용할 수 있습니다.

Why don't you take a look around? 주변을 한 번 둘러보지 그래?
Why don't you give us another 10 minutes? 우리에게 10분 만 더 주지 그래?
Why don't you bring your girlfriend to dinner? 너 저녁식사에 여자친구를 데려오지 그래?

🎬 영화에선 이렇게! 〔The Shining〕
Why don't you call me back in about 20 minutes?
대략 20분 정도 후에 내게 다시 전화하는 게 어때?

💬 Conversation
A: **Why don't you** tell me what's on your mind?
너 무슨 생각을 하고 있는지 내게 말하지 그래?
B: I don't wanna talk about it.
얘기하고 싶지 않아.

How about + (동)명사? ~(하는 게) 어때?

How about ~?은 '~는 어때?'란 뜻의 패턴입니다. 예를 들어 난 집에 갈 건데 너는 어쩔 거냐고 물을 때 How about you?라고 질문을 던집니다. 구체적으로 어떤 일이나 행동을 하는 것이 어떤지 의견을 물어볼 때는 How about 뒤에 명사나 동명사를 목적어로 문장을 이어주면 됩니다.

How about a drink?
술 한 잔 어때요?

How about dinner tomorrow night?
내일 밤 저녁식사 어때요?

How about going for a walk?
산책하러 가는 게 어때요?

📽 미드에선 이렇게! [Law and Order 4*9]

How about taking a night off?
하룻밤 쉬는 게 어때?

💬 Conversation

A: **How about** doing something special this Friday?
이번 주 금요일에 뭔가 특별한 걸 하는 게 어때?

B: Like what?
예를 들어 뭐?

How about you + 동사원형 ~? 너 ~하는 게 어때?

상대방을 가리키면서 직접적으로 무언가를 해 보는 게 어떤지 여부를 물을 때 사용할 수 있는 패턴입니다. 앞서 배운 위의 패턴과는 다르게 How about 뒤에 you가 주어인 문장이 온다는 점 유의하세요.

How about you let me drive?
너 내가 운전하게 허락하는 게 어때(내가 운전하는 게 어때)?

How about you hire someone who can help you?
너 널 도와줄 수 있는 누군가를 고용하는 게 어때?

How about you come ask me in person?
너 직접 내게 와서 물어보는 게 어때?

📽 미드에선 이렇게! [Lost 1*8]

How about you come a little closer and warm me up?
너 좀 더 가까이 와서 날 따뜻하게 해 주는 게 어때?

💬 Conversation

A: **How about you** mind your own business?
넌 그냥 네 일이나 신경 쓰는 게 어때?

B: Hey, I was just trying to help.
야, 난 그냥 도와주려고 했던 것뿐이야.

Review!

미드&스크린 속 네이티브들의 표현법 따라잡기!
앞서 배운 패턴 문장들입니다. 한글을 보고 영어로 크게 외쳐 봅시다!

445 Shall we + 동사원형 ~?

우리 ~할까요?

- □ 우리 제 사무실로 가실까요?
- □ 우리 춤출까요?
- □ 우리 그걸 위해서 한 잔 할까요?
- □ 우리 이 대화는 저녁식사를 하면서 계속할까요?
- □ 우리 거실로 갈까요?

446 Let's ~ , shall we?

~하실까요?

- □ 복습을 하실까요?
- □ 다시 한 번 해볼까요?
- □ 우리 훈련 시작할까요?
- □ 자 시작해 보실까요?
- □ 일하러 돌아갈까요?

447 Why don't we + 동사원형 ~?

우리 ~하는 게 어때?

- □ 우리 어디 조용한 곳으로 가는 게 어때?
- □ 우리 그냥 여기서 하루 종일 노는 게 어때?
- □ 우리 뭔가 새로운 걸 해 보는 게 어때?
- □ 이 대화는 30분 후에 다시 하는 게 어때요?
- □ 우리 자러 가는 게 어때?

448 Why don't you + 동사원형 ~?

너 ~하지 그래?

- □ 주변을 한 번 둘러보지 그래?
- □ 우리에게 10분 만 더 주지 그래?
- □ 너 저녁식사에 여자친구를 데려오지 그래?
- □ 대략 20분 정도 후에 내게 다시 전화하는 게 어때?
- □ 너 무슨 생각을 하고 있는지 내게 말하지 그래?

449 How about + (동)명사?

~하는 게 어때?

- □ 술 한 잔 어때요?
- □ 내일 밤 저녁식사 어때?
- □ 산책하러 가는 게 어때?
- □ 하룻밤 쉬는 게 어때?
- □ 이번 주 금요일에 뭔가 특별한 걸 하는 게 어때?

450 How about you + 동사원형 ~?

너 ~하는 게 어때?

- □ 너 내가 운전하게 허락하는 게 어때(내가 운전하는 게 어때)?
- □ 너 널 도와줄 수 있는 누군가를 고용하는 게 어때?
- □ 너 직접 내게 와서 물어보는 게 어때?
- □ 너 좀 더 가까이 와서 날 따뜻하게 해 주는 게 어때?
- □ 넌 그냥 네 일이나 신경 쓰는 게 어때?

Situation 076 >> 조언

I think you should ~. 너 ~해야 할 것 같아.

강압적으로 상대방에게 무언가를 해야 한다고 말하는 것이 아니라, 자신의 생각임을 밝히며 '~해야 할 것 같다'는 부드러운 조언을 말할 때 사용할 수 있는 패턴입니다.

I think you should talk to him. 너 그와 얘기를 해봐야 할 것 같아.
I think you should take a break for a few days. 너 며칠 동안은 휴식을 취해야 할 것 같아.
I think you should follow your instincts. 난 네가 네 본능을 따라할 것 같아.

🎬 미드에선 이렇게! [House 3*22]
I think you should see what you did to Sophia.
너 네가 소피아에게 무슨 짓을 했는지 봐야 할 것 같아.

💬 Conversation
A: My cat isn't well. She hasn't been eating lately.
내 고양이가 이상해. 요즘 들어 먹지를 않고 있어.
B: **I think you should** take her to a vet.
너 네 고양이 동물병원에 데려가 봐야 할 것 같아.

I don't think you should ~. 너 ~해서는 안 될 것 같아.

상대방에게 무언가를 하라고 조언하는 것이 아니라, 무언가를 하지 않는 것이 좋겠다고 조언할 때 사용할 수 있는 패턴입니다.

I don't think you should tell her everything. 너 그녀에게 모든 걸 말해서는 안 될 것 같아.
I don't think you should drive when it's raining. 너 비가 올 때 운전해서는 안 될 것 같아.
I don't think you should rush into this. 너 이 일을 서둘러 해서는 안 될 것 같아.

🎬 영화에선 이렇게! [Pride & Prejudice]
I don't think you should be doing too much gambling tonight.
너 오늘밤은 너무 많이 도박을 해서는 안 될 것 같아.

💬 Conversation
A: **I don't think you should** smoke in here.
너 여기서 담배 피워서는 안 될 것 같아.
B: Why? I don't see any "No Smoking" signs posted here.
왜? "흡연금지" 표지판이 하나도 없는데

 453

You might want to ~. 너 ~하는 게 좋을 거야.

여러 충고 및 조언 패턴 중에서 가장 우회적으로 부드럽고 겸손한 뉘앙스로 사용할 수 있는 패턴입니다. 직역하면 '넌 ~하는 걸 원할지도 모른다'는 뜻으로 그만큼 상대방의 입장에서 그렇게 하는 게 더 좋을지도 모른다는 의견을 우회적으로 나타내고 있습니다.

You might want to take a bus.	너 버스를 타는 게 좋을 거야.
You might want to stand back.	너 뒤로 물러서는 게 좋을 거야.
You might want to think about another career.	너 다른 직업을 생각해 보는 게 좋을 거야.

🎬 미드에선 이렇게! [Ghost Whisperer 2*21]

You might want to put on a bathing suit.
너 수영복을 입는 게 좋을 거야.

💬 Conversation

A: You see that old man over there? **You might want to** remember him.
저기 있는 저 남자 보이니? 너 그를 기억해 두는 게 좋을 거야.

B: You mean, the man with a mustache and messed-up hair?
그러니까, 저기 콧수염 나고 머리가 부스스한 남자 말하는 거야?

 454

You need to ~. 너 ~할 필요가 있어.

You must~ / You have to~ / You should~ 등의 조언, 충고 패턴보다 완곡하게 부드러운 느낌으로 조언의 말을 전할 수 있는 패턴입니다. '니드 투'라고 발음하지 말고 -d 발음을 죽이고 '니투'라고 발음하면 됩니다.

You need to lighten up.	너 기운을 낼 필요가 있어.
You need to clean your room today.	너 오늘 방 청소를 할 필요가 있어.
You need to listen to what she says.	너 그녀가 말하는 걸 들을 필요가 있어.

🎬 미드에선 이렇게! [The Simpsons 2*2]

You need to find yourself a girl, mate.
자네 애인을 구할 필요가 있어, 친구.

💬 Conversation

A: **You need to** change your password regularly.
너 정기적으로 비밀번호를 바꿔 줄 필요가 있어.

B: Don't worry. I'm already doing it.
걱정하지 마. 이미 그러고 있는 걸.

 455

I recommend that you ~. ~하시길 권합니다(하도록 하세요).

'추천하다, 권하다'란 뜻을 가진 동사 recommend를 사용해서 상대방에게 조언을 하는 패턴입니다. recommend 대신에 suggest 또는 propose 동사를 사용해서 I suggest[propose] that you ~ 패턴으로 말해도 됩니다.

I recommend that you order some food.
음식을 좀 주문하도록 하세요.
I recommend that you pay the fine.
그 벌금을 내도록 하세요.
I recommend that you go to bed and have yourself a nice rest.
침대에 가서서 충분히 휴식을 취하시길 권합니다.

🎬 영화에선 이렇게! [Elf]

I recommend that you lose the shocked look.
그 한 방 맞은 것 같은 표정 그만 짓도록 하세요.

💬 Conversation

A: **I recommend that you** examine this product. There seems to be something wrong.
이 제품을 좀 확인해보도록 하세요. 뭔가 문제가 있는 것처럼 보이네요.
B: That's strange. It seemed okay when I checked it yesterday.
그거 이상하군요. 어제 제가 확인했을 땐 괜찮아 보였거든요.

 456

You might as well ~. 너 차라리 ~하는 편이 더 나아.

보통 어떤 사항을 두고 어쩔 수 없이 그 중 그나마 더 나은 것을 선택하는 편이 나음을 설명할 때 쓸 수 있는 패턴으로 상황에 따라서 약간 빈정거리는 뉘앙스를 줄 수도 있는 패턴입니다.

You might as well get some sleep.
너 차라리 잠을 자두는 편이 더 나아.
You might as well kill me.
너 차라리 날 죽이는 편이 더 나아.
You might as well speak to a wall as talk to her. (as : ~하느니)
너 그녀와 대화를 하느니 차라리 벽과 얘기하는 편이 더 나아.

🎬 영화에선 이렇게! [Harold & Kumar Go to White Castle]

I know who did this, so **you might as well** come clean.
난 누가 이 짓을 했는지 알아, 그러니 너 차라리 솔직히 고백하는 편이 더 나아.

💬 Conversation

A: Why bother getting married if you're only gonna see your wife on weekends?
네 아내 될 사람을 고작 주말에만 볼 거라면 뭐 하러 귀찮게 결혼을 해?
B: I agree with Jack. **You might as well** just get a cat.
나도 잭의 의견에 동의해. 너 차라리 그냥 고양이를 키우는 편이 더 나아.

Review!

미드&스크린 속 네이티브들의 표현법 따라잡기!
앞서 배운 패턴 문장들입니다. 한글을 보고 영어로 크게 외쳐 봅시다!

451 I think you should ~.
너 ~해야 할 것 같아.

- 너 그와 얘기를 해봐야 할 것 같아.
- 너 며칠 동안은 휴식을 취해야 할 것 같아.
- 난 네가 네 본능을 따라할 것 같아.
- 너 네가 소피아에게 무슨 짓을 했는지 봐야 할 것 같아.
- 너 네 고양이 동물병원에 데려가 봐야 할 것 같아.

452 I don't think you should ~.
너 ~해서는 안 될 것 같아.

- 너 그녀에게 모든 걸 말해서는 안 될 것 같아.
- 너 비가 올 때 운전해서는 안 될 것 같아.
- 너 이 일을 서둘러 해서는 안 될 것 같아.
- 너 오늘밤은 너무 많이 도박을 해서는 안 될 것 같아.
- 너 여기서 담배 펴서는 안 될 것 같아.

453 You might want to ~.
너 ~하는 게 좋을 거야.

- 너 버스를 타는 게 좋을 거야.
- 너 뒤로 물러서는 게 좋을 거야.
- 너 다른 직업을 생각해 보는 게 좋을 거야.
- 너 수영복을 입는 게 좋을 거야.
- 너 그를 기억해 두는 게 좋을 거야.

454 You need to ~.
너 ~할 필요가 있어.

- 너 기운을 낼 필요가 있어.
- 너 오늘 방 청소를 할 필요가 있어.
- 너 그녀가 말하는 걸 들을 필요가 있어.
- 자네 애인을 구할 필요가 있어, 친구.
- 너 정기적으로 비밀번호를 바꿔 줄 필요가 있어.

455 I recommend that you ~.
~하시길 권합니다(하도록 하세요).

- 음식을 좀 주문하도록 하세요.
- 그 벌금을 내도록 하세요.
- 침대에 가서서 충분히 휴식을 취하시길 권합니다.
- 그 한 방 맞은 것 같은 표정 그만 짓도록 하세요.
- 이 제품을 좀 확인해보도록 하세요.

456 You might as well ~.
너 차라리 ~하는 편이 더 나아.

- 너 차라리 잠을 자두는 편이 더 나아.
- 너 차라리 날 죽이는 편이 더 나아.
- 너 그녀와 대화를 하느니 차라리 벽과 얘기하는 편이 더 나아.
- 너 차라리 솔직히 고백하는 편이 더 나아.
- 너 차라리 그냥 고양이를 키우는 편이 더 나아.

335

Situation **077** >> 존재하는지 묻기

Is there ~ around here? 이 주변에 ~ 있나요?

Is there ~?는 뒤에 단수명사를 받아서 무언가가 있는지 여부를 물어볼 때 사용할 수 있는 패턴입니다. 뒤에 부가설명으로 around here(이 주변에)를 붙여서 근처에 자신이 찾는 무언가가 있는지를 물어볼 수 있습니다.

Is there a convenience store **around here**?	이 주변에 편의점 있나요?
Is there a bookstore or a library **around here**?	이 주변에 서점이나 도서관 있나요?
Is there a good restaurant **around here**?	이 주변에 괜찮은 식당 있나요?

📽 영화에선 이렇게! [Bringing Down the House]

Is there a 24-hour diner **around here**?
이 근처에 24시간 식사할 수 있는 곳이 있나요?

💬 Conversation

A: **Is there** an ATM **around here**?
이 주변에 현금지급기 있나요?

B: There's one around the corner.
모퉁이를 돌면 하나가 있어요.

Is there anything + 주어 + 동사 ~? 뭔가 ~한 거 있나요?

부정대명사 anything은 의문문과 함께 쓰여 '무언가'란 뜻으로 쓰입니다. 뒤에 '주어+동사' 문장을 받아 '~가 ~하는 무언가'란 명사 덩어리를 만듭니다. 보통 뭔가가 있는지 없는지 모르는 상황에서 상대방에게 질문할 때 쓰입니다.

Is there anything I can do?	뭔가 제가 할 수 있는 게 있나요?
Is there anything I should know?	뭔가 제가 알아야 하는 게 있나요?
Is there anything you want to tell me?	뭔가 제게 말씀하고 싶으신 게 있나요?

📽 미드에선 이렇게! [Lost 1*13]

Is there anything you want to bring with you?
뭔가 가져오고 싶으신 게 있나요?

💬 Conversation

A: **Is there anything** I can get you, like coffee or orange juice?
뭔가 제가 가져다 드릴게 있나요, 커피나 오렌지주스 같은 거요?

B: I'd like orange juice, please.
오렌지주스 부탁해요.

 459

Are there any ~? 혹시 ~들이 있나요?

Are there ~? 뒤에는 복수명사가 위치해서 무언가가 있는지 여부를 물어볼 때 사용할 수 있습니다. 의문문에서 any는 '얼마간의'란 뜻으로 여기서는 '혹시' 정도로 의역해 주면 의미가 보다 자연스럽습니다.

Are there any women here today?	혹시 이곳에 여자들이 있나요?
Are there any more announcements?	혹시 더 발표하실 게 있나요?
Are there any more doughnuts in there?	혹시 그 안에 도넛이 더 있나요?

🎬 미드에선 이렇게! [Grey's Anatomy 3*6]
Are there any questions for me?
혹시 제게 하실 질문들이 있으신가요?

💬 Conversation
A: **Are there any** tickets left?
혹시 남은 표들 있나요?
B: I'm sorry, but the tickets are all sold out.
죄송하지만, 모두 매진됐습니다.

 460

Is there anyone who ~? ~하는 사람이 있나요?

부정대명사 anyone은 뒤에 관계대명사 who가 이끄는 절을 받아서 '~하는 누군가'란 명사 덩어리를 만듭니다. 특정한 상태의 누군가를 찾고 있을 때 사용할 수 있는 패턴입니다.

Is there anyone who still doesn't understand?	여전히 이해를 못 사람이 있나요?
Is there anyone who can speak English?	영어를 말하는 사람이 있나요?
Is there anyone who can remember his name?	그의 이름을 기억할 수 있는 사람이 있나요?

🎬 미드에선 이렇게! [CSI Las Vegas 4*22]
Is there anyone who would want to harm your husband?
당신의 남편을 해치길 원하는 사람이 있나요?

💬 Conversation
A: **Is there anyone who** can drive me home?
나 집까지 태워다 줄 수 있는 사람 있나요?
B: I'll drive you home. Let's leave in 10 minutes.
내가 집에 태워다 줄게요. 10분 뒤에 떠납시다.

Is there something ~? ~한 뭔가가 있나요?

Is there anything ~? 패턴과는 다르게 Is there something ~? 패턴은 무언가가 있을 것 같다는 추측이 되는 상황에서 상대방의 대답도 긍정일 것으로 예상이 될 때 쓰이는 패턴입니다.

Is there something you have on your mind?	생각하고 계신 뭔가가 있나요?
Is there something you're not telling me?	내게 말하지 않고 있는 뭔가가 있니?
Is there something I should be worried about?	제가 걱정해야 할 뭔가가 있나요?

🎬 영화에선 이렇게! [Harry Potter and the Chamber of Secrets]
Is there something you wish to tell me?
너 나에게 말했으면 하는 뭔가가 있니?

💬 Conversation
A: Hi, **is there something** I can help you with?
안녕하세요. 제가 도와드릴 뭔가가 있나요?
B: Yes, I'm looking for a birthday gift for my son. Could you recommend me a good book?
네, 제 아들에게 줄 생일 선물을 찾고 있는 중이에요. 제게 추천해 주실 좋은 책 있나요?

Is there enough + 명사 ~? ~는 충분히 있나요?

무언가가 충분한 양이 있는지 여부를 물을 때 사용할 수 있는 패턴입니다. 부사 enough는 명사를 수식할 때는 앞에 위치하고 형용사를 수식할 때 뒤에 위치합니다. ex) He is fast enough.(그는 충분히 빨라요.) / I have enough money.(나는 돈이 충분히 있어요.)

Is there enough food for the weekend?	주말 동안 먹을 음식이 충분히 있나요?
Is there enough time for a coffee?	커피 한 잔 할 시간이 충분히 있나요?
Is there enough beer for the party?	파티를 위한 맥주가 충분히 있나요?

🎬 영화에선 이렇게! [Jaws 2]
Is there enough room for all of us on the boat?
보트에 우리 모두가 탈 공간이 충분히 있나요?

💬 Conversation
A: **Is there enough** room for me in the car?
차 안에 제가 탈 공간이 충분히 있나요?
B: Sure. Hop in!
물론이죠. 타세요!

Review!

미드&스크린 속 네이티브들의 표현법 따라잡기!
앞서 배운 패턴 문장들입니다. 한글을 보고 영어로 크게 외쳐 봅시다!

457 Is there ~ around here?
이 주변에 ~ 있나요?

- [ ] 이 주변에 편의점 있나요?
- [ ] 이 주변에 서점이나 도서관 있나요?
- [ ] 이 주변에 괜찮은 식당 있나요?
- [ ] 이 근처에 24시간 식사할 수 있는 곳이 있나요?
- [ ] 이 주변에 현금지급기 있나요?

458 Is there anything + 주어 + 동사 ~?
뭔가 ~한 거 있나요?

- [ ] 뭔가 제가 할 수 있는 게 있나요?
- [ ] 뭔가 제가 알아야 하는 게 있나요?
- [ ] 뭔가 제게 말씀하고 싶으신 게 있나요?
- [ ] 뭔가 가져오고 싶으신 게 있나요?
- [ ] 뭔가 제가 가져다 드릴게 있나요, 커피나 오렌지주스 같은 거요?

459 Are there any ~?
혹시 ~들이 있나요?

- [ ] 혹시 이곳에 여자들이 있나요?
- [ ] 혹시 더 발표하실 게 있나요?
- [ ] 혹시 그 안에 도넛이 더 있나요?
- [ ] 혹시 제게 하실 질문들이 있으신가요?
- [ ] 혹시 남은 표들 있나요?

460 Is there anyone who ~?
~하는 사람이 있나요?

- [ ] 여전히 이해를 못 사람이 있나요?
- [ ] 영어를 말하는 사람이 있나요?
- [ ] 그의 이름을 기억할 수 있는 사람이 있나요?
- [ ] 당신의 남편을 해치길 원하는 사람이 있나요?
- [ ] 나 집까지 태워다 줄 수 있는 사람 있나요?

461 Is there something ~?
~한 뭔가가 있나요?

- [ ] 생각하고 계신 뭔가가 있나요?
- [ ] 내게 말하지 않고 있는 뭔가가 있니?
- [ ] 제가 걱정해야 할 뭔가가 있나요?
- [ ] 너 나에게 말했으면 하는 뭔가가 있니?
- [ ] 제가 도와드릴 뭔가가 있나요?

462 Is there enough + 명사 ~?
~는 충분히 있나요?

- [ ] 주말 동안 먹을 음식이 충분히 있나요?
- [ ] 커피 한 잔 할 시간이 충분히 있나요?
- [ ] 파티를 위한 맥주가 충분히 있나요?
- [ ] 보트에 우리 모두가 탈 공간이 충분히 있나요?
- [ ] 차 안에 제가 탈 공간이 충분히 있나요?

Situation 078 >> 존재하지 않음을 말하기

There's no such thing as + 대상 ~. ~같은 건 없어.

such A as B는 'B와 같은 A'를 뜻합니다. 즉, There's no such thing as ~ 패턴은 as 뒤에 등장할 대상과 같은 건 이 세상에 존재하지 않음을 말하는 패턴입니다.

> **There's no such thing as** a dumb question.
> 세상에 바보 같은 질문이란 건 없어(모든 질문은 다 가치가 있는 거야).
>
> **There's no such thing as** ghosts.
> 세상에 유령 같은 건 없어.
>
> **There's no such thing as** a free lunch.
> 세상에 공짜 점심이란 건 없어(세상에 그 어떤 것도 공짜는 없어).

🎬 **미드에선 이렇게!** [House 2*11]
There's no such thing as "just a kiss".
세상에 "그냥 키스" 같은 건 없어.

💬 **Conversation**
A: A dog was there and then it was gone, like magic!
개 한 마리가 저기 있었는데, 그러고 나서 사라졌어요. 마법처럼요!
B: Don't be stupid. **There's no such thing as** magic.
멍청한 소리 하지 말거라. 세상에 마법 같은 건 없어.

There's nothing I can + 동사원형 ~. 내가 ~할 수 있는 건 없어요.

There is는 '~이 있다'라는 뜻을 가지고 있습니다. 하지만 nothing을 넣는다면 아무것도 없다는 뜻이 됩니다. 즉, '아무것도 없다'라는 뜻의 문장인 There's nothing 뒤에 I can~ 문장을 넣는다면 내가 할 수 있는 일은 아무것도 없다는 뜻이 됩니다.

There's nothing I can do about it.	내가 그 일에 대해서 할 수 있는 건 없어요.
There's nothing I can say right now.	내가 지금 당장 말할 수 있는 건 없어요.
There's nothing I can not ask him to do.	내가 그에게 해 달라고 요청할 수 없는 건 없어요(난 그에게 뭐든 해 달라고 할 수 있어요).

🎬 **미드에선 이렇게!** [House 2*21]
There's nothing I can give you for the pain.
제가 그 통증에 대해 당신께 드릴 수 있는 건 없어요.

💬 **Conversation**
A: **There's nothing I can** buy in this store.
내가 이 가게에서 살 수 있는 건 없어.
B: Then, let's just go.
그러면 그냥 가자.

 465

There's nothing left to + 동사원형 ~. 더 이상 ~할 게 남아 있지 않아.

There's nothing left라는 문장은 '남아 있는 게 없다'라는 뜻입니다. 그 뒤에 to부정사를 넣어 '~할 게 남아 있지 않다'라는 뜻의 문장을 말할 수 있습니다.

There's nothing left to lose.	더 이상 잃을 게 남아 있지 않아.
There's nothing left to worry about.	더 이상 걱정할 게 남아 있지 않아.
There's nothing left to do here.	더 이상 할 게 이곳엔 남아 있지 않아.

🎬 미드에선 이렇게! [Grey's Anatomy 3*9]

There's nothing left to do but wait. (but : ~를 제외하고)
더 이상 기다리는 것 말고는 할 게 남아 있지 않네요.

💬 Conversation

A: Please leave me alone. **There's nothing left to** talk about.
그냥 절 좀 놔두세요. 더 이상 이야기할 것이 남아 있지 않아요.

B: I'm sorry. I won't bother you again.
미안해요. 다시는 귀찮게 안 할게요.

 466

There's no harm in ~. ~해도 해가 될 건 없어.

There's no harm은 '해가 될 게 없다'라는 뜻의 문장입니다. 이 뒤에 'in+동명사'를 넣어 그 일을 해도 해가 될 건 없다는 뜻의 문장을 말할 수 있습니다.

There's no harm in trying.	시도한다 해도 해가 될 건 없어.
There's no harm in being friendly.	친근하게 군다고 해가 될 건 없어.
There's no harm in giving her a chance.	그녀에게 기회를 준다고 해가 될 건 없어.

🎬 미드에선 이렇게! [Brothers & Sisters 1*5]

There's no harm in dating around.
여기저기 데이트하고 다닌다고 해가 될 건 없어.

💬 Conversation

A: It was a stupid question. I shouldn't have asked.
그건 멍청한 질문이었어. 질문 하는 게 아니었는데.

B: It's okay. **There's no harm in** asking.
괜찮아. 질문한다고 해가 될 건 없어.

There's nothing like ~. ~만한 건 없어(~가 최고야).

like는 '~같은'이라는 뜻도 가지고 있습니다. 즉, There's nothing like는 '~와 같은 게 없다'라는 뜻의 문장이 됩니다. like 뒤에 명사를 넣어 그것과 같은 건 없으므로 '그게 최고다'라는 뜻의 문장을 말할 수 있습니다.

There's nothing like a first kiss.	첫 키스만한 건 없어.
There's nothing like a hot bath when you're tired.	피곤할 때의 뜨거운 목욕만한 건 없어.
There's nothing like ice cream cake.	아이스크림 케이크만한 건 없어.

🎬 미드에선 이렇게! 〔The O.C. 2*15〕

There's nothing like a good cry to release the tension.
긴장을 풀기 위해 충분히 우는 것 만한 건 없어.

💬 Conversation

A: Look! It's snowing outside!
봐요! 밖에 눈이 내리고 있어요!

B: Great! **There's nothing like** a white Christmas.
잘 됐네요! 화이트 크리스마스만한 건 없잖아요.

There's no reason to+동사원형 ~. ~할 이유 없어요.

어떤 일을 할 이유가 없다고 말할 때는 There's no reason 뒤에 to부정사를 넣어 말할 수 있습니다. 구체적인 일의 동사를 to 뒤에 넣어 말하면 문장이 완성됩니다.

There's no reason to feel guilty.	죄책감을 느낄 이유 없어요.
There's no reason to be afraid.	두려워 할 필요 없어요.
There's no reason to assume the worst.	최악을 가정할 이유 없어요.

🎬 영화에선 이렇게! 〔American Pie : The Book Of Love〕

There's no reason to be ashamed.
부끄러워 할 필요 없어.

💬 Conversation

A: **There's no reason to** get upset. It's actually good news for you.
화낼 필요 없어요. 사실 그건 당신에게 좋은 소식이잖아요.

B: It's not good news. It's bad news.
그건 좋은 소식이 아니에요. 나쁜 소식이지.

Review!

미드&스크린 속 네이티브들의 표현법 따라잡기!
앞서 배운 패턴 문장들입니다. 한글을 보고 영어로 크게 외쳐 봅시다!

463 There's no such thing as + 대상 ~.

세상에 ~란 건 없어.

- ☐ 세상에 바보 같은 질문이란 건 없어(모든 질문은 다 가치가 있는 거야).
- ☐ 세상에 유령 같은 건 없어.
- ☐ 세상에 공짜 점심이란 건 없어(세상에 그 어떤 것도 공짜는 없어).
- ☐ 세상에 "그냥 키스" 같은 건 없어.
- ☐ 세상에 마법 같은 건 없어.

464 There's nothing I can + 동사원형 ~.

내가 ~할 수 있는 건 없어요.

- ☐ 내가 그 일에 대해서 할 수 있는 건 없어요.
- ☐ 내가 지금 당장 말할 수 있는 건 없어요.
- ☐ 내가 그에게 해 달라고 요청할 수 없는 건 없어요(난 그에게 뭐든 해 달라고 할 수 있어요).
- ☐ 제가 그 통증에 대해 당신께 드릴 수 있는 건 없어요.
- ☐ 내가 이 가게에서 살 수 있는 건 없어.

465 There's nothing left to + 동사원형 ~.

더 이상 ~할 게 남아 있지 않아.

- ☐ 더 이상 잃을 게 남아 있지 않아.
- ☐ 더 이상 걱정할 게 남아 있지 않아.
- ☐ 더 이상 할 게 이곳엔 남아 있지 않아.
- ☐ 더 이상 기다리는 것 말고는 할 게 남아 있지 않네요.
- ☐ 더 이상 이야기할 것이 남아 있지 않아요.

466 There's no harm in ~.

~해도 해가 될 건 없어.

- ☐ 시도한다 해도 해가 될 건 없어.
- ☐ 친근하게 군다고 해가 될 건 없어.
- ☐ 그녀에게 기회를 준다고 해가 될 건 없어.
- ☐ 여기저기 데이트하고 다닌다고 해가 될 건 없어.
- ☐ 질문한다고 해가 될 건 없어.

467 There's nothing like ~.

~만한 건 없어(~가 최고야).

- ☐ 첫 키스만한 건 없어.
- ☐ 피곤할 때의 뜨거운 목욕만한 건 없어.
- ☐ 아이스크림 케이크만한 건 없어.
- ☐ 긴장을 풀기 위해 충분히 우는 것 만한 건 없어.
- ☐ 화이트 크리스마스만한 건 없잖아요.

468 There's no reason to ~.

~할 이유 없어요.

- ☐ 죄책감을 느낄 이유 없어요.
- ☐ 두려워 할 필요 없어요.
- ☐ 최악을 가정할 이유 없어요.
- ☐ 부끄러워 할 필요 없어.
- ☐ 화낼 필요 없어요.

Situation 079 >> 존재한다고 말하기

There's always ~. 항상 ~는 있어요.

구체적인 형태를 가진 것들 외에 어떤 현상이나 상태 등이 있다거나 존재한다고 말할 때는 'There is+단수명사' 구문을 사용합니다. 중간에 always를 넣으면 '항상 ~가 있다'란 의미가 됩니다.

There's always a clue. 항상 단서는 있어요.
There's always something more important to do. 항상 처리해야 할 더 중요한 뭔가가 있어요.
There's always another job coming up. 항상 또 다른 일자리가 있어요.

🎬 미드에선 이렇게! 〔House 3*22〕
There's always tomorrow.
항상 내일은 있어요(항상 다음 기회가 있잖아요).

💬 Conversation
A: I never thought I'd do this with you.
난 결코 내가 이 일을 너와 함께 하게 될 거라고 생각 못했어.
B: **There's always** a first time for everything.
항상 모든 일에는 처음이란 게 있잖아요.

There are so many ~. ~이 너무 많아.

무언가가 혹은 누군가가 굉장히 많이 있음을 말할 때 사용할 수 있는 패턴입니다. many는 셀 수 있는 명사와 함께 쓰이기에 many 뒤에는 복수형 명사가 위치해야 합니다.

There are so many emotions in me. 내 안에 감정들이 너무 많아.
There are so many hotties in your class. 네 수업에는 섹시한 여자들이 너무 많아.
There are so many people in this building. 이 건물 안에는 사람들이 너무 많아.

🎬 영화에선 이렇게! 〔Pride & Prejudice〕
There are so many other women that you could go out with.
당신이 데이트할 수 있는 다른 여성들이 너무 많아요.

💬 Conversation
A: You know what? **There are so many** fashionable women out there in this city.
그거 알아? 이 도시에는 패션 감각이 뛰어난 여성들이 너무 많아.
B: Welcome to New York!
뉴욕에 온 걸 환영해(여긴 뉴욕이니까)!

 471 ## There has been ~. ~가 있었어요.

과거에 있었던 현상이나 상태가 그 때 상황으로 끝난 것이 아니라 현재의 상황에까지 영향을 미칠 때나 혹은 과거 발생 시점부터 지금까지 그 현상이 지속될 때 There has been ~ 패턴을 사용합니다.

There has been a terrible mistake.	끔찍한 실수가 있었어요.
There has been much pain in my past.	제 과거에 많은 아픔들이 있었어요.
There has been a misunderstanding between them.	그들 사이에 오해가 있었어요.

🎬 미드에선 이렇게! [Ghost Whisperer 2*21]
There has been a fatality.
사망자가 한 명 있었습니다.

💬 Conversation

A: **There has been** a 10 percent increase in the number of foreigners visiting Korea.
한국을 방문하는 외국인들의 수에 10 퍼센트의 증가가 있었어요.

B: That explains why I see a lot of tourists these days.
그래서 요즘에 내가 많은 관광객들을 보는 거군요.

---

 472 ## There's something + 형용사 ~. 뭔가 ~인 게 있어.

부정대명사 something은 형용사의 수식을 앞에서 받지 않고 뒤에서 받습니다. '뭔가 재미있는 것'은 something interesting, '뭔가 맛있는 것'은 something delicious라고 합니다.

There's something fishy about him.	그에 대해선 뭔가 수상한 게 있어.
There's something wrong with my iPad.	내 아이패드에 뭔가 문제가 있어.
There's something sharp in my shoe.	내 신발 안에 뭔가 날카로운 게 있어.

🎬 미드에선 이렇게! [The Simpsons 2*2]
There's something different about you.
너에 대해 뭔가 다른 게 있어(너 좀 달라 보여).

💬 Conversation

A: **There's something** wrong with Kate. I asked her what's wrong and she says nothing.
케이트에게 뭔가 문제가 있어(케이트가 이상해). 내가 무슨 일이냐고 물었는데 대답을 안 하네.

B: Oh, didn't you know? She broke up with her boyfriend.
아, 너 몰랐어? 걔 남자친구랑 헤어졌어.

There seems to be ~. ~가 있는 것 같아요.

seem to는 '~인 것 같다'는 뜻으로 확실하지 않은 추측을 나타낼 때 쓰이는 표현입니다. 즉, There seems to be ~는 무언가가 혹은 어떤 현상이나 상황이 확실치는 않지만 있는 것 같다고 추측할 때 사용할 수 있는 패턴입니다.

There seems to be some mistake.	뭔가 실수가 있는 것 같아요.
There seems to be so many possibilities.	너무 많은 가능성들이 있는 것 같아요.
There seems to be a problem with your account.	귀하의 계좌에 문제가 있는 것 같아요.

📽 영화에선 이렇게! 〔Elf〕

There seems to be a strange man dressed as an elf.
꼬마요정처럼 복장을 한 이상한 남자가 있는 것 같아요.

💬 Conversation

A: **There seems to be** some confusion between us.
우리 사이에 좀 혼란이 있는 것 같아.

B: I think so, too. Let's start from the beginning again.
나도 그렇게 생각해. 처음부터 다시 시작하자.

There used to be ~. 전에는 ~가 있었어.

과거에만 해당하는 내용을 말할 때 사용하는 조동사 used to를 사용해서 지금은 더 이상 존재하지 않지만 예전에는 무언가가 있었음을 말할 수 있습니다.

There used to be a drugstore on the corner there.	전에는 저기 모퉁이에 약국이 있었어.
There used to be a small church over there.	전에는 저곳에 작은 교회가 있었어.
There used to be a towel rack there.	전에는 저기에 수건걸이가 있었어.

📽 영화에선 이렇게! 〔Harold & Kumar Go to White Castle〕

There used to be a White Castle right here in this location.
전에는 이 위치 바로 이곳에 화이트캐슬이 있었어. * White Castle (미국 햄버거 체인점 이름)

💬 Conversation

A: **There used to be** fish in this pond, remember?
전에는 이 연못에 물고기들이 있었어, 기억 나?

B: Yeah, a long time ago, when we were kids.
응, 오래 전이잖아, 우리가 어렸을 때.

Review!

미드&스크린 속 네이티브들의 표현법 따라잡기!
앞서 배운 패턴 문장들입니다. 한글을 보고 영어로 크게 외쳐 봅시다!

469 There's always ~.

항상 ~는 있어요.

- 항상 단서는 있어요.
- 항상 처리해야 할 더 중요한 뭔가가 있어요.
- 항상 또 다른 일자리가 있어요.
- 항상 내일은 있어요(항상 다음 기회가 있잖아요).
- 항상 모든 일에는 처음이란 게 있잖아요.

470 There are so many ~.

~이 너무 많아.

- 내 안에 감정들이 너무 많아.
- 네 수업에는 섹시한 여자들이 너무 많아.
- 이 건물 안에는 사람들이 너무 많아.
- 당신이 데이트할 수 있는 다른 여성들이 너무 많아요.
- 이 도시에는 패션 감각이 뛰어난 여성들이 너무 많아.

471 There has been ~.

~가 있었어요.

- 끔찍한 실수가 있었어요.
- 제 과거에 많은 아픔들이 있었어요.
- 그들 사이에 오해가 있었어요.
- 사망자가 한 명 있었습니다.
- 한국을 방문하는 외국인들의 수에 10 퍼센트의 증가가 있었어요.

472 There's something + 형용사 ~.

뭔가 ~인 게 있어.

- 그에 대해선 뭔가 수상한 게 있어.
- 내 아이패드에 뭔가 문제가 있어.
- 내 신발 안에 뭔가 날카로운 게 있어.
- 너에 대해 뭔가 다른 게 있어(너 좀 달라 보여).
- 케이트에게 뭔가 문제가 있어(케이트가 이상해).

473 There seems to be ~.

~가 있는 것 같아요.

- 뭔가 실수가 있는 것 같아요.
- 너무 많은 가능성들이 있는 것 같아요.
- 귀하의 계좌에 문제가 있는 것 같아요.
- 꼬마요정처럼 복장을 한 이상한 남자가 있는 것 같아요.
- 우리 사이에 좀 혼란이 있는 것 같아.

474 There used to be ~.

전에는 ~가 있었어.

- 전에는 저기 모퉁이에 약국이 있었어.
- 전에는 저곳에 작은 교회가 있었어.
- 전에는 저기에 수건 걸이가 있었어.
- 전에는 이 위치 바로 이곳에 화이트캐슬이 있었어.
- 전에는 이 연못에 물고기들이 있었어. 기억 나?

Situation **080** >> 좋아하는 것과 관심

I like it when ~. 난 ~할 때가 좋아.

구체적으로 어떤 상황이나 때를 언급하며 그 때가 자신은 좋다고 말할 때 사용할 수 있는 패턴입니다. 여기서 it은 그것이라고 해석하지 않으니 주의하세요.

I like it when you laugh.   난 네가 웃을 때가 좋아.
I like it when you sing.   난 네가 노래할 때가 좋아.
I like it when he hugs me from behind.   난 그가 날 뒤에서 안아줄 때가 좋아.

🎬 미드에선 이렇게! [Brothers & Sisters 1*6]
I like it when you're stern with me.
난 네가 내게 단호하게 굴 때가 좋아.

💬 Conversation
A: This is heaven! I think you're the best cook in the world!
이거 정말 맛있다! 난 네가 세계에서 제일 요리를 잘한다고 생각해.
B: Thank you. **I like it when** people appreciate my cooking.
고마워. 난 사람들이 내 요리를 인정해 줄 때가 좋아.

I like+동사-ing ~. 난 ~하는 거 좋아해.

자신이 좋아하는 것을 말할 때 I like ~ 패턴을 사용할 수 있습니다. 동사 like 뒤에는 좋아하는 대상을 명사, to부정사, 동명사 등으로 다양하게 나타낼 수 있습니다.

I like learning new things.   난 새로운 걸 배우는 거 좋아해.
I like going for a drive in my car.   난 내 차로 드라이브 하는 거 좋아해.
I like surfing the internet.   난 인터넷 검색하는 거 좋아해.

🎬 미드에선 이렇게! [Friends 2*20]
I like hanging out with them. They are different from my other friends.
난 그들과 어울리는 거 좋아해. 걔들은 내 다른 친구들하고 다르거든.

💬 Conversation
A: When it rains, **I like** drinking beer.
비가 올 때 난 맥주 마시는 거 좋아해.
B: I guess we have something in common.
우리 공통점이 있는 것 같은데.

Do you like ~? 너 ~ 좋아해?

상대방에게 무언가를 좋아하는지 여부를 물을 때 사용할 수 있는 패턴입니다. 동사 뒤에는 좋아하는 대상이나 행위를 언급해 주면 되며, 동사 like는 목적어로 명사나 동명사 또는 to부정사를 모두 받을 수 있습니다.

Do you like romantic movies?   너 로맨틱 영화 좋아해?
Do you like living in the city?   너 도시에서 사는 거 좋아해?
Do you like to drink coffee?   너 커피 마시는 거 좋아해?

🎬 미드에선 이렇게! [Grey's Anatomy 3*11]
Do you like abusing the interns? Is it fun for you?
넌 인턴들 괴롭히는 걸 좋아하니? 그게 넌 재미있어?

💬 Conversation
A: **Do you like** eating spicy food?
    너 매운 음식 먹는 거 좋아해?
B: I love it! I eat anything that's spicy.
    완전 좋아해! 난 매운 건 아무거나 먹어.

I'm interested in ~. 난 ~에 관심 있어.

수동태 표현인 be interested in은 '~에 관심이 있다'란 뜻입니다. 관심이 있는 대상은 전치사 in 뒤에 언급해 주면 됩니다. I have an interest in ~ 패턴으로 말해서도 무방합니다.

I'm interested in fishing.   난 낚시에 관심 있어.
I'm interested in a lot of things.   난 많은 것들에 관심 있어.
I'm interested in buying this product.   난 이 제품 사는 데 관심 있어.

🎬 영화에선 이렇게! [About a Boy]
I'm really **interested in** this woman.
난 정말로 이 여자에게 관심이 있어.

💬 Conversation
A: **I'm interested in** your laptop computer. But it's out of my price range.
    전 당신의 노트북에 관심이 있어요. 하지만 제가 생각했던 것보다는 훨씬 비싸네요.
B: Then, please tell me what your price range is.
    그러면, 생각하고 계신 가격 범위를 말씀해 주세요.

I have a thing for ~. 난 ~를 좋아해.

have a thing for ~는 '~를 좋아하다, ~에게 끌리다, ~에 관심이 있다' 등의 의미를 갖습니다. 비슷한 의미로 '~에게 끌리다(반하다)'라는 뜻의 have the hots for도 있습니다.

I have a thing for you.	난 너를 좋아해.
I have a thing for nerds.	난 공부벌레들을 좋아해.
I have a thing for men with goatees.	난 턱수염이 있는 남자를 좋아해.

🎬 미드에선 이렇게! [Grey's Anatomy 1*6]
I have a thing for ferry boats.
난 페리 보트를 좋아해요.

💬 Conversation

A: Have you listened to this song?
너 이 노래 들어 봤어?

B: Yeah, I have, and I really liked it. **I have a thing for** sad songs, you know.
들어 봤어. 정말 좋던 걸. 난 슬픈 노래를 좋아하거든.

I enjoy + 동사-ing ~. 난 ~하는 걸 즐겨.

무언가를 즐긴다고 말할 때 I enjoy ~ 패턴으로 말할 수 있습니다. 동사 enjoy 뒤에는 즐기는 대상을 명사 혹은 동명사 등으로 언급해 주면 됩니다. enjoy 뒤에 to부정사를 언급할 수는 없다는 것에 주의하세요.

I enjoy sitting here in the sun.	난 태양을 쬐며 여기에 앉아 있는 걸 즐겨.
I enjoy teasing her.	난 그녀를 놀리는 걸 즐겨.
I enjoy spending time with my family.	난 가족과 함께 시간을 보내는 걸 즐겨.

🎬 영화에선 이렇게! [The Godfather 2]
I enjoy watching football in the afternoon.
난 오후에 축구를 보는 걸 즐겨.

💬 Conversation

A: I'm a mechanic, so **I enjoy** fixing things.
난 기계공이잖아요, 그래서 전 물건들을 고치는 걸 즐겨요.

B: Yeah, I noticed. You're really good with your hands.
네, 그런 것 같더군요. 당신 정말 손재주가 좋던 걸요.

Review!

미드&스크린 속 네이티브들의 표현법 따라잡기!
앞서 배운 패턴 문장들입니다. 한글을 보고 영어로 크게 외쳐 봅시다!

475 I like it when ~.
난 ~할 때가 좋아.

- ☐ 난 네가 웃을 때가 좋아.
- ☐ 난 네가 노래할 때가 좋아.
- ☐ 난 그가 날 뒤에서 안아줄 때가 좋아.
- ☐ 난 네가 내게 단호하게 굴 때가 좋아.
- ☐ 난 사람들이 내 요리를 인정해 줄 때가 좋아.

476 I like + 동사-ing ~.
난 ~하는 거 좋아해.

- ☐ 난 새로운 걸 배우는 거 좋아해.
- ☐ 난 내 차로 드라이브 하는 거 좋아해.
- ☐ 난 인터넷 검색하는 거 좋아해.
- ☐ 난 그들과 어울리는 거 좋아해.
- ☐ 난 맥주 마시는 거 좋아해.

477 Do you like ~?
너 ~ 좋아해?

- ☐ 너 로맨틱 영화 좋아해?
- ☐ 너 도시에서 사는 거 좋아해?
- ☐ 너 커피 마시는 거 좋아해?
- ☐ 넌 인턴들 괴롭히는 걸 좋아하니?
- ☐ 너 매운 음식 먹는 거 좋아해?

478 I'm interested in ~.
난 ~에 관심 있어.

- ☐ 난 낚시에 관심 있어.
- ☐ 난 많은 것들에 관심이 있어.
- ☐ 난 이 제품 사는 데 관심이 있어.
- ☐ 난 정말로 이 여자에게 관심이 있어.
- ☐ 전 당신의 노트북에 관심이 있어요.

479 I have a thing for ~.
난 ~를 좋아해.

- ☐ 난 너를 좋아해.
- ☐ 난 공부벌레들을 좋아해.
- ☐ 난 턱수염이 있는 남자를 좋아해.
- ☐ 난 페리 보트를 좋아해요.
- ☐ 난 슬픈 노래를 좋아하거든.

480 I enjoy + 동사-ing ~.
난 ~하는 걸 즐겨.

- ☐ 난 태양을 쬐며 여기에 앉아 있는 걸 즐겨.
- ☐ 난 그녀를 놀리는 걸 즐겨.
- ☐ 난 가족과 함께 시간을 보내는 걸 즐겨.
- ☐ 난 오후에 축구를 보는 걸 즐겨.
- ☐ 전 물건들을 고치는 걸 즐겨요.

Situation **081** >> 주변 의견과 소문

Everyone says ~. 다들 ~라고 말해.

모든 사람들이 동의하는 어떤 사실이나 상황을 설명할 때 사용할 수 있는 패턴입니다. 단순한 소문이 아니라 대세적인 의견을 전달할 때 사용하는 패턴입니다.

Everyone says I have to marry her.	다들 내가 그녀와 결혼해야 한다고 말해.
Everyone says I'm wrong.	다들 내가 틀렸다고 말해.
Everyone says you're a genius.	다들 네가 천재라고 말해.

🎬 영화에선 이렇게! [The Hangover]

Everyone says Mike Tyson is such a badass.
모두들 마이크 타이슨이 굉장히 거칠다고들 말해.

💬 Conversation

A: **Everyone says** I take after my father, but I disagree.
다들 내가 아빠를 닮았다고 말해, 하지만 난 동의하지 않아.

B: So, you think you take after your mother, right?
그러면, 넌 네 엄마를 닮았다고 생각하는구나, 그렇지?

The word is, ~. ~라는 말이 돌아.

주위에서 소문처럼 도는 어떤 말이나 내용을 다른 사람에게 전할 때 사용할 수 있는 패턴입니다. 이 것은 The word has it that ~ / The word is out that ~ 등의 패턴으로도 말할 수도 있습니다.

The word is, you dumped Kelly.	네가 켈리를 찼다는 말이 돌아.
The word is, she's going to be promoted soon.	그녀가 곧 승진할 거라는 말이 돌아.
The word is, you're the best doctor in town.	당신이 마을에서 최고의 의사란 말이 돌더군요.

📺 미드에선 이렇게! [Lost 1*13]

The word is he's planning to propose to me on my birthday.
그가 내 생일 날 내게 청혼을 할 계획이란 말이 돌아.

💬 Conversation

A: **The word is,** the company is going to go bankrupt sooner or later.
그 회사가 조만간 파산할 거라는 말이 돌아.

B: That's nonsense.
그건 말도 안 돼.

Rumor has it ~. ~라는 소문이 있어.

앞서 배운 The word is, ~ 패턴과 동일한 의미를 전달합니다. 여기서 it은 '그것'이라고 해석되지 않습니다. 동사 have가 that절을 목적어로 바로 받을 수가 없으므로 가목적어 it을 두고 진목적어로 that절이 이끄는 문장 즉, 소문의 내용을 연결시켜서 말하면 됩니다. 여기서 that은 주로 생략합니다.

Rumor has it you've been fired.
자네가 해고당했다는 소문이 있어.

Rumor has it you're dating your tutor.
네가 과외선생님하고 데이트한다는 소문이 있어.

Rumor has it you're stepping down.
자네가 자리에서 내려올 거라는 소문이 있어.

🎬 미드에선 이렇게! [Grey's Anatomy 3*13]

Rumor has it you're headed back to New York.
자네가 뉴욕으로 다시 돌아간다는 소문이 있어.

💬 Conversation

A: **Rumor has it** you took the money and ran away.
자네가 돈을 훔쳐서 달아났다는 소문이 있어.

B: That's bullshit.
그건 말도 안 돼는 소리예요.

It's no secret that ~. ~라는 건 세상이 다 알아요.

that 이하가 문장의 진주어로 that 이하에 언급되는 문장 내용은 전혀 비밀이 아니란 의미의 패턴입니다. 즉, 어떤 내용은 이미 세상이 다 알고 있다는 뉘앙스를 전달해 줍니다.

It's no secret that he slept with his secretary.
그가 그의 비서와 잤다는 건 세상이 다 알아요.

It's no secret that you're starting your own company.
당신이 사업을 시작하려는 건 세상이 다 알아요.

It's no secret that you can't be trusted.
당신이 믿을 수 없는 사람이란 건 세상이 다 알아요.

🎬 미드에선 이렇게! [Desperate Housewives 1*8]

It's no secret that you've been having financial problems.
당신이 재정적 어려움을 겪고 있다는 건 세상이 다 알아요.

💬 Conversation

A: **It's no secret that** many women love luxurious bags.
많은 여성들이 명품 가방을 좋아한다는 건 세상이 다 알아요.

B: Yeah, no doubt about it.
맞아. 의심의 여지도 없지.

 I heard ~. 난 ~라고 들었어.

거대한 소문이나 대세적인 의견이 아니라, 그냥 어떤 말을 주위에서 들었음을 말할 때 사용할 수 있는 패턴입니다.

I heard you met the man of your dreams.
나 네가 꿈에 그리던 이상형을 만났다고 들었어.

I heard your brother is in jail.
나 네 동생이 감옥에 있다고 들었어.

I heard you were kicked off the team.
나 네가 팀에서 쫓겨났다고 들었어.

🎬 미드에선 이렇게! [Ghost Whisperer 3*17]
I heard you were looking for me.
나 네가 날 찾았다고 들었어.

💬 Conversation
A: **I heard** your father is out of work. That's gotta be tough.
네 아버지가 실직하셨다고 들었어. 힘들겠구나.
B: Not really. My grandfather is loaded, so he's helping us out.
별로요. 할아버지가 돈이 엄청 많으셔서 저희를 도와주고 계시거든요.

 A little bird told me (that) ~. 누가 그러던데 ~했다며.

간단히 '그냥 누가 말해줬어'란 뜻의 회화표현은 A little bird told me라고 말할 수 있습니다. 직역하면 작은 새 한 마리가 내게 알려주고 갔다는 뜻입니다. 구체적으로 어떤 내용을 알려주고 갔는지는 뒤에 문장을 더해서 말해 줄 수 있습니다.

A little bird told me you're in love.
누가 그러던데 너 사랑에 빠졌다며.

A little bird told me you have feelings for my sister.
누가 그러던데 너 내 여동생을 좋아한다며.

A little bird told me you're moving to Jeju.
누가 그러던데 너 제주도로 이사 간다며.

🎬 미드에선 이렇게! [Big Bang Theory]
A little bird told me that you and Leslie hooked up last night.
누가 그러던데 너랑 레슬리랑 어젯밤에 잤다며.

💬 Conversation
A: **A little bird told me** you're gay.
네가 게이라는 소문을 들었어.
B: What? No! I'm straight!
뭐? 아니야! 난 이성애자야!

Review!

미드&스크린 속 네이티브들의 표현법 따라잡기!
앞서 배운 패턴 문장들입니다. 한글을 보고 영어로 크게 외쳐 봅시다!

481 Everyone says ~.

다들 ~라고 말해.

- □ 다들 내가 그녀와 결혼해야 한다고 말해.
- □ 다들 내가 틀렸다고 말해.
- □ 다들 네가 천재라고 말해.
- □ 모두들 마이크 타이슨이 굉장히 거칠다고들 말해.
- □ 다들 내가 아빠를 닮았다고 말해

482 The word is, ~.

~라는 말이 돌아.

- □ 네가 켈리를 찼다는 말이 돌아.
- □ 그녀가 곧 승진할 거라는 말이 돌아.
- □ 당신이 마을에서 최고의 의사란 말이 돌더군요.
- □ 그가 내 생일 날 내게 청혼을 할 계획이란 말이 돌아.
- □ 그 회사가 조만간 파산할 거라는 말이 돌아.

483 Rumor has it ~.

~라는 소문이 있어.

- □ 자네가 해고당했다는 소문이 있어.
- □ 네가 과외선생님하고 데이트한다는 소문이 있어.
- □ 자네가 자리에서 내려올 거라는 소문이 있어.
- □ 자네가 뉴욕으로 다시 돌아간다는 소문이 있어.
- □ 자네가 돈을 훔쳐서 달아났다는 소문이 있어.

484 It's no secret that ~.

~라는 건 세상이 다 알아요.

- □ 그가 그의 비서와 잤다는 건 세상이 다 알아요.
- □ 당신이 사업을 시작하려는 건 세상이 다 알아요.
- □ 당신이 믿을 수 없는 사람이란 건 세상이 다 알아요.
- □ 당신이 재정적 어려움을 겪고 있다는 건 세상이 다 알아요.
- □ 많은 여성들이 명품 가방을 좋아한다는 건 세상이 다 알아요.

485 I heard ~.

난 ~라고 들었어.

- □ 나 네가 꿈에 그리던 이상형을 만났다고 들었어.
- □ 나 네 동생이 감옥에 있다고 들었어.
- □ 나 네가 팀에서 쫓겨났다고 들었어.
- □ 나 네가 날 찾았다고 들었어.
- □ 네 아버지가 실직하셨다고 들었어.

486 A little bird told me (that) ~.

누가 그러던데 ~했다며.

- □ 누가 그러던데 너 사랑에 빠졌다며.
- □ 누가 그러던데 너 내 여동생을 좋아한다며.
- □ 누가 그러던데 너 제주도로 이사 간다며.
- □ 누가 그러던데 너랑 레슬리랑 어젯밤에 잤다며.
- □ 네가 게이라는 소문을 들었어.

Situation **082** >> 준비와 의향묻기

Are you ready +to[for] ~? ~할 준비됐어요?

상대방에게 '준비됐어요?'란 질문은 영어로 Are you ready?라고 합니다. 구체적으로 무엇을 할 준비가 됐는지를 물을 때는 뒤에 'for+명사' 혹은 'to+동사원형'의 어순을 연결시켜 주면 됩니다.

Are you ready for the final question?	마지막 질문에 답하실 준비됐나요?
Are you ready for your interview?	면접 볼 준비됐나요?
Are you ready to order?	주문하실 준비되셨나요(주문하시겠어요)?

🎬 미드에선 이렇게! [That 70's Show 7*4]
Are you ready to help me decorate?
나 장식하는 거 도와줄 준비됐어?

💬 Conversation
A: **Are you ready to** get started?
  시작할 준비됐어요?
B: Sure. Let's do this.
  물론이죠. 해봅시다.

I'm not ready +to[for] ~. 나 ~할 준비는 안 됐어.

자신은 준비가 아직 안 됐다는 말을 영어로 간단히 I'm not ready라고 합니다. 그러나 구체적으로 무엇을 할 준비가 안 됐는지를 설명할 때는 뒤에 'for+명사' 혹은 'to+동사원형'의 어순을 연결시켜 주면 됩니다.

I'm not ready for marriage.	난 결혼할 준비는 안 됐어.
I'm not ready for a new school.	나 전학 갈 준비는 안 됐어.
I'm not ready to tell him the truth.	난 그에게 진실을 말할 준비는 안 됐어.

🎬 영화에선 이렇게! [Little Man]
I'm not ready to be a dad yet.
난 아직은 아빠가 될 준비는 안 됐어.

💬 Conversation
A: **I'm not ready for** this. I need to take things slow.
  난 이럴 준비는 안 됐어. 서두르지 말고 천천히 진도를 나갔으면 해.
B: Okay. Let's take things slow.
  알았어. 서두르지 말자.

Are you willing to + 동사원형 ~? ~할 의향이 있나요?

willing은 형용사로 '~할 의향이 있는, 자발적인'이란 뜻을 가집니다. 보통 뒤에 to부정사를 이끌어서 '~할 의향이 있는'이란 구문 표현을 만들며 무언가를 할 마음이 내킨다는 뜻을 전달합니다.

Are you willing to undertake the job?	그 일을 떠맡을 의향이 있으세요?
Are you willing to fight for these people?	이 사람들을 위해서 싸울 의향이 있으세요?
Are you willing to cooperate?	협력하실 의향이 있으세요?

🎬 미드에선 이렇게! [Grey's Anatomy [1*3]]

Are you willing to donate his corneas?
그의 각막을 기증하실 의향이 있나요?

💬 Conversation

A: **Are you willing to** risk that?
그런 위험을 감수할 의향이 있나요?

B: Yes, I am.
네, 있습니다.

I'm willing to + 동사원형 ~. 난 기꺼이 ~하겠어요.

무언가를 할 마음이 내킨다거나 그럴 의향이 있다고 말 할 때는 I'm willing to ~ 패턴을 사용하세요. 좀 더 직접적으로 무언가를 하고 싶다고 말할 때는 I wan to ~ 패턴을 사용할 수 있겠죠?

I'm willing to do that.	난 기꺼이 그걸 하겠어요.
I'm willing to pay whatever it costs.	난 비용이 얼마나 들던 간에 기꺼이 지불하겠어요.
I'm willing to negotiate.	난 기꺼이 협상하겠어요.

🎬 영화에선 이렇게! [Primal Fear]

I'm willing to take your case pro bono.
난 기꺼이 당신 사건을 무료로 변호하겠어요.

💬 Conversation

A: You should think twice. This can ruin your career.
다시 생각해 보셔야 해요. 이 일은 당신의 경력을 망칠 수 있다고요.

B: **I'm willing to** take that chance.
난 기꺼이 모험을 하겠어요.

491

Prepare to + 동사원형 ~. ~할 준비를 해둬.

동사 prepare는 '~를 준비하다'란 뜻입니다. 즉, 앞서 배웠던 I'm ready.는 I'm prepared.라고 말할 수도 있는 겁니다. 명령문이나 요청문인 Prepare to ~ 패턴은 상대방에게 무언가를 할 준비를 하라는 뜻이 됩니다.

Prepare to leave tonight.	오늘밤 떠날 준비를 해둬.
Prepare to be disappointed.	실망할 준비를 해둬.
Prepare to board.	승선할 준비를 해둬.

🎬 미드에선 이렇게! [Grey's Anatomy 2*17]

Prepare to transport him to the O. R.
그를 수술실로 옮길 준비를 해둬.

💬 Conversation

A: Everyone! **Prepare to** be surprised. I, Tom Brown, am going to marry next month.
모두들! 놀랄 준비를 해둬! 나, 탐 브라운은 다음 달에 결혼한다.

B: What? You're getting married? Congratulations!
뭐? 결혼 한다고? 축하해!

492

I was about to + 동사원형 ~. 나 ~하려던 참이었어.

be about to는 '~를 하려던 참이다'란 뜻을 전달합니다. 즉, I was about to ~는 자신이 무언가를 시작 하려던 참이었음을 전달하며, 부사 just(막)를 넣어서 시점을 강조하며 말할 수 있습니다.

I was about to call you.	나 네게 전화하려던 참이었어.
I was about to say that.	나 그 말 하려던 참이었어.
I was about to ask you the same question.	나 너에게 같은 질문을 하려던 참이었어.

🎬 미드에선 이렇게! [Veronica Mars 3*20]

I was about to go have a talk with him anyway.
나 어쨌든 그에게 가서 얘기를 해보려던 참이었어.

💬 Conversation

A: Lory, what are you doing?
로리, 뭐 하고 있어?

B: **I was about to** check my email. What's up?
나 이메일을 확인하려던 참이었어. 무슨 일이야?

Review!

미드&스크린 속 네이티브들의 표현법 따라잡기!
앞서 배운 패턴 문장들입니다. 한글을 보고 영어로 크게 외쳐 봅시다!

487 Are you ready to[for] ~?
~할 준비됐어요?

- ☐ 마지막 질문에 답하실 준비됐나요?
- ☐ 면접 볼 준비됐나요?
- ☐ 주문하실 준비되셨나요(주문하시겠어요)?
- ☐ 나 장식하는 거 도와줄 준비됐어?
- ☐ 시작할 준비됐어요?

488 I'm not ready to[for] ~.
나 ~할 준비는 안 됐어.

- ☐ 난 결혼할 준비는 안 됐어.
- ☐ 나 전학 갈 준비는 안 됐어.
- ☐ 난 그에게 진실을 말할 준비는 안 됐어.
- ☐ 난 아직은 아빠가 될 준비는 안 됐어.
- ☐ 난 이럴 준비는 안 됐어.

489 Are you willing to + 동사원형 ~?
~할 의향이 있나요?

- ☐ 그 일을 떠맡을 의향이 있으세요?
- ☐ 이 사람들을 위해서 싸울 의향이 있으세요?
- ☐ 협력하실 의향이 있으세요?
- ☐ 그의 각막을 기증하실 의향이 있나요?
- ☐ 그런 위험을 감수할 의향이 있나요.

490 I'm willing to + 동사원형 ~.
난 기꺼이 ~하겠어요.

- ☐ 난 기꺼이 그걸 하겠어요.
- ☐ 난 비용이 얼마나 들던 간에 기꺼이 지불하겠어요.
- ☐ 난 기꺼이 협상하겠어요.
- ☐ 난 기꺼이 당신 사건을 무료로 변호하겠어요.
- ☐ 난 기꺼이 모험을 하겠어요.

491 Prepare to + 동사원형 ~.
~할 준비를 해둬.

- ☐ 오늘밤 떠날 준비를 해둬.
- ☐ 실망할 준비를 해둬.
- ☐ 승선할 준비를 해둬.
- ☐ 그를 수술실로 옮길 준비를 해둬.
- ☐ 놀랄 준비를 해둬!

492 I was about to + 동사원형 ~.
나 ~하려던 참이었어.

- ☐ 나 네게 전화하려던 참이었어.
- ☐ 나 그 말 하려던 참이었어.
- ☐ 나 너에게 같은 질문을 하려던 참이었어.
- ☐ 나 어쨌든 그에게 가서 얘기를 해보려던 참이었어.
- ☐ 나 이메일을 확인하려던 참이었어.

Situation 083 >> 지겨움과 짜증

I can't stand~. 나 ~가 정말 싫어.

사람이나 무언가가 견딜 수 없을 정도로 싫을 때는 'I can't stand+사람/사물' 패턴으로 말하면 됩니다. ex) I can't stand her.(난 그녀가 정말 싫어.) 구체적으로 무언가를 하는 것이 못 견딜 정도로 싫음을 말할 때는 동사 stand 뒤에 to부정사 혹은 동명사를 붙여서 말하면 됩니다.

I can't stand to be alone.	난 혼자 있는 게 정말 싫어.
I can't stand lying to anyone else.	나 다른 누구에게 거짓말하는 게 정말 싫어.
I can't stand feeling like this.	나 이런 기분을 느끼는 거 정말 싫어.

🎬 미드에선 이렇게! [Heroes 2*10]

I can't stand to see you hurt like this.
나 네가 이렇게 아파하는 걸 보는 게 정말 싫어.

💬 Conversation

A: **I can't stand** watching this movie. I've seen it over a hundred times.
  나 이 영화 보는 거 정말 싫어. 100번 넘게 봤단 말이야.
B: But I love this movie.
  하지만 난 이 영화 완전 좋아하는데.

I'm tired of ~. 나 ~가 지겨워.

I'm tired는 '난 피곤해'란 뜻이지만 I'm tired of ~는 '난 ~가 지겨워'란 뜻이 됩니다. 말 그대로 무언가는 이제 지칠 정도로 지겹다는 의미입니다. 전치사 of 뒤에는 명사 혹은 동명사 등이 위치할 수 있습니다.

I'm tired of always losing.	난 항상 지는 게 지겨워.
I'm tired of your complaints.	난 네 불평들이 지겨워.
I'm tired of the same routine.	난 똑같은 일상이 지겨워.

🎬 영화에선 이렇게! [Bad Boys]

I'm tired of you saying that.
난 네가 그 말 하는 거 지겨워.

💬 Conversation

A: **I'm tired of** being pushed around.
  난 여기저기 휘둘리는 게 지겨워.
B: You should stand up for yourself.
  너 스스로를 위해 당당히 맞서야 해.

 495

I've had it with ~. 난 ~가 지긋지긋해.

무언가를 참을 만큼 참아서 이젠 정말 지긋지긋하고 못 참겠다는 의미를 전달할 때 사용할 수 있는 패턴입니다. 중간에 up to here를 넣어서 I've had it up to here with ~ 패턴으로 말하기도 합니다.

I've had it with you.	난 네가 지긋지긋해.
I've had it with him.	난 그가 지긋지긋해.
I've had it with that joke.	난 그 농담 지긋지긋해.

🎬 영화에선 이렇게! 〔Lolita〕
I've had it with that noise.
나 저 소리가 지긋지긋해.

💬 Conversation
A: **I've had it with** both of you. Get out of my sight.
난 너희 둘 다 지긋지긋해. 내 눈 앞에서 사라져.
B: Don't get upset. We were just having fun.
화내지 마. 그냥 재미있자고 그런 거잖아.

 496

I'm sick of ~. 난 ~에 신물이 나.

무언가 지겹다거나 질렸다라고 말할 때 I'm sick of ~ 패턴으로도 말할 수 있습니다. 앞서 배운 I'm tired of~ 패턴과 결합시켜 지겨움이나 짜증의 강도를 더 세게 말하고 싶을 때는 I'm sick and tired of ~ 패턴으로 말하면 됩니다.

I'm sick of your cheap jokes.	난 네 싸구려 농담에 신물이 나.
I'm sick of your smoking.	난 네가 담배 피는 것에 신물이 나.
I'm sick of eating frozen food all the time.	난 항상 냉동식품 먹는 것에 신물이 나.

🎬 영화에선 이렇게! 〔The Hangover〕
I'm sick of doing what you want.
난 네가 원하는 것을 하는 데 신물이 나.

💬 Conversation
A: **I'm sick of** those cockroaches. They are everywhere!
나 저 바퀴벌레들에 신물이 나. 여기저기에 다 있다니까!
B: We should really move to another place.
우리 정말 다른 곳으로 이사를 가야 해.

 497

Stop + 동사-ing ~! ~ 그만 좀 해!

상대방이 무언가를 지속적으로 해서 짜증이 날 때는 간단히 Stop it!(그만 해!)이라고 말하면 됩니다. 구체적으로 무엇을 하는 것을 그만두라고 말할 때는 동명사를 붙여서 설명해 주면 됩니다.

Stop doing that.	그 짓 좀 그만 해.
Stop looking at me like that.	그런 식으로 나 쳐다보는 것 좀 그만 해.
Stop torturing me.	나 고문하는 것 좀 그만 해(나 좀 그만 괴롭혀).

■ 미드에선 이렇게! [Friends 10*3]

Hey, **stop** staring at my wife's legs.
야, 내 마누라 다리 그만 좀 쳐다 봐.

💬 Conversation

A: **Stop** picking your nose!
 코 좀 그만 파!

B: I'm gonna rub my booger on your face!
 내 코딱지를 네 얼굴에다 발라 버리겠어!

 498

How many times do I have to + 동사원형 ~?

도대체 몇 번이나 내가 ~해야 하니?

이미 충분히 어떤 행동이나 말을 했음에도 불구하고 상대방이 제대로 인지를 못했을 때 짜증을 내면서 사용할 수 있는 패턴입니다.

How many times do I have to tell you?	도대체 몇 번이나 내가 네게 말해야 하니?
How many times do I have to ask you?	도대체 몇 번이나 내가 네게 물어야 하니?
How many times do I have to go there?	도대체 몇 번이나 내가 거기 가야 되니?

🎬 영화에선 이렇게! [Bride Wars]

How many times do I have to repeat myself?
도대체 몇 번이나 내가 같은 말을 반복해야 하니?

💬 Conversation

A: **How many times do I have to** tell you to wash your hands before meals?
 도대체 몇 번이나 식사 전에 손 씻으라고 내가 말해야 하니?

B: I'm sorry, but I keep forgetting about it.
 죄송해요. 하지만 자꾸 잊어버려요.

 미드&스크린 속 네이티브들의 표현법 따라잡기!
앞서 배운 패턴 문장들입니다. 한글을 보고 영어로 크게 외쳐 봅시다!

493 I can't stand ~.
나 ~가 정말 싫어.

- ☐ 난 혼자 있는 게 정말 싫어.
- ☐ 나 다른 누구에게 거짓말하는 게 정말 싫어.
- ☐ 나 이런 기분을 느끼는 거 정말 싫어.
- ☐ 나 네가 이렇게 아파하는 걸 보는 게 정말 싫어.
- ☐ 나 이 영화 보는 거 정말 싫어.

494 I'm tired of ~.
나 ~가 지겨워.

- ☐ 난 항상 지는 게 지겨워.
- ☐ 난 네 불평들이 지겨워.
- ☐ 난 똑같은 일상이 지겨워.
- ☐ 난 네가 그 말 하는 거 지겨워.
- ☐ 난 여기저기 휘둘리는 게 지겨워.

495 I've had it with ~.
난 ~가 지긋지긋해.

- ☐ 난 네가 지긋지긋해.
- ☐ 난 그가 지긋지긋해.
- ☐ 난 그 농담 지긋지긋해.
- ☐ 나 저 소리가 지긋지긋해.
- ☐ 난 너희 둘 다 지긋지긋해.

496 I'm sick of ~.
난 ~에 신물이 나.

- ☐ 난 네 싸구려 농담에 신물이 나.
- ☐ 난 네가 담배 피는 것에 신물이 나.
- ☐ 난 항상 냉동식품 먹는 것에 신물이 나.
- ☐ 난 네가 원하는 것을 하는 데 신물이 나.
- ☐ 난 저 바퀴벌레들에 신물이 나.

497 Stop + 동사-ing ~!
~ 그만 좀 해!

- ☐ 그 짓 좀 그만 해.
- ☐ 그런 식으로 나 쳐다보는 것 좀 그만 해.
- ☐ 나 고문하는 것 좀 그만 해(나 좀 그만 괴롭혀).
- ☐ 야, 내 마누라 다리 그만 좀 쳐다 봐.
- ☐ 코 좀 그만 파!

498 How many times do I have to + 동사원형 ~?
도대체 몇 번이나 내가 ~해야 하니?

- ☐ 도대체 몇 번이나 내가 네게 말해야 하니?
- ☐ 도대체 몇 번이나 내가 네게 물어야 하니?
- ☐ 도대체 몇 번이나 내가 거기 가야 되니?
- ☐ 도대체 몇 번이나 내가 같은 말을 반복해야 하니?
- ☐ 도대체 몇 번이나 식사 전에 손 씻으라고 내가 말해야 하니?

Situation 084 >> 짜증내기

Didn't I tell you to ~? 내가 ~하라고 말했지?

상대방이 자기가 시킨 대로 하지 않았을 때 짜증내면서 사용할 수 있는 패턴입니다. to부정사 앞에 not을 붙여서 '내가 ~하지 말라고 말했지?' 패턴으로 사용할 수 있습니다.

Didn't I tell you to turn off the TV?
내가 텔레비전 끄라고 말했지?

Didn't I tell you to wait for me?
내가 기다리고 있으라고 말했지?

Didn't I tell you not **to** play ball out on the front lawn?
내가 앞마당에 나가서 공놀이 하지 말라고 말했지?

🎬 영화에선 이렇게! 〔Grown Ups〕
Didn't I tell you to turn the phone off, Greg?
내가 너 전화 끄고 있으라고 말했지? 그렉!

💬 Conversation
A: Mr. Jackson. I have a problem. I forgot to bring my USB flash drive.
잭슨 부장님. 문제가 생겼습니다. USB를 깜빡하고 안 갖고 왔어요.
B: I don't believe this. **Didn't I tell you to** double check?
믿을 수가 없군. 내가 재확인 해보라고 말했지?

Why is it so ~? 왜 이렇게 ~한 거야?

어떤 상황을 두고 왜 이렇게 더운지, 추운지, 어두운지, 어려운지, 중요한지 등에 대해서 이유를 모르겠음을 짜증과 함께 말할 때 사용할 수 있는 패턴입니다.

Why is it so dark in here?   왜 이렇게 여기 어두운 거야?
Why is it so important to you?   왜 그렇게 그게 너한테 중요한 거야?
Why is it so hot in here?   왜 이렇게 여기 더운 거야?

🎬 미드에선 이렇게! 〔Will and Grace 7*3〕
Why is it so difficult to find a therapist who will listen to me?
왜 이렇게 내 말을 들어 줄 심리치료사를 찾는 게 어려운 거야?

💬 Conversation
A: **Why is it so** difficult to find a nice and pretty girlfriend?
왜 이렇게 착하고 귀여운 여자친구를 찾는 게 어려운 거야?
B: That's because you're not handsome enough.
그건 네가 잘 생기지 않아서 그런 거지.

501 You're always ~. 넌 항상 ~하잖아.

You're always ~ 패턴은 You're always smiling(넌 항상 웃는구나)처럼 긍정적인 의미로도 사용가능하지만, You're always complaining(넌 항상 불평만 하는구나)처럼 지속적인 상대방의 어떤 행동이나 혹은 상태에 대해 짜증을 나타내는 패턴으로도 사용할 수 있습니다.

You're always late to briefings. 넌 항상 브리핑에 늦잖아.
You're always so busy. 넌 항상 바쁘잖아.
You're always talking about my thinning hair. 넌 항상 내 탈모 가지고 얘기하잖아.

📺 미드에선 이렇게! [That 70's Show 7*24]
You're always telling me what to do.
넌 항상 나한테 이래라 저래라 하잖아.

💬 Conversation
A: I can't believe we're out of tissues already. I swear I just bought a box.
헐, 벌써 휴지가 다 떨어졌다니. 맹세컨대 내가 티슈 한 통을 방금 샀다고.
B: Maybe you misplaced them. **You're always** losing things.
다른 데다 뒀을 수도 있잖아. 넌 항상 물건들을 잃어버리잖아.

---

502 What the hell were you ~? 너 대체 뭘 ~하고 있던 거야?

의문사 what 뒤에 the hell, on earth 등을 붙여서 말하면 '도대체, 젠장 할' 정도의 의미가 추가되어 상대방에게 짜증을 내는 뉘앙스를 더해 줍니다.

What the hell were you doing in New York? 너 대체 뉴욕에서 뭘 하고 있던 거야?
What the hell were you talking about? 너 대체 뭔 소릴 하고 있던 거야?
What the hell were you looking for in my office? 너 대체 내 사무실에서 뭘 찾고 있던 거야?

🎬 영화에선 이렇게! [New Moon]
What the hell were you doing out in the woods?
너 대체 숲속에서 뭘 하고 있던 거야?

💬 Conversation
A: You messed it up. **What the hell were you** thinking?
네가 망쳐버렸어. 너 대체 뭔 생각을 하고 있던 거야?
B: I'm sorry. I'm really sorry.
미안해. 정말로 미안해.

  503

Can't you see I'm ~? 나 ~하고 있는 거 안 보여요?

자신이 무언가를 하고 있는 상황에서 상대방이 자신을 방해한다면 짜증을 내면서 '나 ~하고 있는 거 안 보여?'라고 물을 수 있겠죠? 이 때 사용할 수 있는 패턴입니다.

Can't you see I'm in the middle of something?
나 지금 한창 뭐 하고 있는 거 안 보여요?
Can't you see I'm working here?
나 여기 일하고 있는 거 안 보여요?
Can't you see I'm on a date?
나 지금 데이트 하고 있는 거 안 보여요?

🎬 영화에선 이렇게! [Matilda]
Can't you see I'm on the phone?
나 지금 통화중인 거 안 보여요?

💬 Conversation
A: Jesus, you really make a lot of noise. **Can't you see I'm** trying to study?
맙소사, 너 정말 시끄럽구나. 나 공부하려고 하고 있는 거 안 보여?
B: I'm sorry. I'll keep quiet.
미안해. 조용히 있을 게.

  504

How much longer do I have to ~? 얼마나 더 나 ~해야 해요?

무언가를 한지 너무 오래 지나 지겨워서 더 이상 견딜 수 없을 것 같을 때 사용할 수 있는 패턴입니다. 이미 충분히 오래 버틴 것 같은데 얼마나 더 오래(longer) 지속해야 하는지를 따져 묻는 패턴입니다.

How much longer do I have to wait?
얼마나 더 나 기다려야 해요?

How much longer do I have to sit here?
얼마나 더 저 여기 앉아있어야 해요?

How much longer do I have to wear these stupid clothes?
얼마나 더 저 이 우스꽝스러운 옷을 입고 있어야 해요?

🎬 영화에선 이렇게! [Constantine]
All right, questions. **How much longer do I have to** be your slave?
알았어요, 질문이 있어요. 얼마나 더 제가 당신의 노예여야 하죠?

💬 Conversation
A: **How much longer do I have to** stay on this medication?
얼마나 더 오래 이 약을 복용하고 있어야 하죠?
B: At least for another week.
적어도 한 주는 더요.

Review!

미드&스크린 속 네이티브들의 표현법 따라잡기!
앞서 배운 패턴 문장들입니다. 한글을 보고 영어로 크게 외쳐 봅시다!

499 Didn't I tell you ~?
내가 ~하라고 말했지?

- 내가 텔레비전 끄라고 말했지?
- 내가 기다리고 있으라고 말했지?
- 내가 앞마당에 나가서 공놀이 하지 말라고 말했지?
- 내가 너 전화 끄고 있으라고 말했지?
- 내가 재확인 해보라고 말했지?

500 Why is it so ~?
왜 이렇게 ~한 거야?

- 왜 이렇게 여기 어두운 거야?
- 왜 그렇게 그게 너한테 중요한 거야?
- 왜 이렇게 여기 더운 거야?
- 왜 이렇게 내 말을 들어 줄 심리치료사를 찾는 게 어려운 거야?
- 왜 이렇게 착하고 귀여운 여자친구를 찾는 게 어려운 거야?

501 You're always ~.
넌 항상 ~하잖아.

- 넌 항상 브리핑에 늦잖아.
- 넌 항상 바쁘잖아.
- 넌 항상 내 탈모 가지고 얘기하잖아.
- 넌 항상 나한테 이래라 저래라 하잖아.
- 넌 항상 물건들을 잃어버리잖아.

502 What the hell were you ~?
너 대체 뭘 ~하고 있던 거야?

- 너 대체 뉴욕에서 뭘 하고 있던 거야?
- 너 대체 뭔 소리 하고 있던 거야?
- 너 대체 내 사무실에서 뭘 찾고 있던 거야?
- 너 대체 숲속에서 뭘 하고 있던 거야?
- 너 대체 뭔 생각을 하고 있던 거야?

503 Can't you see I'm ~?
나 ~하고 있는 거 안 보여요?

- 나 지금 한창 뭐 하고 있는 거 안 보여요?
- 나 여기 일하고 있는 거 안 보여요?
- 나 지금 데이트 하고 있는 거 안 보여요?
- 나 지금 통화중인 거 안 보여요?
- 나 공부하려고 하고 있는 거 안 보여?

504 How much longer do I have to ~?
얼마나 더 나 ~해야 해요?

- 얼마나 더 나 기다려야 해요?
- 얼마나 더 저 여기 앉아있어야 해요?
- 얼마나 더 저 이 우스꽝스러운 옷을 입고 있어야 해요?
- 얼마나 더 제가 당신의 노예여야 하죠?
- 얼마나 더 오래 이 약을 복용하고 있어야 하죠?

Situation **085** >> 충고

You'll have to + 동사원형 ~. 너 ~해야 할 거야.

상대방에게 지금 당장 무언가를 하라고 말하는 것이 아니라, 미래 조동사 will과 함께 '너 이제 ~해야 할 거야'란 예측의 충고로서 사용할 수 있는 패턴입니다.

You'll have to come back between 6 and 7.	너 6시에서 7시 사이에 돌아와야 할 거야.
You'll have to walk from here.	너 여기서부터 걸어서 가야 할 거야.
You'll have to get used to it.	너 그것에 익숙해져야 할 거야.

🎬 영화에선 이렇게! [The Day After Tomorrow]

When the chauffeur's not around, **you'll have to** drive on your own.
운전사가 나타나지 않으면, 네가 직접 운전을 해야 할 거야.

💬 Conversation

A: I'll take this one. But I'd like a leather cover instead of a plastic one.
이걸로 살게요. 그런데 전 플라스틱보다는 가죽 덮개가 좋네요.

B: Then, **you'll have to** pay 20 dollars more.
그렇다면 20달러를 더 내셔야 합니다.

I advise you to + 동사원형 ~. 충고컨대, ~ 하세요.

동사 advise는 '충고하다'란 뜻을 갖습니다. 상대방에게 무언가를 하라고 충고를 할 때 I advise you to ~ 패턴으로 말하면 됩니다.

I advise you to marry her as soon as you can.	충고컨대, 할 수 있는 한 빨리 그녀와 결혼하세요.
I advise you to take this more seriously.	충고컨대, 이 일을 더 진지하게 받아들이세요.
I advise you to keep your mouth shut.	충고컨대, 그 입 다물고 있으세요.

🎬 미드에선 이렇게! [Close to Home I*17]

If you have a complaint, **I advise you to** contact the Consumer Advisory Center.
불만이 있으시다면, 충고컨대 소비자보호센터에 연락하세요.

💬 Conversation

A: I think I'm coming down with the flu. Plus, my back and neck hurt badly.
나 몸살 기운이 있는 것 같아요. 게다가, 등과 목도 너무 아프고요.

B: **I advise you to** go home and get some rest.
충고컨대, 집에 가서 휴식을 취하세요.

You must + 동사원형 ~. 너 반드시 ~해야 해.

have to보다 좀 더 강한 의무로서 상대방에게 무언가를 해야 한다고 말할 때는 조동사 must를 활용하여 You must ~ 패턴으로 말할 수 있습니다.

You must do as I say.
너 반드시 내가 말하는 대로 해야 해.

You must be punished for what you did.
넌 반드시 네가 한 짓에 대해서 벌을 받아야 해.

You must do something to make the world more beautiful.
너 반드시 세상을 더 아름답게 만들기 위해서 뭔가를 해야 해

🎬 미드에선 이렇게! [The Simpsons 2*18]
You must look me straight in the eye and answer one simple question.
너 반드시 내 눈을 똑바로 쳐다보고 간단한 질문 하나에 대답을 하도록 해.

💬 Conversation
A: Mom, can I go out and play?
엄마, 나 밖에 나가서 놀아도 돼요?
B: No, **you must** do your homework first. Got it?
안 돼. 반드시 숙제 먼저 해야 해. 알겠니?

You'd better + 동사원형 ~. 너 ~하는 편이 좋을 거야.

had better는 '~하는 편이 낫다'란 뜻으로 상대방에게 단순한 충고의 말을 전달하는 뜻으로도 쓰이고 좀 더 강하게는 그렇게 하지 않으면 큰 일 날 줄 알라는 뉘앙스의 경고성 패턴으로 사용되기도 합니다.

You'd better be right about this. 네가 말한 게 맞는 편이 좋을 거야.
You'd better leave him alone. 너 그를 혼자 놔두는 게 좋을 거야.
You'd better stay home tonight. 너 오늘밤엔 집에 있는 게 좋을 거야.

🎬 영화에선 이렇게! [Terminator Salvation]
You'd better be ready to pull the trigger.
너 방아쇠를 당길 준비를 하고 있는 편이 좋을 거야.

💬 Conversation
A: When I get out of that bathroom, **you'd better** be gone.
내가 저 화장실에서 나왔을 때 너 사라져 있는 편이 좋을 거야.
B: Are you threatening me?
지금 날 협박하는 건가요?

It's no use + 동사-ing ~. ~해도 소용없어.

It's no use는 '소용없다, 쓸모없는 짓이다'란 뜻으로 사용되는 회화표현입니다. 구체적으로 무엇을 하는 것이 쓸데없는 짓인지를 설명할 때는 뒤에 동명사(동사-ing) 이하의 내용으로 설명을 해 주면 됩니다.

It's no use hiding.	숨어봤자 소용없어.
It's no use trying to run.	도망치려고 노력해봤자 소용없어.
It's no use crying over spilt milk.	이미 벌어진 일 가지고 후회해도 소용없어.

🎬 영화에선 이렇게! [Howards End]

It's no use pretending you enjoyed lunch.
너 점심 맛있게 먹은 척 해도 소용없어.

💬 Conversation

A: I keep thinking about the mistake I made yesterday.
어제 내가 한 실수를 계속 생각하게 돼.

B: Just let it go. **It's no use** thinking about what you can't control.
그만 잊어버려. 네가 어찌할 수 없는 걸 생각해봤자 소용없잖아.

It's about time you + 과거동사 ~. 이젠 ~할 때도 됐잖아.

상대방이 이미 했어도 벌써 했어야 하는 일을 하지 않고 있을 때 이를 살짝 핀잔을 주며 말할 수 있는 패턴입니다. 단, 동사는 과거를 쓰지만 해석의 의미는 현재라는 것을 꼭 기억하세요.

It's about time you found a new job.	이젠 새 직장을 찾을 때도 됐잖아.
It's about time you went to bed.	이젠 자러 갈 때도 됐잖아.
It's about time you noticed.	이젠 알아차릴 때도 됐잖아.

🎬 영화에선 이렇게! [Inside Job]

It's about time you learned about subprime mortgages.
이젠 너 서브프라임 융자에 대해서 배울 때도 됐잖아.

💬 Conversation

A: **It's about time you** got home to your family.
이제 너 집으로 돌아갈 때도 됐잖아.

B: But I haven't finished my work yet.
하지만 아직 일이 안 끝났단 말이에요.

미드&스크린 속 네이티브들의 표현법 따라잡기!
앞서 배운 패턴 문장들입니다. 한글을 보고 영어로 크게 외쳐 봅시다!

505 You'll have to + 동사원형 ~.
너 ~해야 할 거야.

- 너 6시에서 7시 사이에 돌아와야 할 거야.
- 너 여기서부터 걸어서 가야 할 거야.
- 너 그것에 익숙해져야 할 거야.
- 운전사가 나타나지 않으면, 네가 직접 운전을 해야 할 거야.
- 20달러를 더 내셔야 합니다.

506 I advise you to + 동사원형 ~.
충고컨대, ~하세요.

- 충고컨대, 할 수 있는 한 빨리 그녀와 결혼하세요.
- 충고컨대, 이 일을 더 진지하게 받아들이세요.
- 충고컨대, 그 입 다물고 있으세요.
- 불만이 있으시다면, 충고컨대 소비자보호센터에 연락하세요.
- 충고컨대, 집에 가서 휴식을 취하세요.

507 You must + 동사원형 ~.
너 반드시 ~해야 해.

- 너 반드시 내가 말하는 대로 해야 해.
- 넌 반드시 네가 한 짓에 대해서 벌을 받아야 해.
- 너 반드시 세상을 더 아름답게 만들기 위해서 뭔가를 해야 해.
- 너 반드시 내 눈을 똑바로 쳐다보고 간단한 질문 하나에 대답을 하도록 해.
- 반드시 숙제 먼저 해야 해. 알겠니?

508 You'd better + 동사원형 ~.
너 ~하는 편이 좋을 거야.

- 네가 말한 게 맞는 편이 좋을 거야.
- 너 그를 혼자 놔두는 게 좋을 거야.
- 너 오늘밤엔 집에 있는 게 좋을 거야.
- 너 방아쇠를 당길 준비를 하고 있는 편이 좋을 거야.
- 내가 저 화장실에서 나왔을 때 너 사라져 있는 편이 좋을 거야.

509 It's no use + 동사-ing ~.
~해도 소용없어.

- 숨어봤자 소용없어.
- 도망치려고 노력해 봤자 소용없어.
- 이미 벌어진 일 가지고 후회해도 소용없어.
- 너 점심 맛있게 먹은 척 해도 소용없어.
- 네가 어찌할 수 없는 걸 생각해봤자 소용없잖아.

510 It's about time you + 과거동사 ~.
이젠 ~할 때도 됐잖아.

- 이젠 새 직장을 찾을 때도 됐잖아.
- 이젠 자러 갈 때도 됐잖아.
- 이젠 알아차릴 때도 됐잖아.
- 이젠 너 서브프라임 융자에 대해서 배울 때도 됐잖아.
- 이제 너 집으로 돌아갈 때도 됐잖아.

Situation 086 >> 핀잔과 분노

What on earth were you + 동사-ing ~?
너 대체 뭘 ~하고 있던 거야?

의문사 What 뒤에 the hell, on earth 등을 붙여서 말하면 '정말이지, 도대체' 정도의 의미가 추가되어 상대방에게 짜증을 내는 뉘앙스를 더해 줍니다.

What on earth were you eating?	너 대체 뭘 먹고 있던 거야?
What on earth were you drinking?	너 대체 뭘 마시고 있던 거야?
What on earth were you playing with?	너 대체 뭘 가지고 놀고 있던 거야?

🎬 미드에선 이렇게! [Brothers & Sisters 1x03]

What on earth were you thinking, showing up here like this?
너 대체 여기 이런 식으로 나타나다니 뭔 생각을 하고 있던 거야?

💬 Conversation

A: Jenny, **what on earth were you** thinking?
제니, 너 대체 무슨 생각을 하고 있던 거야?

B: I know, I screwed up.
알아요, 내가 망쳤어요.

Who said anything about ~? 누가 ~한대?

상대방이 한 말이나 단어를 두고 누가 그런 말을 하기나 했냐고 어이없어하며 핀잔을 줄 때 사용할 수 있는 패턴입니다.

Who said anything about golf?	누가 골프한대?
Who said anything about going back inside?	누가 안으로 다시 들어간대?
Who said anything about marriage?	누가 결혼한대?

🎬 미드에선 이렇게! [Brothers and Sisters 1*7]

Settle down? **Who said anything about** settling down?
정착이라고? 누가 정착한대?

💬 Conversation

A: You shouldn't drink tonight.
너 오늘 밤엔 술 마시면 안 돼.

B: Drink? **Who said anything about** drinking?
술? 누가 술 마신대?

 Don't even think about ~. ~할 생각은 하지도 마.

Don't think about ~은 그냥 무언가를 생각하지 말라는 뜻의 패턴입니다. 하지만 even이라는 부사를 첨가하면 무언가는 생각조차도 하지 말라는 경고의 의미를 전달할 수 있습니다.

Don't even think about it.
그럴 생각 하지도 마.
Don't even think about cancelling the appointment.
약속 취소할 생각은 하지도 마.
Don't even think about trying to escape.
도망치려고 할 생각은 하지도 마.

■ 미드에선 이렇게! [Prison Break 2*4]
Don't even think about getting cute, smart-ass. (**get cute** : 까불다, 허튼 짓 하다.)
허튼 짓 할 생각은 하지도 마, 재수 없는 놈아.

💬 Conversation
A: Damn it! My toothbrush fell in the toilet.
젠장! 내 칫솔이 변기에 떨어졌어.
B: **Don't even think about** using my toothbrush.
내 칫솔 사용할 생각은 하지도 마.

 You don't wanna + 동사원형 ~. 너 ~하지 않는 게 좋을 거야.

상대방이 무언가를 하고 싶어 하거나 알고 싶어 할 때 그러지 않는 편이 네 신상에 좋겠다는 충고나 경고의 말을 전달하기 위해 사용될 수 있는 패턴입니다. 따라서 우리말의 '알면 다쳐.'는 영어로 You don't wanna know.가 됩니다.

You don't wanna know what I'm thinking.
내가 뭘 생각을 하는지 모르는 게 좋을 거야.
You don't wanna mess with me.
너 나한테 들이대지 않는 게 좋을 거야.
You don't wanna be late on your first day.
너 첫날부터 지각하지 않는 게 좋을 거야.
(**mess with** : ~에게 까불다, 들이대다)

■ 미드에선 이렇게! [Desperate Housewives 3*1]
You don't wanna marry her.
너 그녀와 결혼하지 않는 게 좋을 거야.

💬 Conversation
A: Is this the bathroom?
여기가 화장실이야?
B: **You don't wanna** go in there. Someone didn't flush.
너 거기 들어가지 않는 게 좋을 거야. 누군가 물을 안 내렸어.

How dare you + 동사원형 ~!? 어떻게 감히 네가 ~해!?

자신의 도덕나 윤리 기준상 도저히 용납할 수 없는 말이나 행동을 상대방이 범했을 때 이를 비판하기 위해서 쓸 수 있는 패턴입니다. 구체적인 내용의 언급없이 간단히 How dare you!(어떻게 네가 감히!)라고 말할 수 있습니다.

How dare you lie to me!?	어떻게 감히 네가 나한테 거짓말을 해!?
How dare you do this to me!?	어떻게 감히 네가 내게 이런 짓을 해!?
How dare you judge me!?	어떻게 감히 네가 나를 판단해!?

🎬 영화에선 이렇게! [American Beauty]

How dare you speak to me that way in front of her!?
어떻게 감히 네가 그녀 앞에서 내게 그런 식으로 말을 해!?

💬 Conversation

A: **How dare you** talk back to your teacher!?
   어떻게 감히 선생님께 말대답을 하니!?
B: I'm sorry. I lost control.
   죄송해요. 제가 이성을 잃었어요.

How could you + 동사원형 ~? 너 어떻게 ~할 수 있니?

상대방의 행동이나 반응 등이 이해가 가지 않거나, 그런 상대방의 행동이나 반응에 의해서 다소 배신감이 느껴질 때 이를 따지기 위한 질문에 사용될 수 있는 패턴입니다. '~하지 않을 수 있니?'란 부정의 의미를 전달할 때는 you와 동사원형 사이에 not을 넣어서 말하면 됩니다.

How could you be so stupid?	너 어떻게 그렇게 멍청할 수가 있니?
How could you bring him here?	너 어떻게 쟤를 여기에 데려올 수가 있니?
How could you not love her?	너 어떻게 그녀를 사랑하지 않을 수 있니?

🎬 영화에선 이렇게! [Rain Man]

How could you not like that suit? You look fantastic!
너 어떻게 그 양복이 마음에 안 들 수 있니? 완전 멋있구만!

💬 Conversation

A: **How could you** leave without saying anything?
   너 어떻게 아무런 말도 하지 않고 떠날 수가 있니?
B: I didn't mean to. It's just that.. everything happened so fast.
   그러려고 했던 건 아냐. 그냥. 모든 게 너무 빨리 일어났어.

Review!

미드&스크린 속 네이티브들의 표현법 따라잡기!
앞서 배운 패턴 문장들입니다. 한글을 보고 영어로 크게 외쳐 봅시다!

511 What on earth were you + 동사-ing ~?
너 대체 뭘 ~하고 있던 거야?

- ☐ 너 대체 뭘 먹고 있던 거야?
- ☐ 너 대체 뭘 마시고 있던 거야?
- ☐ 너 대체 뭘 가지고 놀고 있던 거야?
- ☐ 너 대체 여기 이런 식으로 나타나다니 뭔 생각을 하고 있던 거야?
- ☐ 너 대체 무슨 생각을 하고 있던 거야?

512 Who said anything about ~?
누가 ~한대?

- ☐ 누가 골프한대?
- ☐ 누가 안으로 다시 들어간대?
- ☐ 누가 결혼한대?
- ☐ 누가 정착 한대?
- ☐ 누가 술 마신대?

513 Don't even think about ~.
~할 생각은 하지도 마.

- ☐ 그럴 생각 하지도 마.
- ☐ 약속 취소할 생각은 하지도 마.
- ☐ 도망치려고 할 생각은 하지도 마.
- ☐ 허튼 짓 할 생각은 하지도 마, 재수 없는 놈아.
- ☐ 내 칫솔 사용할 생각은 하지도 마.

514 You don't wanna + 동사원형 ~.
너 ~하지 않는 게 좋을 거야.

- ☐ 너 내가 뭔 생각을 하는지 모르는 게 좋을 거야.
- ☐ 너 나한테 들이대지 않는 게 좋을 거야.
- ☐ 너 첫날부터 지각하지 않는 게 좋을 거야.
- ☐ 너 그녀와 결혼하지 않는 게 좋을 거야.
- ☐ 너 거기 들어가지 않는 게 좋을 거야.

515 How dare you + 동사원형 ~!?
어떻게 감히 네가 ~해!?

- ☐ 어떻게 감히 네가 나한테 거짓말을 해!?
- ☐ 어떻게 감히 네가 내게 이런 짓을 해!?
- ☐ 어떻게 감히 네가 나를 판단해!?
- ☐ 어떻게 감히 네가 그녀 앞에서 내게 그런 식으로 말을 해!?
- ☐ 어떻게 감히 선생님께 말대답을 하니!?

516 How could you + 동사원형 ~?
너 어떻게 ~할 수 있니?

- ☐ 너 어떻게 그렇게 멍청할 수가 있니?
- ☐ 너 어떻게 쟤를 여기에 데려올 수가 있니?
- ☐ 너 어떻게 그녀를 사랑하지 않을 수 있니?
- ☐ 너 어떻게 그 양복이 마음에 안 들 수 있니?
- ☐ 너 어떻게 아무런 말도 하지 않고 떠날 수가 있니?

Situation 087 >> 하고 싶은 것 말하기

I'd like to ~. ~하고 싶습니다(주세요).

자신이 원하는 것이 무엇인지 정중하게 밝힐 때 사용할 수 있는 패턴으로 to 뒤에 동사원형 이하의 내용을 하고 싶은 것으로 말해 주면 됩니다. 'I'd like+명사' 형태로 원하는 대상을 바로 붙여서 말할 수도 있습니다. ex) I'd like a hair cut.(머리 좀 잘라주세요.) / I'd like some coffee.(커피 좀 주세요.)

I'd like to have some coffee.	커피를 마시고 싶어요(커피 주세요).
I'd like to get something for my wife.	아내에게 줄 뭔가를 사고 싶습니다.
I'd like to make a toast.	건배 제의를 하고 싶습니다.

🎬 영화에선 이렇게! [Deep Impact]
I'd like to ask a few questions about your husband.
귀하의 남편에 대해서 몇 가지 질문을 하고 싶습니다.

💬 Conversation
A: Good afternoon, sir. May I take your order?
  안녕하세요. 주문받아도 될까요?
B: I need a minute. Oh, but, **I'd like to** have some water first.
  조금 이따가 오시겠어요? 아, 근데 먼저 물 좀 마시고 싶네요.

I'd like you to ~. 네가 ~해 줬으면 좋겠어.

상대방이 무언가를 해주길 바람을 정중하게 밝힐 때 사용할 수 있는 패턴입니다. to부정사 뒤에 상대방(you)이 해 줬으면 하는 내용을 동사원형으로 시작해서 말을 연결시켜 주면 됩니다.

I'd like you to behave yourself.	네가 얌전히 굴어 줬으면 좋겠어.
I'd like you to return the money I gave you.	내가 네게 준 돈을 돌려 줬으면 좋겠어.
I'd like you to do something for me.	네가 날 위해 뭔가를 좀 해 줬으면 좋겠어.

🎬 영화에선 이렇게! [Harry Potter and the Half-Blood Prince]
I'd like you to meet an old friend and colleague of mine.
네가 내 오래된 친구이자 동료인 한 분을 만났으면 좋겠어.

💬 Conversation
A: I'm throwing a party this Friday, and **I'd like you to** come.
  나 이번 주 금요일에 파티를 열건데, 네가 와 줬으면 좋겠어.
B: Sure, I'd love to.
  물론이지, 갈게.

 ## I wanna ~. ~하고 싶어(하길 원해).

자신이 원하고 하고 싶은 걸 직설적으로 밝힐 때 사용할 수 있는 패턴입니다. 원래는 I want to ~ 패턴이지만, want to가 '워너'라고 발음이 되어서 I wanna ~ 패턴으로 사용하면 됩니다.

I wanna be with you tonight.
나 오늘밤 너와 함께 있고 싶어.
I wanna make lots of money.
나 돈을 많이 벌고 싶어.
I wanna go home before it gets dark.
나 어두워지기 전에 집에 가고 싶어.

▶ 미드에선 이렇게! [Everybody Hates Chris]
I wanna sit at the desk. I wanna smell the textbooks and chalks.
난 책상에 앉고 싶어. 난 교과서와 분필 냄새를 맡길 원한다고.

💬 Conversation
A: Hi, **I wanna** send this package to Japan.
안녕하세요. 이 소포를 일본으로 보내고 싶습니다.
B: Please put it on the scale.
저울 위에 올려 주세요.

 ## I just wanted to ~. 난 그냥 ~하고 싶었어.

약간은 변명을 하는 듯한 느낌으로 단지 자신은 무언가를 하고 싶었을 뿐이라는 걸 설명 혹은 해명할 때 사용할 수 있는 패턴입니다.

I just wanted to protect you.
난 그냥 널 보호해 주고 싶었어.
I just wanted to apologize for my reaction last night.
난 그냥 어제 내 반응에 대해서 사과하고 싶었어.
I just wanted to tell you I love you.
난 그냥 내가 널 사랑한다는 말을 하고 싶었어.

▶ 영화에선 이렇게! [Man on Fire]
I just wanted to make sure you have everything you need.
전 그냥 당신이 필요로 하는 게 다 있는지 확인하고 싶었어요.

💬 Conversation
A: Jack, what are you doing here?
잭, 너 여기서 뭐하고 있는 거야?
B: Oh, **I just wanted to** make sure that you were home.
아, 그냥 네가 집에 있는지 확인하고 싶었어.

 521

I've always wanted ~. 난 항상 ~하고 싶었어.

단순히 지금 이 순간에 원한다는 게 아니라, 과거부터 지금까지 계속 원해왔다는 뜻으로 간절함을 더해 주는 패턴입니다.

> **I've always wanted** to see the Opera House in Sydney.
> 난 항상 시드니에 있는 오페라 하우스를 보고 싶었어.
>
> **I've always wanted** to help people in need.
> 난 항상 도움이 필요한 사람들을 도와주고 싶었어.
>
> **I've always wanted** to try this food.
> 난 항상 이 음식을 먹어보고 싶었어.

🎬 영화에선 이렇게! 〔The Proposal〕

Wow! Uh! **I've always wanted** to get married in a barn.
와우! 어! 난 항상 헛간에서 결혼을 하고 싶었어요.

💬 Conversation

A: Guess where I've been during the vacation. I've been to New York on a family trip.
나 방학 동안에 어디 가 있었는지 맞춰 봐. 나 가족여행으로 뉴욕에 다녀왔어.

B: New York? **I've always wanted** to go there!
뉴욕? 나 항상 그곳에 가고 싶었는데.

 522

I want you to ~. ~해 줘(네가 ~했으면 해).

I'd like you to ~ 패턴보다 좀 더 직접적으로 상대방에게 무언가를 해 주길 바란다고 전달할 때 사용할 수 있는 패턴입니다.

> **I want you to** do me a favor.   내 부탁 좀 들어줘.
> **I want you to** know that I'm rooting for you.   내가 널 응원하고 있다는 걸 네가 알아줬으면 해.
> **I want you to** take her to the zoo.   그녀를 동물원에 데려가 줘.

🎬 영화에선 이렇게! 〔Fight Club〕

I want you to hit me as hard as you can.
네가 할 수 있는 한 세게 나를 때려 줘.

💬 Conversation

A: **I want you to** reserve a good hotel for our trip.
우리 여행갈 때 좋은 호텔을 예약해 줘.

B: No problem. I'll find a nice place for us.
물론이지. 우리가 묵을 괜찮은 곳을 찾아놓을게.

Review!

미드&스크린 속 네이티브들의 표현법 따라잡기!
앞서 배운 패턴 문장들입니다. 한글을 보고 영어로 크게 외쳐 봅시다!

517 I'd like to ~
~하고 싶습니다(주세요).

- 커피를 마시고 싶어요(커피 주세요).
- 아내에게 줄 뭔가를 사고 싶습니다.
- 건배 제의를 하고 싶습니다.
- 귀하의 남편에 대해서 몇 가지 질문을 하고 싶습니다.
- 먼저 물 좀 마시고 싶네요.

518 I'd like you to ~
네가 ~해줬으면 좋겠어.

- 네가 얌전히 굴어 줬으면 좋겠어.
- 내가 네게 준 돈을 돌려 줬으면 좋겠어.
- 네가 날 위해 뭔가를 좀 해 줬으면 좋겠어.
- 네가 내 오래된 친구이자 동료인 한 분을 만났으면 좋겠어.
- 네가 와 줬으면 좋겠어.

519 I wanna ~
~하고 싶어(하길 원해).

- 나 오늘밤 너와 함께 있고 싶어.
- 나 돈을 많이 벌고 싶어.
- 나 어두워지기 전에 집에 가고 싶어.
- 난 책상에 앉고 싶어. 난 교과서와 분필 냄새를 맡길 원한다고.
- 이 소포를 일본으로 보내고 싶습니다.

520 I just wanted to ~
난 그냥 ~하고 싶었어.

- 난 그냥 널 보호해 주고 싶었어.
- 난 그냥 어제 내 반응에 대해서 사과하고 싶었어.
- 난 그냥 내가 널 사랑한다는 말을 하고 싶었어.
- 전 그냥 당신이 필요로 하는 게 다 있는지 확인하고 싶었어요.
- 그냥 네가 집에 있는지 확인하고 싶었어.

521 I've always wanted to ~
난 항상 ~하고 싶었어.

- 난 항상 시드니에 있는 오페라 하우스를 보고 싶었어.
- 난 항상 도움이 필요한 사람들을 도와주고 싶었어.
- 난 항상 이 음식을 먹어보고 싶었어.
- 난 항상 헛간에서 결혼을 하고 싶었어요.
- 나 항상 그곳에 가고 싶었는데.

522 I want you to ~
~해 줘(네가 ~했으면 해).

- 내 부탁 좀 들어줘.
- 내가 널 응원하고 있다는 걸 네가 알아줬으면 해.
- 그녀를 동물원에 데려가 줘.
- 네가 할 수 있는 한 세게 나를 때려 줘.
- 우리 여행갈 때 좋은 호텔을 예약해 줘.

Situation 088 >> 하고 싶은 것 묻기

Do you want some ~? ~ 먹을래(마실래)? / ~가 필요하니?

상대방에게 음료나 음식을 권할 때 혹은 상대방에게 충고(advice)나 동석(company) 등이 필요한지 여부를 물을 때 사용할 수 있는 패턴입니다. Would you like some ~? 패턴으로 말해도 무방합니다.

Do you want some coffee?	커피 좀 마실래?
Do you want some ice cream for desert?	디저트로 아이스크림 좀 먹을래?
Do you want some privacy?	사생활이 필요하니?

🎬 미드에선 이렇게! [Desperate Housewives 3*19]
Do you want some more wine?
와인 좀 더 드릴까요?

💬 Conversation
A: **Do you want some** company?
같이 있어드릴 사람이 필요해요?
B: I'd love some.
그럼 좋죠.

Do you wanna + 동사원형 ~? ~할래(하고 싶어)?

상대방에게 무언가를 하고 싶은지 여부를 물을 때 사용할 수 있는 패턴입니다. 회화에서는 'want to+동사원형'을 줄여서 'wanna+동사원형'으로 사용할 수 있습니다.

Do you wanna go get pizza?	피자 먹으러 갈래?
Do you wanna hear something funny?	뭔가 재미있는 얘기 듣고 싶어?
Do you wanna go outside and talk more?	밖에 나가서 좀 더 얘기할래?

🎬 미드에선 이렇게! [That 70's Show 3*17]
Do you wanna stay for dinner?
저녁 먹고 갈래?

💬 Conversation
A: **Do you wanna** hang out tonight?
오늘밤에 만나서 놀래?
B: Yeah, why not?
그래, 좋아.

 525

Don't you wanna ~? ~하고 싶지 않아?

상대방에게 무언가를 하고 싶은지 않은지 물을 때 사용할 수 있는 패턴입니다. Do you wanna ~? 패턴이 상대방의 의향을 전혀 개인적인 생각 없이 물어보는 패턴인 반면 Don't you wanna ~? 패턴은 상대방이 그러고 싶어 할 거라는 개인적인 의견이 다소 담겨 있습니다.

Don't you wanna know more about me?	나에 대해서 좀 더 알고 싶지 않아?
Don't you wanna be cool?	너 멋있고 싶지 않아?
Don't you wanna say hello to her?	그녀에게 가서 인사하고 싶지 않아?

🎬 영화에선 이렇게! [The School Of Rock]

We need to focus. **Don't you wanna** win the contest?
우린 집중을 할 필요가 있어. 너는 이 대회를 이기고 싶지 않아?

💬 Conversation

A: **Don't you wanna** come inside?
안으로 들어오고 싶지 않니?

B: No, I'm fine. I'm just gonna sit out here for a while.
아냐, 괜찮아. 그냥 여기 밖에서 잠깐 앉아 있으려고 해.

 526

Do you want me to ~? 내가 ~할까(하길 원하니)?

상대방이 내게 바라는 것이 무엇인지 내가 무엇을 하길 원하는지 물어볼 때 사용할 수 있는 패턴입니다. Should I ~?(나 ~해야 하니?) 패턴으로 물어도 괜찮습니다.

Do you want me to leave?	내가 떠날까?
Do you want me to help you?	내가 너 도와줄까?
Do you want me to carry your bag?	내가 네 가방 들어줄까?

📺 미드에선 이렇게! [Everybody Hates Chris]

Do you want me to take a lie detector test?
제가 거짓말 탐지기 테스트를 받길 원해요?

💬 Conversation

A: **Do you want me to** take you home?
내가 너 집에 데려다줄까?

B: That would be nice. Thanks.
그럼 좋죠. 고마워요.

381

Would you like to ~? ~하시겠어요?

상대방에게 공손하게 무언가를 하고 싶은지 여부를 물어볼 때 사용할 수 있는 패턴입니다. Do you wanna ~?가 좀 더 친한 사이에서 격식 없이 쓸 수 있는 패턴입니다.

Would you like to dance? 춤추시겠어요?
Would you like to have some coffee? 커피 좀 드시겠어요?
Would you like to leave a message? 메시지를 남기시겠어요?

🎬 영화에선 이렇게! [American Psycho]
Would you like to accompany me to dinner?
저녁식사에 저와 동행하시겠어요?

💬 Conversation
A: **Would you like to** have this gift-wrapped?
이거 포장을 하시겠어요(이거 포장해드릴까요)?
B: Yes, please.
네, 그렇게 해 주세요.

Didn't you want to ~? ~를 하려고 하지 않았니?

상대방이 무언가를 하길 원한다고 생각했는데, 막상 그런 상황이 발생하지 않았을 때 Didn't you want to ~? 패턴을 통해서 상대방에게 어떻게 된 건지 확인 질문을 던질 수 있습니다.

Didn't you want to show us something? 우리에게 뭔가를 보여주려고 하지 않았니?
Didn't you want to break up with her? 그녀와 헤어지려고 하지 않았니?
Didn't you want to grow up to be a doctor? 너 커서 의사가 되려고 하지 않았니?

🎬 영화에선 이렇게! [The Day After Tomorrow]
Didn't you want to go to the bathroom?
너 화장실에 가려고 하지 않았니?

💬 Conversation
A: **Didn't you want to** transfer to Busan office?
부산 사무소로 전근가려고 하지 않았나요?
B: Yeah, I did. But I changed my mind.
네, 그랬었죠. 하지만 마음을 바꿨습니다.

Review!

미드&스크린 속 네이티브들의 표현법 따라잡기!
앞서 배운 패턴 문장들입니다. 한글을 보고 영어로 크게 외쳐 봅시다!

523 Do you want some ~?
~ 먹을래(마실래)? / ~가 필요하니?

- ☐ 커피 좀 마실래?
- ☐ 디저트로 아이스크림 좀 먹을래?
- ☐ 사생활이 필요하니?
- ☐ 와인 좀 더 드릴까요?
- ☐ 같이 있어드릴 사람이 필요해요?

524 Do you wanna + 동사원형 ~?
~할래(하고 싶어)?

- ☐ 피자 먹으러 갈래?
- ☐ 뭔가 재미있는 얘기 듣고 싶어?
- ☐ 밖에 나가서 좀 더 얘기할래?
- ☐ 저녁 먹고 갈래?
- ☐ 오늘밤에 만나서 놀래?

525 Don't you wanna ~?
~하고 싶지 않아?

- ☐ 나에 대해서 좀 더 알고 싶지 않아?
- ☐ 너 멋있고 싶지 않아?
- ☐ 그녀에게 가서 인사하고 싶지 않아?
- ☐ 너는 이 대회를 이기고 싶지 않아?
- ☐ 안으로 들어오고 싶지 않니?

526 Do you want me to ~?
내가 ~할까(하길 원하니)?

- ☐ 내가 떠날까?
- ☐ 내가 너 도와줄까?
- ☐ 내가 네 가방 들어줄까?
- ☐ 제가 거짓말 탐지기 테스트를 받길 원해요?
- ☐ 내가 너 집에 데려다줄까?

527 Would you like to ~?
~하시겠어요?

- ☐ 춤추시겠어요?
- ☐ 커피 좀 드시겠어요?
- ☐ 메시지를 남기시겠어요?
- ☐ 저녁식사에 저와 동행하시겠어요?
- ☐ 이거 포장을 하시겠어요(이거 포장해드릴까요)?

528 Didn't you want to ~?
~를 하려고 하지 않았니?

- ☐ 우리에게 뭔가를 보여주려고 하지 않았니?
- ☐ 그녀와 헤어지려고 하지 않았니?
- ☐ 너 커서 의사가 되려고 하지 않았니?
- ☐ 너 화장실에 가려고 하지 않았니?
- ☐ 부산 사무소로 전근가려고 하지 않았나요?

Situation **089** >> 해명하기

I didn't mean to ~. ~하려던 건 아냐.

자신의 의도와는 다른 상황이 발생하여 이에 대해서 상대방에게 자신이 무언가를 하려던 의도는 아니었다고 해명을 할 때 사용할 수 있는 패턴입니다.

> **I didn't mean to** keep you waiting. 널 기다리게 하려던 건 아냐.
> **I didn't mean to** offend you. 널 기분 나쁘게 하려던 건 아냐.
> **I didn't mean to** walk in on you. 너 일하는 데 들어와서 방해하려 던 건 아냐.
> (**walk in on someone** : (들어가서) ~를 방해하다)

🎬 영화에선 이렇게! [Wrestler]
I didn't mean to piss you off.
널 화나게 하려던 건 아냐.

💬 Conversation
A: **I didn't mean to** yell at you. I'm sorry.
너한테 소리 지르려던 건 아냐. 미안해.
B: Well. I'll accept your apology. Don't ever do that again.
음, 사과를 받아들일게요. 다시는 그러지 말아요.

I meant to ~. 난 ~하려고 했었어.

상대방에게 나의 원래 의도는 이러이러한 거였다고 설명할 때 사용할 수 있는 패턴입니다. 의도했던 대로 하지 못한 후 이에 대한 해명을 하는 상황입니다.

> **I meant to** tell you everything.
> 너에게 모든 걸 말해 주려고 했었어.
>
> **I meant to** put that in the recycling bin.
> 그거 재활용 쓰레기통에 버리려고 했었어.
>
> **I meant to** call you and thank you for that.
> 너에게 전화해서 그 일에 대해서 고맙다고 말하려고 했었어.

📺 미드에선 이렇게! [X-File 6*15]
I meant to be on time to work this morning,
오늘 아침에 제 시간에 출근하려고 했었어.

💬 Conversation
A: Why didn't you tell me you broke my iPod?
너 왜 네가 내 아이팟 고장 냈다고 말 안 했어?
B: I'm sorry. **I meant to** tell you this morning, but I didn't have a chance to talk to you. 미안해. 오늘 아침에 말하려고 했는데, 너랑 얘기할 기회가 없었어.

I never meant to ~. 나 절대로 ~하려 했던 건 아니야.

강하게 자신은 그럴 의도가 아니었다고 해명할 때 사용할 수 있는 패턴입니다. 앞서 배웠던 I didn't mean to~ 패턴에 really를 붙여서 I really didn't mean to ~ 패턴을 사용해도 됩니다.

I never meant to hurt anyone.
나 절대로 그 누구에게도 상처주려 했던 건 아니야.
I never meant to make you cry.
나 절대로 널 울리려고 했던 건 아니야.
I never meant to come between you two.
나 절대로 너희 둘 사이에 끼려고 했던 건 아니야.

■ 미드에선 이렇게! [Numbers 4*5]
I never meant to put pressure on you like that.
나 절대로 그런 식으로 너에게 부담감을 주려고 했던 건 아니야.

💬 Conversation
A: **I never meant to** lie to you.
나 절대로 너에게 거짓말을 하려 했던 건 아니야.
B: But you did. And because of you, I lost my job.
하지만 이미 했잖아. 그리고 난 너 때문에 직장을 잃었다고.

I didn't ~ on purpose. 난 고의로 ~한 게 아니야.

on purpose는 '고의로'란 뜻의 관용표현입니다. 자신이 무언가를 고의로 하지 않았음을 밝힐 때 사용할 수 있는 패턴입니다.

I didn't do it **on purpose**.
나 고의로 그 일을 한 게 아니야.
I didn't drop it **on purpose**.
나 고의로 그거 떨어트린 거 아니야.
I didn't break your pen **on purpose**.
나 고의로 네 펜을 고장 낸 거 아니야.

■ 영화에선 이렇게! [Anger Management]
I didn't hit her **on purpose**, Your Honor.
재판장님, 제가 고의로 그녀를 때린 건 아닙니다.

💬 Conversation
A: How could you not remember our anniversary?
어떻게 우리 결혼기념일을 기억 못할 수가 있어요?
B: I'm really sorry, but **I didn't** forget **on purpose**.
정말 미안해. 하지만 고의로 잊어버린 건 아니야.

I didn't realize ~. 난 ~인지 몰랐어.

어떤 사실을 본인은 깨닫고 있지 못했거나 모르고 있었다고 해명할 때 사용할 수 있는 패턴입니다. realize 대신에 know를 써서 I didn't know ~ 패턴으로 말해도 같은 의미를 전달합니다.

I didn't realize people saw me that way.	난 사람들이 날 그런 식으로 보는지 몰랐어.
I didn't realize you had company.	네가 손님하고 있는지 몰랐어.
I didn't realize Koreans were so punctual.	한국인들이 그렇게 시간을 잘 지키는지 몰랐어요.

📺 미드에선 이렇게! [Numbers 3*9]

Sorry, **I didn't realize** there was a dress code.
미안해요, 복장규정이 있는 줄 몰랐어요.

💬 Conversation

A: I slept in the office because there was too much work to do.
할 일이 너무 많아서 사무실에서 잤어요.

B: **I didn't realize** you had so much work. If I had known, I would have helped.
네가 그렇게 일이 많은지 몰랐어. 알았다면, 내가 도와줬을 텐데.

It doesn't mean that ~. 그렇다고 ~인 건 아니야.

어떤 주어진 상황에서 그렇다고 그로 인해 어떤 상황까지 연결되는 건 아니라고 말할 때 사용할 수 있는 패턴입니다. that은 자연스럽게 생략할 수 있습니다.

It doesn't mean that I'm not a good teacher.	그렇다고 내가 좋은 선생님이 아닌 건 아니에요.
It doesn't mean that I'm part of the plan.	그렇다고 제가 그 계획에 참여했다는 건 아니에요.
It doesn't mean we can't be friends.	그렇다고 우리가 친구가 될 수 없는 건 아니잖아.

📺 미드에선 이렇게! [Friends 6*3]

It doesn't mean I have feelings for Rachel.
그렇다고 내가 레이첼을 좋아한다는 건 아니야.

💬 Conversation

A: John and I decided to break up, but **it doesn't mean that** we don't love each other anymore.
존과 나는 헤어지기로 결정했어, 하지만 그렇다고 우리가 서로를 더 이상 사랑하지 않는다는 건 아니야.

B: If you guys still love each other, why are you breaking up?
만약 너희 둘 아직도 서로를 사랑한다면, 왜 헤어지려 하는 건데?

Review!

미드&스크린 속 네이티브들의 표현법 따라잡기!
앞서 배운 패턴 문장들입니다. 한글을 보고 영어로 크게 외쳐 봅시다!

529 I didn't mean to ~.
~하려던 건 아냐.

- ☐ 널 기다리게 하려던 건 아냐.
- ☐ 널 기분 나쁘게 하려던 건 아냐.
- ☐ 너 일하는 데 들어와서 방해하려 던 건 아냐.
- ☐ 널 화나게 하려던 건 아냐.
- ☐ 너한테 소리 지르려던 건 아냐.

530 I meant to ~.
난 ~하려고 했었어.

- ☐ 너에게 모든 걸 말해주려고 했었어.
- ☐ 그거 재활용 쓰레기통에 버리려고 했었어.
- ☐ 너에게 전화해서 그 일에 대해서 고맙다고 말하려고 했었어.
- ☐ 오늘 아침에 제 시간에 출근하려고 했었어.
- ☐ 오늘 아침에 말하려고 했는데, 너랑 얘기할 기회가 없었어.

531 I never meant to ~.
나 절대로 ~하려 했던 건 아니야.

- ☐ 나 절대로 그 누구에게도 상처주려 했던 건 아니야.
- ☐ 나 절대로 널 울리려고 했던 건 아니야.
- ☐ 나 절대로 너희 둘 사이에 끼려고 했던 건 아니야.
- ☐ 나 절대로 그런 식으로 너에게 부담감을 주려고 했던 건 아니야.
- ☐ 나 절대로 너에게 거짓말을 하려 했던 건 아니야.

532 I didn't ~ on purpose.
난 고의로 ~한 게 아니야.

- ☐ 나 고의로 그 일을 한 게 아니야.
- ☐ 나 고의로 그거 떨어트린 거 아니야.
- ☐ 나 고의로 네 펜을 고장 낸 거 아니야.
- ☐ 재판장님, 제가 고의로 그녀를 때린 건 아닙니다.
- ☐ 나 고의로 잊어버린 건 아니야.

533 I didn't realize ~.
난 ~인지 몰랐어.

- ☐ 난 사람들이 날 그런 식으로 보는지 몰랐어.
- ☐ 네가 손님하고 있는지 몰랐어.
- ☐ 한국인들이 그렇게 시간을 잘 지키는지 몰랐어요.
- ☐ 복장규정이 있는 줄 몰랐어요.
- ☐ 네가 그렇게 일이 많은지 몰랐어.

534 It doesn't mean (that) ~.
그렇다고 ~인 건 아니야.

- ☐ 그렇다고 내가 좋은 선생님이 아닌 건 아니에요.
- ☐ 그렇다고 제가 그 계획에 참여했다는 건 아니에요.
- ☐ 그렇다고 우리가 친구가 될 수 없는 건 아니잖아.
- ☐ 그렇다고 내가 레이첼을 좋아한다는 건 아니야.
- ☐ 그렇다고 우리가 서로를 더 이상 사랑하지 않는다는 건 아니야.

Situation 090 >> 해야 하는 것 말하고 묻기

I have to + 동사원형 ~. 나 ~해야 해.

자신이 무언가를 해야 한다고 말할 때는 조동사 have to를 사용할 수 있습니다. 강제나 강요는 아니지만 의무적으로 무언가를 해야 할 때 주로 사용되는 패턴입니다.

I have to go to the post office.	나 우체국에 가 봐야 해.
I have to work until 8 today.	나 오늘 8시까지 일해야 해.
I have to leave now.	나 이제 가 봐야 해.

🎬 미드에선 이렇게! [Alias 1*4]

I have to go have dinner with my father.
나 아빠랑 저녁 먹으러 가 봐야 해.

💬 Conversation

A: I've got some chocolate fudge ice cream for desert. You want some?
　　나 디저트로 초콜릿 퍼지 아이스크림 있는데, 좀 먹을래?

B: That's tempting, but **I have to** watch my weight.
　　그거 혹 하는데, 하지만 나 체중 관리해야 해.

Do you really have to + 동사원형 ~? 너 정말 ~해야겠니?

상대방에게 정말, 꼭 무언가를 해야 하는지 반문할 때 사용할 수 있는 패턴입니다. 내 마음은 상대방이 그러지 않았으면 좋겠다는 뉘앙스를 담고 있는 패턴입니다.

Do you really have to do that now?	너 정말 지금 그래야겠니?
Do you really have to go back to America?	너 정말 미국으로 돌아가야겠니?
Do you really have to live like this?	너 정말 이런 식으로 살아야겠니?

🎬 미드에선 이렇게! [Will and Grace 6*5]

Do you really have to go all the way to Cambodia?
너 정말 캄보디아로 그 먼 길을 가야겠니?

💬 Conversation

A: **Do you really have to** tender your resignation today?
　　자네 정말 오늘 사표를 제출해야 하겠나?

B: I'm sorry.
　　죄송합니다.

Why do I have to + 동사원형 ~? 왜 내가 ~해야 하는데요?

상대방이 내게 무엇가를 하라고 말했을 때, 이에 대한 반문으로 '내가 왜 그래야 하죠?'의 의미를 전달하기 위해서 사용되는 패턴입니다.

Why do I have to apologize? 왜 내가 사과를 해야 하는데요?
Why do I have to wear this? 왜 내가 이 옷을 입어야 하는데요?
Why do I have to go with you? 왜 내가 당신과 함께 가야 하는데요?

🎬 영화에선 이렇게! 〔Gone with the Wind〕
Why do I have to take a nap? I'm not tired.
왜 내가 낮잠을 자야 하는데요? 나 안 피곤해요.

💬 Conversation
A: **Why do I have to** clean up the kitchen?
   왜 내가 부엌 청소를 해야 하는데요?
B: It's your turn this week.
   이번 주는 네 차례잖아.

I gotta + 동사원형 ~. 나 ~해야 해.

'~해야만 한다'란 뜻의 have to는 구어체로 have got to라고도 합니다. 이를 회화에선 have를 생략하고 간단히 got to라고 씁니다. 이마저도 더 축약해서 gotta 라고 말하는데, 즉 I gotta ~는 앞서 배운 I have to ~ 패턴과 동일한 의미를 전달합니다.

I gotta run an errand. 나 심부름 가 봐야 해.
I gotta get some sleep. 나 잠을 좀 자야 해.
I gotta get my car fixed. 나 차 고쳐야 해.

📺 미드에선 이렇게! 〔Brothers and Sisters 1*16〕
I gotta go. I'll call you tomorrow.
나 가 봐야 해. 내가 내일 전화 할게.

💬 Conversation
A: Let's go! We're running late.
   가자! 우리 늦었어.
B: Give me two seconds. **I gotta** check my hair.
   2초만 줘. 나 머리 확인해야 해.

Maybe I should + 동사원형 ~. 아무래도 나 ~해야겠어.

조동사 have to가 객관적인 의무와 관련된 상황에서 좀 더 자주 사용된다면 should는 주관적인 상황에서 혹은 가볍게 무언가를 해야 한다는 스스로의 다짐과 같은 뉘앙스를 더 전달할 때 자주 사용됩니다. 좀 더 확신이 약할 때는 앞에 Maybe를 붙여서 말할 수 있습니다.

Maybe I should rethink this.	아무래도 이 일은 재고해 봐야겠어.
Maybe I should apply for that job.	아무래도 나 그 일자리에 지원해야겠어.
Maybe I should get back to work.	아무래도 나 다시 일하러 가 봐야겠어.

📽 미드에선 이렇게! 〔Desperate Housewives 2*23〕

Maybe I should go to the cops first.
아무래도 나 경찰에게 먼저 가 봐야겠어.

💬 Conversation

A: **Maybe I should** get going.
  아무래도 저 가 봐야겠어요.
B: What's the hurry? Please stay a little longer.
  왜 그렇게 서두르세요? 조금 더 있다가 가세요.

What do I have to + 동사원형 ~? 제가 뭘 ~해야 하죠?

자신이 뭘 해야 할지 모르는 상황에서 이와 관련해 스스로에게 혹은 상대방에게 질문을 던질 때 사용할 수 있는 패턴입니다. 보통 뒤에 to부정사를 붙여서 '~하기 위해, ~하려면'이란 목적의 내용을 붙일 수 있습니다.

What do I have to do?	내가 뭘 해야 하죠?
What do I have to do to satisfy you?	널 만족시키려면 내가 뭘 해야 하죠?
What do I have to say to convince her?	그녀를 납득시키려면 내가 뭘 말해야 하죠?

📽 미드에선 이렇게 〔One Tree Hill 3*9〕

What do I have to do or say to get rid of you?
내가 널 쫓아내려면 뭘 하거나 말해야 하지?

💬 Conversation

A: Please fill out this form.
  이 양식을 작성해 주세요.
B: Okay. Uh, **what do I have to** write here?
  네, 아, 제가 여기에는 뭘 적어야 하죠?

Review!

미드&스크린 속 네이티브들의 표현법 따라잡기!
앞서 배운 패턴 문장들입니다. 한글을 보고 영어로 크게 외쳐 봅시다!

535 I have to + 동사원형 ~.
나 ~해야 해.

- 나 우체국에 가 봐야 해.
- 나 오늘 8시까지 일해야 해.
- 나 이제 가 봐야 해.
- 나 아빠랑 저녁 먹으러 가 봐야 해.
- 나 체중 관리해야 해.

536 Do you really have to + 동사원형 ~?
너 정말 ~해야겠니?

- 너 정말 지금 그래야겠니?
- 너 정말 미국으로 돌아가야겠니?
- 너 정말 이런 식으로 살아야겠니?
- 너 정말 캄보디아로 그 먼 길을 가야 하겠니?
- 자네 정말 오늘 사표를 제출해야 하겠나?

537 Why do I have to + 동사원형 ~?
왜 내가 ~해야 하는데요?

- 왜 내가 사과를 해야 하는데요?
- 왜 내가 이 옷을 입어야 하는데요?
- 왜 내가 당신과 함께 가야 하는데요?
- 왜 내가 낮잠을 자야 하는데요?
- 왜 내가 부엌청소를 해야 하는데요?

538 I gotta + 동사원형 ~.
나 ~해야 해.

- 나 심부름 가 봐야 해.
- 나 잠을 좀 자야 해.
- 나 차 고쳐야 해.
- 나 가 봐야 해.
- 나 머리 확인해야 해.

539 Maybe I should + 동사원형 ~.
아무래도 나 ~해야겠어.

- 아무래도 이 일은 재고해 봐야겠어.
- 아무래도 나 그 일자리에 지원해야겠어.
- 아무래도 나 다시 일하러 가 봐야겠어.
- 아무래도 나 경찰에게 먼저 가 봐야겠어.
- 아무래도 저 가 봐야겠어요.

540 What do I have to + 동사원형 ~?
제가 뭘 ~해야 하죠?

- 내가 뭘 해야 하죠?
- 널 만족시키려면 내가 뭘 해야 하죠?
- 그녀를 납득시키려면 내가 뭘 말해야 하죠?
- 내가 널 쫓아내려면 뭘 하거나 말해야 하지?
- 제가 여기에는 뭘 적어야 하죠?

Situation **091** >> 허가와 요청

541 You can + 동사원형 ~ whenever you want.
네가 원할 때 언제든 ~해도 돼.

whenever는 '~할 때 언제든지'라는 뜻의 복합관계사입니다. 즉, whenever you want는 '네가 원할 때는 언제든지'라는 뜻이 됩니다. 여기에 you can 문장을 넣어서 상대방이 원할 때는 그 일을 할 수 있다는 뜻을 표현할 수 있습니다.

You can leave **whenever you want**.	네가 원할 때 언제든 떠나도 돼.
You can come back **whenever you want**.	네가 원할 때 언제든 돌아와도 돼.
You can call me **whenever you want**.	네가 원할 때 언제든 내게 전화해도 돼.

■ 미드에선 이렇게! [Grey's Anatomy 3*20]
You can get your job back **whenever you want**.
자네가 원할 때 언제든 복직해도 돼.

💬 Conversation
A: I'm going to miss you all.
여러분들이 모두 그리울 거예요.
B: We'll miss you, too. Don't forget. **You can** visit us **whenever you want**.
우리도 네가 그리울 거야. 잊지 마. 네가 원할 때 언제든 우릴 방문해도 돼.

542 You may + 동사원형 ~. ~하셔도 됩니다.

may는 허가나 허락을 나타내는 조동사로 '~해도 좋다(된다)'라는 뜻을 가지고 있습니다. 뒤에는 항상 동사의 원형이 오며 can으로 바꿔 사용할 수 있습니다. 즉, 허락하고자 하는 내용을 You may 뒤에 넣어서 말하면 됩니다.

You may go now.	이제 가셔도 됩니다.
You may open your test booklets.	시험지를 펴셔도 됩니다.
You may use my computer.	제 컴퓨터 사용해도 됩니다.

■ 미드에선 이렇게! [The Simpsons 7*21]
If you purchase an item, **you may** use the bathroom.
물품을 구매하시면, 화장실을 사용하셔도 됩니다.

💬 Conversation
A: Aren't you tired? **You may** sit down.
피곤하지 않으세요? 앉으셔도 됩니다.
B: Thank you.
고맙습니다.

 ## I'll let you + 동사원형 ~. ~하게 해 줄게.

let은 '~하게 하다, ~을 허락하다'는 뜻을 가지고 있는 동사입니다. 즉, I'll let you~ 뒤에 동사를 넣어 말하면 상대방이 그 동사의 일을 할 수 있게 허락해 준다는 뜻이 됩니다. let 뒤에 오는 동사는 항상 원형으로 써야 합니다.

I'll let you have some privacy. 네가 사생활을 가지게 해 줄게(나는 나가 있을게요).
I'll let you borrow the book when I'm done. 내가 다 읽으면 그 책 빌려가게 해 줄게.
I'll let you have it for 20 bucks. 20달러에 그거 가질 수 있게 해 줄게.

■ 미드에선 이렇게! [One Tree Hill 2*3]
I'll let you get back to work.
다시 일 하게 해 드릴게요(바쁘실 텐데 저는 이만 가 볼게요).

💬 Conversation

A: **I'll let you** know when I get there.
   제가 거기 도착하면 알려 줄게요.

B: Okay.
   알겠어요.

 ## My mom won't let me + 동사원형 ~.
엄마가 나 ~하는 걸 허락 안 하셔.

My mom won't let me~는 엄마가 나로 하여금 뭔가를 할 수 없게 한다는 뜻으로 뒤에 구체적으로 어떤 일을 허락하지 않는지 동사원형을 넣어 말하면 됩니다. 즉, 내가 그 일을 하도록 엄마가 허락하지 않는다는 뜻입니다.

My mom won't let me learn to drive. 엄마가 나 운전하는 걸 허락 안 하셔.
My mom won't let me have a girlfriend. 엄마가 나 여자친구 사귀는 걸 허락 안 하셔.
My mom won't let me dye my hair. 엄마가 나 머리 염색하는 걸 허락 안 하셔.

■ 미드에선 이렇게! [House 4*5]
My mom won't let me have a pet.
엄마가 나 애완동물 키우는 걸 허락 안 하셔.

💬 Conversation

A: **My mom won't let me** wear a bikini.
   엄마가 나 비키니 입는 걸 허락 안 하셔.

B: I didn't know your mom was that much conservative.
   난 너희 엄마가 그렇게나 많이 보수적이신지 몰랐어.

 ## Can you get me ~? 나 ~ 좀 갖다 줄 수 있어?

get 뒤에 사람과 사물을 넣어 그 사람이 그 물건을 가질 수 있게끔 하라는 뜻으로 말할 수 있습니다. 즉, Can you get me 뒤에 어떤 것을 넣어 말하면 상대방에게 어떤 것을 구해다 나에게 가져오라는 뜻이 됩니다.

Can you get me a sample?	내게 샘플 좀 갖다 줄 수 있어?
Can you get me his autograph?	내게 그의 사인을 받아다 줄 수 있어?
Can you get me some water, please?	제게 물 좀 갖다 주시겠어요?

🎬 영화에선 이렇게! [Man on Fire]

Can you get me some floss in the morning?
아침에 제게 치실 좀 가져다 주실 수 있으세요?

💬 Conversation

A: **Can you get me** her address and phone number?
　내게 그녀의 주소랑 전화번호 좀 알려줄 수 있어?

B: That depends what's in it for me.
　그건 나한테 무슨 득이 되느냐에 달렸지.

 ## Are we allowed to + 동사원형 ~? 우리 ~해도 되는 거야?

allow라는 동사는 '~을 허락하다'라는 뜻을 가지고 있습니다. 즉, Are we allowed는 '우리가 허락되어졌냐?'라는 뜻의 문장입니다. 그 뒤에 to부정사를 넣어 구체적으로 어떤 일을 하도록 허가되어졌는지 말할 수 있습니다.

Are we allowed to do that?	우리 그거 해도 되는 거야?
Are we allowed to have lunch now?	우리 지금 점심 먹어도 되는 거야?
Are we allowed to take pictures in here?	우리 이 안에서 사진 찍어도 되는 거야?

🎬 영화에선 이렇게! [Knocked-up]

Are we allowed to park here?
우리 여기다 주차해도 되는 거야?

💬 Conversation

A: **Are we allowed to** fish here?
　우리 여기서 낚시해도 되는 거야?

B: I'm not sure. Let's go ask.
　나도 확실히 모르겠어. 가서 물어보자.

Review!

미드&스크린 속 네이티브들의 표현법 따라잡기!
앞서 배운 패턴 문장들입니다. 한글을 보고 영어로 크게 외쳐 봅시다!

541 You can + 동사원형 ~ whenever you want.

네가 원할 때 언제든 ~해도 돼.

- 네가 원할 때 언제든 떠나도 돼.
- 네가 원할 때 언제든 돌아와도 돼.
- 네가 원할 때 언제든 내게 전화해도 돼.
- 자네가 원할 때 언제든 복직해도 돼.
- 네가 원할 때 언제든 우릴 방문해도 돼.

542 You may + 동사원형 ~.

~하셔도 됩니다.

- 이제 가셔도 됩니다.
- 시험지를 피셔도 됩니다.
- 제 컴퓨터 사용해도 됩니다.
- 화장실을 사용하셔도 됩니다.
- 앉으셔도 됩니다.

543 I'll let you + 동사원형 ~.

~하게 해 줄게.

- 네가 사생활을 가지게 해 줄게(나는 나가 있을게요).
- 내가 다 읽으면 그 책 빌려가게 해 줄게.
- 20달러에 그거 가질 수 있게 해 줄게.
- 다시 일 하게 해 드릴게요(바쁘실 텐데 저는 이만 가 볼게요).
- 제가 거기 도착하면 알려 줄게요.

544 My mom won't let me + 동사원형 ~.

엄마가 나 ~하는 걸 허락 안 하셔.

- 엄마가 나 운전하는 걸 허락 안 하셔.
- 엄마가 나 여자친구 사귀는 걸 허락 안 하셔.
- 엄마가 나 머리 염색하는 걸 허락 안 하셔.
- 엄마가 나 애완동물 키우는 걸 허락 안 하셔.
- 엄마가 나 비키니 입는 걸 허락 안하셔.

545 Can you get me ~?

나 ~ 좀 갖다 줄 수 있어?

- 내게 샘플 좀 갖다 줄 수 있어?
- 내게 그의 사인을 받아다 줄 수 있어?
- 제게 물 좀 갖다 주시겠어요?
- 아침에 제게 치실 좀 가져다 주실 수 있으세요?
- 내게 그녀의 주소랑 전화번호 좀 알려줄 수 있어?

546 Are we allowed to + 동사원형 ~?

우리 ~해도 되는 거야?

- 우리 그거 해도 되는 거야?
- 우리 지금 점심 먹어도 되는 거야?
- 우리 이 안에서 사진 찍어도 되는 거야?
- 우리 여기다 주차해도 되는 거야?
- 우리 여기서 낚시해도 되는 거야?

Situation 092 >> 허락구하기

Do you mind if I + 동사 ~? 제가 ~해도 괜찮으시겠어요?

mind는 무언가를 꺼려하다는 뜻이 있습니다. 즉, Do you mind라고 물으면 마음에 들지 않느냐는 뜻이 됩니다. 그 뒤에 if I 동사 문장을 넣어 '내가 이걸 하면 싫지 않겠냐?'는 뜻으로 말할 수 있습니다. 이 때 대답은 싫지 않다는 뜻으로 no라고 대답해야 상대방의 물음에 허락을 하는 것이 됩니다.

Do you mind if I sit here?	제가 여기 앉아도 괜찮으시겠어요?
Do you mind if I smoke?	제가 담배 펴도 괜찮으시겠어요?
Do you mind if I ask you a personal question?	제가 사적인 질문을 드려도 괜찮으시겠어요?

📽 미드에선 이렇게! [Veronica Mars 2*15]
Do you mind if I use your computer for a second?
제가 잠시 그쪽 컴퓨터를 사용해도 괜찮으시겠어요?

💬 Conversation
A: **Do you mind if I** go out and get some air?
저 나가서 바람 좀 쐬고 와도 괜찮으시겠어요?
B: No, go ahead.
물론이죠. 나갔다 오세요.

Is it okay if I + 동사 ~? 내가 ~해도 괜찮니?

Do you mind~?보다 조금 덜 정중한 표현으로 간단히 Is it okay?라고 물을 수 있습니다. 말 그대로 괜찮냐는 것입니다. 그 뒤에 if I 문장을 덧붙여 내가 이 일을 해도 괜찮은지 상대방에게 물을 수 있습니다.

Is it okay if I sleep here tonight?	내가 오늘밤 여기서 자도 괜찮니?
Is it okay if I hug you?	한 번 안아 봐도 괜찮니?
Is it okay if I use this room?	내가 이 방을 써도 괜찮니?

📽 미드에선 이렇게! [Friends 3*15]
Is it okay if I finish the apple juice?
내가 사과주스 다 마셔도 괜찮니?

💬 Conversation
A: **Is it okay if I** hang out here for a while?
잠시 여기서 머물러도 괜찮니?
B: Sure. Stay here as long as you want.
물론이지. 있고 싶은 만큼 있어.

Can you help me with ~? 나 ~하는 것 좀 도와줄래?

간단하게 도와달라고 부탁할 때는 Can you help me?라고 말할 수 있지만, 어떤 일을 구체적으로 도와달라고 언급할 때는 with 뒤에 명사를 넣어 말합니다.

Can you help me with this tie? 나 이 넥타이 매는 것 좀 도와줄래?
Can you help me with the door? 나 문 여는 것 좀 도와줄래?
Can you help me with my bag? 내 가방 드는 것 좀 도와줄래?

▪ 영화에선 이렇게! [The Karate Kid]
Can you help me with something?
나 뭐 하는 것 좀 도와줄래?

💬 Conversation
A: **Can you help me with** my zipper?
나 지퍼 올리는 것 좀 도와줄래?
B: Of course.
물론이지.

Would you please + 동사원형 ~? ~ 좀 해 주시겠어요?

Can you~보다 좀 더 정중하게 부탁을 할 때는 Would you~를 써서 표현하며 이 때 please를 덧붙이면 좀 더 부탁의 의미가 됩니다. 즉, Would you please~?는 상대방에게 간절히 부탁할 때 쓸 수 있습니다.

Would you please do me a favor? 제 부탁 좀 들어 주시겠어요?
Would you please be quiet? 조용히 좀 해 주시겠어요?
Would you please open the door? 문 좀 열어 주시겠어요?

▪ 영화에선 이렇게! [American Gangster]
Would you please come back a little later?
조금 있다가 돌아와 주시겠어요?

💬 Conversation
A: **Would you please** give us a moment?
저희끼리 얘기하게 잠깐 비켜 주시겠어요?
B: No problem. I'll wait outside.
그러죠. 전 밖에서 기다릴게요.

May I + 동사원형 ~? 제가 ~해도 될까요?

상대방에게 자신이 무엇을 해도 되는지 허가를 구할 때 May I ~? 패턴으로 질문할 수 있습니다. 조동사 may 대신에 can을 넣어서 Can I ~? 패턴으로 말해도 무방합니다.

May I call you Jin? 저 그쪽을 진이라고 불러도 될까요?
May I have a word with you? 당신과 얘기 좀 해도 될까요?
May I have a glass of water? 물 한 컵 마셔도 될까요?

🎬 영화에선 이렇게! [The Social Network]
May I see some ID, please?
신분증을 좀 봐도 될까요?

💬 Conversation

A: Welcome to Joey's Diner. **May I** take your order?
    Joey's Diner에 오신 걸 환영합니다. 주문 받아도 될까요?
B: Oh, yes. What's good here?
    아, 네. 여기서 맛있는 게 뭐죠?

Could I please + 동사원형 ~? ~ 좀 해 주시겠어요?

정중하게 상대방에게 무언가를 요청할 때 사용할 수 있는 패턴입니다. 직역하면 '제가 ~해도 될까요?'이지만, 실제 회화에서는 의역하여 '~ 좀 해 주시겠어요?'로 해석해야지 자연스러운 경우가 더 많습니다.

Could I please see your ticket? 티켓 좀 보여 주시겠어요?
Could I please have my receipt? 제게 영수증 좀 주시겠어요?
Could I please have your signature? 제가 귀하의 서명을 받아도 되겠습니까(서명 좀 해 주시겠어요)?

🎬 미드에선 이렇게! [CSI Las Vegas 4*14]
Could I please have your attention?
주목 좀 해 주시겠어요?

💬 Conversation

A: **Could I please** have your signature?
    서명 좀 해 주시겠어요?
B: Sure. Should I sign here?
    물론이죠. 여기다가 서명하면 되나요?

Review!

미드&스크린 속 네이티브들의 표현법 따라잡기!
앞서 배운 패턴 문장들입니다. 한글을 보고 영어로 크게 외쳐 봅시다!

547 Do you mind if I + 동사 ~?

제가 ~해도 괜찮으시겠어요?

- 제가 여기 앉아도 괜찮으시겠어요?
- 제가 담배 펴도 괜찮으시겠어요?
- 제가 사적인 질문을 드려도 괜찮으시겠어요?
- 제가 잠시 그쪽 컴퓨터를 사용해도 괜찮으시겠어요?
- 저 나가서 바람 좀 쐬고 와도 괜찮으시겠어요?

548 Is it okay if I + 동사 ~?

내가 ~해도 괜찮니?

- 내가 오늘밤 여기서 자도 괜찮니?
- 한 번 안아 봐도 괜찮니?
- 내가 이 방을 써도 괜찮니?
- 내가 사과주스 다 마셔도 괜찮니?
- 잠시 여기서 머물러도 괜찮니?

549 Can you help me with ~?

나 ~하는 것 좀 도와줄래?

- 나 이 타이 매는 것 좀 도와줄래?
- 나 문 여는 것 좀 도와줄래?
- 내 가방 드는 것 좀 도와줄래?
- 나 뭐 하는 것 좀 도와줄래?
- 나 지퍼 올리는 것 좀 도와줄래?

550 Would you please + 동사원형 ~?

~ 좀 해 주시겠어요?

- 제 부탁 좀 들어 주시겠어요?
- 조용히 좀 해 주시겠어요?
- 문 좀 열어 주시겠어요?
- 조금 있다가 돌아와 주시겠어요?
- 저희끼리 얘기하게 잠깐 비켜 주시겠어요?

551 May I + 동사원형 ~?

제가 ~해도 될까요?

- 저 그쪽을 진이라고 불러도 될까요?
- 당신과 얘기 좀 해도 될까?
- 물 한 컵 마셔도 될까요?
- 신분증을 좀 봐도 될까요?
- 주문 받아도 될까요?

552 Could I please + 동사원형 ~?

~ 좀 해주시겠어요?

- 티켓 좀 보여 주시겠어요?
- 제게 영수증 좀 주시겠어요?
- 제가 귀하의 서명을 받아도 되겠습니까(서명 좀 해 주시겠어요)?
- 주목 좀 해 주시겠어요?
- 서명 좀 해 주시겠어요?

Situation **093** >> 현재완료(결과와 계속)

I've just + 과거분사 ~. 난 막 ~했어요.

현재완료 시제 have+과거분사는 과거에 행한 동작의 결과가 현재 시점에 나타날 때 쓰입니다. 해석은 '~했다'란 과거 시제로 하지만, 그 결과로서의 현재를 강조하는 표현법입니다. 부사 just(막)와 함께 사용되곤 합니다.

I've just finished my lunch.	나 막 점심식사를 끝냈어요.
I've just made my hotel reservation.	나 막 호텔 예약을 했어요.
I've just started the homework.	나 막 숙제를 시작했어요.

📽 미드에선 이렇게! 〔One Tree Hill 2*4〕
I've just seen him naked.
나 막 그가 벌거벗은 걸 봤어요.

💬 Conversation

A: **I've just** completed my order on the internet.
저 막 인터넷으로 주문서 작성 완료했습니다.

B: Good job! Now, let's take a coffee break.
잘했어요. 이제, 커피 마시면서 잠깐 쉽시다.

I haven't + 과거분사 ~ yet. 나 아직 ~ 못했어요.

현재완료 시제의 부정형은 have not+과거분사입니다. 줄여서 haven't+과거분사가 됩니다. 부사 yet(아직)과 함께 쓰여서 현재를 기준으로 아직 무언가를 완료시키지 못했음을 말할 때 사용할 수 있습니다.

I haven't decided anything yet.	나 아직 아무것도 결정하지 못했어.
I haven't fixed it yet.	나 아직 그거 고치지 못했어요.
I haven't figured that out yet.	나 아직 그걸 알아내지 못했어요.

📽 영화에선 이렇게! 〔The Others〕
I haven't learned it yet, mummy.
엄마, 저 아직 그건 배우지 못했어요.

💬 Conversation

A: **I haven't** had breakfast yet.
나 아직 아침식사를 못했어.

B: Oh, you must be very hungry.
아, 너 굉장히 배고프겠구나.

 555　**She's gone to + 장소.** 그녀는 ~로(하러) 가고 여기 없어요.

과거의 동작의 결과가 현재까지 계속됨을 나타낼 때 have(has)+과거분사 현재완료 시제를 쓸 수 있습니다. 동사 go를 활용한 have(has) gone to ~는 누군가가 어디로 가서 그 결과가 현재까지 미치고 있음을 나타냅니다. 즉, 지금도 가고 여기에는 없는 상태란 뜻입니다.

She's gone to America.　그녀는 미국으로 가고 여기 없어요.
She's gone to bed.　그녀는 자러 가고 여기 없어요.
She's gone to the bathroom.　그녀는 화장실로 가고 여기 없어요.

🎬 미드에선 이렇게! [The West Wing 2*7]
She's gone to the hospital.
그녀는 병원으로 가고 여기 없어요.

💬 Conversation
A: Is your mom okay?
　엄마는 괜찮으시니?
B: **She's gone to** surgery.
　수술실로 가시고 여기 없어요.

 556　**I've lost ~.** 전 ~를 잃어버렸어요.

무언가를 잃어버린 결과가 현재까지도 계속 이어짐을 나타낼 때, 즉 지금도 잃어버린 상태임을 말할 때 I've lost ~ 패턴을 사용할 수 있습니다. 과거 시제로 I lost ~라고 말하면 과거에 잃어버렸던 사실만을 전달하지 지금은 찾은 건지 어떻게 된 건지에 대한 내용은 전달해 주지 못합니다.

I've lost my wallet.　저 지갑을 잃어버렸어요.
I've lost sight of him.　그를 시야에서 잃어버렸어요(그를 시야에서 놓쳤어요).
I've lost my engagement ring.　저 약혼반지를 잃어버렸어요.

🎬 미드에선 이렇게! [Friends 9*20]
I've lost the will to live.
전 살아 갈 의지를 잃어버렸어요.

💬 Conversation
A: **I've lost** everything. My job, my car, and my house. Literally everything.
　난 모든 걸 잃어버렸어. 내 직장, 내 차 그리고 내 집. 말 그대로 모든 걸.
B: You still have me.
　아직 당신에겐 내가 있잖아요.

 557

I've been + 동사-ing ~. 나 계속 ~했어.

have been+동사-ing는 현재완료진행형 시제입니다. 현재완료 시제는 과거부터 현재까지 계속해서 이어지는 행동이나 상태를 설명할 때 사용되기도 합니다.

I've been working as a teacher for 10 years.	난 10년 동안 계속 선생님으로 일했어.
I've been reading this book for 2 hours.	나 두 시간 동안 계속 이 책을 읽었어.
I've been looking everywhere for you.	나 계속 여기저기 널 찾아다녔어.

🎬 미드에선 이렇게! [Desperate Housewives 2*12]
I've been trying to lead a better life.
난 계속 더 나은 삶을 살기 위해 노력했어요.

💬 Conversation
A: **I've been** studying English for 8 years.
난 8년 동안 계속 영어를 공부했어.
B: Then why does your English still stuck?
그런데 네 영어는 왜 아직도 형편없니?

 558

It's been + 동사-ing ~. (날씨가) 계속 ~하네요.

비인칭 주어 it을 활용해 날씨를 표현할 수 있습니다. 예를 들어 '비가 내려'는 It's rainy, '바람이 불어'는 It's windy라고 합니다. 앞서 배운 현재완료진행형 시제를 사용해 날씨가 전부터 지금까지 계속 어떤 상태인지를 설명해 줄 수 있습니다.

It's been raining for a week.	계속 일주일 째 비가 내려요.
It's been snowing since Monday.	계속 월요일 이후로 눈이 내려요.
It's been drizzling all day.	계속 하루 종일 이슬비가 내려요.

🎬 미드에선 이렇게! [Ghost Whisperer 1*19]
It's been thundering for 2 hours.
계속 두 시간째 천둥이 치네요.

💬 Conversation
A: **It's been** pouring for 12 hours.
12시간 째 계속 비가 쏟아지네요.
B: I really hate it when it rains.
난 비가 올 때 정말 싫어요.

Review!

미드&스크린 속 네이티브들의 표현법 따라잡기!
앞서 배운 패턴 문장들입니다. 한글을 보고 영어로 크게 외쳐 봅시다!

553 I've just + 과거분사 ~.
난 막 ~했어요.

- [ ] 나 막 점심식사를 끝냈어요.
- [ ] 나 막 호텔 예약을 했어요.
- [ ] 나 막 숙제를 시작했어요.
- [ ] 나 막 그가 벌거벗은 걸 봤어요.
- [ ] 저 막 인터넷으로 주문서 작성 완료했습니다.

554 I haven't + 과거분사 ~ yet.
나 아직 ~ 못했어요.

- [ ] 나 아직 아무것도 결정하지 못했어.
- [ ] 나 아직 그거 고치지 못했어요.
- [ ] 나 아직 그걸 알아내지 못했어요.
- [ ] 엄마, 저 아직 그건 배우지 못했어요.
- [ ] 나 아직 아침식사를 못했어.

555 She's gone to + 장소.
그녀는 ~로(하러) 가고 여기 없어요.

- [ ] 그녀는 미국으로 가고 여기 없어요.
- [ ] 그녀는 자러 가고 여기 없어요.
- [ ] 그녀는 화장실로 가고 여기 없어요.
- [ ] 그녀는 병원으로 가고 여기 없어요.
- [ ] 수술실로 가시고 여기 없어요.

556 I've lost ~.
전 ~를 잃어버렸어요.

- [ ] 저 지갑을 잃어버렸어요.
- [ ] 그를 시야에서 잃어버렸어요(그를 시야에서 놓쳤어요).
- [ ] 저 약혼반지를 잃어버렸어요.
- [ ] 전 살아 갈 의지를 잃어버렸어요.
- [ ] 난 모든 걸 잃어버렸어.

557 I've been + 동사-ing ~.
나 계속 ~했어.

- [ ] 난 10년 동안 계속 선생님으로 일했어.
- [ ] 나 두 시간 동안 계속 이 책을 읽었어.
- [ ] 나 계속 여기저기 널 찾아다녔어.
- [ ] 난 계속 더 나은 삶을 살기 위해 노력했어요.
- [ ] 난 8년 동안 계속 영어를 공부했어.

558 It's been + 동사-ing ~.
날씨가 계속 ~하네요.

- [ ] 계속 일주일 째 비가 내려요.
- [ ] 계속 월요일 이후로 눈이 내려요
- [ ] 계속 하루 종일 이슬비가 내려요.
- [ ] 계속 두 시간째 천둥이 치네요.
- [ ] 12시간 째 계속 비가 쏟아지네요.

Situation 094 >> 현재완료(경험)

Have you ever + 과거분사 ~? ~해 본 적 있어요?

현재완료시제 'have+과거분사'는 경험을 나타낼 때 사용됩니다. 상대방에게 무언가를 해 본 경험이 있는지 물을 때 Have you+과거분사 ~? 패턴으로 질문을 던질 수 있습니다. 여기에 '여태껏'이란 뜻의 부사 ever를 넣어서 의미를 한층 더 강조해 줄 수 있습니다.

Have you ever met a celebrity?	유명인을 만나 본 적 있어요?
Have you ever seen a real panda?	진짜 판다곰을 본 적 있어요?
Have you ever eaten Mexican food?	멕시코 음식 먹어 본 적 있어요?

🎬 미드에선 이렇게! [Sex and the City 1*1]

Have you ever been in love?
사랑해 본 적 있어요?

💬 **Conversation**

A: **Have you ever** eaten Kimchi?
김치 먹어 본 적 있어요?

B: Of course, I have. It was hot, but very delicious.
물론 있죠. 매웠지만 아주 맛있었어요.

Have you been to ~? ~에 가 본 적 있어요?

상대방에게 어디에 가 본 경험이 있는지를 물을 때 사용할 수 있는 패턴입니다. '가다'란 동사 go를 사용해 Have you gone to ~?라고 묻지 않는다는 것을 유의하세요.

Have you been to the zoo?	동물원에 가 본 적 있어요?
Have you been to his office?	그의 사무실에 가 본 적 있어요?
Have you been to the Empire State Building?	엠파이어스테이트 빌딩에 가 본 적 있어요?

🎬 미드에선 이렇게! [X-File 2*16]

Have you been to New York or New Jersey recently?
최근에 뉴욕이나 뉴저지에 가 본 적 있어요?

💬 **Conversation**

A: **Have you been to** the new Japanese restaurant that opened last month?
지난달에 개업한 새 일식집에 가 본 적 있어요?

B: Yes, I have been there a few times.
네, 몇 번 가 봤어요.

561　Have you ever thought about ~? ~에 대해 생각해 본 적 있어요?

상대방에게 무언가를 생각해 본 적이 있는지 여부를 물을 때 사용할 수 있는 패턴입니다.

Have you ever thought about that?
그것에 대해 생각해 본 적 있어요?

Have you ever thought about modeling?
모델 일 하는 것에 대해 생각해 본 적 있어요?

Have you ever thought about teaching English?
영어를 가르치는 것에 대해 생각해 본 적 있어요?

■ 미드에선 이렇게! [The West Wing 2*7]
Have you ever thought about dying your hair red?
머리를 빨간색으로 염색하는 것에 대해 생각해 본 적 있어요?

💬 Conversation
A: **Have you ever thought about** moving back to Seoul?
　　서울로 다시 이사 가는 것에 대해 생각해 본 적 있어요?
B: Yeah, a few times. But I'm happy with my life here now.
　　네, 몇 번요. 하지만 전 지금 여기 제 삶에 만족합니다.

562　I've seen ~. 나 ~를 본 적이 있어.

경험을 나타내는 현재완료 시제를 사용해 무언가를 본 적이 있음을 말할 수 있습니다. 동사 see의 과거분사형은 seen입니다.

I've seen you somewhere before.　　나 너를 전에 어디선가 본 적이 있어.
I've seen her with him.　　난 그와 함께 있는 그녀를 본 적이 있어.
I've seen you on TV.　　난 당신을 텔레비전에서 본 적이 있어요.

■ 영화에선 이렇게! [Pirates of the Caribbean : The Curse of the Black Pearl]
I've seen a ship with black sails.
전 검은 색 돛을 단 배를 본 적이 있어요.

💬 Conversation
A: Do you know where the stapler is?
　　너 호치키스 어디 있는지 아니?
B: **I've seen** it somewhere in Tom's room.
　　나 그거 탐의 방 어디선가 봤어.

I've never + 과거분사 ~. 난 ~한 적이 한 번도 없어요.

경험을 나타낼 때 부사 never를 이용해서 한 번도 그런 경험이 없음을 강조해서 말할 수 있습니다.

I've never felt this way before. 난 한 번도 전에 이런 감정을 느껴 본 적이 없어요.
I've never seen her before. 난 한 번도 전에 그녀를 본 적이 없어요.
I've never tried Thai food. 난 한 번도 태국 음식을 먹어 본 적이 없어요.

📺 미드에선 이렇게! 〔Ghost Whisperer 3*16〕
I've never done anything like this before.
난 한 번도 전에 이런 짓을 해 본 적이 없어요.

💬 Conversation
A: I've gotten into Josh Institute of Technology.
   전 Josh공과대학에 붙었어요.
B: Josh Institute of Technology? **I've never** heard of it.
   Josh공과대학이라고? 난 한 번도 그 이름 들어 본 적이 없어.

You haven't + 과거분사 ~. 너 ~하지 않았잖아(않았구나)

상대방에게 상대방이 무언가를 한 적이 없음을 지적해서 말할 때 사용할 수 있는 패턴입니다.

You haven't seen her in months. 넌 그녀를 몇 개월 동안 보지 않았잖아.
You haven't changed a bit. 넌 하나도 변하지 않았구나.
You haven't called me all day. 너 내게 하루 종일 전화하지 않았잖아.

📺 영화에선 이렇게! 〔Jaws 2〕
You haven't eaten anything all day.
너 하루 종일 아무것도 안 먹었잖아.

💬 Conversation
A: **You haven't** told me where we're going.
   너 내게 우리가 어디 가는지 얘기하지 않았잖아.
B: Haven't I? We're going to the shopping mall.
   내가 얘기 안 했나? 우리 쇼핑몰에 가는 중이야.

Review!

미드&스크린 속 네이티브들의 표현법 따라잡기!
앞서 배운 패턴 문장들입니다. 한글을 보고 영어로 크게 외쳐 봅시다!

559 Have you ever + 과거분사 ~?
~해 본 적 있어요?

- 유명인을 만나 본 적 있어요?
- 진짜 판다곰을 본 적 있어요?
- 멕시코 음식 먹어 본 적 있어요?
- 사랑해 본 적 있어요?
- 김치 먹어 본 적 있어요?

560 Have you been to ~?
~에 가 본 적 있어요?

- 동물원에 가 본 적 있어요?
- 그의 사무실에 가 본 적 있어요?
- 엠파이어스테이트 빌딩에 가 본 적 있어요?
- 최근에 뉴욕이나 뉴저지에 가 본 적 있어요?
- 지난달에 개업한 새 일식집에 가 본 적 있어요?

561 Have you ever thought about ~?
~에 대해 생각해 본 적 있어요?

- 그것에 대해 생각해 본 적 있어요?
- 모델 일 하는 것에 대해 생각해 본 적 있어요?
- 영어를 가르치는 것에 대해 생각해 본 적 있어요?
- 머리를 빨간색으로 염색하는 것에 대해 생각해 본 적 있어요?
- 서울로 다시 이사 가는 것에 대해 생각해 본 적 있어요?

562 I've seen ~.
나 ~를 본 적이 있어.

- 나 너를 전에 어디선가 본 적이 있어.
- 난 그와 함께 있는 그녀를 본 적이 있어.
- 난 당신을 텔레비전에서 본 적이 있어요.
- 전 검은 색 돛을 단 배를 본 적이 있어요.
- 나 그거 탐의 방 어디선가 봤어.

563 I've never + 과거분사 ~.
난 ~한 적이 한 번도 없어요.

- 난 한 번도 전에 이런 감정을 느껴 본 적이 없어요.
- 난 한 번도 전에 그녀를 본 적이 없어요.
- 난 한 번도 태국 음식을 먹어 본 적이 없어요.
- 난 한 번도 전에 이런 짓을 해 본 적이 없어요.
- 난 한 번도 그 이름 들어 본 적이 없어.

564 You haven't + 과거분사 ~.
너 ~하지 않았잖아(않았구나).

- 넌 그녀를 몇 개월 동안 보지 않았잖아.
- 넌 하나도 변하지 않았구나.
- 너 내게 하루 종일 전화하지 않았잖아.
- 너 하루 종일 아무것도 안 먹었잖아.
- 너 내게 우리가 어디 가는지 얘기하지 않았잖아.

407

Situation **095** >> 확률과 가능성

What are the odds of ~? ~할 확률이 얼마나 될까?

odds는 명사로 '확률, 가능성'이란 뜻으로 사용됩니다. 즉, What are the odds of ~?는 무언가가 벌어질 확률이 얼마나 될지를 물을 때 쓰이는 패턴입니다. odds 대신에 chances를 넣어서 물어도 괜찮습니다.

What are the odds of that?
그럴 확률이 얼마나 될까?
What are the odds of this working?
이게 성공할 확률이 얼마나 될까?
What are the odds of us making it here on time?
우리가 이곳에 제 시간에 도착할 확률이 얼마나 될까?

📽 미드에선 이렇게! 〔The O.C. 1*27〕
What are the odds of you two making up before the wedding?
너희 둘이 결혼식 전에 화해할 확률이 얼마나 될까?

💬 Conversation
A: **What are the odds of** losing the coin toss?
동전 던지기를 해서 질 확률이 얼마나 될까?
B: It's 50-50.
50대 50이지.

The odds are ~. 확률은(승산은) ~예요.

'확률이 높다' 혹은 '확률이 낮다' 등을 표현할 때 쓰이는 다양한 표현들이 있습니다. The odds are ~ 패턴을 활용해서 말할 수 있지요.

The odds are high.   확률이 높아요.
The odds are low.   확률이 낮아요.
The odds are on our side.   승산은 우리 편이에요.

📽 미드에선 이렇게! 〔Numbers 1*13〕
The odds are always in our favor in these kind of cases.
이런 종류의 사건들에서는 승산이 항상 우리 쪽에 있죠.

💬 Conversation
A: Do you think I can pull it off?
내가 그걸 해낼 수 있을 거라고 생각하니?
B: To be honest with you, **the odds are** against you.
솔직히 말해서 승산은 네게 없어.

Is there any chance ~? ~할 수 있을까요(가능성이 있나요)?

chance는 '기회'란 뜻 외에 '가능성'이란 뜻도 가지고 있습니다. 즉, Is there any chance ~?는 뒤에 문장을 붙여서 혹시라도 그러한 가능성이 있는지 여부를 물을 때 사용되는 패턴입니다.

Is there any chance you can come over here? 너 이리로 와 줄 수 있겠니?
Is there any chance I can ask your sister out? 내가 네 여동생에게 데이트 신청할 수 있을까?
Is there any chance of getting the concert tickets? 그 콘서트 표를 얻을 수 있을까요?

🎬 영화에선 이렇게! [Tangled]
Is there any chance that I'm going to get super strength in my hand?
제 손에 엄청난 힘을 얻을 수 있는 가능성이 있나요?

💬 Conversation
A: **Is there any chance** of switching to a window seat?
창가 쪽 좌석으로 바꿀 수 있을까요?
B: Sorry, we're completely booked.
죄송합니다만, 예약이 꽉 찼습니다.

There's a good chance that ~. ~일 가능성이 높아요.

여기서 good chance는 '좋은 기회'가 아니라 '괜찮은 가능성'정도로 해석되어야 합니다. 즉, There's a good chance that ~은 접속사 that 뒤에 완전한 문장을 연결시켜 그러할 가능성이 높다는 것을 말하는 패턴입니다.

There's good chance he'll be released tomorrow. 그가 내일 퇴원할 가능성이 높아요.
There's good chance she'll die. 그녀는 죽을 가능성이 높아요.
There's good chance you could meet him. 당신이 그를 만날 수 있을 가능성이 높아요.

🎬 미드에선 이렇게! [That 70's Show 5*25]
There's a good chance that Donna has always longed for you.
도나가 항상 너를 갈망해왔을 가능성이 높아.

💬 Conversation
A: What are the odds of getting a raise this year?
올해 임금이 인상될 확률이 얼마나 될까?
B: Don't count on it. **There's a good chance** they'll put a freeze on the payroll.
기대하지 마. 회사에서 임금을 동결할 가능성이 높아.

There's no point in ~. ~해봐야 소용없어.

There's no point.는 '요점이 없다' 혹은 '아무 소용 없다'란 뜻으로 사용되는 표현입니다. 뒤에 전치사 in과 함께 구체적인 내용을 동명사(동사-ing) 이하로 표현하면 그렇게 해봤자 아무 소용없다는 뜻이 됩니다.

There's no point in being upset. 화를 내봐야 소용없어.
There's no point in blaming yourself. 자책해봤자 소용없어.
There's no point in trying to run. 도망치려고 노력해봤자 소용없어.

🎬 미드에선 이렇게! [Alias 5*7]

These walls are soundproof. **There's no point in** shouting.
이 벽들은 방음이 되어 있어요. 소리를 질러봤자 소용없지요.

💬 Conversation

A: I'll take the blame. It's my resignation letter.
제가 책임을 지겠습니다. 사직서입니다.

B: **There's no point in** resigning at this stage. We must stick together to get through this tough time.
현 단계에서 사직해봤자 소용없네. 우리는 이 힘든 시기를 극복하기 위해서 함께 뭉쳐야 해.

How is it possible that ~? 어떻게 ~할 수 있지?

존재하는 상황이나 상태가 도저히 이해가 가지 않을 때 어떻게 그럴 수가 있는지 또는 어떻게 그런 상태가 가능한지를 반문할 때 사용할 수 있는 패턴입니다. 접속사 that 뒤에는 완전한 문장이 위치해야 합니다.

How is it possible that I didn't know about this? 어떻게 내가 이걸 몰랐을 수가 있지?
How is it possible that this was kept a secret? 어떻게 이 일이 비밀로 유지될 수가 있었지?
How is it possible that he hates me so much? 어떻게 그가 날 그렇게 미워할 수가 있지?

🎬 미드에선 이렇게! [One Tree Hill 2*1]

You just ate. **How is it possible that** you're still hungry?
너 방금 밥 먹었잖아. 어떻게 너 아직도 배가 고플 수가 있지?

💬 Conversation

A: **How is it possible that** you didn't see this coming?
어떻게 너 이 일이 일어날 거라는 걸 예상 못했을 수가 있지?

B: Don't blame me. No one could have predicted this.
절 비난하지 마세요. 그 누구도 이 일을 예측할 수는 없었을 겁니다.

Review!

미드&스크린 속 네이티브들의 표현법 따라잡기!
앞서 배운 패턴 문장들입니다. 한글을 보고 영어로 크게 외쳐 봅시다!

565 What are the odds of ~?
~할 확률이 얼마나 될까?

- ☐ 그럴 확률이 얼마나 될까?
- ☐ 이게 성공할 확률이 얼마나 될까?
- ☐ 우리가 이곳에 제 시간에 도착할 확률이 얼마나 될까?
- ☐ 너희 둘이 결혼식 전에 화해할 확률이 얼마나 될까?
- ☐ 동전 던지기를 해서 질 확률이 얼마나 될까?

566 The odds are ~.
확률은(승산은) ~예요.

- ☐ 확률이 높아요.
- ☐ 확률이 낮아요.
- ☐ 승산은 우리 편이에요.
- ☐ 이런 종류의 사건들에서는 승산이 항상 우리 쪽에 있죠.
- ☐ 승산은 네게 없어.

567 Is there any chance ~?
~할 수 있을까요(가능성이 있나요)?

- ☐ 너 이리로 와줄 수 있겠니?
- ☐ 내가 네 여동생에게 데이트 신청할 수 있을까?
- ☐ 그 콘서트 표를 얻을 수 있을까요?
- ☐ 제 손에 엄청난 힘을 얻을 수 있는 가능성이 있나요?
- ☐ 창가 쪽 좌석으로 바꿀 수 있을까요?

568 There's a good chance (that) ~.
~일 가능성이 높아요.

- ☐ 그가 내일 퇴원할 가능성이 높아요.
- ☐ 그녀는 죽을 가능성이 높아요.
- ☐ 당신이 그를 만날 수 있을 가능성이 높아요.
- ☐ 도나가 항상 너를 갈망해왔을 가능성이 높아.
- ☐ 회사에서 임금을 동결할 가능성이 높아.

569 There's no point in ~.
~해봐야 소용없어.

- ☐ 화를 내봐야 소용없어.
- ☐ 자책해봤자 소용없어.
- ☐ 도망치려고 노력해봤자 소용없어.
- ☐ 소리를 질러봤자 소용없지요.
- ☐ 현 단계에서 사직해봤자 소용없네.

570 How is it possible that ~?
어떻게 ~할 수 있지?

- ☐ 어떻게 내가 이걸 몰랐을 수가 있지?
- ☐ 어떻게 이 일이 비밀로 유지될 수가 있었지?
- ☐ 어떻게 그가 날 그렇게 미워할 수가 있지?
- ☐ 어떻게 너 아직도 배가 고플 수가 있지?
- ☐ 어떻게 너 이 일이 일어날 거라는 걸 예상 못했을 수가 있지?

Situation 096 >> 확신

I'm sure of ~. 난 ~를 확신해.

I'm sure는 '분명해, 확실해'란 뜻의 회화표현으로 뒤에 전치사 'of 혹은 about+명사'를 붙여서 확신하는 대상을 언급해 줄 수 있습니다.

I'm sure of your success.	난 너의 성공을 확신해.
I'm sure of their coming.	난 그들이 올 것을 확신해.
I'm sure of her innocence.	난 그녀의 결백을 확신해.

📺 미드에선 이렇게! [Felicity I*16]

Things are gonna work out. **I'm sure of** it.
모든 일들이 잘 풀릴 거야. 난 그걸 확신해.

💬 Conversation

A: **I'm sure of** one thing. They didn't do it.
전 한 가지는 확신합니다. 그들은 그 일을 하지 않았어요.

B: What makes you so sure?
왜 그렇게 확신하시는 거죠?

I'm sure ~. 분명 ~일 거야.

I'm sure는 '분명해, 확실해'란 뜻의 회화표현으로 뒤에 문장을 붙여서 자신이 확신하는 어떤 내용을 말할 때 사용할 수 있는 패턴입니다. 동사 believe를 사용해서 I believe ~ 패턴으로 말해도 됩니다.

I'm sure you'll regret this.	분명 넌 이거 후회할 거야.
I'm sure she'll be here this afternoon.	분명 오후엔 그녀가 올 거예요.
I'm sure you'll like it.	분명 넌 그게 마음에 들 거야.

📺 영화에선 이렇게! [Avatar]

I'm sure they're watching us now.
분명 그들이 지금 우리를 지켜보고 있는 중일 거야.

💬 Conversation

A: **I'm sure** I left my files in the car.
분명 파일들을 차에 놔두고 왔을 거예요.

B: Don't worry. I'll go get them.
걱정 마세요. 제가 가서 가져올게요.

I'm sure you can ~. 넌 분명 ~할 수 있을 거야.

상대방이 무언가를 분명 할 수 있을 거라고 격려하거나 확신시켜 줄 때 사용할 수 있는 패턴입니다. can 대신에 be able to를 넣어서 I'm sure you'll be able to ~ 패턴으로 말해도 됩니다.

I'm sure you can be a good chef. 넌 분명 좋은 요리사가 될 수 있을 거야.
I'm sure you can get there on time. 넌 분명 거기에 제 시간에 도착할 수 있을 거야.
I'm sure you can wait a few more days. 넌 분명 며칠 정도는 너 기다려 줄 수 있을 거야.

🎬 영화에선 이렇게! [Die Hard With A Vengeance]
I'm sure you can find a phone across the street.
넌 분명 길 건너편에 전화기를 찾을 수 있을 거야.

💬 Conversation
A: It looks very difficult to learn how to ski.
    스키 타는 거 배우는 건 굉장히 어려워 보여.
B: No worries. **I'm sure you can** learn pretty fast.
    걱정할 것 없어. 넌 분명 꽤 빨리 배울 수 있을 거야.

He's sure to ~. 그는 분명 ~일 거야.

주어인 he가 확신하는 것이 아니라 말하는 사람, 즉 자신이 판단컨대 그 사람은 분명 어떨 것이라고 자신이 가진 의견에 확신을 가지며 말할 때 사용할 수 있는 패턴입니다.

He's sure to win easily. 그는 분명 쉽게 이길 거야.
He's sure to succeed in life. 그는 분명 인생에서 성공을 할 거야.
He's sure to be the next president. 그는 분명 다음 대통령이 될 거야.

🎬 영화에선 이렇게! [Cats & Dogs]
He's sure to have his personal taste.
그는 분명 개인적인 취향을 가지고 있을 거야.

💬 Conversation
A: I bought this watch for my boyfriend. Do you think he'll like it?
    나 이 시계 남자친구 주려고 샀어. 남자친구가 좋아할 것 같니?
B: It looks fancy. **He's sure to** like it.
    멋져 보여. 그는 분명 그걸 마음에 들어 할 거야.

I wanna make sure ~. ~라는 걸 확실히 해두고 싶어.

조금의 의심의 여지도 없이 무언가를 확실하게 스스로 다짐받고 싶다는 의미를 전달할 때 사용할 수 있는 패턴입니다. wanna는 want to의 줄임말이므로 I want to make sure ~라고 말해도 됩니다.

> **I wanna make sure** she's happy. 그녀가 행복하다는 걸 확실히 해두고 싶어.
> **I wanna make sure** you're okay. 네가 괜찮다는 걸 확실히 해두고 싶어.
> **I wanna make sure** we're on the same boat. 우리가 같은 입장이라는 걸 확실히 해두고 싶어.

🎬 영화에선 이렇게! 〔The Simpsons Movie〕

I wanna make sure no animals were harmed during the filming of this movie.
이 영화 촬영 동안 어떤 동물도 다치지 않았다는 걸 확실히 해두고 싶어요.

💬 Conversation

A: Where are we going tonight? **I wanna make sure** I dress appropriately.
우리 오늘밤 어디 가요? 제가 (장소에) 적절히 옷을 입는 건지 확실히 하고 싶거든요.

B: You don't need to worry about the dress code. Just put on anything you want.
드레스 코드는 걱정할 필요 없어요. 그냥 아무거나 원하는 거 입어요.

There's no doubt that ~. ~라는 건 의심할 여지가 없어.

의심할 여지도 없이 무언가가 확실하다고 할 때 No doubt about it!이라고 말합니다. 구체적으로 무엇이 의심할 여지가 없는지 설명할 때는 There's no doubt that ~ 패턴을 사용해서 that 이하에 그 내용을 붙여서 말하면 됩니다.

> **There's no doubt that** that's a good point.
> 그게 좋은 지적이라는 건 의심할 여지가 없어.
>
> **There's no doubt that** you're a wonderful mother.
> 당신이 훌륭한 엄마라는 건 의심할 여지가 없어.
>
> **There's no doubt that** he will disappoint us sooner or later.
> 그가 조만간 우릴 실망시킬 거라는 건 의심할 여지가 없어.

📺 미드에선 이렇게! 〔X-File 8*6〕

There's no doubt that this is Billy Underwood's skeleton.
이게 빌리 언더우드 씨의 유골이라는 건 의심할 여지가 없어요.

💬 Conversation

A: Jack and I have been friends for 20 years. **There's no doubt that** he's my best friend.
잭과 나는 20년 동안 친구로 지냈어. 걔가 내 절친이라는 건 의심할 여지가 없지.

B: What about me? I thought I was your best friend.
나는 어쩌고? 난 내가 네 절친이라고 생각했는데.

Review!

미드&스크린 속 네이티브들의 표현법 따라잡기!
앞서 배운 패턴 문장들입니다. 한글을 보고 영어로 크게 외쳐 봅시다!

571 I'm sure of ~.

난 ~를 확신해.

- [ ] 난 너의 성공을 확신해.
- [ ] 난 그들이 올 것을 확신해.
- [ ] 난 그녀의 결백을 확신해.
- [ ] 난 그걸 확신해.
- [ ] 전 한 가지는 확신합니다.

572 I'm sure ~.

분명 ~일 거야.

- [ ] 분명 넌 이거 후회할 거야.
- [ ] 분명 오후엔 그녀가 올 거예요.
- [ ] 분명 넌 그게 마음에 들 거야.
- [ ] 분명 그들이 지금 우리를 지켜보고 있는 중일 거야.
- [ ] 분명 파일들을 차에 놔두고 왔을 거예요.

573 I'm sure you can ~.

넌 분명 ~할 수 있을 거야.

- [ ] 넌 분명 좋은 요리사가 될 수 있을 거야.
- [ ] 넌 분명 거기에 제 시간에 도착할 수 있을 거야.
- [ ] 넌 분명 며칠 정도는 너 기다려 줄 수 있을 거야.
- [ ] 넌 분명 길 건너편에 전화기를 찾을 수 있을 거야.
- [ ] 넌 분명 꽤 빨리 배울 수 있을 거야.

574 He's sure to ~.

그는 분명 ~일 거야.

- [ ] 그는 분명 쉽게 이길 거야.
- [ ] 그는 분명 인생에서 성공을 할 거야.
- [ ] 그는 분명 다음 대통령이 될 거야.
- [ ] 그는 분명 개인적인 취향을 가지고 있을 거야.
- [ ] 그는 분명 그걸 마음에 들어 할 거야.

575 I wanna make sure ~.

~라는 걸. 확실히 해두고 싶어.

- [ ] 그녀가 행복하다는 걸 확실히 해두고 싶어.
- [ ] 네가 괜찮다는 걸 확실히 해두고 싶어.
- [ ] 우리가 같은 입장이라는 걸 확실히 해두고 싶어.
- [ ] 이 영화 촬영 동안 어떤 동물도 다치지 않았다는 걸 확실히 해두고 싶어요.
- [ ] 제가 적절히 옷을 입는 건지 확실히 하고 싶거든요.

576 There's no doubt that ~.

~라는 건 의심할 여지가 없어.

- [ ] 그게 좋은 지적이라는 건 의심할 여지가 없어.
- [ ] 당신이 훌륭한 엄마라는 건 의심할 여지가 없어.
- [ ] 그가 조만간 우릴 실망시킬 거라는 건 의심할 여지가 없어.
- [ ] 이게 빌리 언더우드 씨의 유골이라는 건 의심할 여지가 없어요.
- [ ] 걔가 내 절친이라는 건 의심할 여지가 없지

Situation 097 >> 확신 묻기와 불확신

Are you sure ~? ~라고 확신하니(확실한 거니)?

상대방에게 어떤 상황이나 내용의 확실한 정도를 물어볼 때 사용할 수 있는 패턴입니다. sure 뒤에 접속사 that이 이끄는 문장을 붙여 주면 되는데, 이 때 that은 생략 가능합니다.

Are you sure he stole my pencil? — 걔가 내 연필 훔쳤다고 확신하니?
Are you sure you have a reservation? — 예약한 게 확실하신 건가요?
Are you sure that's not a cockroach? — 그거 바퀴벌레 아니라는 거 확실한 거니?

🎬 영화에선 이렇게! [Gladiator]
Are you sure you want to do this?
너 정말 이거 하고 싶은 게 확실하니?

💬 Conversation
A: **Are you sure** we can pull this off?
   우리가 이거 해낼 수 있는 거 확신하니?
B: No doubt about it.
   의심할 것도 없어.

What makes you so sure ~? 너 ~를 어째서 그렇게 확신하니?

'make+목적어+sure'는 '~를 확신하게 만들다'란 구문 표현입니다. sure 앞에 '그렇게, 매우'란 뜻의 부사 so를 넣어서 뭐가 그렇게 상대방의 마음을 확신케 만들었는지를 물어볼 때 사용할 수 있는 패턴입니다.

What makes you so sure I don't have talent?
너 내가 재능이 없다고 어째서 그렇게 확신하니?
What makes you so sure she will keep her word?
너 그녀가 약속을 지킬 거라고 어째서 그렇게 확신하니?
What makes you so sure he isn't dead?
너 그가 죽지 않았다고 어째서 그렇게 확신하니?

🎬 영화에선 이렇게! [Avatar]
What makes you so sure he'll really show up?
너 그가 나타날 거라고 어째서 그렇게 확신하니?

💬 Conversation
A: **What makes you so sure** it's true?
   너 그게 사실이라고 어째서 그렇게 확신하니?
B: It's just a hunch.
   그냥 육감이야.

I'm suspicious of ~. 난 ~가 미심쩍어.

누군가를 혹은 누군가의 행동 등이 뭔가 수상하고 미심쩍을 때 사용할 수 있는 패턴입니다.

I'm suspicious of that woman.
난 저 여자가 미심쩍어.

I'm suspicious of people like you.
난 너 같은 사람들이 미심쩍어.

I'm suspicious of anybody who brings me anything.
난 어떤 거든 내게 가져다 주는 그 누구라도 다 미심쩍어.

🎬 영화에선 이렇게! 〔Everybody Wants to be Italian〕

Well, you know, **I'm suspicious of** anyone who doesn't love animals.
음, 그게 말이죠, 전 동물을 사랑하지 않는 그 누구라도 다 미심쩍어요.

💬 Conversation

A: Who do you think stole my laptop computer?
너 누가 내 노트북 컴퓨터를 훔쳐갔다고 생각하니?

B: I think it might be Jack. **I'm suspicious of** a few things he said.
잭일 것 같다는 생각이 들어. 그가 말한 몇 가지가 미심쩍어.

I have doubts about ~. 난 ~가 의심스러워.

어떤 것에 관해서 자신이 의심을 가지고 있다거나 무언가가 의심스럽다고 말할 때는 I have doubts about ~ 패턴을 사용해서 말할 수 있습니다.

I have doubts about everything in my life. 난 내 인생에 모든 것이 다 의심스러워.
I have doubts about his sincerity. 난 그의 진정성이 의심스러워.
I have doubts about your objectivity. 난 너의 객관성이 의심스러워.

🎬 영화에선 이렇게! 〔Star Wars : Episode III〕

I have doubts about your ability to keep us safe.
전 우리를 안전하게 해 줘야 할 당신의 능력이 의심스러워요.

💬 Conversation

A: **I have doubts about** your behavior.
난 네 행동이 의심스러워.

B: What are you talking about? What did I do wrong?
뭔 소릴 하는 거야? 내가 뭘 잘못했는데?

  581

I'm not sure if ~. ~일지 잘 모르겠어.

무언가에 대해서 긴지 아닌지 확신이 들지 않을 때 사용할 수 있는 패턴입니다. I'm not sure 대신에 I don't know를 써서 말해도 동일한 의미를 전달합니다.

I'm not sure if I can do this.	내가 이걸 할 수 있을지 잘 모르겠어.
I'm not sure if we have the time.	우리가 시간이 있을지 잘 모르겠어.
I'm not sure if I should show you this.	내가 네게 이걸 보여줘야 할지 잘 모르겠어.

■ 미드에선 이렇게! 〔Numbers 3*9〕

I'm not sure if it's such a great idea for us to go out.
우리가 사귀는 게 그렇게 좋은 생각인지 잘 모르겠어.

💬 Conversation

A: Is this your money?
이거 네 돈이니?

B: **I'm not sure if** that's mine. Let me check my wallet.
그거 내 돈인지 잘 모르겠네. 지갑 좀 확인해 볼게.

  582

I'm not sure what ~. 난 뭘 ~인지 잘 모르겠어.

what은 뒤에 절을 이끌어 '~인 것' 혹은 '뭘 ~인지'로 해석이 됩니다. 확신할 수 없는 대상, 즉 목적어로 what절을 위치시켜 말할 수 있습니다.

I'm not sure what you mean.	난 네가 뭘 뜻하는 건지 잘 모르겠어.
I'm not sure what is happening here.	난 이곳에서 뭐가 일어나고 있는 건지 잘 모르겠어.
I'm not sure what I've done wrong.	난 내가 뭘 잘못한 건지 잘 모르겠어.

■ 영화에선 이렇게! 〔Star Wars : Episode III〕

I'm not sure what you wish to accomplish by this.
난 네가 이걸로 뭘 성취하길 바라는 건지 잘 모르겠어.

💬 Conversation

A: **I'm not sure what** you're asking me to do here.
저 보고 여기서 뭘 하라고 하시는 건지 잘 모르겠어요.

B: Just sort out the papers to be thrown away.
그냥 버려야 할 문서들을 분류하세요.

Review!

미드&스크린 속 네이티브들의 표현법 따라잡기!
앞서 배운 패턴 문장들입니다. 한글을 보고 영어로 크게 외쳐 봅시다!

577 Are you sure ~?
~라고 확신하니(확실한 거니)?

- ☐ 걔가 내 연필 훔쳤다고 확신하니?
- ☐ 예약한 게 확실하신 건가요?
- ☐ 그거 바퀴벌레 아니라는 거 확실한 거니?
- ☐ 너 정말 이거 하고 싶은 게 확실하니?
- ☐ 우리가 이거 해낼 수 있는 거 확신하니?

578 What makes you so sure ~?
너 ~를 어째서 그렇게 확신하니?

- ☐ 너 내가 재능이 없다고 어째서 그렇게 확신하니?
- ☐ 너 그녀가 약속을 지킬 거라고 어째서 그렇게 확신하니?
- ☐ 너 그가 죽지 않았다고 어째서 그렇게 확신하니?
- ☐ 너 그가 나타날 거라고 어째서 그렇게 확신하니?
- ☐ 너 그게 사실이라고 어째서 그렇게 확신하니?

579 I'm suspicious of ~.
난 ~가 미심쩍어.

- ☐ 난 저 여자가 미심쩍어.
- ☐ 난 너 같은 사람들이 미심쩍어.
- ☐ 난 어떤 거든 내게 가져다 주는 그 누구라도 다 미심쩍어.
- ☐ 전 동물을 사랑하지 않는 그 누구라도 다 미심쩍어요.
- ☐ 난 그가 말한 몇 가지가 미심쩍어.

580 I have doubts about ~.
난 ~가 의심스러워.

- ☐ 난 내 인생에 모든 것이 다 의심스러워.
- ☐ 난 그의 진정성이 의심스러워.
- ☐ 난 그의 객관성이 의심스러워.
- ☐ 전 우리를 안전하게 해 줘야 할 당신의 능력이 의심스러워요.
- ☐ 난 네 행동이 의심스러워.

581 I'm not sure if ~.
~일지 잘 모르겠어.

- ☐ 내가 이걸 할 수 있을지 잘 모르겠어.
- ☐ 우리가 시간이 있을지 잘 모르겠어.
- ☐ 내가 네게 이걸 보여줘야 할지 잘 모르겠어.
- ☐ 우리가 사귀는 게 그렇게 좋은 생각인지 잘 모르겠어.
- ☐ 그거 내 돈인지 잘 모르겠네.

582 I'm not sure what ~.
난 뭘 ~인지 잘 모르겠어.

- ☐ 난 네가 뭘 뜻하는 건지 잘 모르겠어.
- ☐ 난 이곳에서 뭐가 일어나고 있는 건지 잘 모르겠어.
- ☐ 난 내가 뭘 잘못한 건지 잘 모르겠어.
- ☐ 난 네가 이걸로 뭘 성취하길 바라는 건지 잘 모르겠어.
- ☐ 저 보고 여기서 뭘 하라고 하시는 건지 잘 모르겠어요.

Situation 098 >> 확인

Are you saying that ~? ~라는 말씀인가요?

상대방이 한 말에 대해서 다시 한 번 그 내용이 맞는지 확인하고자 할 때 사용할 수 있는 패턴입니다. Are you saying 뒤에는 접속사 that 이끄는 문장을 연결시켜서 말하면 됩니다. 단, that은 생략해도 됩니다.

Are you saying I'm a suspect?
제가 용의자라는 말씀이신가요?

Are you saying I'm too emotional?
너 내가 너무 감정적이라는 말이니?

Are you saying you don't have any memory of this?
넌 이 일이 전혀 기억이 나지 않는다는 말이니?

🎬 영화에선 이렇게! [The Shawshank Redemption]
Are you saying Andy is innocent?
Andy는 결백하다는 말씀이신가요?

💬 Conversation
A: **Are you saying that** we should hire more people?
우리가 좀 더 많은 사람들을 고용해야 한다는 말씀인가요?
B: Exactly.
네, 바로 그 말입니다.

What do you mean ~? ~라는 게 무슨 말이야?

상대방이 한 말에 대해서 그게 무슨 의미인지, 무슨 의도로 그런 말을 한 건지 짚고 넘어가고자 할 때 사용할 수 있는 패턴입니다.

What do you mean you lied to us? 너 우리에게 거짓말했다는 게 무슨 말이야?
What do you mean you don't have the money? 너 그 돈을 가지고 있지 않다는 게 무슨 말이야?
What do you mean you are not coming? 너 안 가겠다는 게 무슨 말이야?

📺 미드에선 이렇게! [How I met your mother 2*3]
What do you mean you're divorced? Since when?
너 이혼했다는 게 무슨 말이야? 언제부터인데?

💬 Conversation
A: I don't need to go to work anymore. I got fired about a week ago.
나 더 이상 출근할 필요 없어. 약 일주일 전에 해고당했거든.
B: **What do you mean** you got fired? What happened?
해고당했다는 게 무슨 말이야? 무슨 일이 있었던 거야?

Is it true that ~? ~라는 게 사실이야?

접속사 that이 이끄는 문장의 내용을 언급하며 그것이 사실인지 여부를 상대방에게 확인하고자 할 때 쓸 수 있는 패턴입니다.

Is it true that you're going out with her? 너 그녀와 사귀고 있다는 게 사실이야?
Is it true that you got offered a job in Japan? 너 일본에 일자리를 제안받았다는 게 사실이야?
Is it true that Tom got dumped by Jane? 탐이 제인에게 차였다는 게 사실이야?

■ 미드에선 이렇게! 〔X-File 3*4〕
Is it true that you can see how people are gonna die?
당신 사람들이 어떻게 죽을지를 볼 수 있다는 게 사실이야?

💬 Conversation

A: **Is it true that** you wanted to become a singer?
너 가수가 되고 싶었다는 게 사실이야?

B: Yes, and the truth is, I still want to become a singer.
네, 그리고 사실은 전 여전히 가수가 되고 싶습니다.

Do you have any idea + 의문사 ~? ~ 알고 계신가요?

의문사 when, where, how, who 등은 뒤에 연결되는 내용과 묶여서 '언제 ~하는지', '어디로 ~하는지', '어떻게 ~하는지', '누구를 ~하는지' 등의 명사 덩어리를 만듭니다. 상대방에 이러한 내용과 관련해서 알고 있는 무언가가 있는지 여부를 묻고자 할 때 쓸 수 있는 패턴입니다.

Do you have any idea where they went? 그들이 어디로 갔는지 알고 계신가요?
Do you have any idea what you've done? 당신이 무슨 짓을 한 건지 알고 계신가요?
Do you have any idea how serious this is? 이게 얼마나 심각한 일인지 알고 계신가요?

■ 미드에선 이렇게! 〔Law and Order 4*16〕
Do you have any idea who killed my wife?
누가 제 아내를 죽였는지 알고 계신가요?

💬 Conversation

A: **Do you have any idea** what time it is?
지금 몇 시인지 알고 계신가요?

B: I have no idea.
전혀 몰라요.

How's + 단수명사 + coming along? ~는 잘 되가니?

어떤 대상을 언급하며 그것의 진척 정도나 진행 정도에 대해 잘 되어 가고 있는지를 묻고자 할 때 쓸 수 있는 패턴입니다.

How's the experiment **coming along**?	그 실험은 잘 되가니?
How's the wedding plan **coming along**?	결혼식 계획은 잘 되가니?
How's the report **coming along**?	보고서 작업은 잘 되가니?

🎬 영화에선 이렇게! [Four Weddings and a Funeral]

How's the speech **coming along**?
연설문 작업은 잘 되가니?

💬 Conversation

A: **How's** your new garden **coming along**?
정원 새로 까는 건 잘 되가니?

B: It's costing me an arm and a leg.
돈이 엄청 깨지고 있어.

Do you happen to + 동사원형 ~? 너 혹시 ~하니?

happen to ~는 '혹시 ~하다' 혹은 '우연히 ~하다'란 서술어 의미를 만드는 구문 표현입니다. 상대방이 혹시라도 무언가를 아는지 혹은 가지고 있는지 여부를 확인하고자 할 때 쓸 수 있는 패턴입니다.

Do you happen to know where it is?	너 혹시 그거 어디 있는지 아니?
Do you happen to know who he is?	너 혹시 그가 누군지 아니?
Do you happen to have a picture of her?	너 혹시 그녀의 사진을 가지고 있니?

🎬 영화에선 이렇게! [How to lose a guy in 10 days]

Do you happen to know the score of the Knicks game?
너 혹시 닉스 경기 점수 알고 있니?

💬 Conversation

A: **Do you happen to** know where I can find the punch?
너 혹시 펀치가 어디 있는지 아니?

B: Yeah, it's on the top shelf, next to the binders.
선반 맨 위에 있어, 바인더들 옆에.

Review!

미드&스크린 속 네이티브들의 표현법 따라잡기!
앞서 배운 패턴 문장들입니다. 한글을 보고 영어로 크게 외쳐 봅시다!

583 Are you saying (that)~?

~라는 말씀인가요?

- [ ] 제가 용의자라는 말씀이신가요?
- [ ] 넌 이 일이 전혀 기억이 나지 않는다는 말이니?
- [ ] 너 내가 너무 감정적이라는 말이니?
- [ ] Andy는 결백하다는 말씀이신가요?
- [ ] 우리가 좀 더 많은 사람들을 고용해야 한다는 말씀인가요?

584 What do you mean ~?

~라는 게 무슨 말이야?

- [ ] 너 우리에게 거짓말했다는 게 무슨 말이야?
- [ ] 너 그 돈을 가지고 있지 않다는 게 무슨 말이야?
- [ ] 너 안 가겠다는 게 무슨 말이야?
- [ ] 너 이혼 했다는 게 무슨 말이야?
- [ ] 해고당했다는 게 무슨 말이야?

585 Is it true that ~?

~라는 게 사실이야?

- [ ] 너 그녀와 사귀고 있다는 게 사실이야?
- [ ] 너 일본에 일자리를 제안받았다는 게 사실이야?
- [ ] 탐이 제인에게 차였다는 게 사실이야?
- [ ] 당신 사람들이 어떻게 죽을지를 볼 수 있다는 게 사실이야?
- [ ] 너 가수가 되고 싶었다는 게 사실이야?

586 Do you have any idea + 의문사 ~?

~ 알고 계신가요?

- [ ] 그들이 어디로 갔는지 알고 계신가요?
- [ ] 당신이 무슨 짓을 한 건지 알고 계신가요?
- [ ] 이게 얼마나 심각한 일인지 알고 계신가요?
- [ ] 누가 제 아내를 죽였는지 알고 계신가요?
- [ ] 지금 몇 시인지 알고 계신가요?

587 How's + 단수명사 + coming along?

~는 잘 되가니?

- [ ] 그 실험은 잘 되가니?
- [ ] 결혼식 계획은 잘 되가니?
- [ ] 보고서 작업은 잘 되가니?
- [ ] 연설문 작업은 잘 되가니?
- [ ] 정원 새로 까는 건 잘 되가니?

588 Do you happen to + 동사원형 ~?

너 혹시 ~하니?

- [ ] 너 혹시 그거 어디 있는지 아니?
- [ ] 너 혹시 그가 누군지 아니?
- [ ] 너 혹시 그녀의 사진을 가지고 있니?
- [ ] 너 혹시 닉스 경기 점수 알고 있니?
- [ ] 너 혹시 펀치가 어디 있는지 아니?

423

Situation **099** >> 확인과 전달

Let me check ~. ~를 확인해 볼게요.

자신이 무언가를 하겠다고 상대방에게 전할 때 'Let me+동사원형 ~' 패턴이 즐겨 사용됩니다. 즉, Let me check!는 '내가 확인해 볼게요'란 뜻의 회화표현입니다. 구체적으로 무엇을 확인할지 말하고 싶다면 동사 check 뒤에는 목적어를 언급하거나 혹은 '전치사+명사'를 붙여서 설명해 줄 수 있습니다.

Let me check my schedule.	내 스케줄 확인해 볼게.
Let me check call history.	통화내역을 확인해 볼게.
Let me check my files.	제 서류들을 확인해 볼게요.

🎬 영화에선 이렇게! [Beverly Hills Cop]

Let me check on that tomorrow and get back to you.
그 부분은 내일 확인해 보고 너에게 다시 연락 줄게.

💬 Conversation

A: Hi. I'm here to pick up a cake. My name is Juile Harper.
안녕하세요. 케이크 찾으러 왔어요. 제 이름은 Juile Harper입니다.

B: Your name is not on the list. **Let me check** with my manager.
성함이 명단에 없으시네요. 매니저에게 확인해 보도록 할게요.

Let me know if ~. ~면 알려주세요.

Let me know.는 '내가 알게 해 주세요.' 즉, 나에게 알려달라는 뜻의 문장입니다. 여기에 if 문장을 덧붙여 '~하면 내게 알려달라'는 뜻의 문장을 말할 수 있습니다.

Let me know if I can help you with anything.	도와드릴 게 있으면 제게 알려주세요.
Let me know if he bothers you again.	그가 또 괴롭히면 제게 알려주세요.
Let me know if you need a hand.	일손이 필요하면 제게 알려주세요.

🎬 미드에선 이렇게! [One Tree Hill 5*6]

Let me know if you want my autograph.
제 사인을 원하시면 제게 알려주세요.

💬 Conversation

A: **Let me know if** there's anything you need.
뭐 필요한 게 있으시면 제게 알려주세요.

B: I will. Thank you.
그럴게요. 감사합니다.

 Let me try to ~. 내가 ~해 보도록 할게.

상대방에게 자신이 무언가를 하겠다고 전달할 땐 간단히 Let my try 혹은 Let me try this라고 말하면 됩니다. 구체적으로 어떤 행동을 자신이 해 보겠다고 말하고 싶다면 try 뒤에 to를 붙여서 해 보고 싶은 내용을 동사원형 이하로 언급해 주면 됩니다.

Let me try to talk to her.
내가 그녀와 얘기를 해 볼게.
Let me try to put it in a way you'll understand.
내가 네가 이해할 수 있는 방식으로 설명을 해 줄게.
Let me try to talk you out of it.
내가 너 그거 하지 않도록 설득을 해 볼게.

🎬 영화에선 이렇게! 〔Click〕
Let me try to give you a real-life example.
내가 너에게 현실적인 예를 들어 줄게.

💬 Conversation
A: Can we cancel the appointment with John? I don't think I can make it.
존과의 약속을 취소할 수 있을까요? 나 약속을 지킬 수가 없을 것 같아서요.
B: **Let me try to** call John and ask whether we could reschedule the appointment.
내가 존에게 전화를 해서 약속을 다시 잡을 수 있는지 물어볼게.

 Let me explain ~. 내가 ~를 설명해 줄게.

상대방에게 무언가를 설명해 준다고 말할 땐 간단히 Let me explain.이라고 말하면 됩니다. 구체적으로 무엇에 대한 설명을 할지 언급하고 싶다면 동사 explain 뒤에 전치사 about 없이 바로 목적어를 언급해 주면 됩니다.

Let me explain something to you.
내가 너에게 뭘 좀 설명해 줄게.

Let me explain how this works.
이게 어떻게 작동하는 건지 설명해 줄게.

Let me explain to you the law of supply and demand.
내가 너에게 공급과 수요의 법칙에 대해서 설명해 줄게.

🎬 영화에선 이렇게! 〔Hannibal〕
Let me explain why we are all here.
내가 왜 우리가 모두 여기에 있는 건지 설명해 줄게.

💬 Conversation
A: **Let me explain** briefly how to apply for the competition.
내가 그 대회에 신청하는 방법을 간단하게 설명해 줄게.
B: I'm all ears.
잘 듣고 있으니까 말해봐.

 593

Let me tell you about ~. ~에 대해서 말해 줄게.

Let me tell you는 내가 너에게 말하게 해 달라 즉, 내가 너에게 말해주겠다는 뜻의 문장입니다. 여기에 구체적으로 뭘 말한 건지 about 뒤에 말하고자 하는 내용을 넣어 표현할 수 있습니다.

> **Let me tell you about** my childhood.
> 내 어린 시절에 대해 말해 줄게.
>
> **Let me tell you about** next Tuesday's exam.
> 다음 주 화요일 시험에 대해서 말해 줄게.
>
> **Let me tell you about** the experience I had on the subway.
> 내가 전철에서 있었던 경험에 대해서 말해 줄게.

🎬 미드에선 이렇게! [The O.C. 3*22]
Let me tell you about Rush Week. (rush week : 대학교 신입생 동아리 가입 기간)
러쉬위크에 대해서 말해 줄게.

💬 Conversation
- A: **Let me tell you about** last night. About what I did with John.
  어젯밤에 대해서 말해 줄게. 내가 존과 뭘 했는지에 대해서 말이야.
- B: Well, I'm not interested.
  별로 듣고 싶지 않은데.

 594

Let's see if ~. ~하는지 어디 봅시다.

동사 see는 단순히 무엇가를 '보다'란 뜻 외에 뭔가의 결과 내용을 '알아보다'란 의미로도 사용됩니다. 예를 들어 '두고 봅시다'란 표현을 영어로는 Let's wait and see.라고 말합니다. Let's see if ~ 패턴은 어떤 상황을 두고 정말 그러한지 여부를 한 번 지켜보자는 의미로 사용할 수 있는 패턴입니다.

> **Let's see if** we've learned anything.   우리가 배운 게 있는지 어디 봅시다(우리 복습합시다).
> **Let's see if** the door is locked.   문이 잠겨 있는지 어디 봅시다.
> **Let's see if** he keeps his word.   그가 약속을 지킬지 어디 봅시다.

🎬 영화에선 이렇게! [Chicago]
Let's see if we can work this out.
우리가 이 일을 해결할 수 있을지 어디 봅시다.

💬 Conversation
- A: We have a reservation at the Ramanda Hotel. Let's catch a taxi.
  우리 라마다 호텔에 예약되어 있어요. 택시를 탑시다.
- B: No, we're on a tight budget, so **let's see if** there's a hotel shuttle bus.
  아니요. 우리 예산이 빡빡하잖아요, 그러니까 호텔 셔틀버스가 있는지 어디 봅시다.

Review!

미드&스크린 속 네이티브들의 표현법 따라잡기!
앞서 배운 패턴 문장들입니다. 한글을 보고 영어로 크게 외쳐 봅시다!

589 Let me check ~.
~를 확인해 볼게요.

- 내 스케줄 확인해 볼게.
- 통화내역을 확인해 볼게.
- 제 서류들을 확인해 볼게요.
- 그 부분은 내일 확인해 보고 너에게 다시 연락 줄게.
- 매니저에게 확인해 보도록 할게요.

590 Let me know if ~.
~면 알려주세요.

- 도와드릴게 있으면 제게 알려주세요.
- 그가 또 괴롭히면 제게 알려주세요.
- 일손이 필요하면 제게 알려주세요.
- 제 사인을 원하시면 제게 알려주세요.
- 뭐 필요한 게 있으시면 제게 알려주세요.

591 Let me try to ~.
내가 ~해보도록 할게

- 내가 그녀와 얘기를 해볼게.
- 내가 네가 이해할 수 있는 방식으로 설명을 해줄게.
- 내가 너 그거 하지 않도록 설득을 해볼게.
- 내가 너에게 현실적인 예를 들어 줄게.
- 내가 존에게 전화를 해서 약속을 다시 잡을 수 있는지 물어볼게.

592 Let me explain ~.
내가 ~를 설명해 줄게.

- 내가 너에게 뭘 좀 설명해 줄게.
- 이게 어떻게 작동하는 건지 설명해 줄게.
- 내가 너에게 공급과 수요의 법칙에 대해서 설명해 줄게.
- 내가 왜 우리가 모두 여기에 있는 건지 설명해 줄게.
- 내가 그 대회에 신청하는 방법을 간단하게 설명해 줄게.

593 Let me tell you about ~.
~에 대해서 말해 줄게.

- 내 어린 시절에 대해 말해 줄게.
- 다음 주 화요일 시험에 대해서 말해 줄게.
- 내가 전철에서 있었던 경험에 대해서 말해 줄게.
- 러쉬워크에 대해서 말해 줄게.
- 어젯밤에 대해서 말해 줄게.

594 Let's see if ~.
~하는지 어디 봅시다.

- 우리가 배운 게 있는지 어디 봅시다(우리 복습합시다).
- 문이 잠겨 있는지 어디 봅시다.
- 그가 약속을 지킬지 어디 봅시다.
- 우리가 이 일을 해결할 수 있을지 어디 봅시다.
- 호텔 셔틀버스가 있는지 어디 봅시다.

Situation 100 >> 희망과 가정

I hope that ~. ~하면(라면) 좋겠어.

이루지 못할 소망이 아닌 현실적으로 가능한 소망을 바란다고 말할 때 사용할 수 있는 패턴입니다. hope 뒤에는 바라는 내용을 'that+주어+동사 ~'의 완전한 문장으로 언급해 주면 됩니다. 이때 문장을 이끄는 that은 생략 가능합니다.

I hope it rains today.	오늘 비가 오면 좋겠어.
I hope I can get a pretty girlfriend.	나도 예쁜 여자친구가 생기면 좋겠어.
I hope I didn't hurt your feelings before.	내가 전에 널 기분 나쁘게 한 게 아니었으면 좋겠어.

🎬 미드에선 이렇게! [Desperate Housewives 2*16]
I hope that you feel the same way about me.
당신도 나에 대해서 같은 감정이면 좋겠어요.

💬 **Conversation**

A: I'm sorry for interrupting your dinner. **I hope** I'm not imposing on you.
저녁식사를 방해해서 죄송합니다. 제가 폐가 되는 게 아니라면 좋겠어요.

B: No, you're not. Please, take a seat and have dinner with us.
아닙니다. 어서 자리에 앉으시고 저희와 함께 식사하세요.

I hope to ~. ~하면 좋겠어요.

I hope 패턴 뒤에 to부정사를 붙여서 구체적으로 자신이 무엇을 하면 좋을지 무엇을 하길 바라는지를 말할 수 있습니다.

I hope to open my restaurant soon.	곧 제 식당을 열면 좋겠어요.
I hope to see you guys next year.	내년에 너희들을 보면 좋겠어.
I hope to be reinstated soon.	곧 다시 복직됐으면 좋겠어요.

🎬 영화에선 이렇게! [The Shawshank Redemption]
I hope to see my friend and shake his hand.
내 친구를 만나고 그와 악수를 할 수 있으면 좋겠어요.

💬 **Conversation**

A: **I hope to** go backpacking in America sometime in the near future.
가까운 미래 언젠가 미국으로 배낭여행을 갔으면 좋겠어.

B: So do I. That's why I am saving every penny I earn.
나도 그래. 그게 내가 버는 돈 모두를 저금하는 이유야.

597

I hope you ~. 네가 ~라면 좋겠어.

직접적으로 상대방이 무언가를 하거나 해 줬으면 좋겠다고 말할 때 사용할 수 있는 패턴입니다. 이 장에서 제일 처음에 배운 I hope ~패턴에서 that절의 주어를 상대방인 you로 정하고 that을 생략한 패턴입니다.

I hope you will like it.	네가 그거 마음에 들어 했으면 좋겠어.
I hope you find a new job soon.	네가 곧 새 직장을 구했으면 좋겠어.
I hope you can forgive me for what I did.	네가 내가 한 짓을 용서해 줬으면 좋겠어.

🎬 미드에선 이렇게! [Ghost Whisperer 2*21]

I hope you'll keep in touch.
네가 연락하고 지냈으면 좋겠어.

💬 Conversation

A: **I hope you**'re right.
　　네 말이 맞았으면 좋겠어.

B: I'm always right.
　　내 말은 항상 맞아.

598

Let's hope ~. ~하기를 바라자.

자신만이 바라는 내용을 말하는 것이 아니라, 내 말을 듣는 상대방까지도 포함해서 모두를 위해서 어떤 상황을 바라자고 말할 때 사용할 수 있는 패턴입니다.

Let's hope it works.	그게 효과가 있기를 바라자.
Let's hope your wallet is here.	네 지갑이 여기 있기를 바라자.
Let's hope this is a coincidence.	이게 우연이기를 바라자.

🎬 미드에선 이렇게! [CSI Las Vegas 4*22]

Let's hope the killer left his DNA behind.
살해범이 그의 DNA를 남겼기를 바라자.

💬 Conversation

A: We should buy these clothes. I have an eye for fashionable clothes.
　　우리 이 옷들을 사야 해. 난 패션 감각이 있는 옷을 고르는 눈이 있다고.

B: Okay. **Let's hope** they fit us.
　　그래. 옷이 우리한테 맞기를 바라자.

I wish you were ~. 네가 ~라면 좋겠어.

현실적으로 이뤄질 가능성이 거의 없는 상황이나 혹은 현실과 반대되는 상황을 가정하여 그랬으면 좋겠다고 바랄 때 사용할 수 있는 패턴입니다. 주의하실 건 비록 과거 시제인 were로 표현하지만 바라는 내용의 시점은 현재입니다.

> **I wish you were** dead. 네가 죽었으면 좋겠어.
> **I wish you were** coming with us. 네가 우리랑 함께 가면 좋겠어요.
> **I wish you were** my mother. 당신이 제 엄마라면 좋겠어요.

🎬 영화에선 이렇게! 〔Cast Away〕
I wish you were a dentist.
네가 치과의사라면 좋겠어.

💬 Conversation
A: How's your trip in Canada? Are you having fun there?
캐나다 여행은 어때? 즐거운 시간 보내고 있니?
B: It's really great, but **I wish you were** here with me.
정말 좋아, 하지만 네가 여기 나와 함께 있으면 좋을 텐데.

I wish I could + 동사원형 ~. ~할 수 있다면 좋을 텐데.

현실적으로 이뤄질 가능성이 거의 없는 상황이나 혹은 현실과 반대되는 상황을 가정하여 내가 뭔가 할 수 있다면 좋겠다고 바랄 때 사용할 수 있는 패턴입니다. 주의할 건 비록 could는 과거시제이지만 그럴 수 있기를 바라는 내용의 시점은 현재입니다.

> **I wish I could** live without examination. 시험 없이 살 수 있다면 좋을 텐데.
> **I wish I could** stay longer. 내가 좀 더 머물다 갈 수 있으면 좋을 텐데.
> **I wish I could** help you with that. 내가 너 그거 하는 거 도와줄 수 있다면 좋을 텐데.

🎬 영화에선 이렇게! 〔Fight Club〕
I wish I could return the favor.
내가 은혜를 갚을 수 있다면 좋을 텐데.

💬 Conversation
A: Would you like to have lunch with me? It's my treat.
저와 함께 점심 드시겠어요? 제가 쏠게요.
B: **I wish I could** have lunch with you, but I have a previous engagement.
그랬으면 좋겠지만 제가 선약이 있네요.

Review!

미드&스크린 속 네이티브들의 표현법 따라잡기!
앞서 배운 패턴 문장들입니다. 한글을 보고 영어로 크게 외쳐 봅시다!

595 I hope that ~.
~하면(라면) 좋겠어.

- ☐ 오늘 비가 오면 좋겠어.
- ☐ 나도 예쁜 여자친구가 생기면 좋겠어.
- ☐ 내가 전에 널 기분 나쁘게 한 게 아니었으면 좋겠어.
- ☐ 당신도 나에 대해서 같은 감정이면 좋겠어요.
- ☐ 제가 폐가 되는 게 아니라면 좋겠어요.

596 I hope to ~.
~하면 좋겠어요.

- ☐ 곧 제 식당을 열면 좋겠어요.
- ☐ 내년에 너희들을 보면 좋겠어.
- ☐ 곧 다시 복직됐으면 좋겠어요.
- ☐ 내 친구를 만나고 그와 악수를 할 수 있으면 좋겠어요.
- ☐ 가까운 미래 언젠가 미국으로 배낭여행을 갔으면 좋겠어.

597 I hope you ~.
네가 ~라면 좋겠어.

- ☐ 네가 그거 마음에 들어 했으면 좋겠어.
- ☐ 네가 곧 새 직장을 구했으면 좋겠어.
- ☐ 네가 내가 한 짓을 용서해 줬으면 좋겠어.
- ☐ 네가 연락하고 지냈으면 좋겠어.
- ☐ 네 말이 맞았으면 좋겠어.

598 Let's hope ~.
~하기를 바라자.

- ☐ 그게 효과가 있기를 바라자.
- ☐ 네 지갑이 여기 있기를 바라자.
- ☐ 이게 우연이기를 바라자.
- ☐ 살해범이 그의 DNA를 남겼기를 바라자.
- ☐ 옷이 우리한테 맞기를 바라자.

599 I wish you were ~.
네가 ~라면 좋겠어.

- ☐ 네가 죽었으면 좋겠어.
- ☐ 네가 우리랑 함께 가면 좋겠어요.
- ☐ 당신이 제 엄마라면 좋겠어요.
- ☐ 네가 치과의사라면 좋겠어.
- ☐ 네가 여기 나와 함께 있으면 좋을 텐데.

600 I wish I could + 동사원형 ~.
~할 수 있다면 좋을 텐데.

- ☐ 시험 없이 살 수 있다면 좋을 텐데.
- ☐ 내가 좀 더 머물다 갈 수 있으면 좋을 텐데.
- ☐ 내가 너 그거 하는 거 도와줄 수 있다면 좋을 텐데.
- ☐ 내가 은혜를 갚을 수 있다면 좋을 텐데.
- ☐ 내가 당신과 점심식사를 함께 할 수 있다면 좋을 텐데.

The End